마인크래프트 건축
무작정 따라하기

스티브코딩 지음

길벗

마인크래프트 건축 무작정 따라하기
The Cakewalk Series - Minecraft Construction

초판 발행 · 2022년 8월 30일
초판 2쇄 발행 · 2023년 5월 22일

지은이 · 스티브코딩
발행인 · 이종원
발행처 · (주)도서출판 길벗
출판사 등록일 · 1990년 12월 24일
주소 · 서울시 마포구 월드컵로 10길 56(서교동)
대표 전화 · 02)332-0931 | 팩스 · 02)323-0586
홈페이지 · www.gilbut.co.kr | 이메일 · gilbut@gilbut.co.kr

기획 및 책임 편집 · 김윤지(yunjikim@gilbut.co.kr) | 디자인 · 장기춘 | 제작 · 이준호, 손일순, 이진혁
영업마케팅 · 진창섭, 강요한 | 웹마케팅 · 송예슬 | 영업관리 · 김명자 | 독자지원 · 윤정아, 최희창

편집진행 및 교정교열 · 황진주 | 전산편집 · 도설아 | CTP 출력 및 인쇄 · 예림인쇄 | 제본 · 예림바인딩

* 잘못된 책은 구입한 서점에서 바꿔 드립니다.
* 이 책은 저작권법에 따라 보호받는 저작물이므로 무단전재와 무단복제를 금합니다. 이 책의 전부 또는 일부를 이용하려면 반드시 사전에 저작권자와 ㈜도서출판 길벗의 서면 동의를 받아야 합니다.

ⓒ 김민성, 김영빈, 백순훈, 신윤철, 이상민 2022
ISBN 979-11-407-0107-0 73000
(길벗 도서번호 080319)

정가 18,000원

독자의 1초를 아껴주는 정성 **길벗출판사**
길벗 | IT단행본, IT교육서, 교양&실용서, 경제경영서
길벗스쿨 | 어린이학습, 어린이어학

독자의 1초를 아껴주는 정성을 만나보세요!

세상이 아무리 바쁘게 돌아가더라도 책까지 아무렇게나 빨리 만들 수는 없습니다.
인스턴트 식품 같은 책보다 오래 익힌 술이나 장맛이 밴 책을 만들고 싶습니다.
땀 흘리며 일하는 당신을 위해 한 권 한 권 마음을 다해 만들겠습니다.
마지막 페이지에서 만날 새로운 당신을 위해 더 나은 길을 준비하겠습니다.

저자의 글

하나씩 만들다 보면 나도 어느새 건축가!

아이들은 모래사장에서 혼자서도 정말 즐겁게 놀곤 해요. 모래사장의 모래는 장난감과 많이 다르지만, 아이들이 좋아하는 놀이 재료라는 공통점이 있어요. 아마도 정해진 규칙 없이 마음껏 즐길 수 있기 때문이 아닐까 생각해요. 마인크래프트 게임의 성격을 대표적으로 보여주는 단어, '샌드박스(Sandbox)'는 모래상자, 모래사장이라는 뜻을 가지고 있어요. 말 그대로 플레이어가 무엇이든 자유롭게 할 수 있는 곳이 바로 마인크래프트 월드랍니다.

마인크래프트 월드에서 블록으로 무언가를 만드는 '건축'은 누가 알려주지 않아도 자연스럽게 즐기면서 익힐 수 있어요. 건축에 사용할 수 있는 아이템이 700여 개나 되고 그것으로 표현할 수 있는 세상은 정말 무궁무진하답니다. 야생에서 살아남기 위해 나무 벽을 세우는 것부터 실제 세상과 같은 크기의 거대한 성을 만드는 것까지 마인크래프트에서 만든 결과물은 건축가나 예술가의 작품과 비슷한 수준을 보여주기도 해요.

특별히 이 책에는 학생들과 마인크래프트 건축 활동을 하면서 느끼고 경험한 것들을 담았어요. 학생들이 좋아하는 다양한 주제, 건축을 할 때 고민해야 할 점, 건축과 관련하여 알려주고 싶은 이야기도 넣었어요. 작품을 하나씩 따라 하고 완성하다 보면 여러분도 어느새 건축가가 되어 있을 거예요. 물론 모두 책과 똑같이 만들 필요는 없어요. 마인크래프트 월드는 무엇이든 자유롭게 할 수 있는 곳이니까요!

이 책은 마인크래프트 교육 연구회 '스티브코딩' 선생님들의 영혼을 송두리째 넣어서 만든 결과물이랍니다. 낮에는 아이들과 수업을 하고, 밤에는 창작의 고통을 느끼며 열심히 집필해 주신 집필진들 모두에게 감사해요! 무엇보다 길벗출판사와 소중한 인연을 이어갈 수 있게 해 주시는 김윤지 차장님, 항상 감사드립니다.

이 책으로 무한한 가능성이 있는 마인크래프트 월드에서 재미있고 흥미로운 것들을 많이 만들어 보고 함께 즐길 수 있길 바랍니다.

'스티브코딩'은 이 책의 저자인 **김민성, 김영빈, 백순훈, 신윤철, 이상민**으로 구성된 마인크래프트로 즐거운 수업을 만들고 싶은 선생님들의 모임입니다. 게임 기반 학습, 게임화 교육, 소프트웨어 교육에 관심을 가지고 함께 연구하고 있습니다.

궁금증 해결하기

마인크래프트 건축을 처음 접하는 독자들이 궁금해 할 내용을 담았습니다. 미리 준비할 사항은 무엇인지, 어떻게 건축을 시작하면 되는지 간략히 살펴보세요.

Q. 마인크래프트에서 건축을 하기 전에 준비해야 할 것이 있나요?

A. 이 책은 여러 종류의 마인크래프트 건축물을 소개하고 독자가 쉽게 따라 할 수 있도록 만들어졌어요. 따라서 기본적인 마인크래프트 게임의 사용법이나 플레이 방법에 관해서는 설명하지 않아요. 만약 마인크래프트가 처음이라면 이 책을 따라하기 전에 먼저 아이템과 블록을 익숙하게 사용할 수 있도록 연습하는 것이 좋아요.

Q. 마인크래프트에는 다양한 에디션이 있는데, 그중에서 어떤 것을 사용해야 하나요?

A. 마인크래프트는 크게 자바 에디션, 베드락 에디션, 교육용 에디션으로 나뉘어요. 이 책은 베드락 에디션(MINECRAFT for Windows, 윈도우 에디션)을 기준으로 작품을 만들었지만, 다른 종류의 마인크래프트 에디션을 사용해도 괜찮아요. 다만 자바 에디션의 경우, 몇몇 블록의 이름이 책에서 설명하는 것과 다를 수 있으니 227~228쪽을 참고하세요. 부르는 이름만 다를 뿐 같은 블록이므로 블록의 모양을 보고 내용을 따라해도 됩니다.

Q. 책에서 설명하는 순서대로 마인크래프트 건축을 하면 될까요?

A. 이 책에 나온 건축물들은 난이도 순서대로 설명하고 있어요. 그래서 건축에 익숙하지 않다면 처음부터 차근차근 따라해 보고, 건축에 자신이 있다면 만들어 보고 싶은 건축물부터 건축해도 좋아요. 작품을 만드는 방법은 책에 자세히 나와 있어 똑같이 따라서 만들 수 있어요. 하지만 나만의 아이디어로 조금씩 모양을 바꿔 가면서 건축해도 재밌답니다. 건축물을 디자인한 저자의 영상도 참고해 보세요. 동영상에서 책에 미처 담지 못했던 이야기, 건축과 관련된 팁, 그리고 작품 설명도 들을 수 있습니다. 저자의 제작 영상을 볼 수 있는 QR 코드는 7쪽에 있어요.

베타테스터 후기

이 책이 출간되기 전 베타테스터가 원고를 미리 살펴보고 고칠 부분은 없는지, 추가할 내용은 어떤 것인지 등 의견을 전달해 주었습니다. 참여해 준 분들께 감사합니다.

영신초 3학년 이유진

마인크래프트 기본을 알고 있다면 응용 단계로 가기에 안성맞춤인 책이에요. 마인크래프트 안에 있는 세상을 자유롭게 만들어 볼 수 있어요. 내가 시간을 들여 만든 건축물을 응용해 또 다른 새로운 것을 만들 수 있어 좋았어요. 이 책 덕분에 성취감과 자신감이 뿜뿜~ 뿜어져 나온답니다.

● 실습 환경: 자바 에디션

금남초 3학년 심현준

어려운 부분이 나올 때는 머리가 조금 아팠지만 다 만들고 나니 엄청 뿌듯했어요. 책을 따라 하다 보면 정말 재미있고 기분이 좋아져요. 코딩 책도 있으면 좋겠어요.

● 실습 환경: 베드락 에디션

고명초 6학년 김주원

마인크래프트 세계에서는 내가 상상한 모든 것을 만들 수 있어서 재미있었어요. 책에 있는 건축물들을 보니 더 재미있게 만들 수 있다는 걸 알게 되었어요. 특히 이 책에 나온 수륙양용차는 생각도 못 했는데, 이를 응용하여 더 큰 나만의 차를 만들어 볼 거예요.

● 실습 환경: 베드락 에디션

율전초 3학년 김가율

건축물을 하나씩 만들면서 완성해 가는 것이 재미있었어요. 저는 아직 마인크래프트를 시작한지 얼마 되지 않아 혼자 하기는 조금 어려워 아빠의 도움을 받았어요. 가족과 함께 즐길 수 있어서 오히려 더 좋았어요.

● 실습 환경: 자바 에디션

상신초 3학년 이강우

하나씩 하나씩 따라 하다 보니 여러 가지 작품을 만들 수 있어서 정말 재미있었어요. 무엇보다 내가 생각한 것을 어떻게 만들면 좋을지를 이 책에서 배운 것 같아요. 그동안 상상했던 것을 이제 내 손으로 만들 수 있어서 기뻐요.

● 실습 환경: 베드락 에디션

이 책의 구성과 특징

마인크래프트 초보자도 쉽고 재미있게 내용을 따라 할 수 있도록 건축물을 난이도 순으로 구성했습니다. 만들어 볼 건축물의 건축 방법과 건축에 필요한 블록들을 미리 살펴보세요.

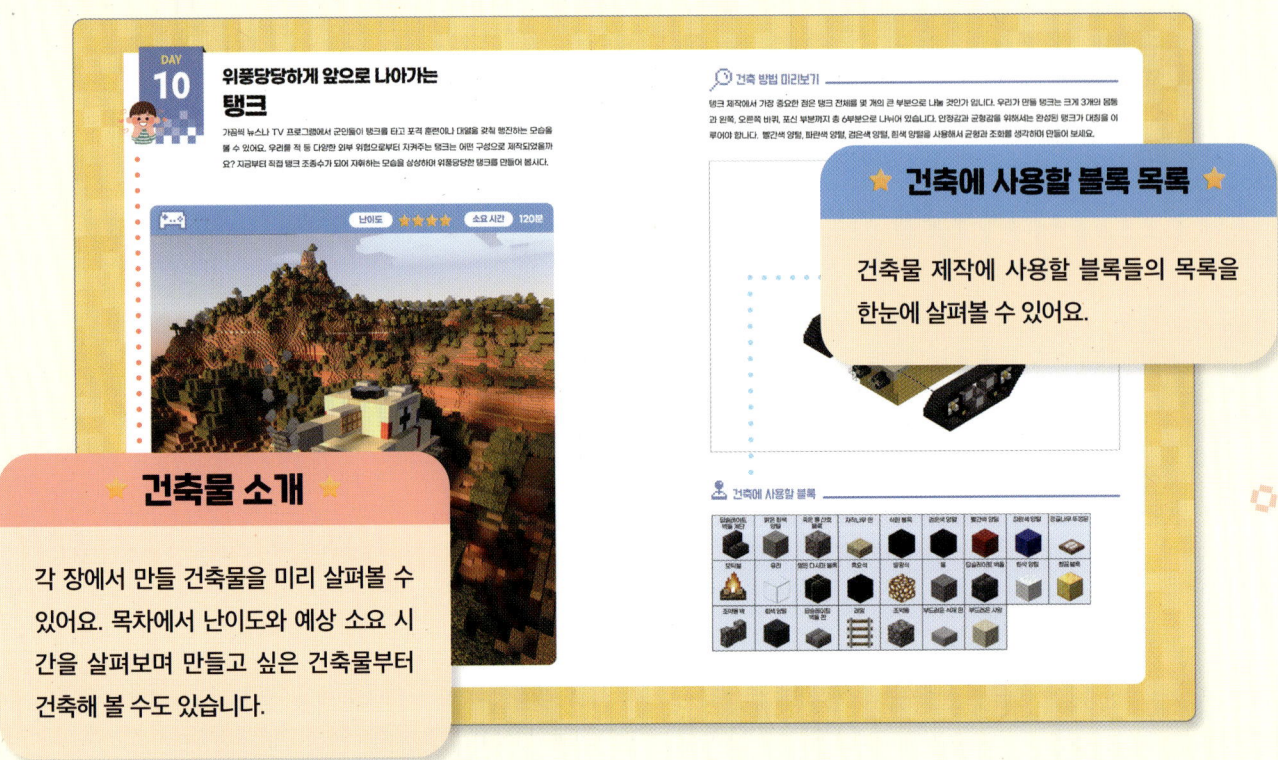

★ 건축에 사용할 블록 목록 ★
건축물 제작에 사용할 블록들의 목록을 한눈에 살펴볼 수 있어요.

★ 건축물 소개 ★
각 장에서 만들 건축물을 미리 살펴볼 수 있어요. 목차에서 난이도와 예상 소요 시간을 살펴보며 만들고 싶은 건축물부터 건축해 볼 수도 있습니다.

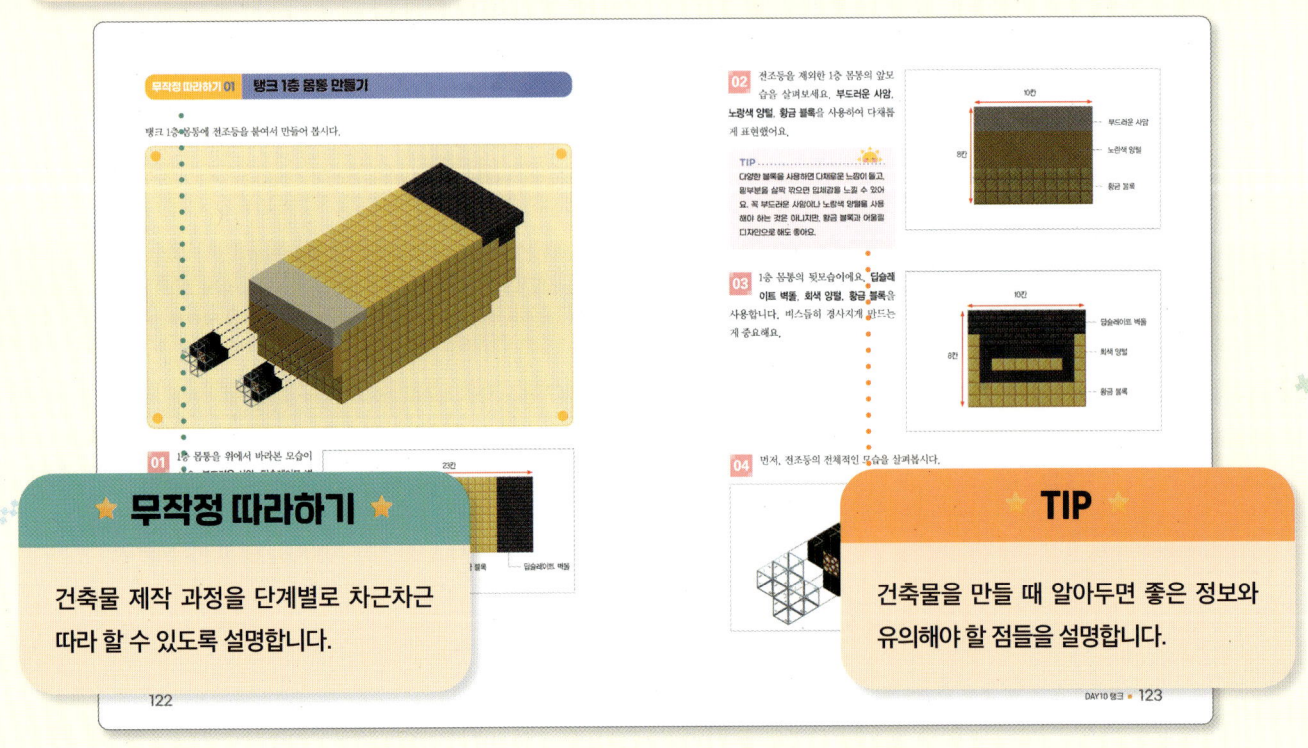

★ 무작정 따라하기 ★
건축물 제작 과정을 단계별로 차근차근 따라 할 수 있도록 설명합니다.

★ TIP ★
건축물을 만들 때 알아두면 좋은 정보와 유의해야 할 점들을 설명합니다.

건축하는 방법을 순서대로 따라하다가 궁금해 할 점들은 'TIP'과 '궁금해요'에서 설명합니다. 완성된 건축물을 다양한 각도에서 살펴보고 싶다면 '완성 조감도'를 참고하세요.

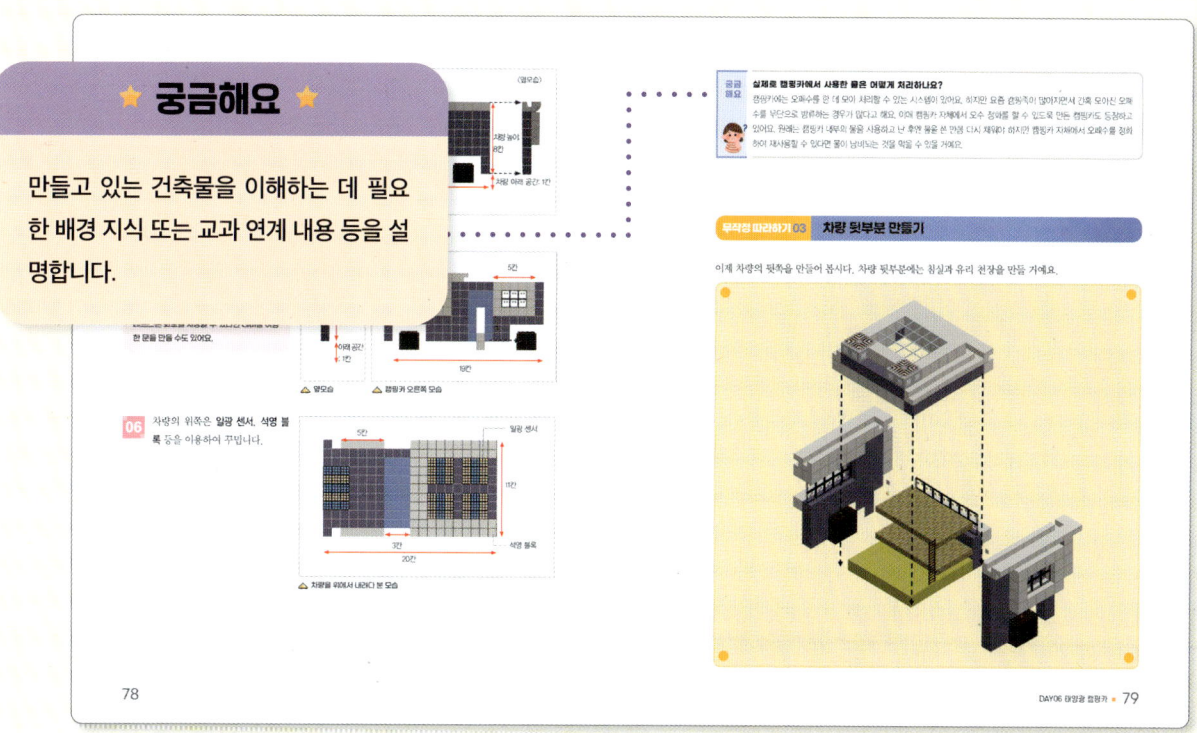

★ 궁금해요 ★
만들고 있는 건축물을 이해하는 데 필요한 배경 지식 또는 교과 연계 내용 등을 설명합니다.

★ 완성 조감도 ★
건축물을 다양한 방향에서 살펴볼 수 있습니다. 내용을 따라 하면서 잘 보이지 않았던 부분들을 확인할 수 있어요.

저자의 제작 영상 보기

이 책에 나오는 16개의 건축물에 대한 뒷이야기나 건축 방법이 궁금하다면 저자가 만든 영상에서 확인해 보세요.

목차

DAY 01	거대한 몸과 엄청난 힘을 가진 **레드스톤 괴물** 난이도 ★　소요 시간 50분	010
DAY 02	친구들과 즐길 수 있는 간단한 게임 **점프 타워** 난이도 ★★　소요 시간 120분	018
DAY 03	바다와 육지를 오가는 **수륙양용차** 난이도 ★★　소요 시간 100분	035
DAY 04	조선의 통신수단 **봉수대** 난이도 ★★　소요 시간 80분	049
DAY 05	신비롭고 상상력이 가득한 **마법사의 집** 난이도 ★★★　소요 시간 90분	060
DAY 06	자연과 함께 하는 여행을 위한 **태양광 캠핑카** 난이도 ★★★　소요 시간 90분	072
DAY 07	희귀한 아이템과 재료를 얻을 수 있는 **오리엔탈 네더포털** 난이도 ★★★　소요 시간 90분	083
DAY 08	짜릿한 자유낙하를 즐기는 **자이로드롭** 난이도 ★★★　소요 시간 80분	095

DAY	제목	난이도	소요 시간	페이지
09	친구와 함께 즐겁게 노는 **나선형 워터 슬라이드**	★★★	90분	108
10	위풍당당하게 앞으로 나아가는 **탱크**	★★★★	120분	120
11	칙칙폭폭 소리 내며 움직이는 **증기기관차**	★★★★	120분	138
12	지역 환경에 따라 다양한 **건물 지붕**	★★★★	100분	152
13	온라인에서 둘러보는 **메타버스 과학관**	★★★★	120분	165
14	라이트 형제가 발명한 최초의 비행기 **복엽기**	★★★★★	120분	178
15	도시 속에 우뚝 솟은 **고층 빌딩**	★★★★★	180분	194
16	자연 속에서 놀면서 배우는 **숲속 학교**	★★★★★	180분	208

DAY 01

거대한 몸과 엄청난 힘을 가진
레드스톤 괴물

레드스톤 괴물은 게임 <마인크래프트 던전스>에 나오는 보스몹이에요. 레드스톤 괴물의 거대한 몸은 돌과 레드스톤으로 만들어져서 매우 압도적입니다. 레드스톤 괴물은 두 주먹으로 땅을 내리쳐서 강력한 충격파를 만들어 공격하지요. Day01에서는 역동적인 모습의 레드스톤 괴물을 만들어 보겠습니다.

난이도 ★　**소요 시간** 50분

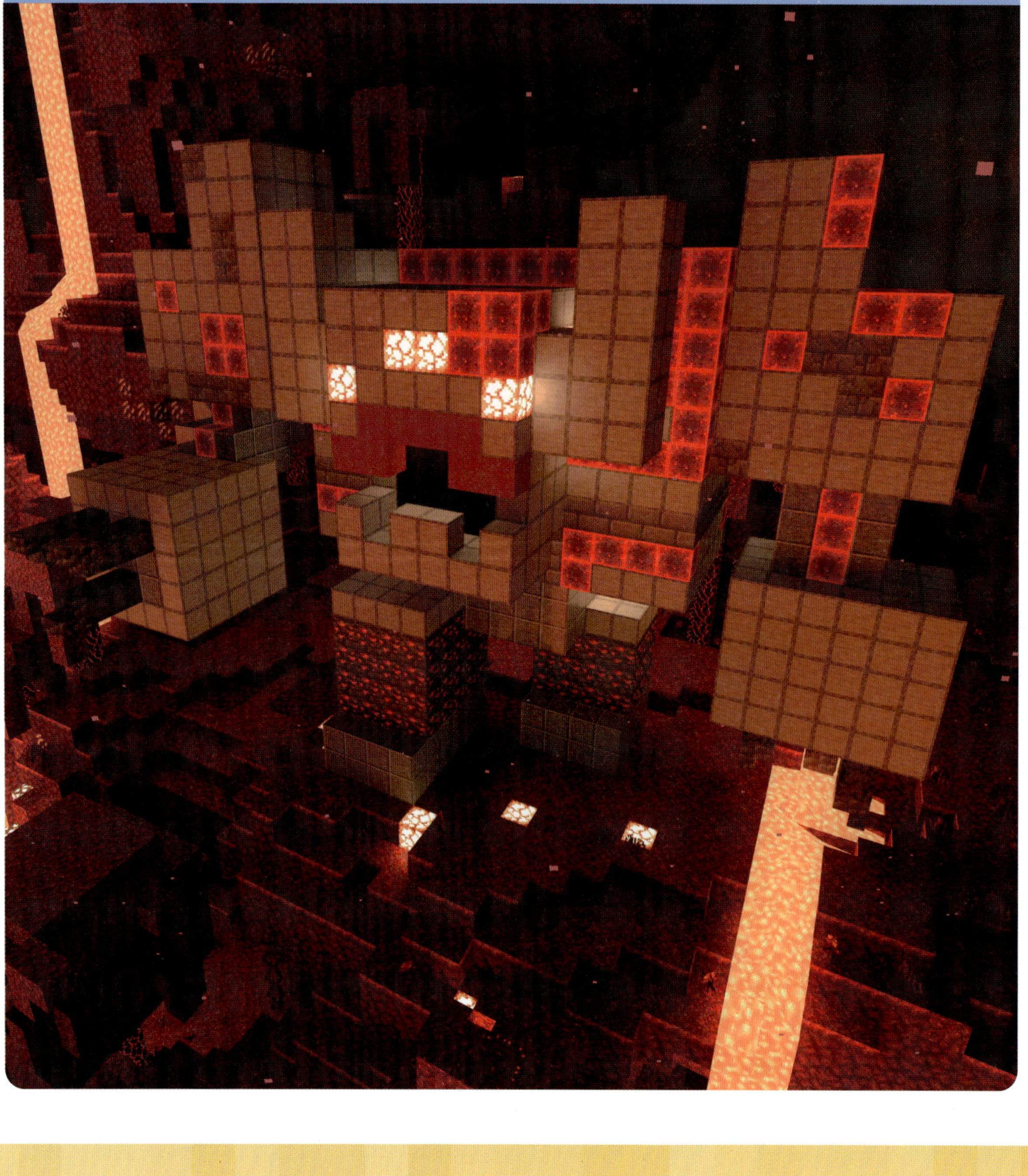

건축 방법 미리보기

레드스톤 괴물은 사람의 신체와 비슷한 구조를 갖고 있어요. 몸통에 팔과 다리, 머리를 붙이는 방식으로 만들어 보겠습니다.
레드스톤 괴물의 머리는 사람과 달리 몸통 앞쪽에 붙어있는 것이 특징이에요.

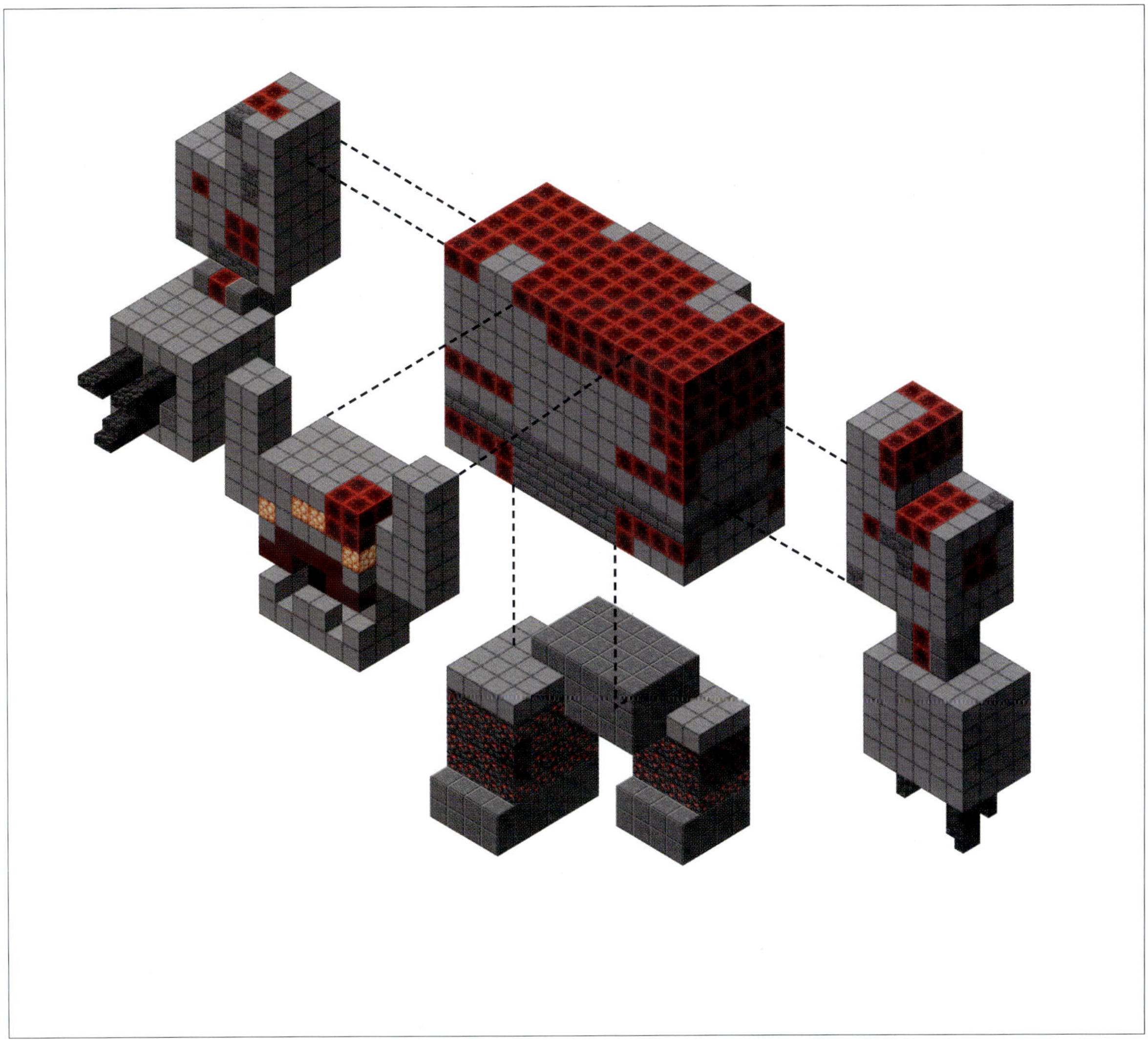

건축에 사용할 블록

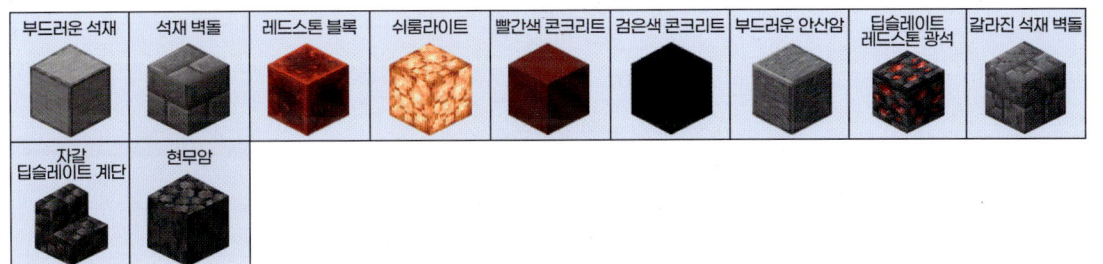

무작정 따라하기 01 · 레드스톤 괴물의 몸통 만들기

01 먼저 **부드러운 석재**로 상자 모양을 만드세요. 그리고 몸통의 위쪽에 불규칙한 모양으로 **레드스톤 블록**을 놓고 아래쪽에는 **석재 벽돌**과 **레드스톤 블록**을 놓아 허리 부분을 표현하세요.

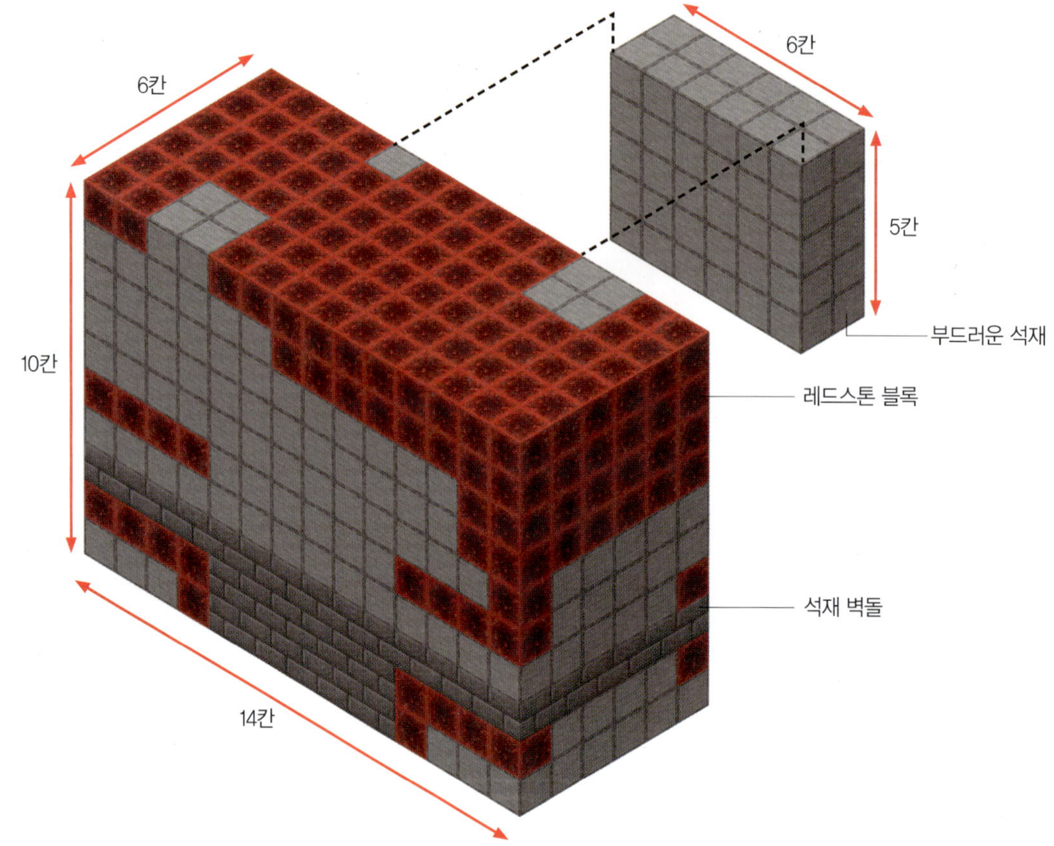

- 6칸
- 6칸
- 5칸
- 10칸
- 14칸
- 부드러운 석재
- 레드스톤 블록
- 석재 벽돌

02 몸통을 뒤에서 본 모습이에요. 앞쪽과 다른 점들을 확인하며 완성해 보세요.

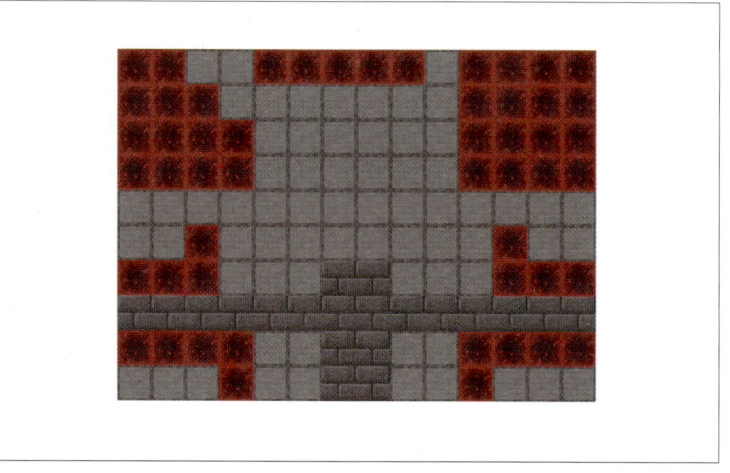

'레드스톤'이란 무엇인가요?

'레드스톤'은 마인크래프트의 광물 아이템 중 하나로, 실제로 존재하는 것은 아니에요. 마인크래프트 월드에서 레드스톤은 회로를 구성하거나 동력을 제공하는 기능을 해요. 마치 우리가 사용하는 전기와 비슷하다고 생각해도 좋아요. 레드스톤 괴물의 압도적인 힘은 아마도 몸속에 가득 찬 레드스톤에서 나오는 것이 아닐까요?

무작정 따라하기 02 — 레드스톤 괴물의 머리와 다리 만들기

'무작정 따라하기 01'에서 만든 몸통 위와 아래에 머리와 다리를 추가해요. 입을 벌리고 있는 머리에 뿔을 붙여 완성하세요. 역동적인 모습을 표현하기 위해 오른쪽 다리는 한 발 앞으로 나가 있고 크기도 조금 더 크게 만듭니다.

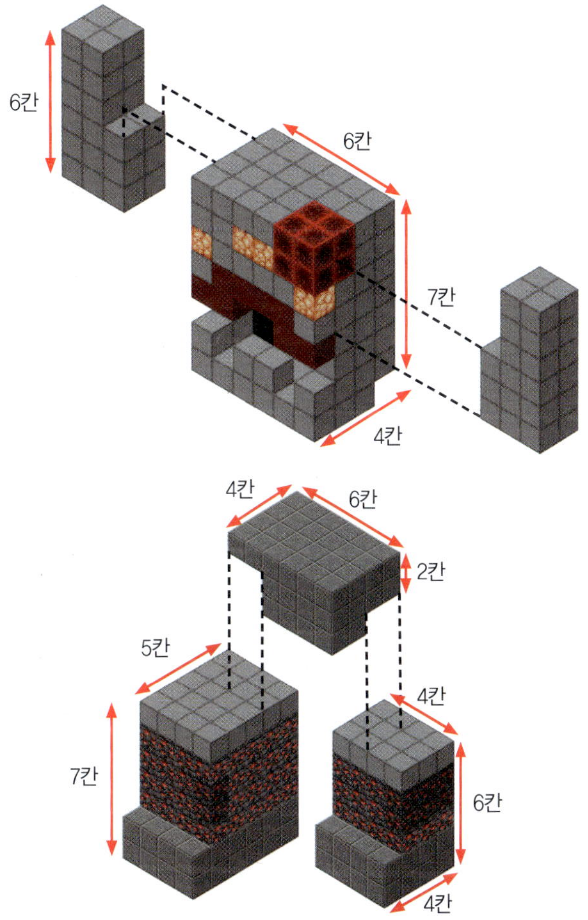

01 **쉬룸라이트**로 눈을 표현하고, 입술은 **빨간색 콘크리트**, 입 안쪽은 **검은색 콘크리트**로 표현합니다. 그리고 **레드스톤 블록**으로 머리 위쪽을 강조해 주세요.

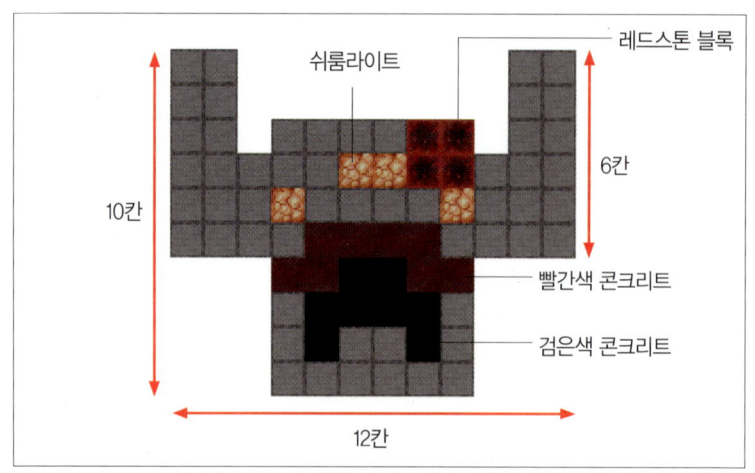

02 뒤에서 바라본 모습이에요. 다리를 연결하는 부분과 발바닥은 **부드러운 안산암**, 다리 위쪽 면은 **부드러운 석재**를 사용했어요. 그리고 **딥슬레이트 레드스톤 광석**으로 붉게 빛나는 다리를 표현했어요.

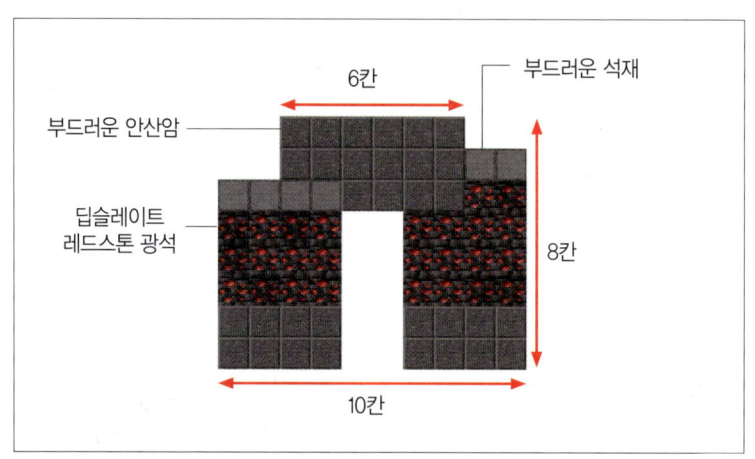

03 옆에서 바라본 모습이에요. 왼쪽 다리가 오른쪽 다리보다 작으니 칸수를 확인하면서 만들어 보세요.

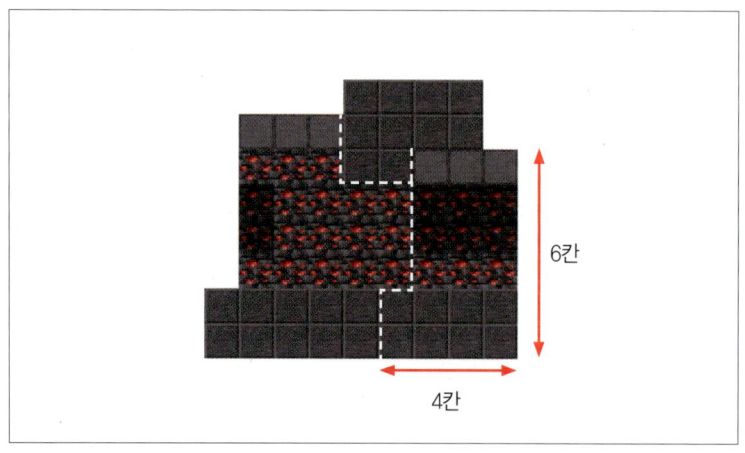

| 무작정 따라하기 03 | 레드스톤 괴물의 오른팔과 왼팔 만들기 |

갈라진 석재 벽돌과 **레드스톤 블록**으로 어깨 부분의 불규칙한 패턴을 표현하세요. 관절 부분은 **부드러운 안산암**을 사용해서 구분될 수 있도록 표현해요.

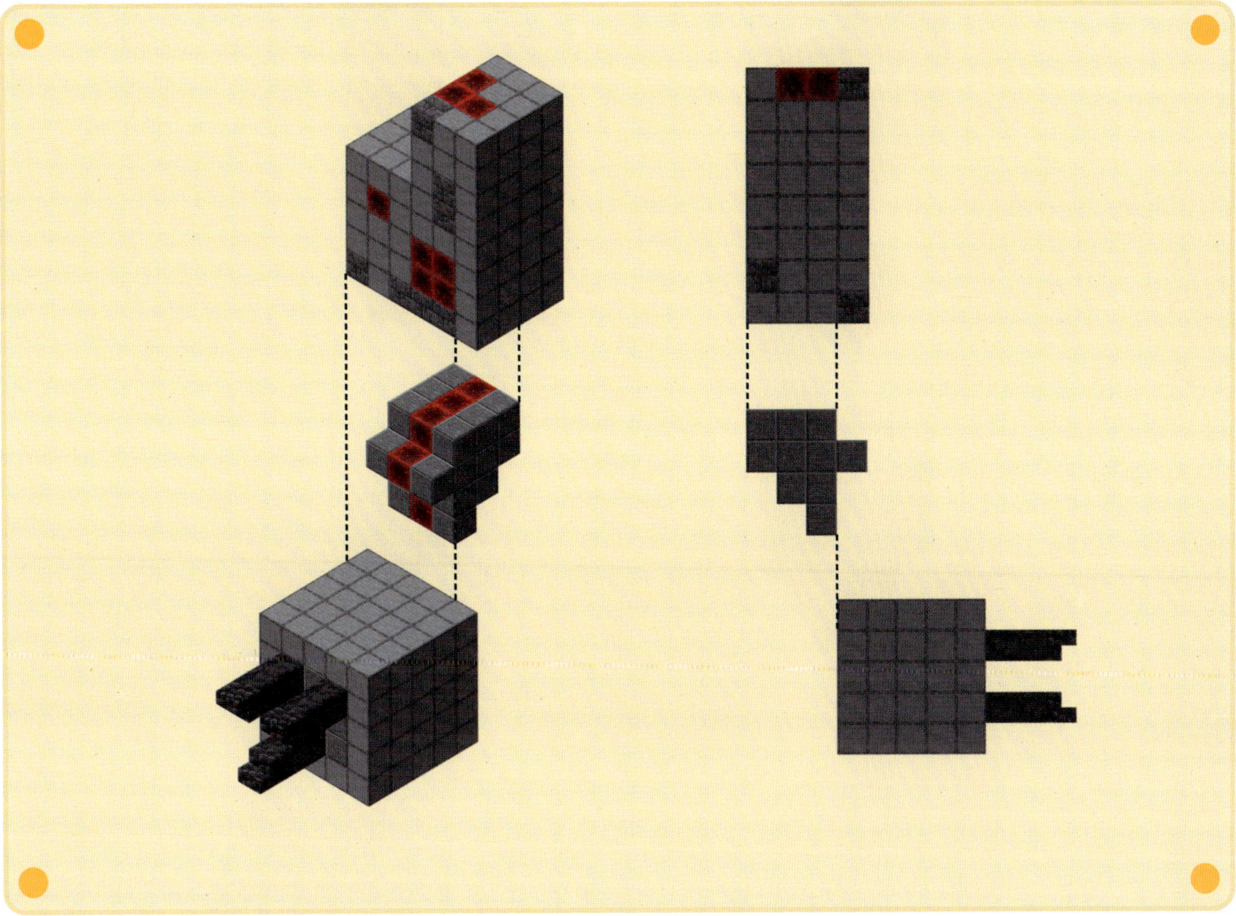

01 손가락이 나오는 부분에 **부드러운 안산암**을 놓으세요. 손가락은 **현무암**과 **자갈 딥슬레이트 계단**으로 만들어요.

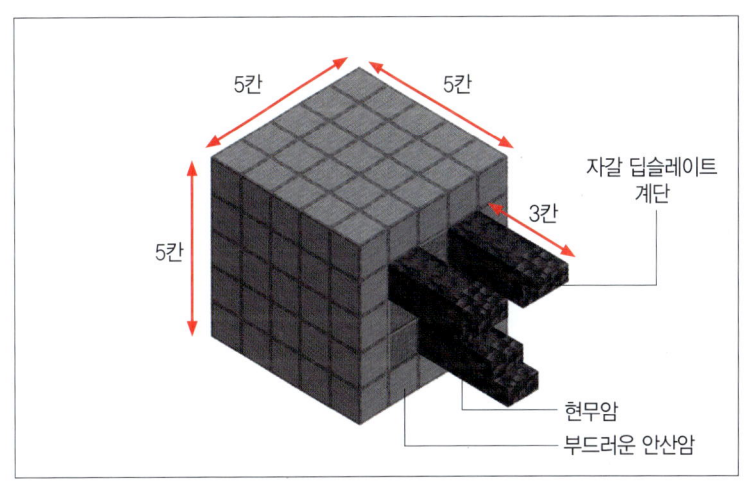

02 왼쪽 팔은 아래로 쭉 뻗은 모습이에요. 오른팔과 같은 방법으로 표현해 보세요.

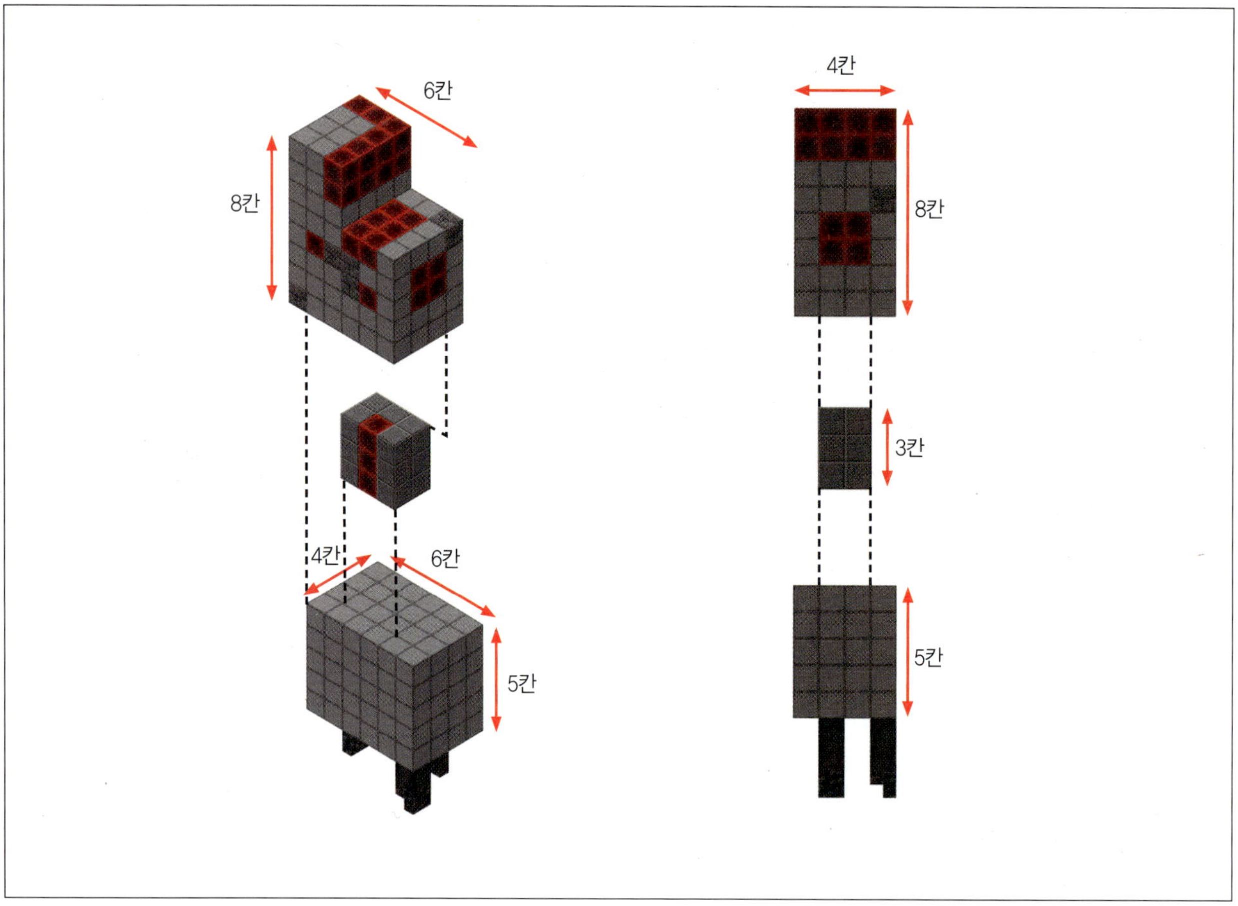

> **TIP**
> 레드스톤 괴물이 있는 배경은 강력한 몬스터들이 나타나는 네더월드로 했어요. 네더월드에서 적절한 평지를 찾아 레드스톤 괴물을 만들고 너무 어둡지 않도록 주변에 용암을 설치해 보세요.

궁금해요

마인크래프트에는 어떤 몬스터가 있나요?
밤에 나타나는 좀비와 스켈레톤은 마인크래프트에서 쉽게 마주칠 수 있는 몬스터예요. 낮과 밤을 가리지 않고 나타나는 엔더맨은 순간이동을 하면서 블록을 훔치기도 해요. 하지만 강력한 몬스터들은 포털을 이용해서 갈 수 있는 네더월드와 엔더월드에 있어요. 특히 엔더월드에는 마인크래프트의 최종 보스인 엔더드래곤이 있답니다. 엔더드래곤을 잡으면 마인크래프트의 엔딩을 볼 수 있어요. 그리고 플레이어가 소환을 해야 만날 수 있는 히든 보스 위더도 강력한 몬스터입니다. 그래도 그중 가장 무서운 몬스터는 발자국 소리를 듣고 땅속에서 괴상한 소리를 내며 나오는 워든이 아닐까 싶어요.

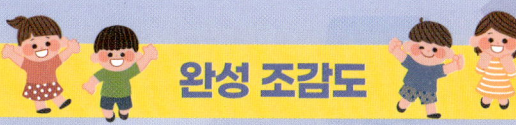
완성 조감도

레드스톤 괴물 전체 모습

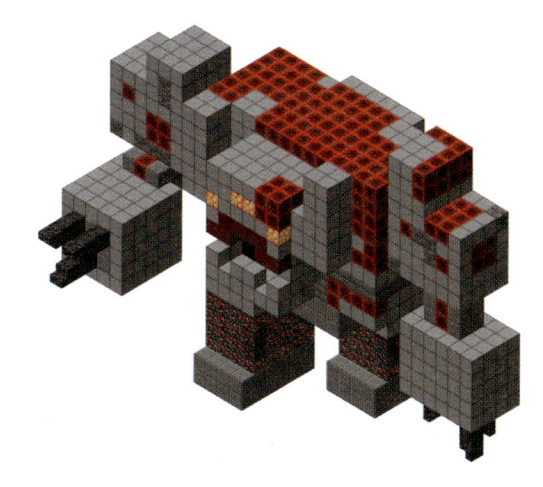

앞에서 본 레드스톤 괴물

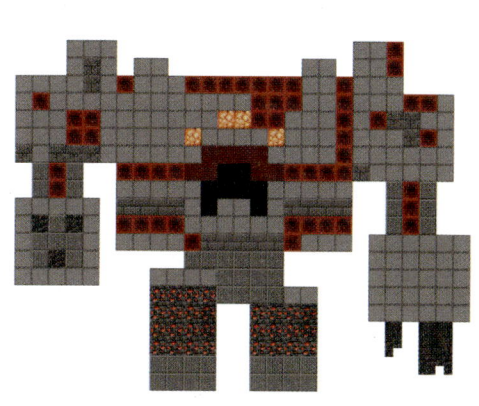

뒤에서 본 레드스톤 괴물

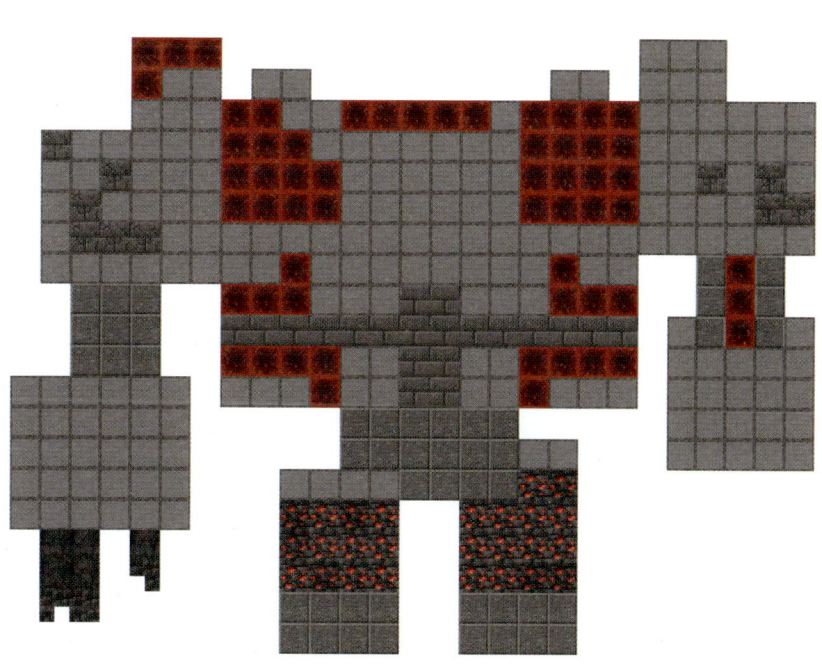

DAY01 레드스톤 괴물

DAY 02

친구들과 즐길 수 있는 간단한 게임
점프 타워

마인크래프트를 하면서 간단한 게임을 만들어 본 적이 있나요? 많은 친구들이 가장 간단하게 만들 수 있는 게임으로 점프 타워를 생각할 거예요. 그만큼 점프 타워는 쉽게 만들 수 있고 게임을 하는 재미를 느끼게 해 줍니다. Day02에서는 친구들과 즐길 수 있는 점프 타워를 만들어 봅시다.

난이도 ★★ 소요 시간 120분

건축 방법 미리보기

이번에 만드는 점프 타워는 가운데 기둥 위에 2층으로 이뤄진 방이 있는 것이 특징입니다. 가운데 기둥에는 점프를 할 수 있도록 벽돌 블록이 이중나선 구조로 뱅글뱅글 둘러싸고 있지요. 2층으로 이루어진 방에는 발코니와 같은 공간이 있어서 점프 타워를 통해 꼭대기까지 올라가서 넓은 전망을 볼 수 있습니다. 그리고 가운데 기둥 안에 큰 드립리프와 사다리를 만들어 점프 타워로 올라갈 수 있도록 했습니다. 점프 타워를 어떻게 해야 재미있게 만들지 생각하며 실습해 보세요.

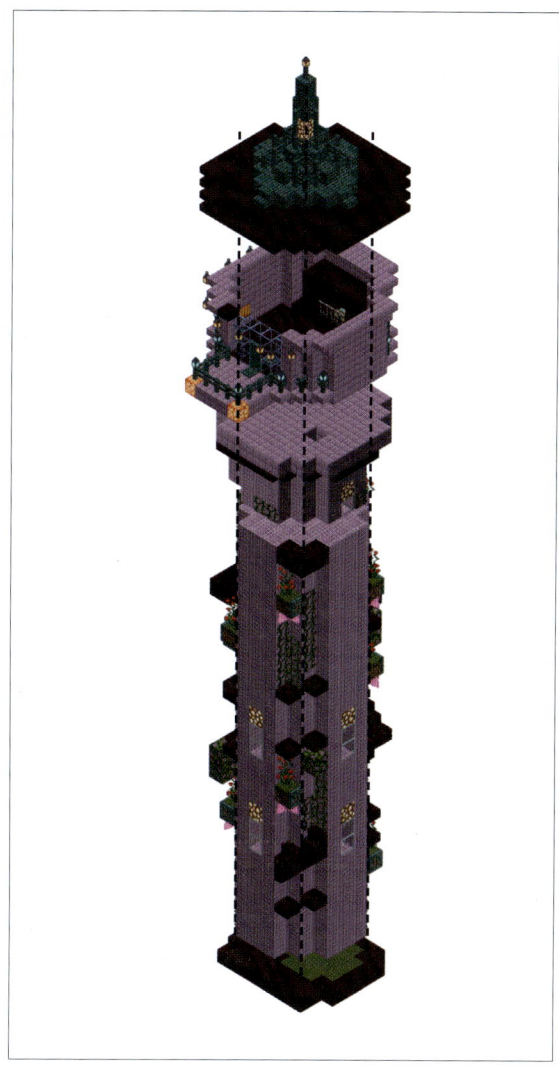

건축에 사용할 블록

붉은 네더 벽돌 계단	붉은 네더 벽돌 판	붉은 네더 벽돌 벽	보라보라 기둥	보라보라 블록	잔디 블록	큰 드립리프	사다리	영혼의 모닥불
뒤틀린 계단	뒤틀린 판자	뒤틀린 울타리	뒤틀린 문	뒤틀린 감압판	뒤틀린 버튼	발광석	잭 오 랜턴	쉬룸라이트
랜턴	영혼의 불 랜턴	유리	밝은 파란색 스테인드글라스	꽃 핀 철쭉잎	뒤틀린 뚜껑문	포자꽃	장미 덤불	덩굴

무작정 따라하기 01 — 타워 밑판과 기둥 만들기

타워의 밑판은 **붉은 네더 벽돌 판**으로 만듭니다. 붉은 네더 벽돌 판의 반 블록 2개를 연속하여 쌓으면 **붉은 네더 벽돌**처럼 하나의 블록이 됩니다. 이것을 이어 설치하면 **붉은 네더 벽돌 계단**을 사용하지 않고도 계단처럼 만들 수 있습니다. 타워의 내부에는 **큰 드립리프**를 심을 예정이므로 타워가 지어질 위치에는 **잔디 블록**을 설치해야 합니다.

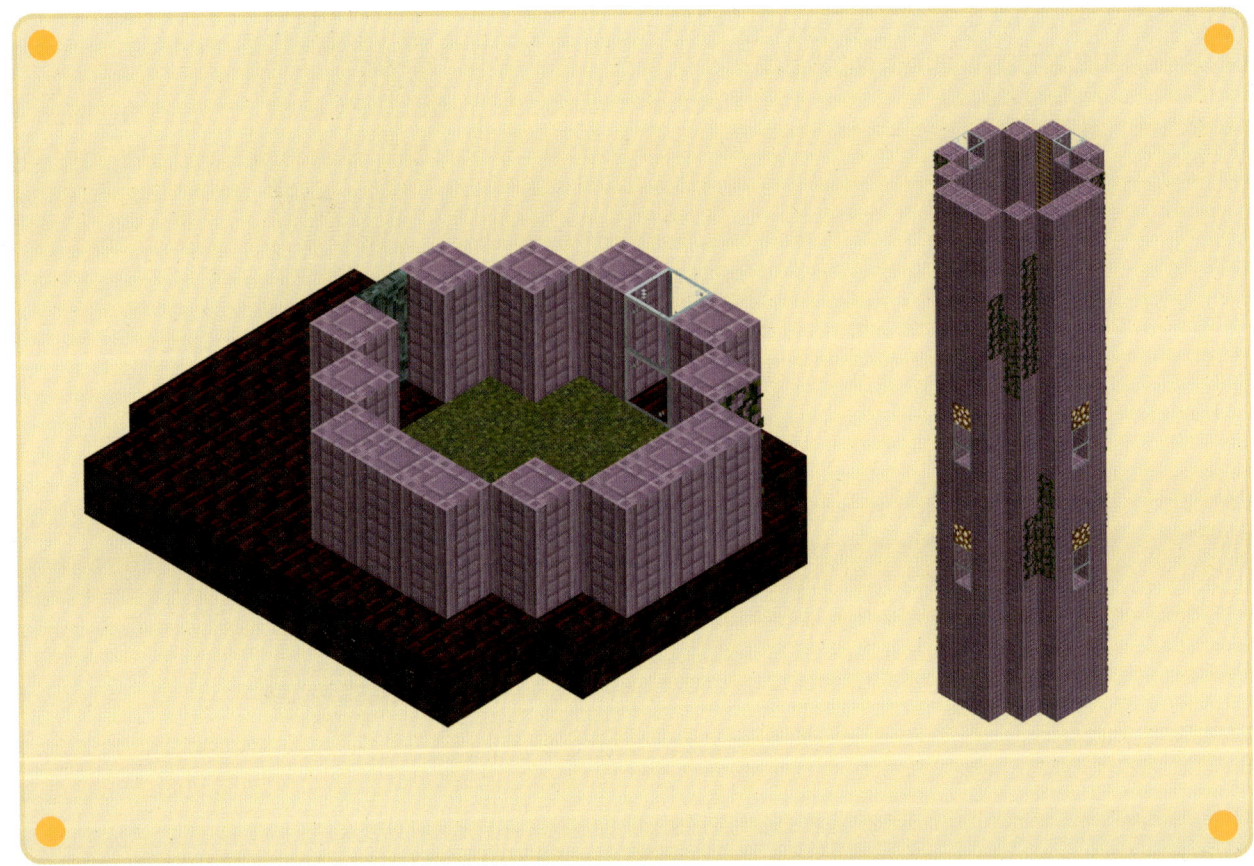

01 붉은 네더 벽돌 판과 잔디 블록으로 타워의 밑판을 만듭니다. 가운데 **잔디 블록**은 타워가 쌓일 위치입니다.

> **TIP**
> 붉은 네더 벽돌 판은 반 블록이기 때문에 2개 연달아 쌓으면 붉은 네더 벽돌처럼 됩니다. 반 블록은 블록 1개의 1/2 크기입니다. 이를 응용하여 계단처럼 만들어도 좋습니다.

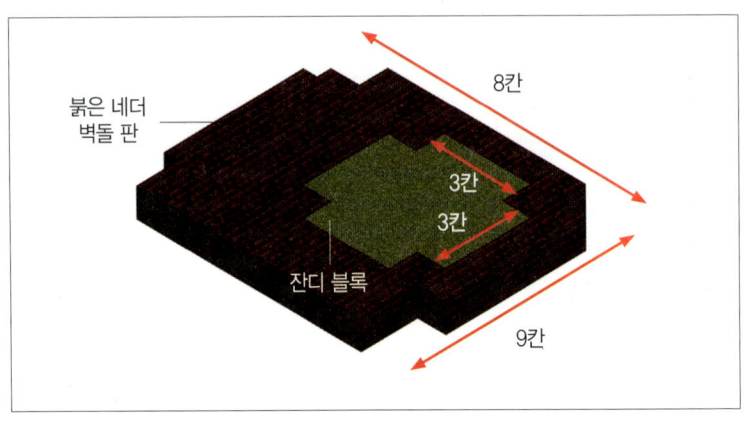

02 잔디 블록 주위로 **유리**, **보라보라 기둥**과 **뒤틀린 문**을 설치하여 만드세요. **보라보라 기둥**은 설치하는 방향에 따라 모양이 달라지는 점에 주의하세요. 아래 그림과 똑같은 무늬가 나오도록 위에서 아래로 내려다보며 설치합니다.

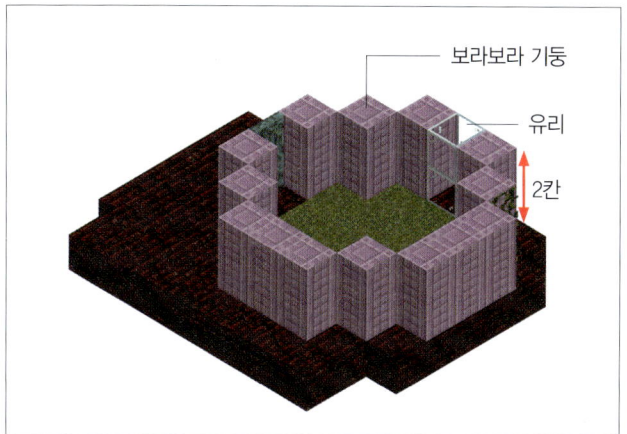

03 다음으로 **보라보라 기둥**을 높이 쌓습니다. 총 25개 높이로 쌓으면서 중간중간에 **유리**와 **발광석**을 기둥의 4면에 넣습니다. 창문 역할을 하는 **유리**의 위치는 마음대로 정해도 됩니다.

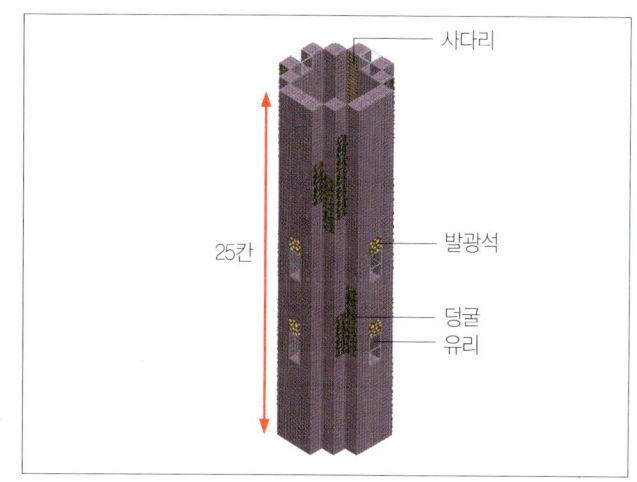

04 03번 과정을 만들면서 기둥의 안쪽 면 중 하나에 **사다리**를 설치하세요. 기둥 안쪽에서 **사다리**를 타고 올라가면 타워의 1층 방으로 들어갈 수 있습니다.

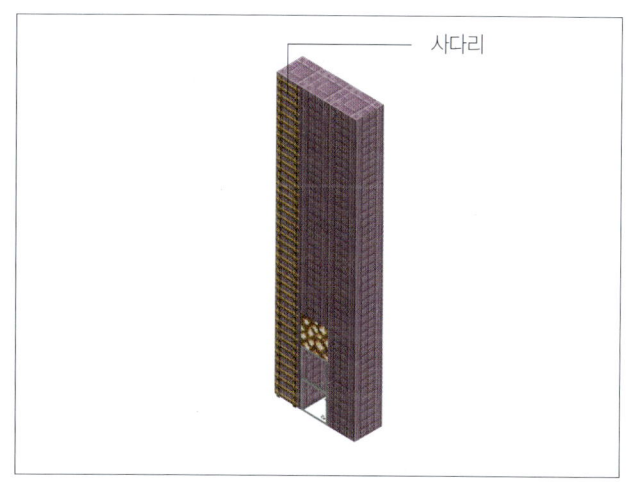

05 이제 기둥의 가장 윗면을 **보라보라 기둥**으로 막으세요. 단, **사다리**로 올라갈 수 있는 구멍을 1칸 뚫어 놓아야 합니다.

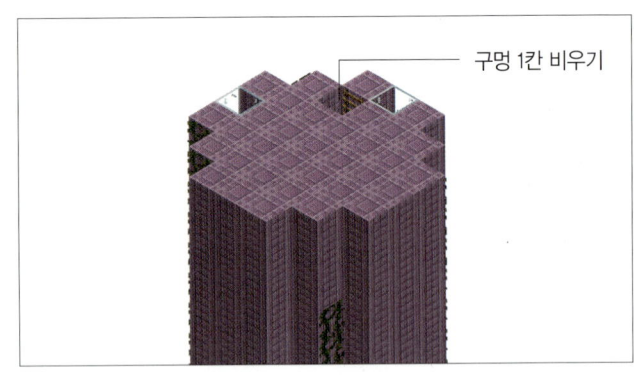

구멍 1칸 비우기

| 무작정 따라하기 02 | **타워 기둥 꾸미기** |

타워 기둥 외벽에 점프를 할 수 있는 계단을 만들어야 합니다. 정해진 규칙은 없으니 **붉은 네더 벽돌 계단**과 **붉은 네더 벽돌 판**을 이용하여 이중나선 모양으로 타워 꼭대기에 올라가는 길을 자유롭게 만들어 주세요. 기둥의 꼭대기에는 **붉은 네더 벽돌 판**과 **붉은 네더 벽돌 벽**, **뒤틀린 문**을 이용하여 타워 1층으로 들어가는 입구를 만들 예정입니다. 그리고 **잔디 블록**, **뒤틀린 뚜껑문**, **포자꽃**, **장미 덤불**, **덩굴** 등을 기둥 외벽에 붙여서 자연에 가까운 모습으로 꾸며줄 것입니다.

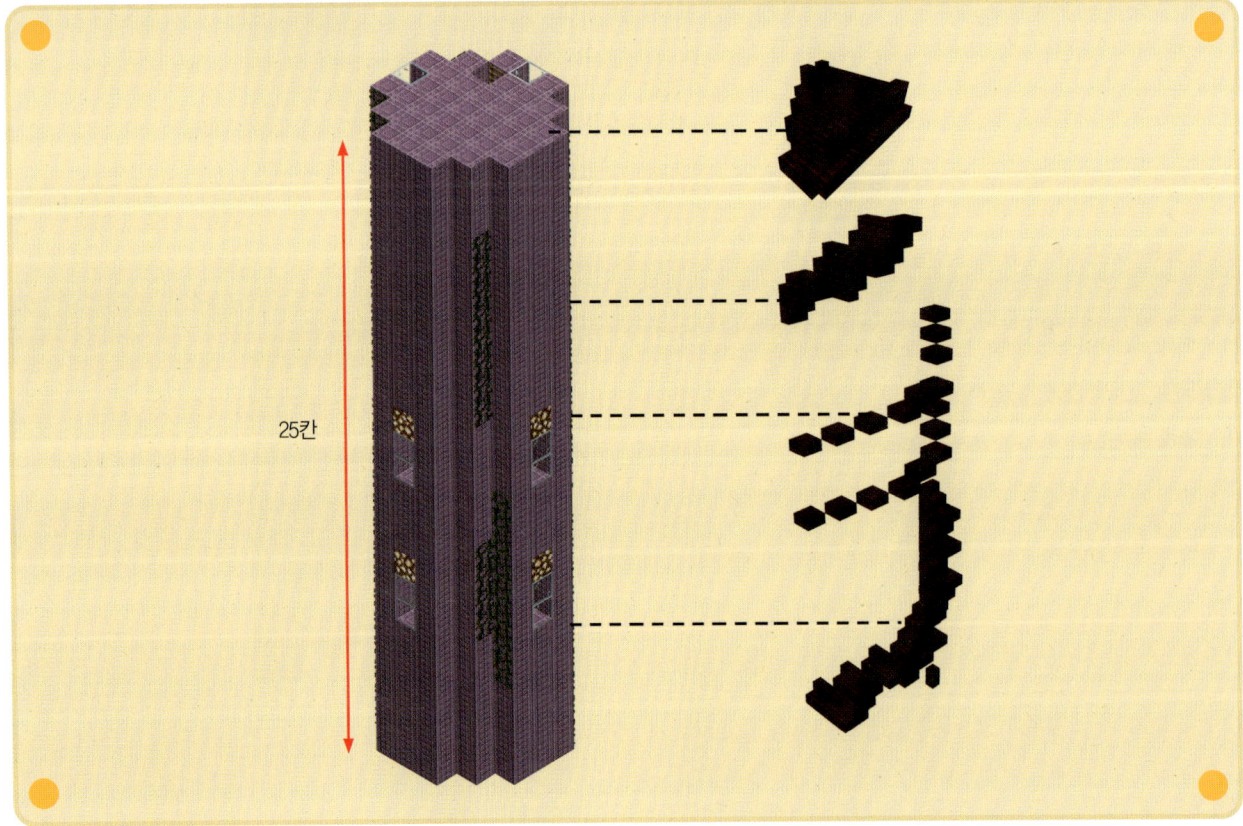

25칸

01 먼저 **붉은 네더 벽돌 판**과 **붉은 네더 벽돌 계단**을 이용하여 기둥 외벽에 이중나선 모양으로 길을 만들어 주세요. 옆의 두 그림은 2개 면을 보여준 것입니다. 그림과 똑같이 만들 필요 없이 자유롭게 길을 만들어 주세요.

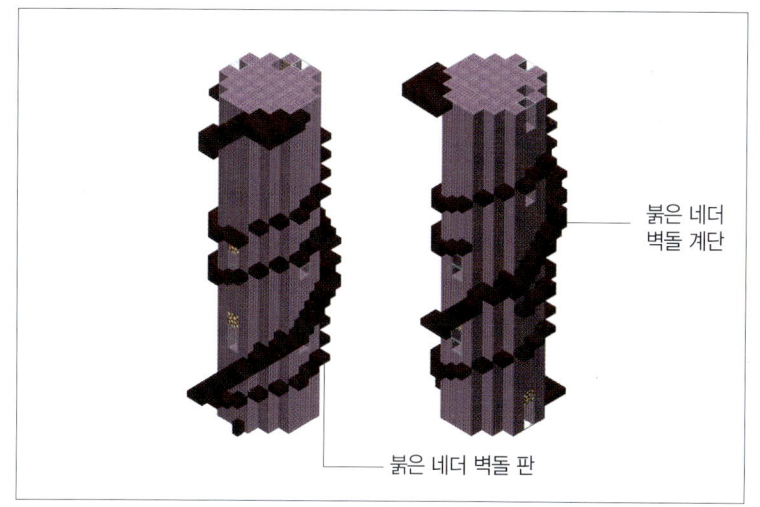

붉은 네더 벽돌 계단

붉은 네더 벽돌 판

02 **장미 덤불**, **덩굴**, **잔디 블록**, **포자꽃**, **뒤틀린 뚜껑문** 등을 이용하여 기둥 외벽에 자연친화적인 장식을 꾸밉니다. 이러한 장식이 여러분의 점프 타워를 조금 더 예쁘게 만들어 줄 거예요. 정해진 규칙은 없으니 그림을 참고하여 꾸며주세요.

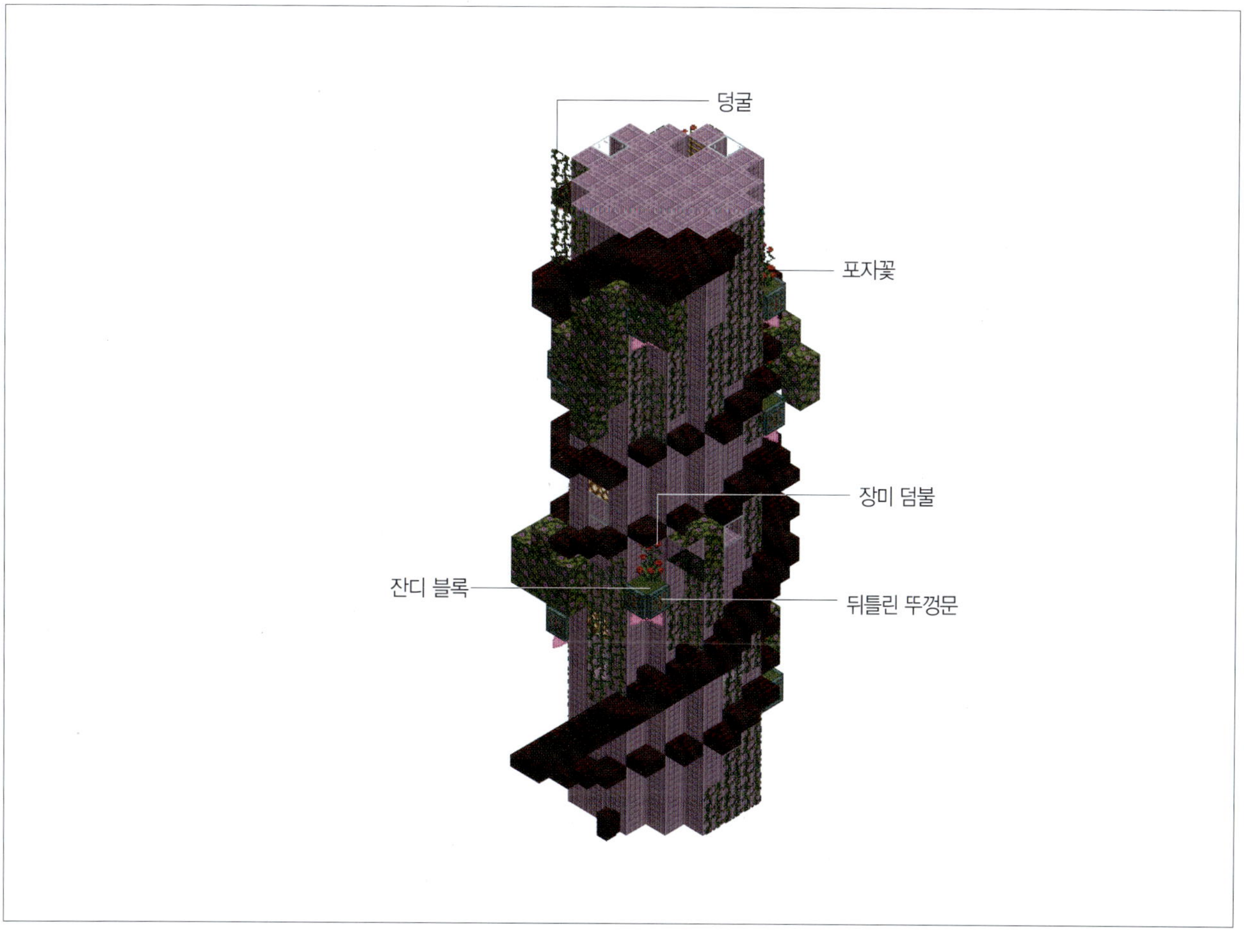

덩굴

포자꽃

장미 덤불

잔디 블록

뒤틀린 뚜껑문

03 기둥의 가장 꼭대기는 타워 1층의 바닥이 될 부분입니다. 건물 외벽의 이중나선형 점프 타워로 올라오면 타워 1층으로 들어갈 수 있도록 입구를 만들 것이므로 기둥의 꼭대기에 오른쪽 그림과 같이 **붉은 네더 벽돌 계단**과 **붉은 네더 벽돌 벽**으로 입구가 될 공간을 만들어 주세요.

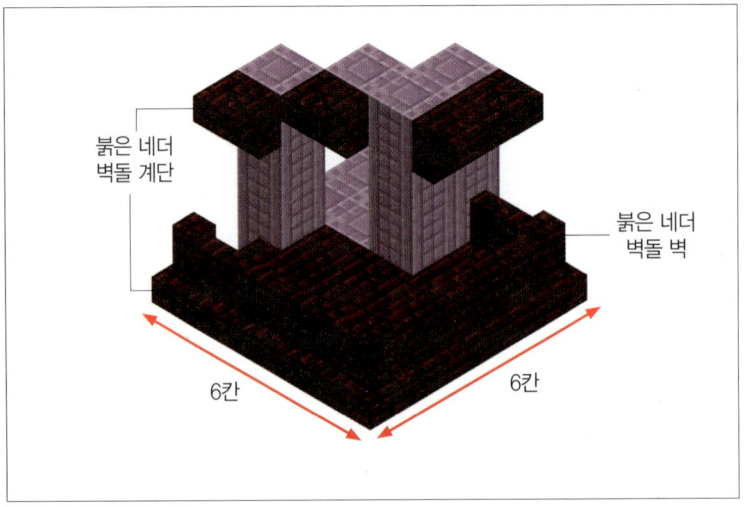

> **TIP**
> 여기서 만든 공간은 25쪽의 '타워 1층 방 만들기'에서 다시 다루겠습니다.

04 다음으로 기둥 안쪽에도 점프를 할 수 있도록 꾸며 봅시다. 이미 '무작정 따라하기 01'에서 건물 안쪽에 사다리를 두었지만, 조금 더 재미있는 점프 타워를 만들기 위해서 기둥 안쪽에 **큰 드립리프**를 설치하여 점프해 올라갈 수 있도록 합니다. **큰 드립리프**를 적당히 설치했으면 **사다리**로 점프하여 **사다리**를 타고 타워 1층으로 갈 수 있도록 길을 만드세요.

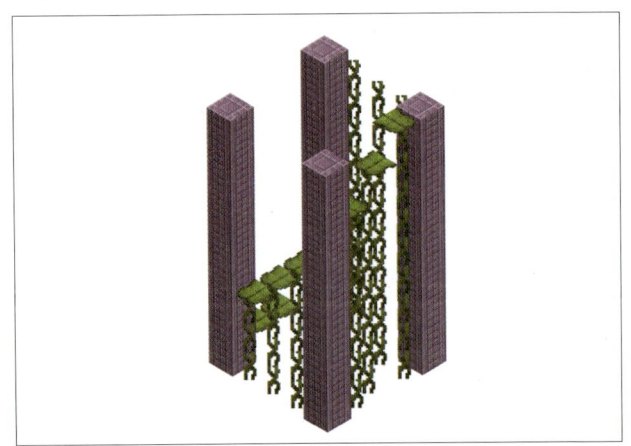 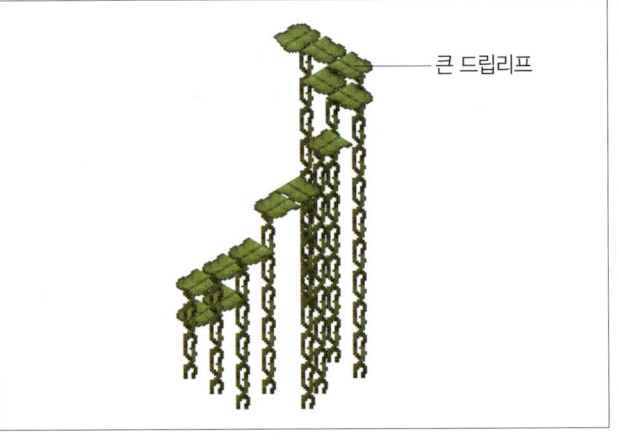

> **TIP**
> 위에 두 그림은 기둥 안쪽을 보여준 모습이니 참고하세요.

무작정 따라하기 03 | 타워 1층 방 만들기

기둥 안쪽이나 기둥 바깥쪽에 있는 이중나선형 점프 타워로 올라오면 타워 1층 방에 도착합니다. 만약 기둥 안쪽에서 점프해서 오면 **사다리**를 타고 도착하고, 기둥 바깥쪽의 이중나선형 점프 타워로 올라오면 **뒤틀린 문**에 도착합니다. 타워 1층 방에는 타워 2층 방으로 올라가는 **사다리**를 만들겠습니다.

01 타워 1층 방의 바닥은 기둥의 가장 꼭대기입니다. **사다리**를 타고 올라오는 구멍이 있습니다.

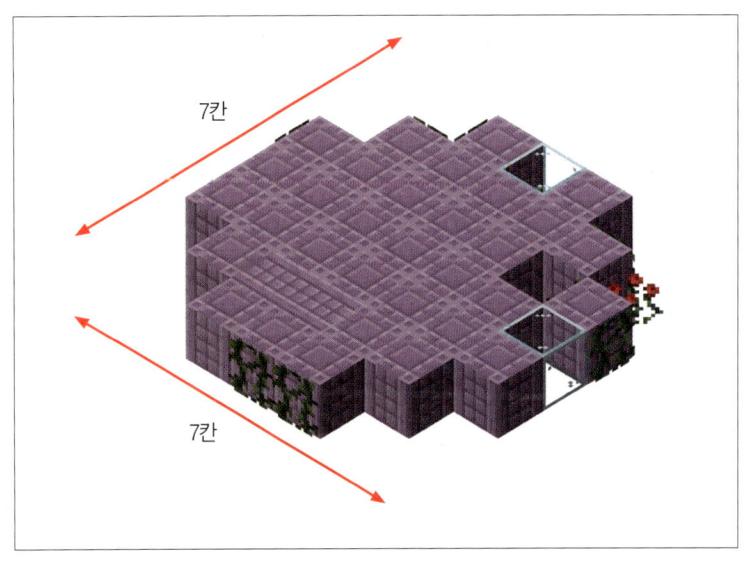

02 보라보라 기둥을 이용하여 바깥쪽 벽을 쌓습니다. 앞에서도 설명했듯이 **보라보라 기둥**은 놓는 방향에 따라 무늬가 달라지므로, 위에서 아래를 바라보며 놓도록 합니다. 기둥을 만들면서 타워 2층 방으로 올라가는 **사다리**도 동시에 만드세요. 위치는 자유롭게 만들어도 괜찮습니다. **덩굴**로 꾸며주고 **사다리**도 설치하고 **발광석**으로 꾸밉니다.

03 이제 타워 1층 방의 꼭대기를 **보라보라 블록**으로 막습니다. 이 꼭대기는 타워 2층 방의 바닥이 될 예정이므로 사다리에서 빠져나올 구멍은 하나 남겨두세요.

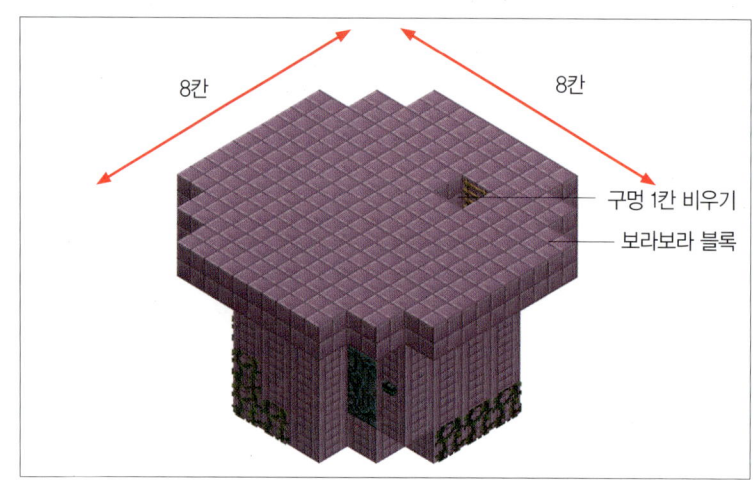

04 타워 1층 방의 꼭대기를 만든 다음, 바깥쪽에 **붉은 네더 벽돌 계단**을 거꾸로 달아 꾸밉니다.

05 마지막으로 건물 바깥쪽에서 타워 1층 방 밖에 문과 버튼을 만들겠습니다. '무작정 따라하기 02'에서 타워 1층 방 입구를 만든 곳에 **뒤틀린 문**, **뒤틀린 버튼**을 달아 주세요.

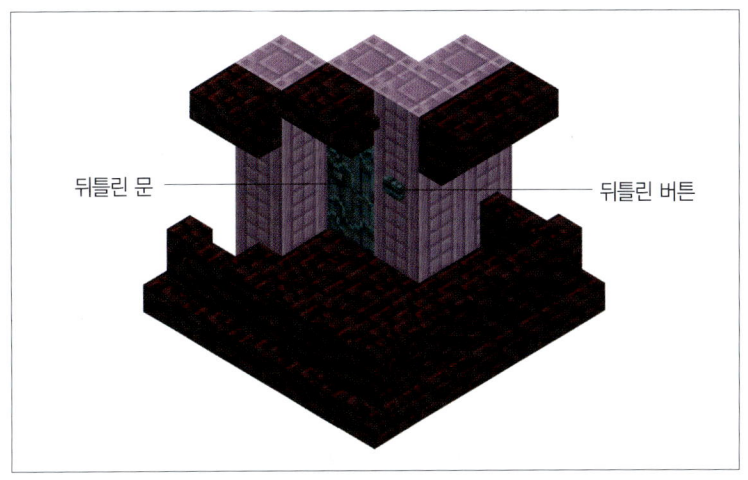

뒤틀린 문 / 뒤틀린 버튼

| 무작정 따라하기 04 | **타워 2층 방 만들기** |

이제 타워 1층 방 위에 타워 2층 방의 바닥을 놓겠습니다. 여기에 발코니의 공간을 만들어 타워 2층 방을 만들 것입니다. 방은 **붉은 네더 벽돌 판**으로 바닥을 꾸미고, 안에는 난로를 설치합니다. 그리고 벽과 바닥에는 **잭 오 랜턴**과 **쉬룸라이트**를 설치해서 밤에 더 빛나도록 만들겠습니다.

02 보라보라 블록으로 5층 높이의 벽을 둘러 쌓으세요. 발코니와 2층 방 사이에는 **밝은 파란색 스테인드글라스**와 **뒤틀린 문**으로 공간을 나누고, **뒤틀린 감압판**을 설치하여 밟아서 열리는 장치를 만듭니다. 보라보라 블록 중간에 **잭 오 랜턴**과 **쉬룸라이트**를 설치하여 밤에 예쁘게 빛날 수 있게 만듭니다.

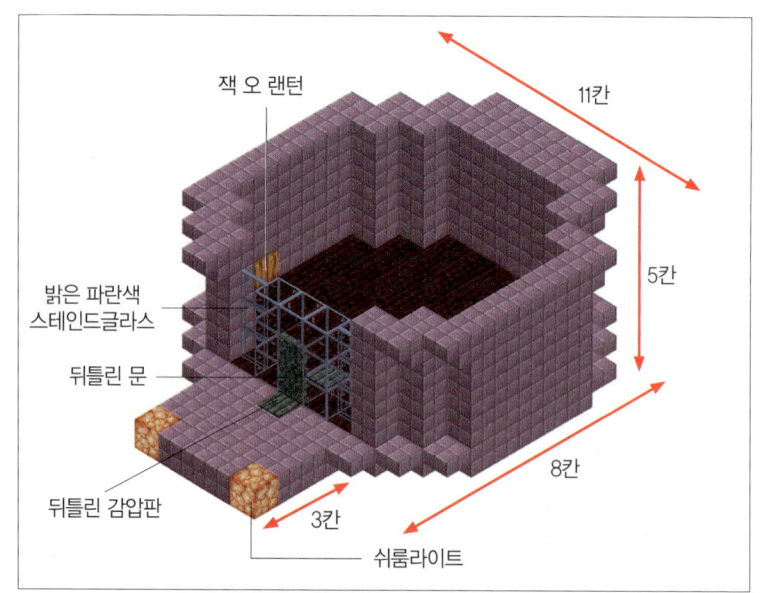

03 방 안에 난로를 놓을 차례입니다. **붉은 네더 벽돌 판**을 2개 쌓아 **붉은 네더 벽돌 블록**처럼 만든 뒤, 그것을 3칸 쌓아 난로의 틀을 만듭니다. 그 안에 **영혼의 모닥불**과 **철창**으로 꾸밉니다. 그림을 보며 난로의 위치를 확인하고 만듭니다.

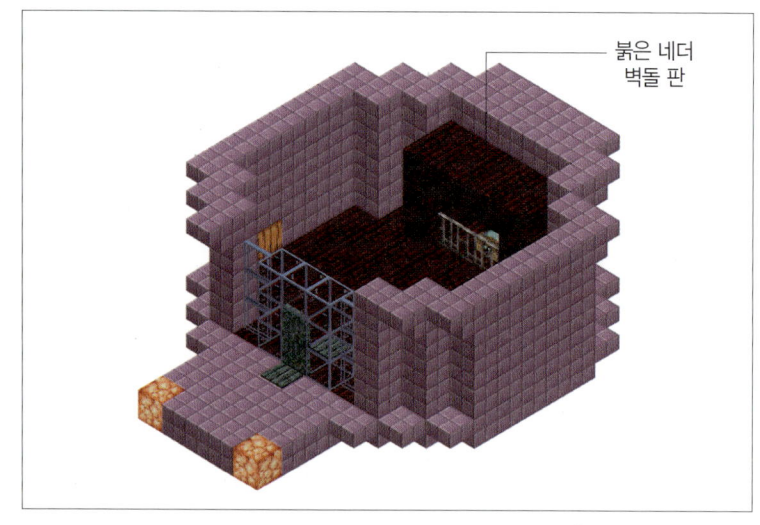

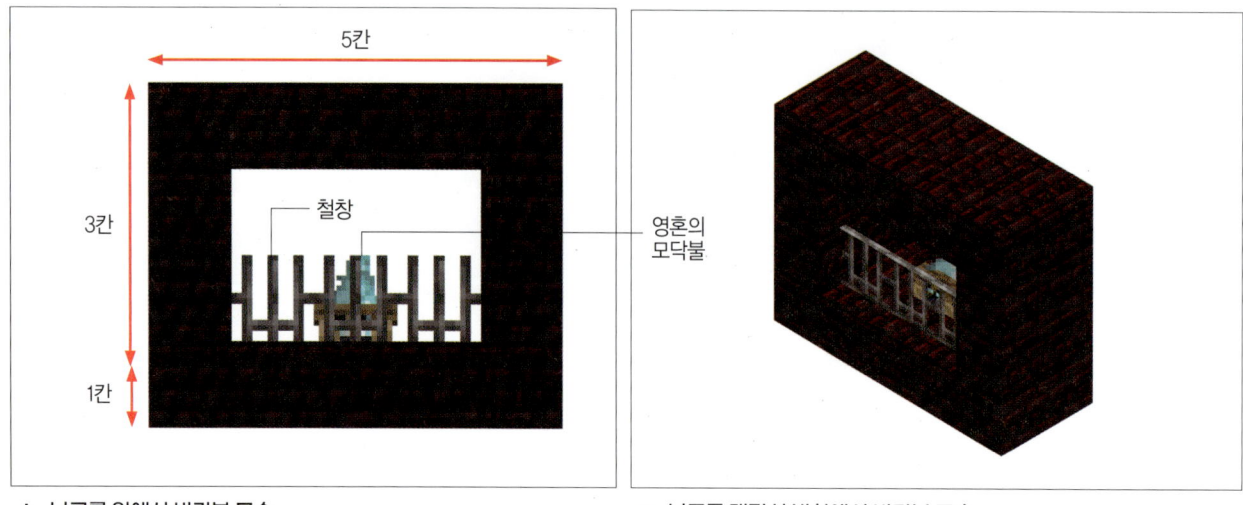

▲ 난로를 앞에서 바라본 모습 　　　　▲ 난로를 대각선 방향에서 바라본 모습

04 마지막으로 **뒤틀린 울타리**로 발코니 주위를 둘러주세요. 그 다음으로 빈 공간에 자유롭게 **뒤틀린 울타리**, **랜턴**과 **영혼의 불 랜턴**을 사용하여 적당히 꾸민다면 예쁜 타워 2층 방을 만들 수 있을 거예요.

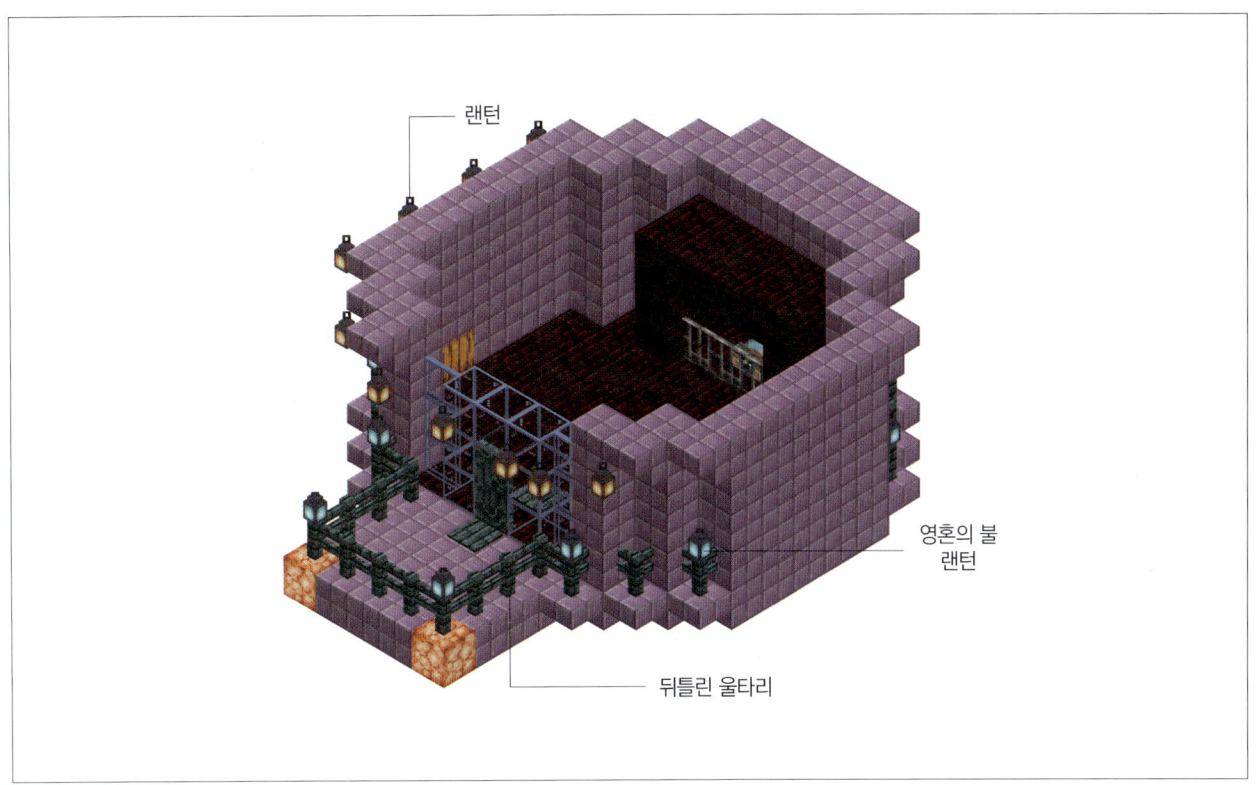

 **궁금해요** **발코니와 베란다는 다른 것인가요?**
발코니는 지금 우리가 만든 것처럼 지붕이 없이 난간으로 둘러 둔 구역을 의미합니다. 발코니의 아래쪽은 아무런 공간도 없습니다. 베란다는 1층 방의 크기가 2층 방의 크기보다 클 경우에 생기는 바닥입니다. 베란다의 아래쪽은 1층 방이겠지요. 생긴 것은 비슷하지만 아래쪽에 공간이 있는지 없는지에 따라 이름이 달라진답니다.

무작정 따라하기 05   타워 지붕 만들기

이제 마지막으로 타워의 지붕을 만들 차례입니다. 지붕은 **붉은 네더 벽돌 판**으로 만든 다음 지붕 위에 **뒤틀린 판자**, **뒤틀린 계단**, **뒤틀린 울타리** 등으로 탑을 만들어 올립니다. 꼭 책과 똑같은 모습으로 만들 필요 없으니 차근차근 따라하며 나만의 상상력을 더해 만들어도 좋습니다.

01 타워 2층 방 위쪽을 **붉은 네더 벽돌 판**을 이용하여 그림과 같이 만드세요. **붉은 네더 벽돌 판**은 반 블록이기 때문에 가장자리 쪽은 반 블록, 가운데 쪽은 반 블록을 2개 쌓아 만듭니다.

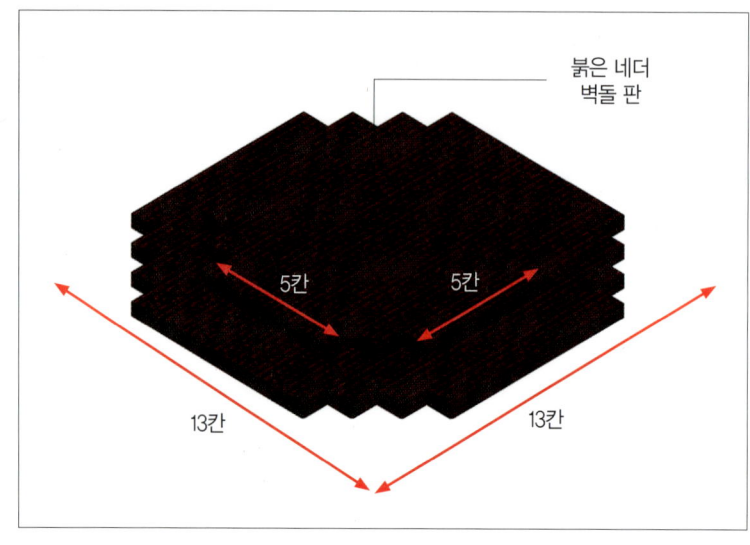

02 다음으로 지붕 위에 탑을 쌓습니다. 지붕의 중간에 그림과 같이 **뒤틀린 판자**와 **뒤틀린 계단**을 이용하여 탑의 기초를 만듭니다.

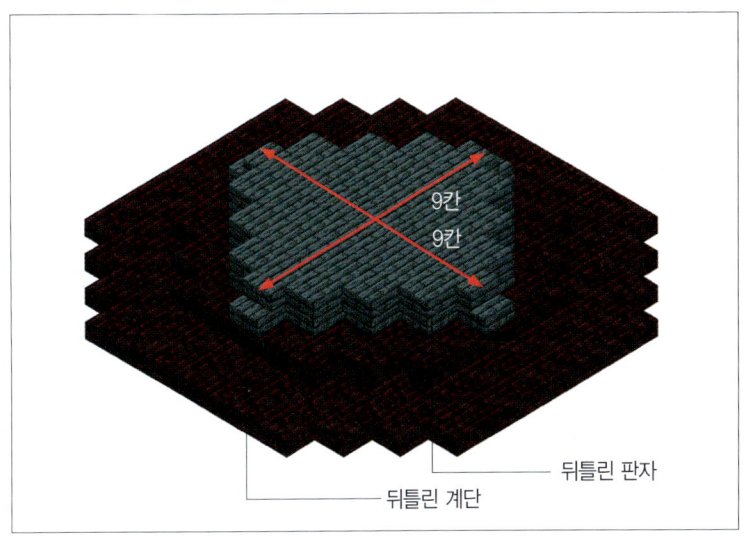

03 **뒤틀린 판자**와 **뒤틀린 울타리**로 1층을 쌓습니다.

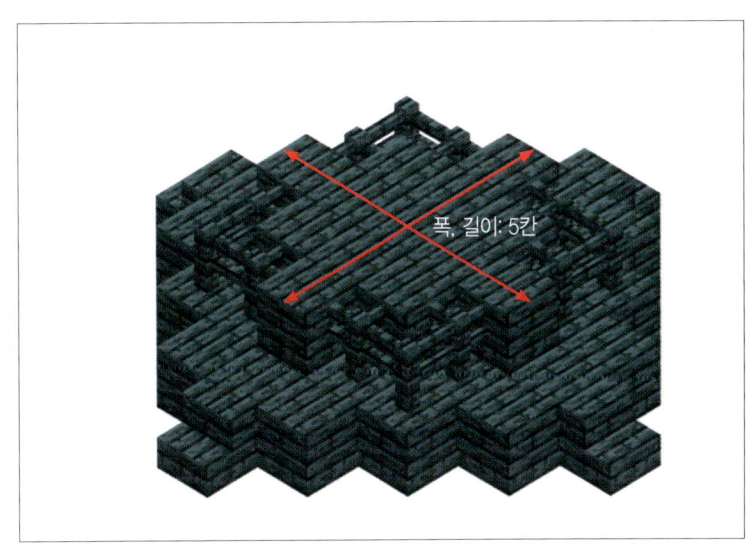

04 이렇게 1층을 만들고 나면, 다음 층은 **뒤틀린 판자**와 **뒤틀린 울타리**로 그림과 같이 만듭니다. 이때, 정가운데에 **발광석**을 넣으면 밤이 되었을 때 밝게 빛납니다.

05 다음 층은 **뒤틀린 울타리**와 **발광석**만으로 쌓아 올립니다.

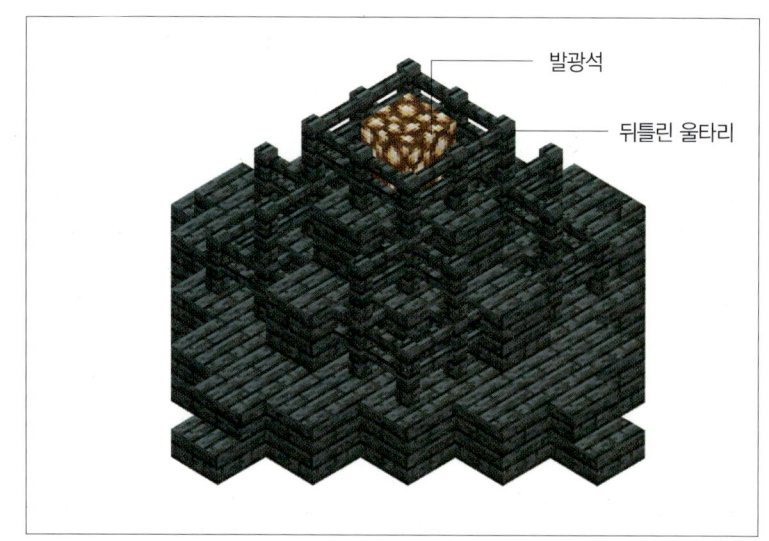

06 그 다음 층에는 **발광석** 하나를 더 쌓은 뒤, 맨 위에 **뒤틀린 판자**를 하나 더 놓습니다. 주위로는 **뒤틀린 울타리**를 놓아 꾸밉니다.

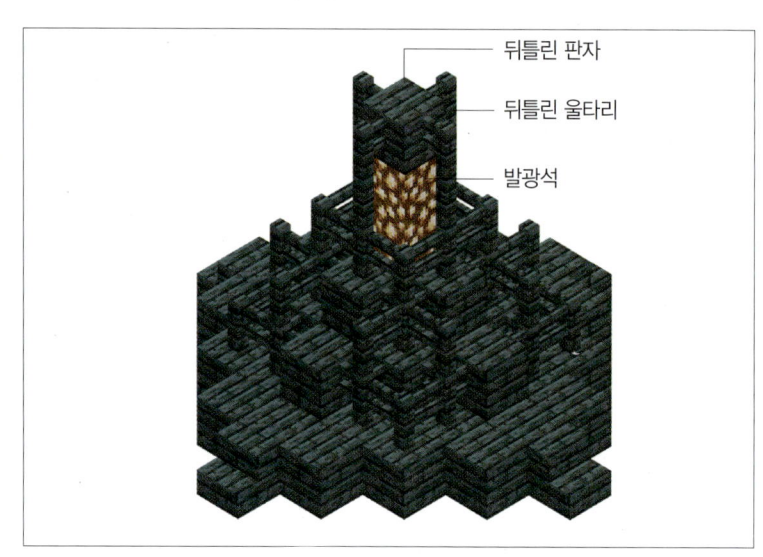

07 마지막으로 **뒤틀린 판자**를 하나 더 쌓은 뒤, **뒤틀린 울타리**를 놓고 그 위에 **랜턴**을 놓으면 탑이 완성됩니다.

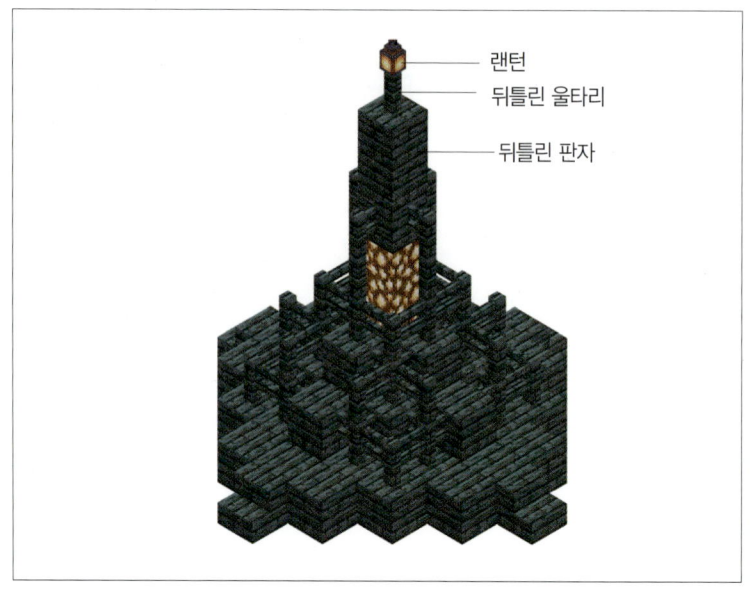

08 완성한 지붕과 탑을 같이 보면 아래 그림과 같은 모습입니다.

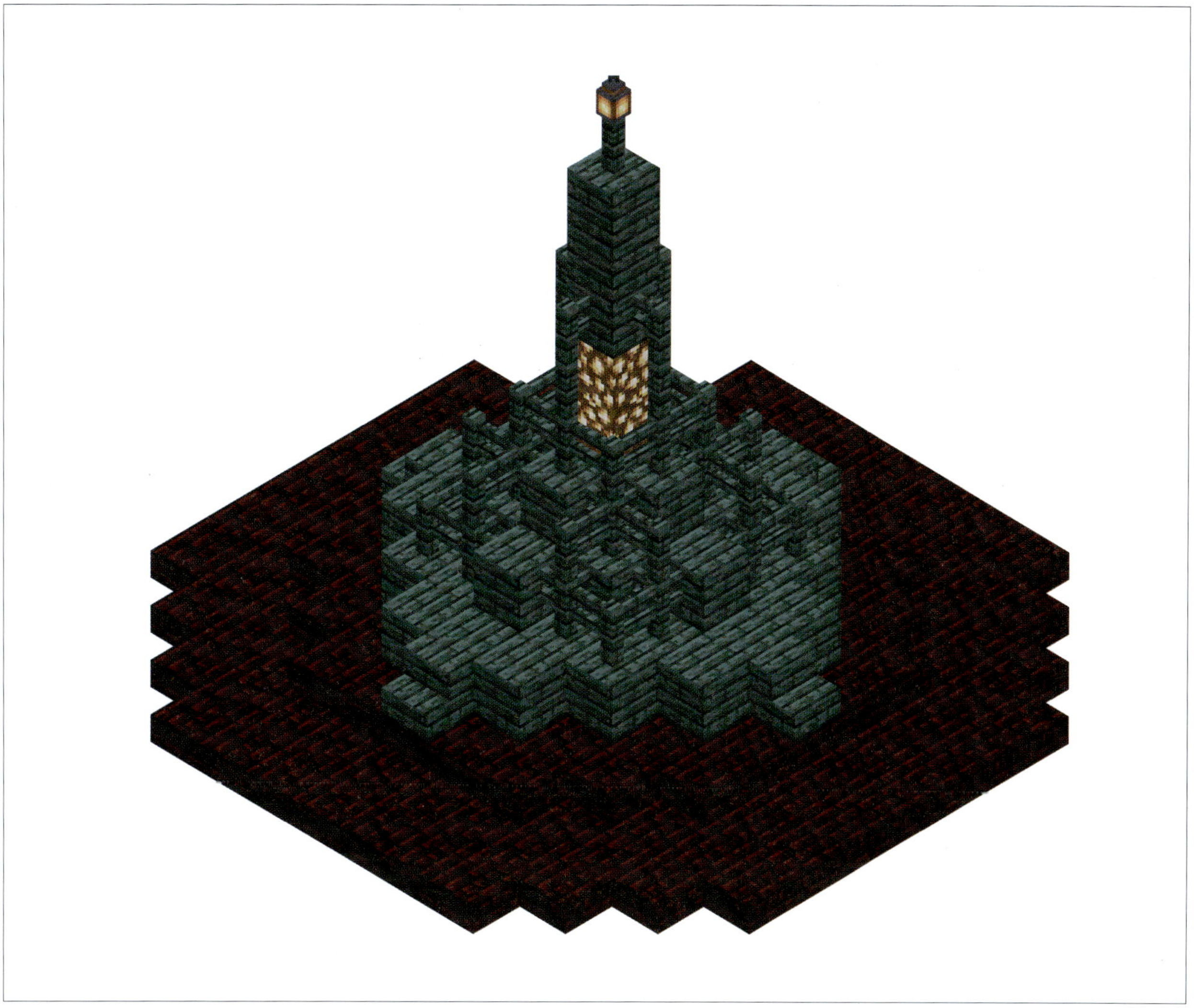

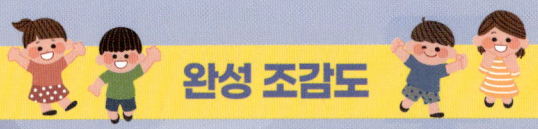 완성 조감도

점프 타워 전체 모습

옆에서 본 점프 타워
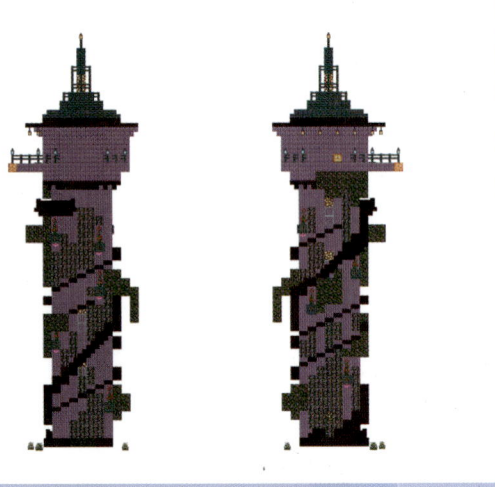

앞과 뒤에서 본 점프 타워
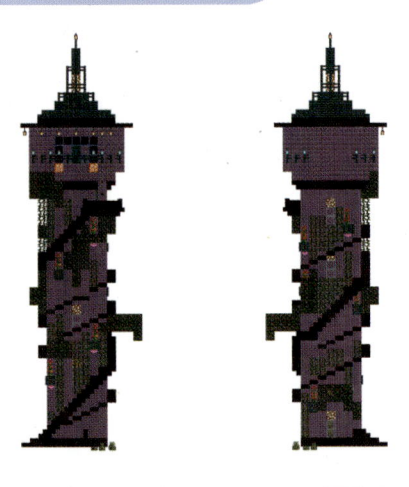

위에서 본 점프 타워
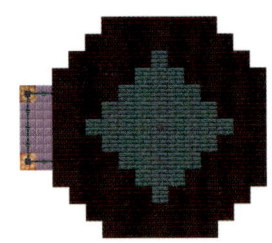

아래에서 본 점프 타워
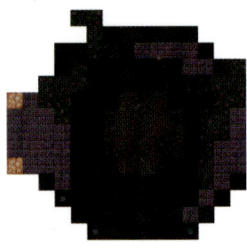

DAY 03

바다와 육지를 오가는
수륙양용차

땅 위를 다닐 때는 자동차, 물 위를 다닐 때는 배로 바뀌어 바다와 육지를 자유롭게 다닐 수 있는 차가 있다면 얼마나 좋을까요? 그러한 자동차가 바로 수륙양용차입니다. 수륙양용차는 지표면으로부터 약간 떠 있어서 땅 위나 물 위에서 자유롭게 다닐 수 있어 매우 편리합니다.

난이도 ★★　**소요 시간** 100분

🔍 건축 방법 미리보기

수륙양용차는 큰 배처럼 생겼어요. 수륙양용차는 공기를 밑으로 불어넣어 약간 위로 뜬 상태에서 움직이기 때문에, 아랫부분은 공기가 나갈 수 있도록 비어 있어요. 그 위로는 갑판이 있어서 사람이 다닐 수 있어요. 수륙양용차의 뒷부분에는 프로펠러가 있어서 앞으로 나갈 수 있는 동력을 만들고, 한쪽 구석에 편하게 쉴 수 있는 공간인 선실도 만들어 봅시다.

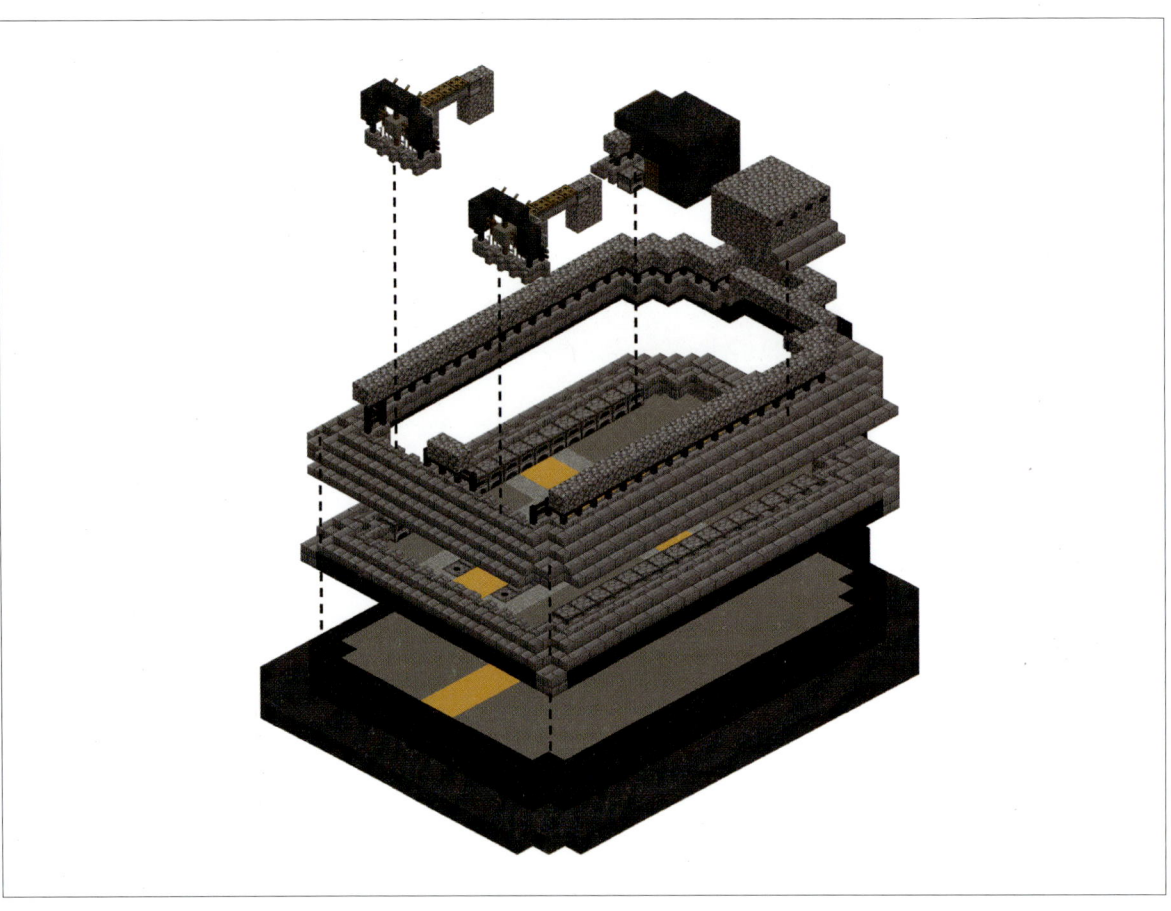

건축에 사용할 블록

흑요석	석재 벽돌	석재 벽돌 계단	석재 벽돌 벽	네더 벽돌 울타리	밝은 회색 콘크리트	밝은 회색 콘크리트 가루	회색 콘크리트	노란색 콘크리트
디스펜서	조약돌	화로	흰색 콘크리트	참나무 뚜껑문	손잡이	철창	가문비나무울타리	모닥불
참나무 문	광택 블랙스톤 버튼	흰색 배너						

| 무작정 따라하기 01 | **수륙양용차 아랫부분 만들기** |

수륙양용차의 아랫부분은 총 3단으로 이뤄져 있습니다. 그중에서 제일 아래층은 테두리만 있고 가운데는 비어 있습니다. 수륙양용차는 압축된 공기를 아래로 뿜어서 수면 위에 살짝 떠서 가는 원리인데, 이 압축된 공기가 빠져나갈 구멍을 표현한 것입니다.

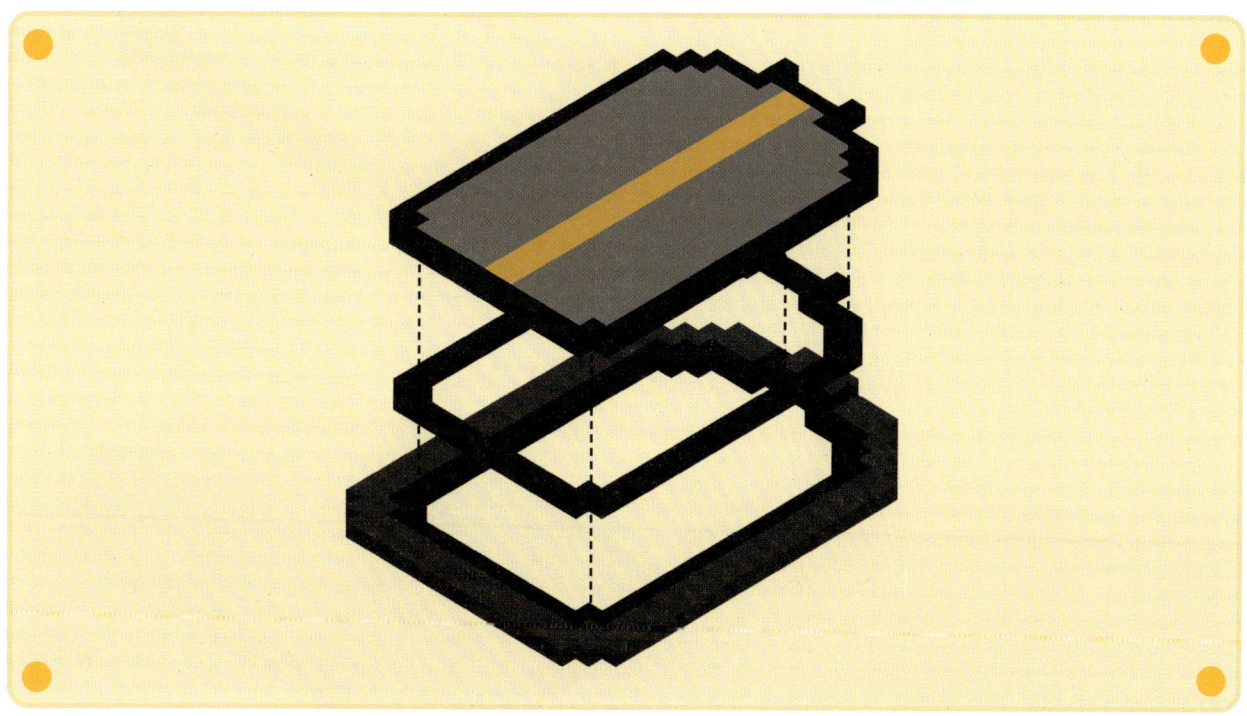

01 **흑요석**과 **회색 콘크리트**로 그림과 같이 1단을 만듭니다. 좌우 대칭으로 만들고 가운데는 공기가 빠져나갈 수 있도록 비워둡니다. **흑요석**의 겉면에 **회색 콘크리트**를 둘러서 꾸미세요.

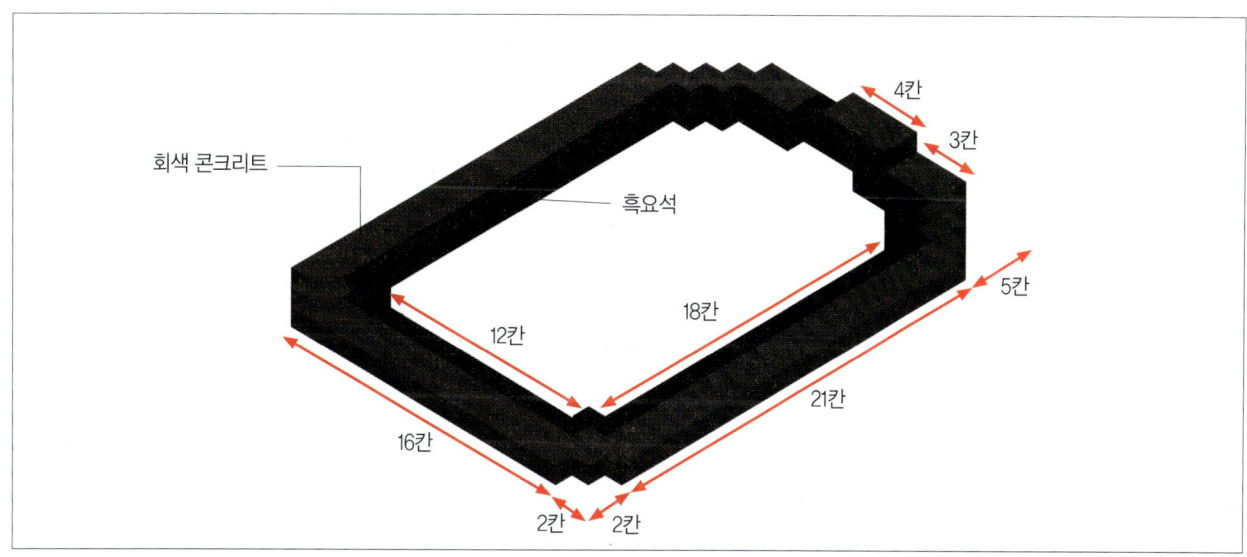

02 흑요석을 2단으로 올립니다.

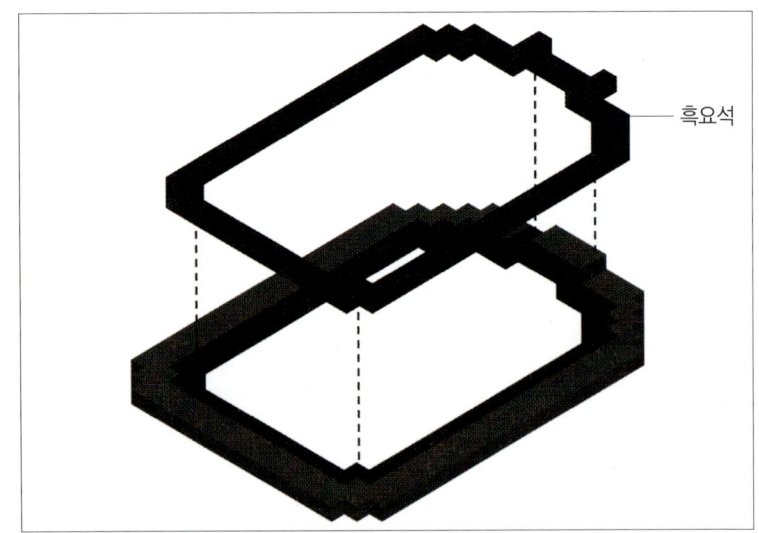

03 흑요석을 한 단 더 올린 다음에, 아래 그림과 같이 **밝은 회색 콘크리트**와 **노란색 콘크리트**로 무늬를 만들어 주세요.

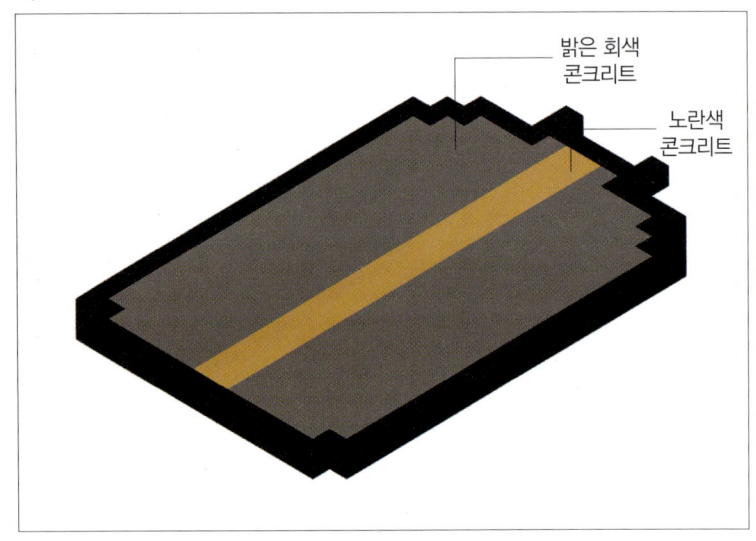

04 수륙양용차의 아랫부분은 그림과 같이 3단으로 완성됩니다.

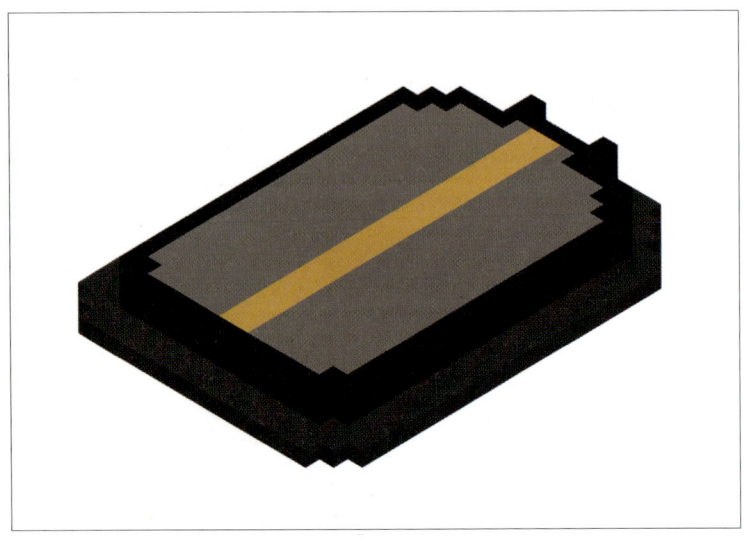

궁금해요 지금 만드는 수륙양용차에는 바퀴가 없나요?

수륙양용차는 물 위나 땅 위에서 모두 다닐 수 있게 만든 자동차입니다. 경우에 따라서 땅 위에서는 바퀴로, 바다에서는 배로 가는 수륙양용차도 있습니다. 하지만 이 책에서 우리가 만들 수륙양용차는 배의 아래쪽으로 강한 공기를 불어넣어 물 위 혹은 땅 위를 약간 떠서 이동하여 바퀴가 없답니다.

무작정 따라하기 02 수륙양용차 벽 만들기

수륙양용차의 뼈대를 만들기 위해서 아랫부분의 둘레에 벽을 먼저 만들 것입니다. 벽의 바깥은 **석재 벽돌 계단**으로 지붕처럼 만들어 꾸밀 예정입니다. 수륙양용차의 벽을 만들 때는 모두 대칭으로 만들지만, 뒷부분과 선실을 놓을 공간을 비워 둬야 한다는 점이 중요합니다. 또한 벽은 **석재 벽돌 계단**, **석재 벽돌 벽**, **네더 벽돌 울타리**, **조약돌**을 이용하는데, 원하는 색깔의 계단과 벽, 울타리 등을 사용해도 괜찮습니다.

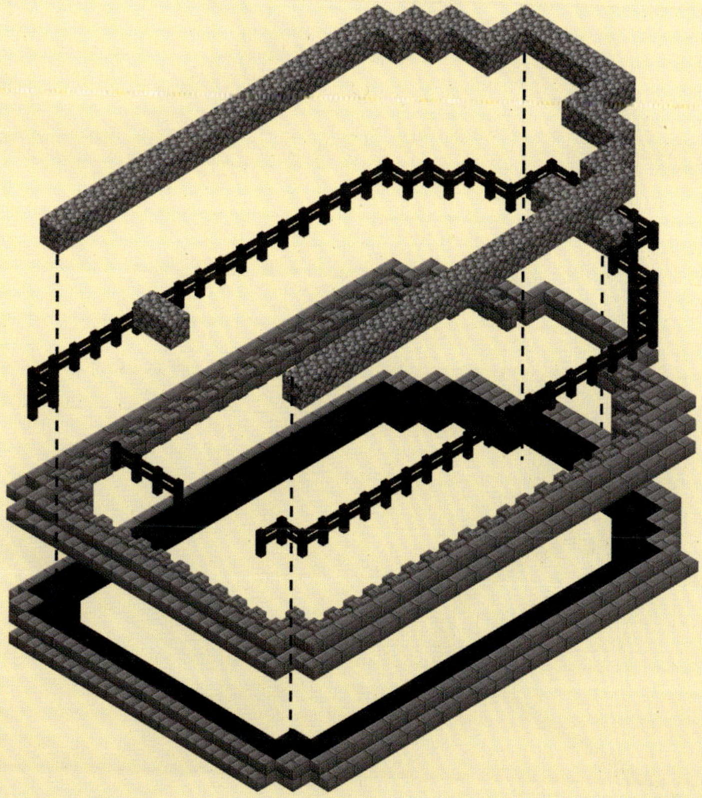

01 수륙양용차 아래쪽 부분의 **흑요석** 가장자리를 **석재 벽돌**과 **석재 벽돌 계단**을 이용하여 그림과 같이 꾸밉니다.

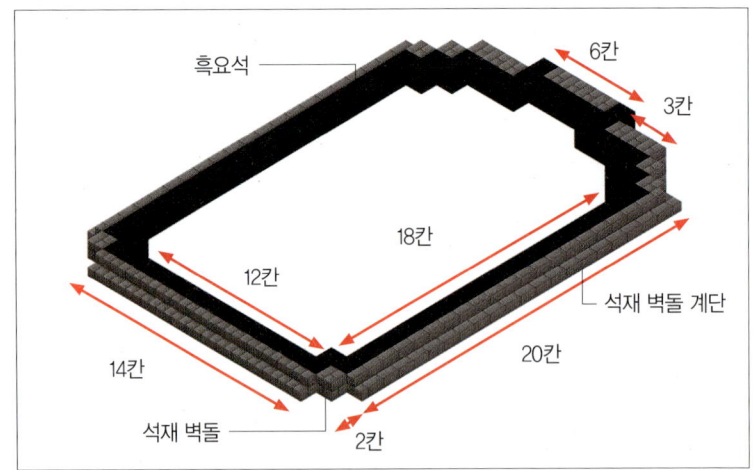

02 다음으로는 **흑요석** 위에 **석재 벽돌 계단**을 놓아 지붕 모양으로 만듭니다. 이때, **석재 벽돌 계단** 안쪽으로 **석재 벽돌 벽**을 놓아 꾸미세요. 아래 그림을 참고해서 2단짜리 벽을 만듭니다.

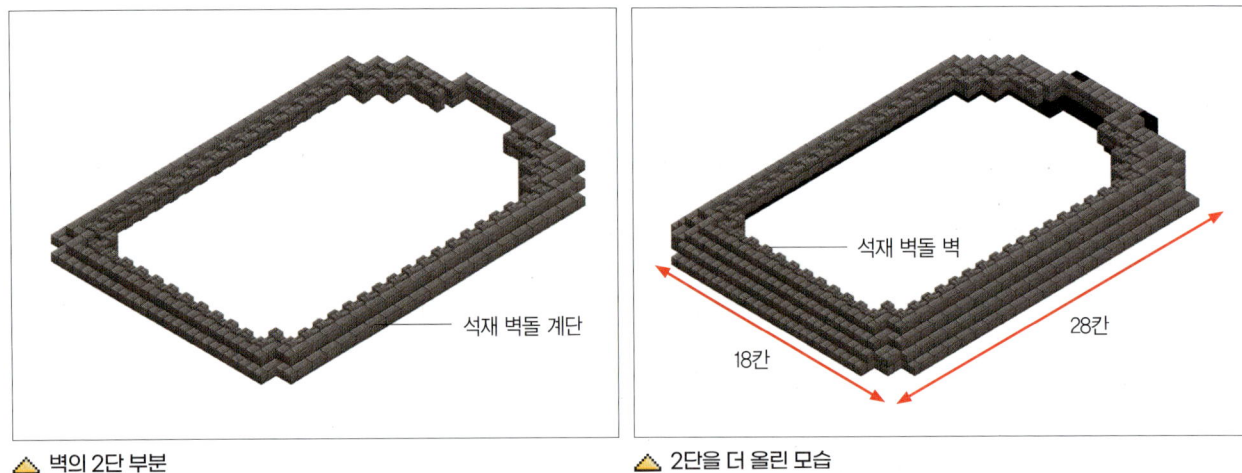

▲ 벽의 2단 부분　　　　　　　　　　　　　　　▲ 2단을 더 올린 모습

03 **석재 벽돌 벽** 위에 **네더 벽돌 울타리**를 그림과 같이 놓습니다. 외관을 꾸미기 위해 **조약돌**도 그림과 동일한 위치에 놓아 완성합니다.

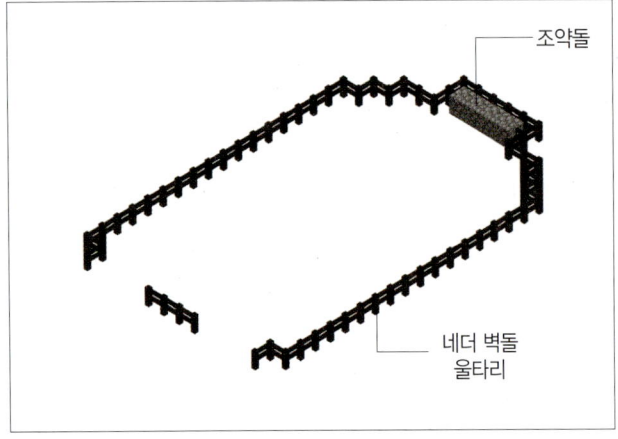 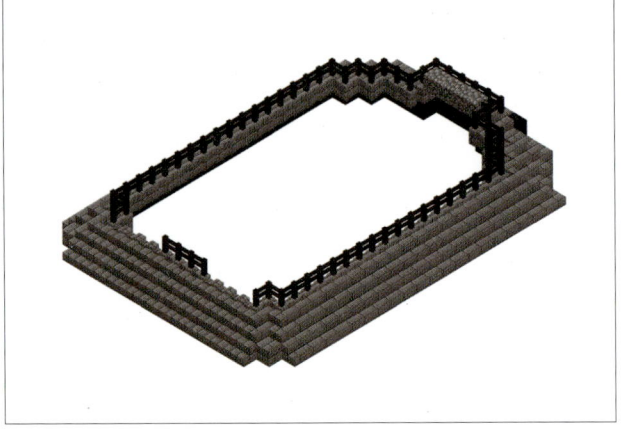

04 마지막으로 03번 과정의 **네더 벽돌 울타리** 위로 **조약돌**을 놓습니다.

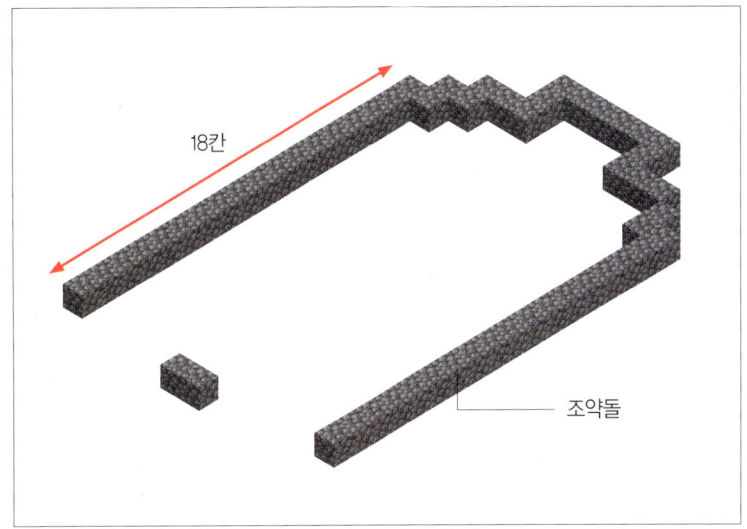

05 다음의 그림을 보며 전체적인 벽의 모양을 확인하세요.

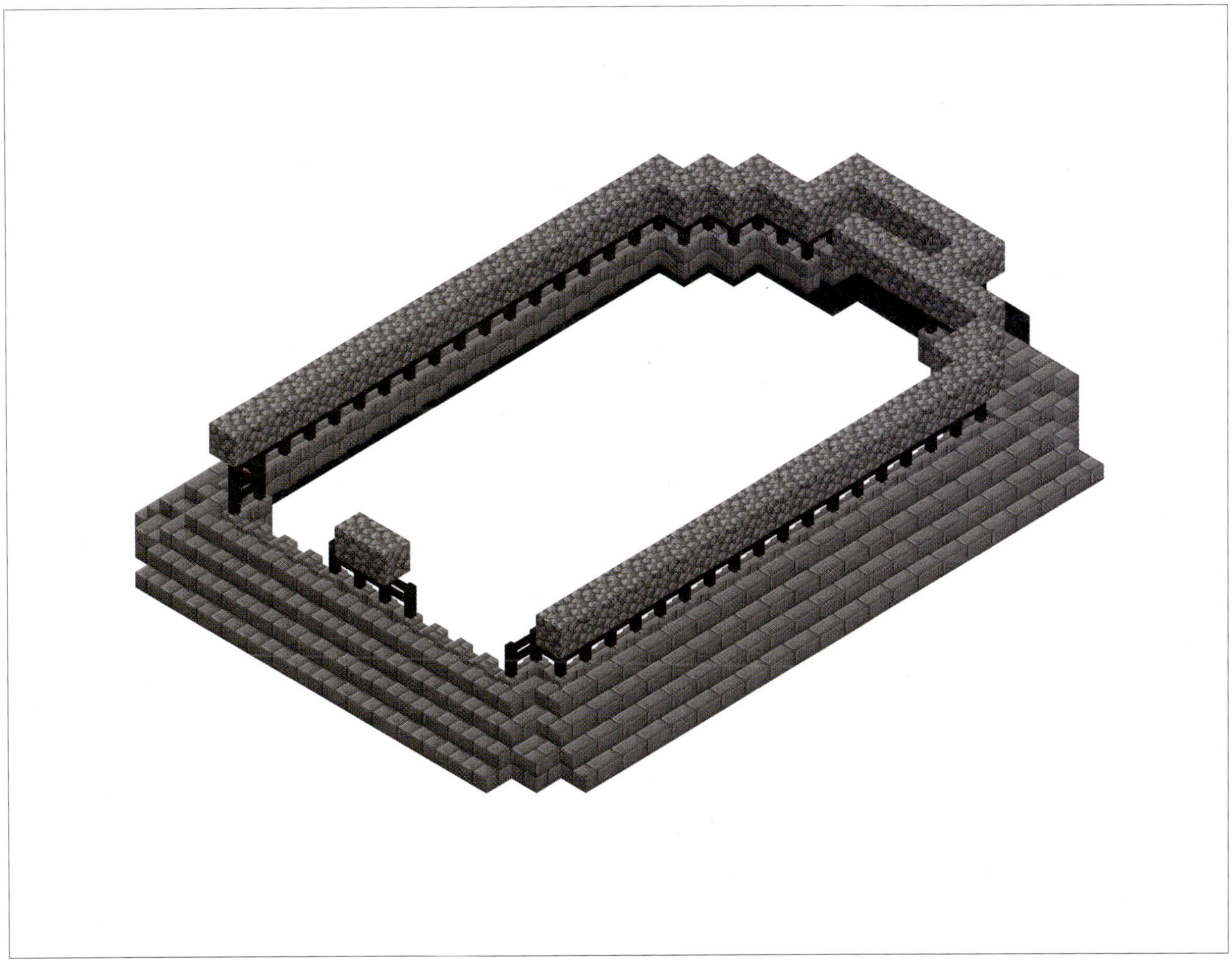

| 무작정 따라하기 03 | **수륙양용차 갑판 만들기** |

이제 벽의 안쪽에 갑판을 만들 예정입니다. 수륙양용차 아랫부분의 가장 윗단의 갑판에 **콘크리트 블록**과 **디스펜서**로 무늬를 만들고, 그 위에 **화로**와 **모닥불**을 놓아 만들겠습니다.

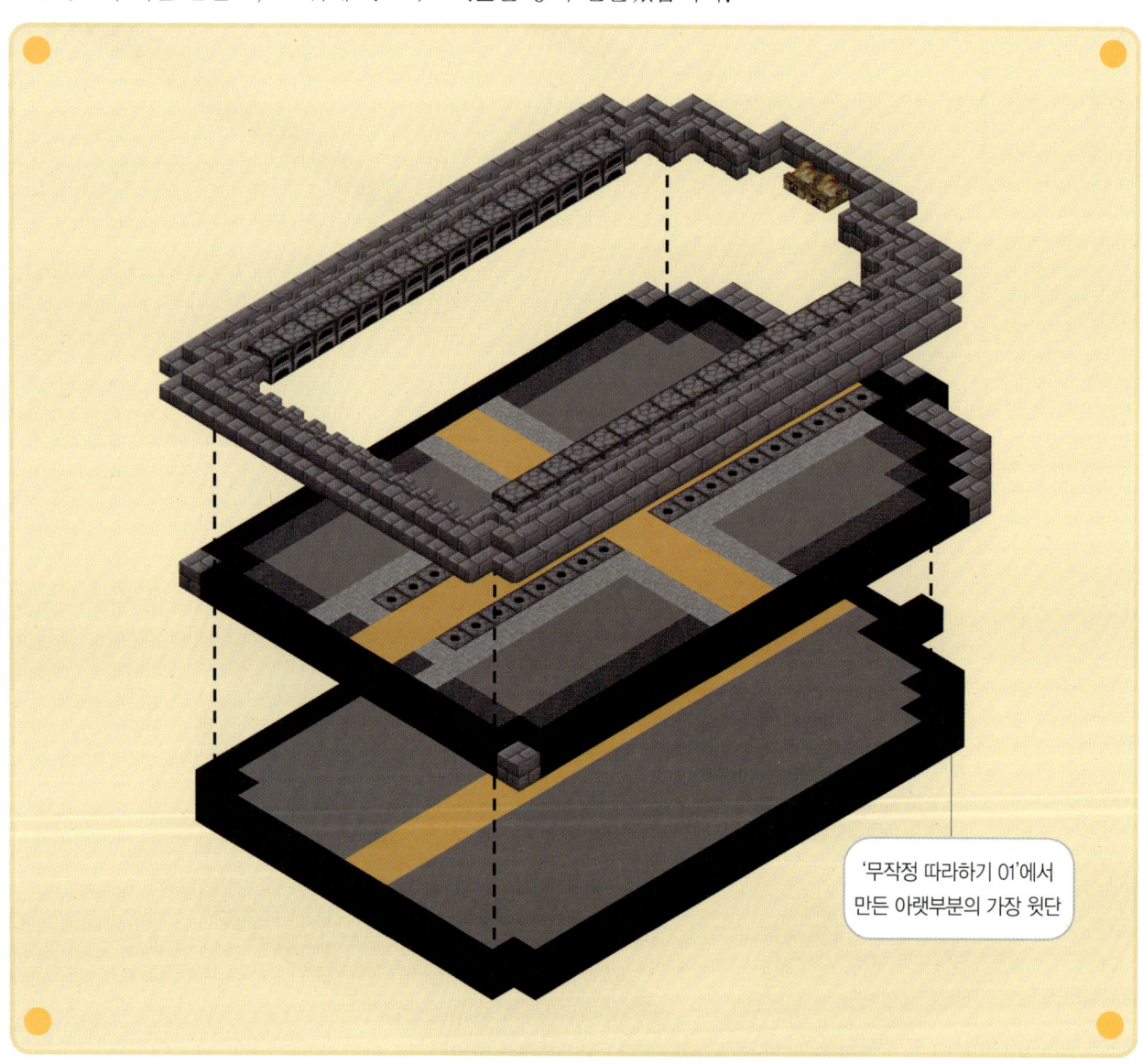

'무작정 따라하기 01'에서 만든 아랫부분의 가장 윗단

01 갑판은 '무작정 따라하기 01'에서 만들었던 아랫부분의 가장 윗단 위에 만듭니다. **밝은 회색 콘크리트, 노란색 콘크리트, 밝은 회색 콘크리트 가루, 디스펜서**를 이용하여 그림과 같이 무늬를 만드세요. 무늬는 자유롭게 꾸며도 괜찮습니다.

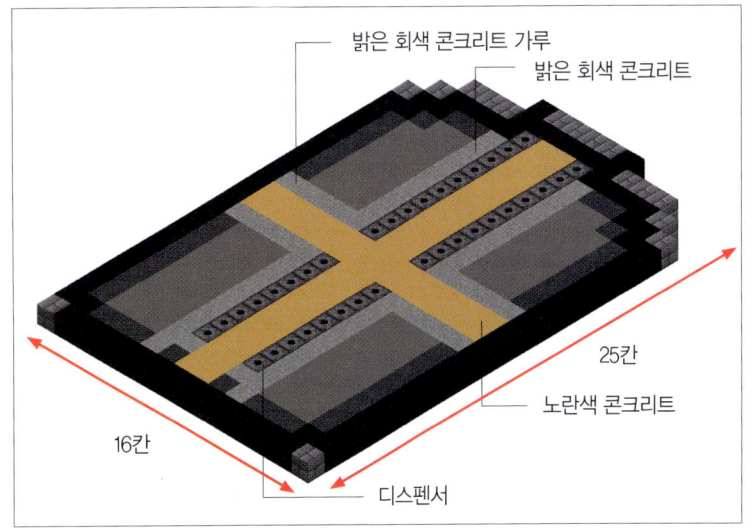

02 갑판을 꾸몄으면 그 위에 **모닥불**과 **화로**를 양옆에 배치하여 갑판 모양으로 꾸밉니다. **화로**는 '무작정 따라하기 02'에서 만들었던 수륙양용차 **석재 벽돌 벽**에 붙여서 배치하면 그림과 같이 만들 수 있습니다.

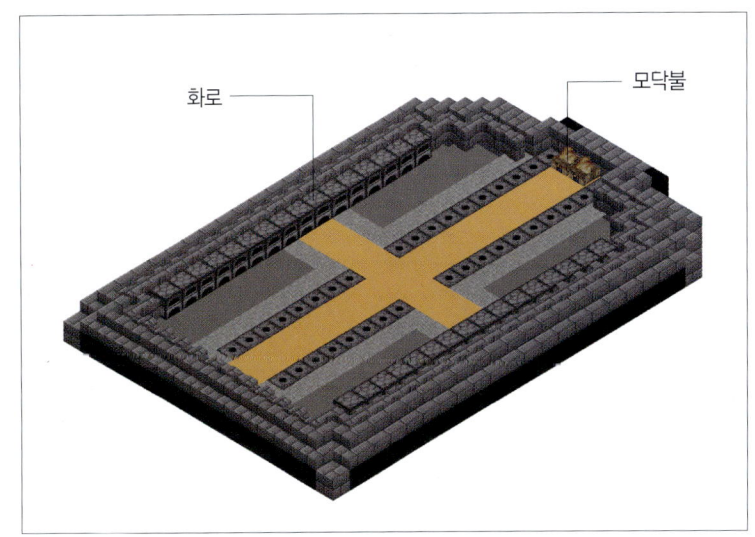

만들고 있는 수륙양용차는 어디로 타고 내리나요?
이 책에서 만든 갑판에서 모닥불 있는 쪽이 수륙양용차의 앞쪽입니다. 뒤쪽에는 프로펠러가 달려있지요. 수륙양용차의 앞쪽에는 다리 같은 것이 달려있어, 지상으로 다리를 내려 타고 내린답니다.

무작정 따라하기 04   수륙양용차 뒷부분 만들기

이제 수륙양용차의 뒷부분을 만들어 보아요. 수륙양용차의 뒷면에는 프로펠러가 있습니다. 프로펠러는 수륙양용차의 벽을 만들 때 빈 공간에 들어갈 것입니다. 프로펠러의 모양은 자유롭게 꾸며도 되지만, 혼자서 만드는 것이 어렵다면 책의 내용을 차근차근 따라하여 근사한 프로펠러를 만들 수 있습니다.

01 먼저 뒷부분의 비어 있는 공간에 **회색 콘크리트, 밝은 회색 콘크리트, 석재 벽돌 벽, 가문비나무 울타리**로 프로펠러의 모양을 만듭니다. 정면에서 본 모습을 참고하여 만들어 보세요.

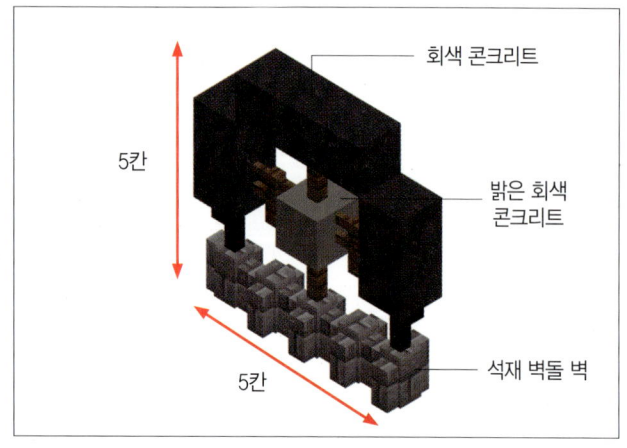

▲ 프로펠러를 대각선 방향에서 본 모습

▲ 프로펠러를 정면에서 본 모습

02 프로펠러의 뒤쪽에 **손잡이**, **철창**을 달아 프로펠러 뒷면을 꾸밉니다. 프로펠러의 중심에는 **흰색 콘크리트**를 연결하여 연결 부위라는 것을 강조해 주세요.

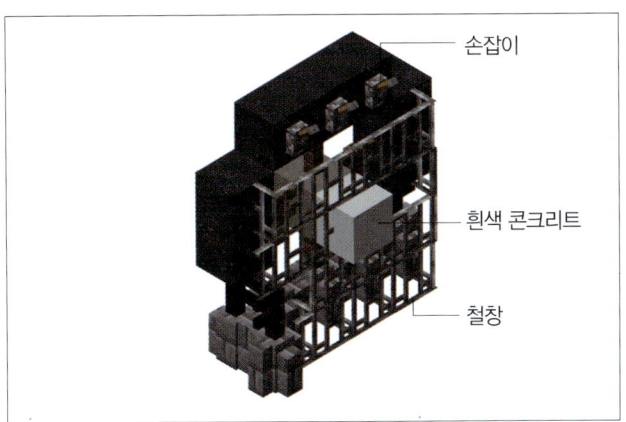

▲ 프로펠러 뒷부분을 대각선 방향에서 본 모습

▲ 프로펠러 뒷부분을 정면에서 본 모습

03 **흰색 콘크리트**로 표현한 연결 부위에 **석재 벽돌 벽**, **조약돌**, **디스펜서**, **참나무 뚜껑문**을 이용하여 연결 부위를 만듭니다. 꼭 똑같이 만들 필요는 없으므로 각자 원하는 방법으로 연결 부위라는 것을 잘 표현해 주세요.

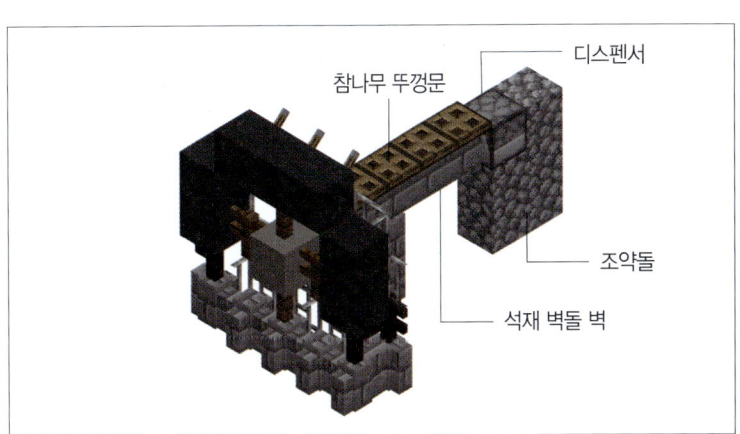

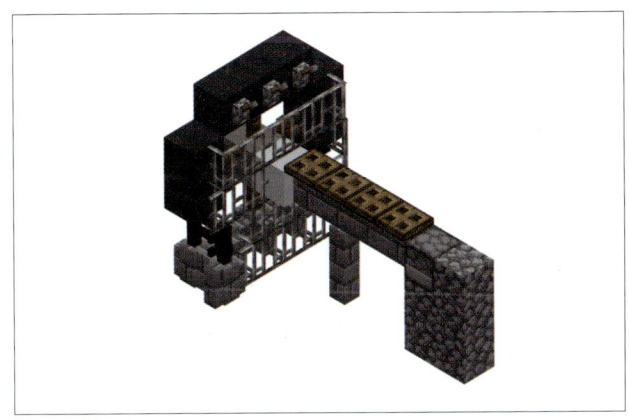

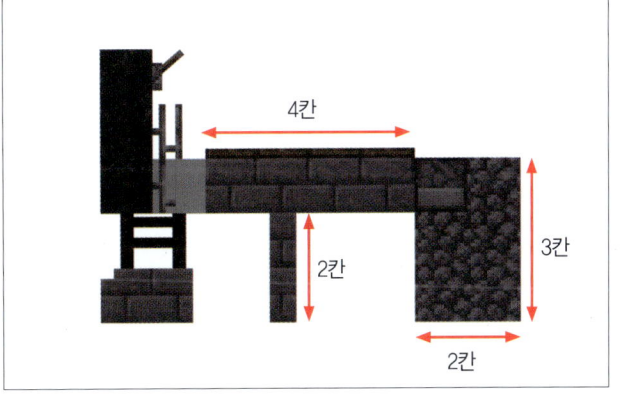

궁금해요?

모든 수륙양용차는 배처럼 생겼나요?

수륙양용차에는 다양한 종류가 있답니다. 우리가 만든 수륙양용차는 압축 공기로 살짝 떠서 가는 배라는 의미의 '공기부양정'입니다. 공기부양정 외에 땅에서는 바퀴로 가고, 바다에서는 배로 변신하여 다니는 수륙양용버스도 있습니다. 우리나라는 충청남도 부여에서 관광 목적의 수륙양용버스를 운행한다고 합니다.

무작정 따라하기 05 — 수륙양용차 선실 만들기

이제 마지막으로 수륙양용차의 선실을 만들 거예요. 선실은 별도로 정해진 모양이 없기 때문에 자유롭게 만들 수 있습니다. 다만, 혼자서 만들기 힘들다면 책의 설명을 차근차근 따라해 보세요. 선실 2개는 수륙양용차의 앞쪽에 위치해 있어요.

01 2개의 선실 중 첫 번째 선실은 **회색 콘크리트**로 만들어져 있습니다. 아래 그림을 보고 **회색 콘크리트**로 방을 만들고, **참나무 문**을 달아 완성하세요.

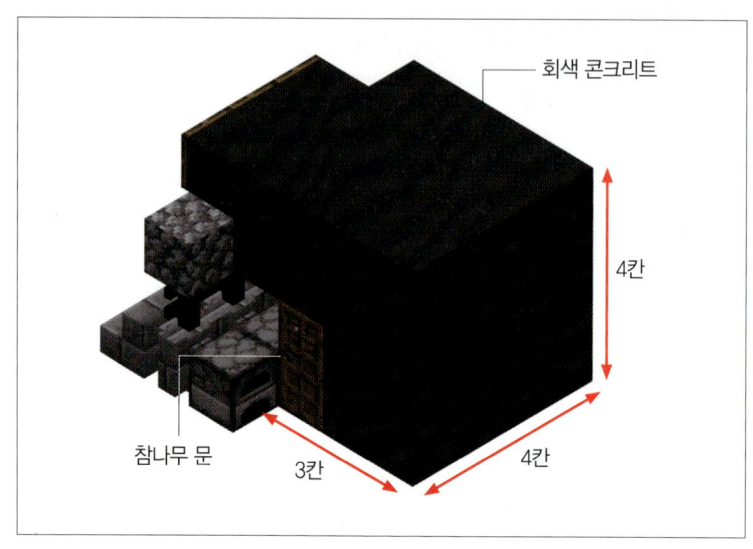

02 선실1을 다 만들었으면, **회색 콘크리트**의 바깥쪽에 **참나무 뚜껑문**을 달아 꾸미세요.

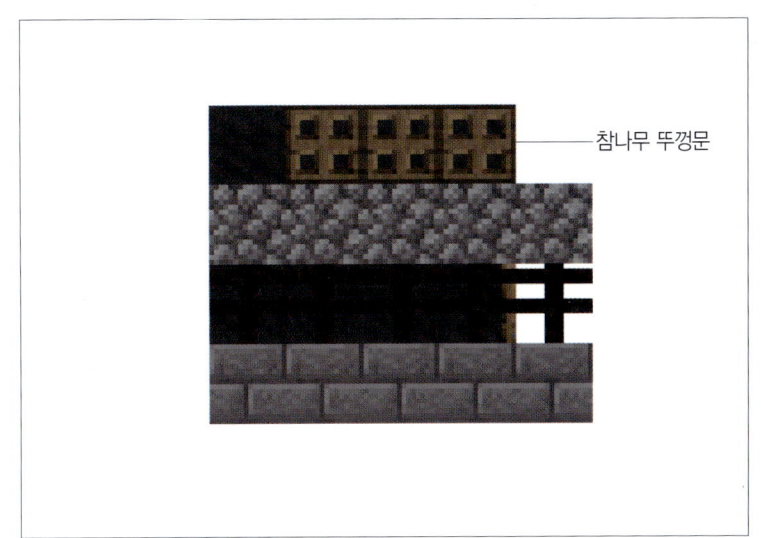

참나무 뚜껑문

03 이제 선실2를 만들 차례입니다. 두 번째 선실은 **조약돌**로 만들었습니다. **조약돌**로 방을 만들고, **참나무 문**을 달아 완성하세요. **조약돌** 바깥에 **광택 블랙스톤 버튼**을 달아 꾸미세요.

TIP
03번 과정과 02번 과정의 그림을 보면서 해당 위치에 달아 주세요.

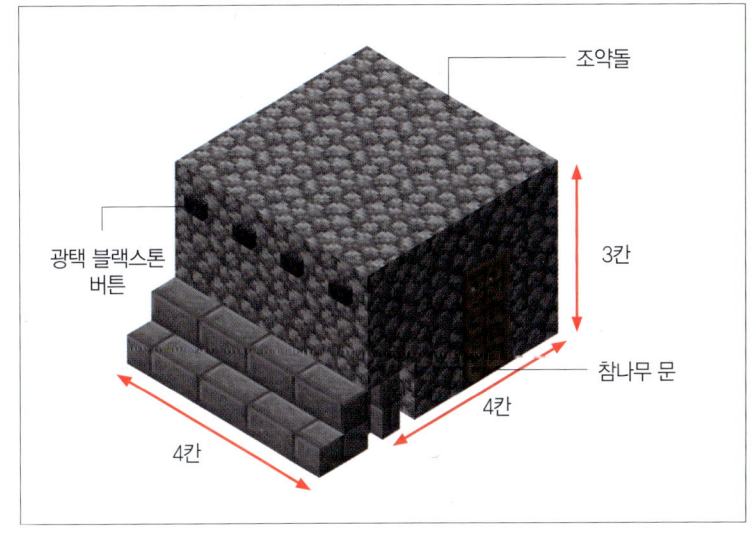

조약돌

광택 블랙스톤 버튼

3칸

참나무 문

4칸

4칸

04 이렇게 선실2를 만들고 나면 **철창**을 이용하여 그림과 같은 깃대를 만들어 줍니다. 깃대 끝에는 **흰색 배너**를 달아 깃발이 펄럭이는 모습을 만들어 주세요.

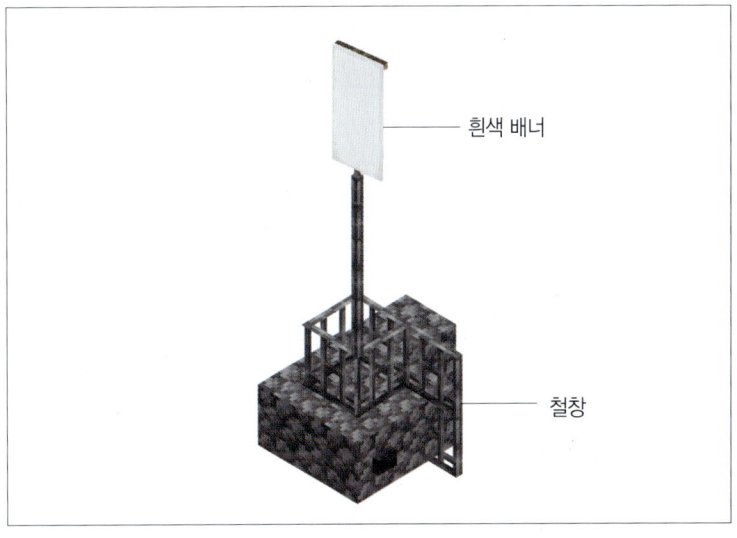

흰색 배너

철창

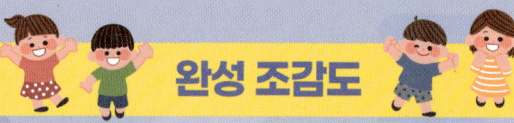
완성 조감도

수륙양용차의 전체 모습

수륙양용차의 4면

 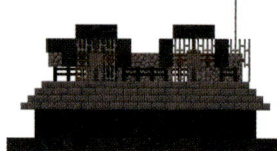

위에서 본 수륙양용차

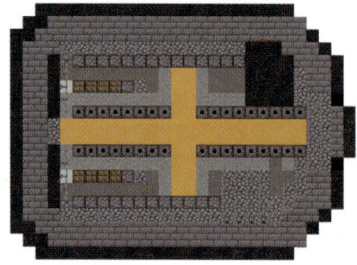

바닥에서 본 수륙양용차

DAY 04

조선의 통신 수단
봉수대

휴대전화가 없던 조선 시대에는 적군이 쳐들어오는 소식과 같은 긴급한 소식을 어떻게 알렸을까요? 사람이 직접 걷거나 말을 타고 가서 소식을 전달하는 방법이 있기는 했지만 시간이 많이 걸렸지요. 그래서 높은 산에 봉수대를 설치하여 횃불과 연기를 이용해 긴급한 소식을 전달했다고 합니다. 자, 이제부터 조선의 통신 수단이었던 봉수대를 함께 만들어 봅시다.

난이도 ★★ 소요 시간 80분

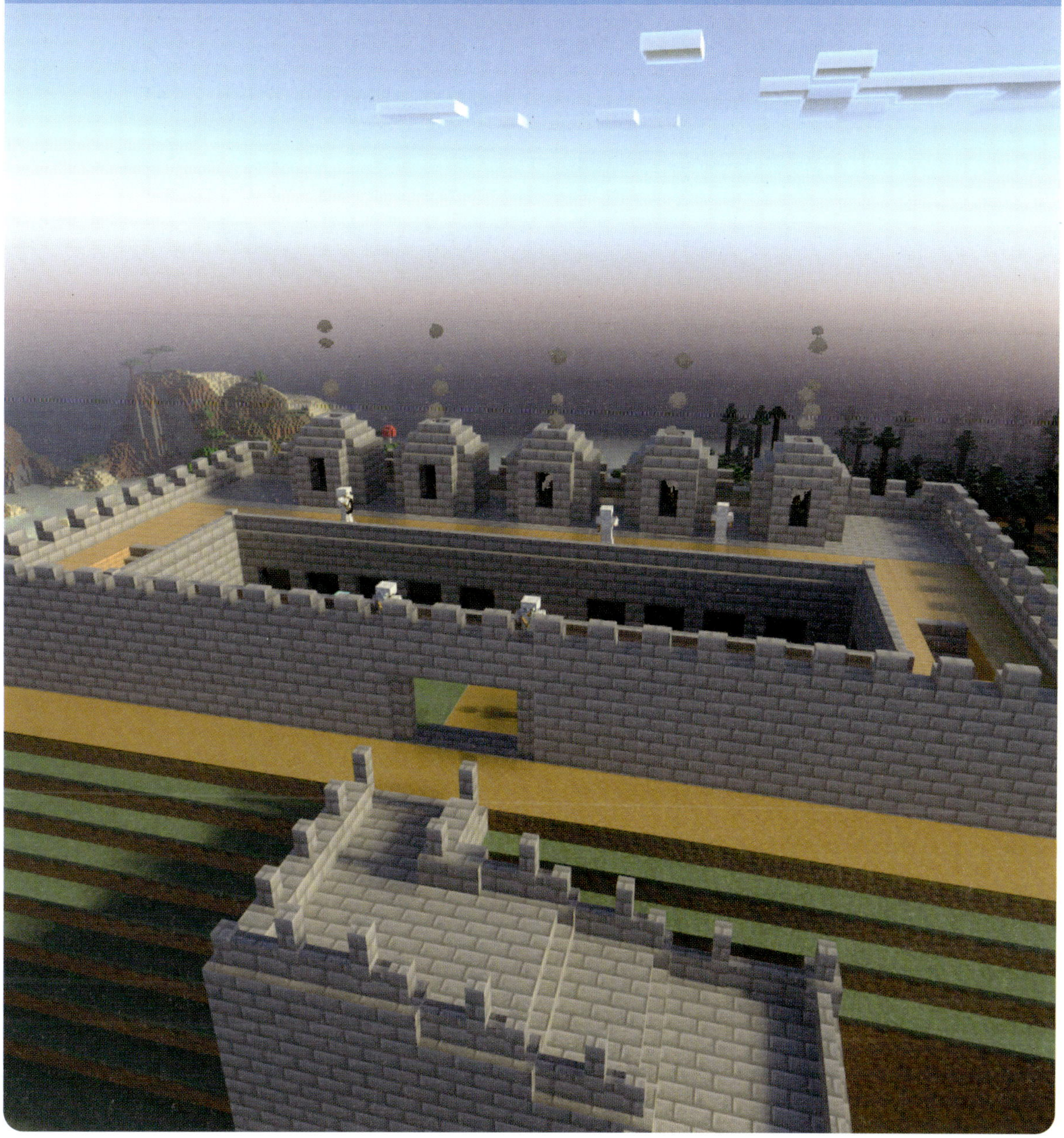

🔍 건축 방법 미리보기

봉수대를 만들 때는 크게 봉수대 성벽과 봉수대로 나눠서 제작합니다. 봉수대 내부의 시설들은 과정의 그림들을 참고하여 나만의 방법으로 꾸미기 바랍니다. 봉수대의 화두에 모닥불을 붙이기 위해서는 **부싯돌과 부시**를 이용하면 되고, 불을 끄려면 **삽**을 이용하면 됩니다.

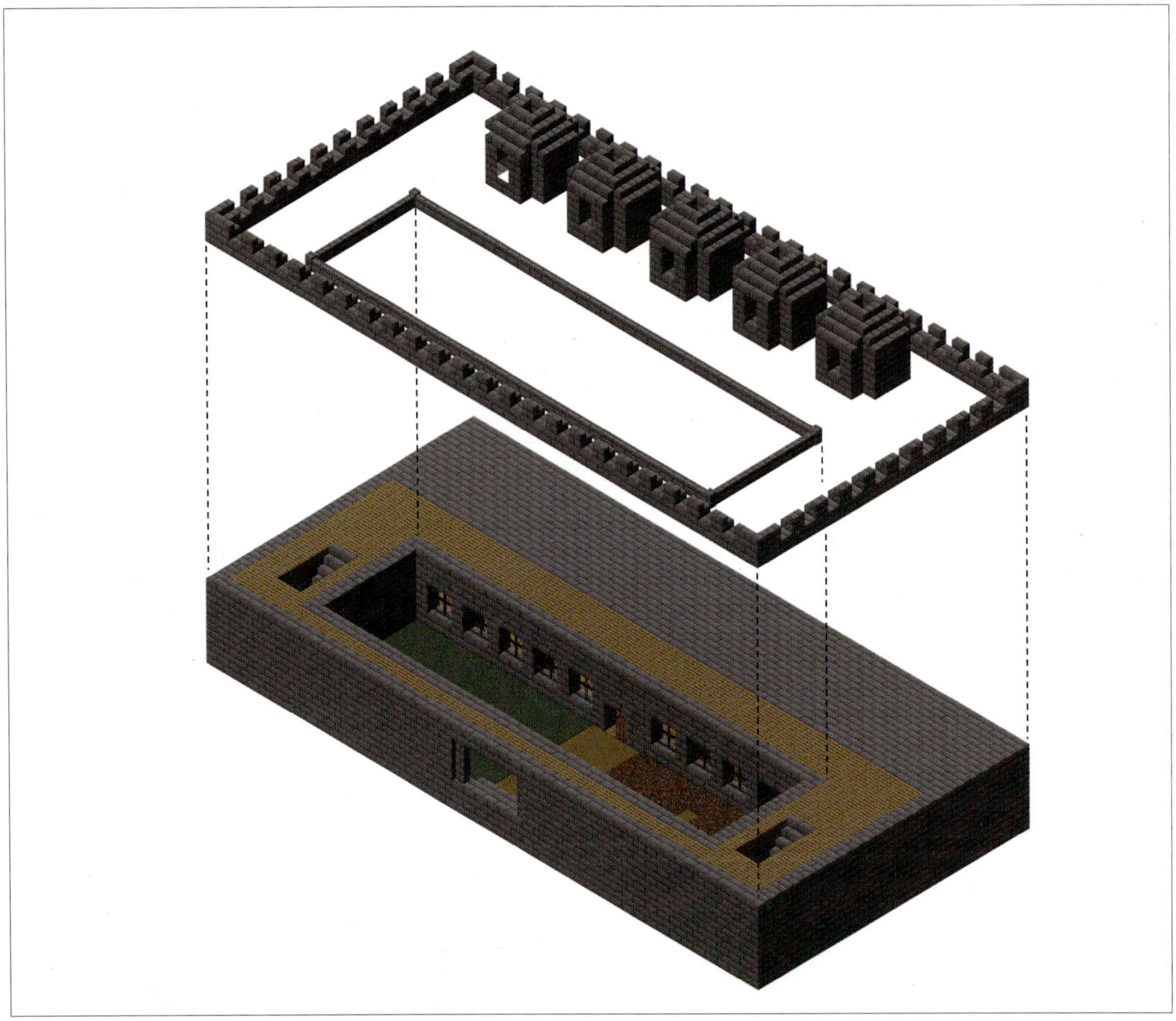

🛠 건축에 사용할 블록

| 석재 벽돌 | 석재 벽돌 계단 | 석재 벽돌 벽 | 참나무 판자 | 참나무 울타리 | 벗겨진 자작나무 원목 | 벗겨진 참나무 원목 | 부싯돌과부시 | 삽 |
| 모닥불 | 거친 흙 | 건초더미 | 책장 | 짙은 참나무 문 | 검은색 스테인드 글라스 판유리 | 부드러운 석재 | 정글나무 뚜껑문 | |

| 무작정 따라하기 01 | **봉수대의 성벽 쌓기** |

먼저 봉수대의 성벽을 쌓아 보겠습니다. 성벽 기초부터 칸의 개수를 정확하게 확인하며 만드세요. 봉수대의 성벽은 **석재 벽돌**을 이용해서 만들지만, 혹시 원하는 성벽 블록이 있다면 활용해도 좋습니다.

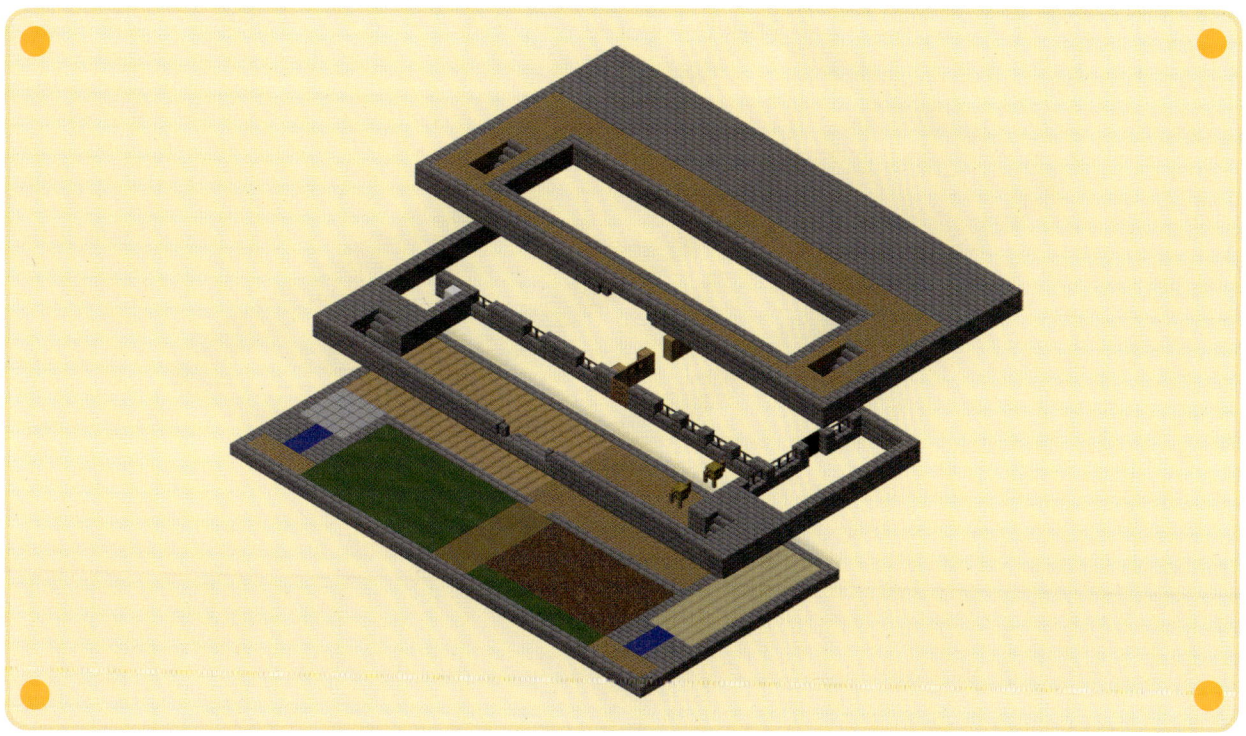

01 먼저 봉수대 요원의 거주지를 만들어 봅시다. **석재 벽돌**을 이용해서 가로 47칸, 세로 23칸의 직사각형 모양을 만드세요. 그런 다음 각각의 공간을 그림처럼 만들어 주세요.

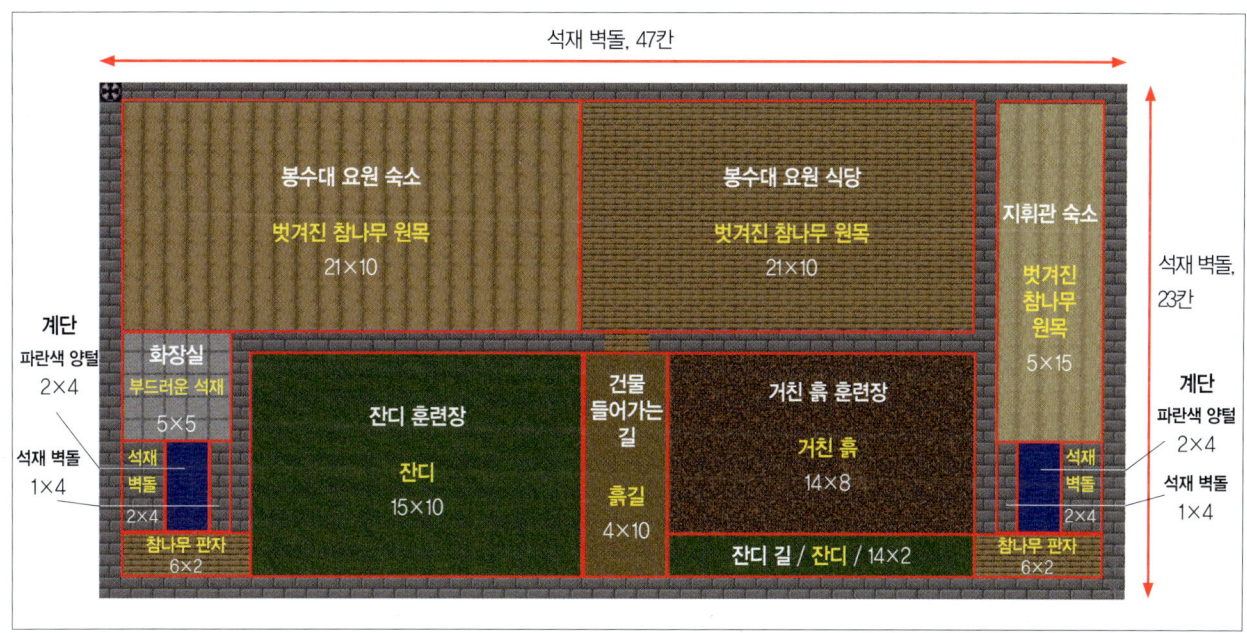

02 01번 과정에서 **석재 벽돌**로 표시된 부분만 **석재 벽돌**을 이용해서 위로 4칸 쌓아 올리세요. 51쪽 미리 보기 그림에서 파란색으로 표시된 부분(가로 2칸, 세로 4칸)은 계단입니다. **석재 벽돌 계단**을 이용해서 계단을 만들어 주세요. 그리고 나서 원하는 위치에 창문과 문을 만들어 보세요.

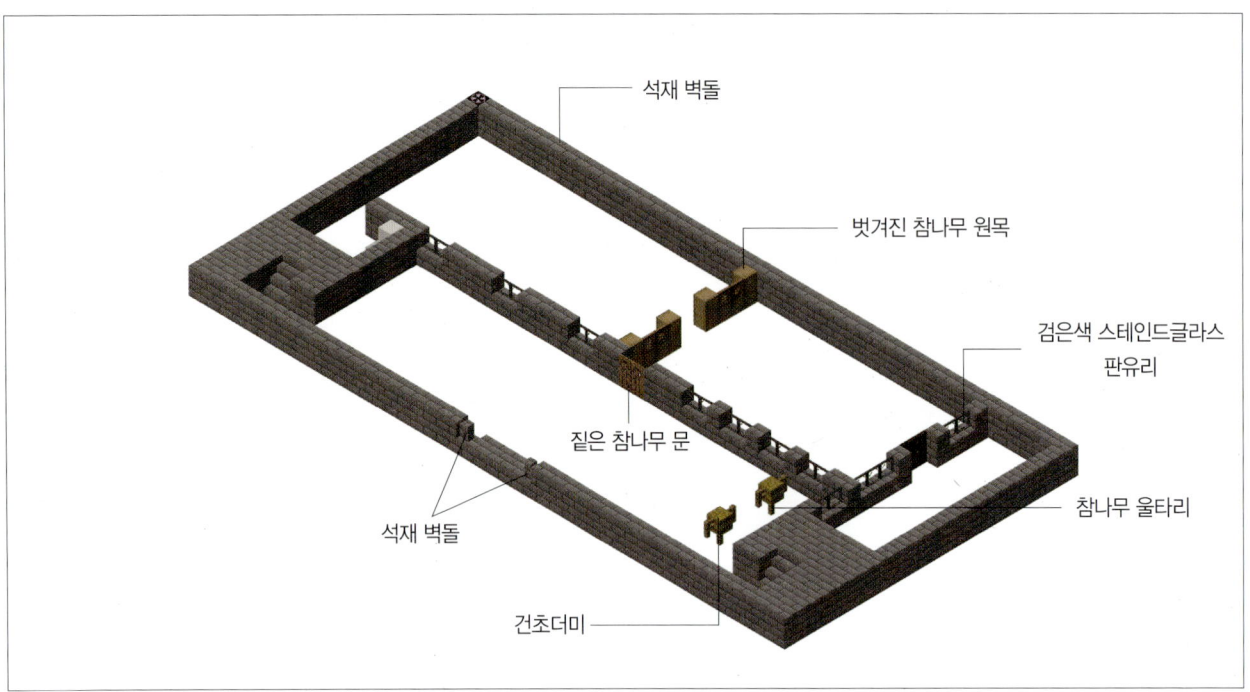

03 **석재 벽돌**과 **참나무 판자**를 이용해서 천장을 만들어 주세요. **석재 벽돌** 부분은 세로 8칸, **참나무 판자** 부분은 세로 14칸입니다.

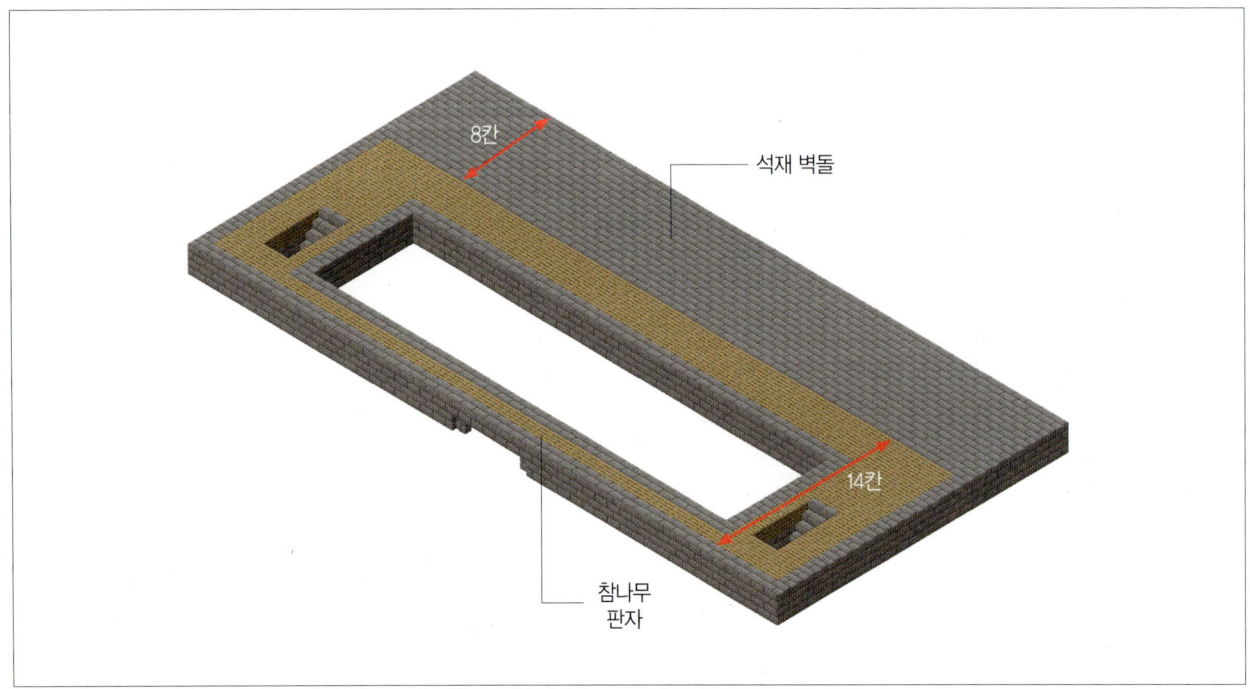

| 무작정 따라하기 02 | **봉수대 만들기** |

봉수대는 총 5개의 봉수로 화두가 필요합니다. 화두 만드는 과정은 어렵지 않으니 차근차근 따라해 보세요. 또한 책에서 만드는 봉수대보다 더 큰 봉수대를 만들기고 싶다면 좌, 우, 높이를 조금씩 크게 만들면 됩니다.

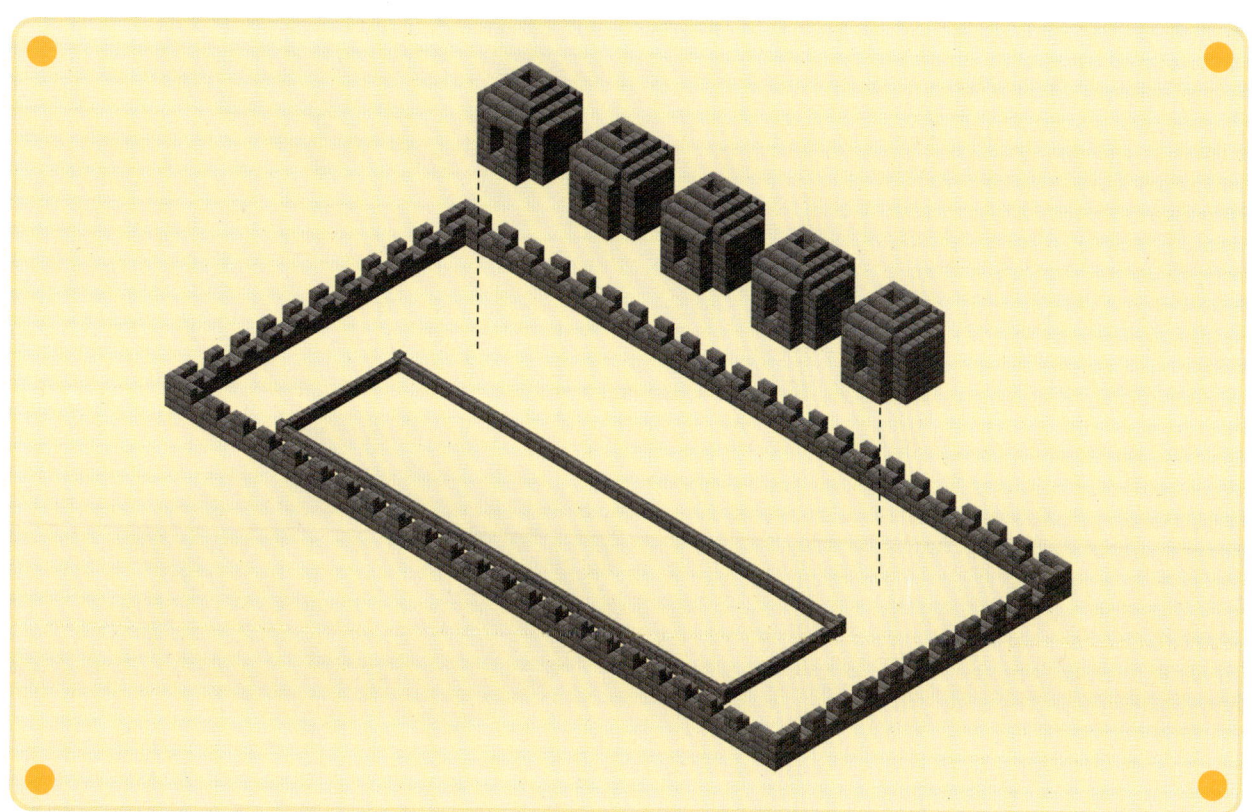

01 석재 벽돌을 이용해 가로 3칸, 세로 3칸 크기로 틀을 만든 다음 위, 아래, 왼쪽, 오른쪽에 블록을 3개씩 더 놓아서 화두의 기초를 만듭니다.

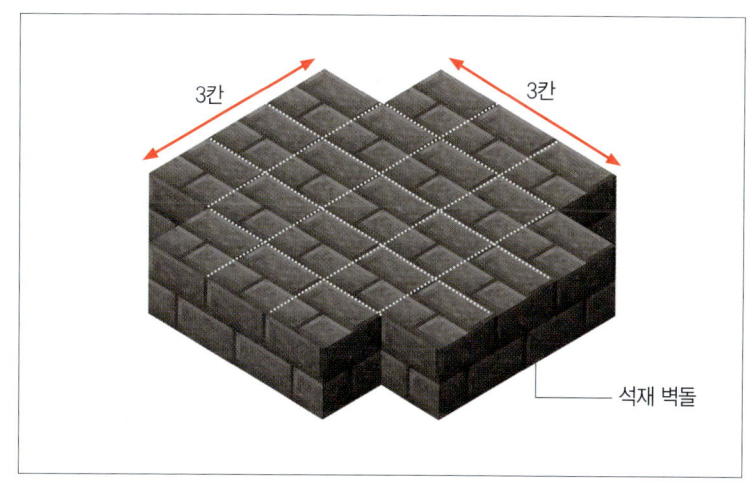

DAY04 봉수대 ■ 53

02 그림과 같이 01번 과정에서 만든 모양에서 **석재 벽돌**을 2단 더 쌓으세요. 그리고 가운데는 **모닥불**을 놓으세요.

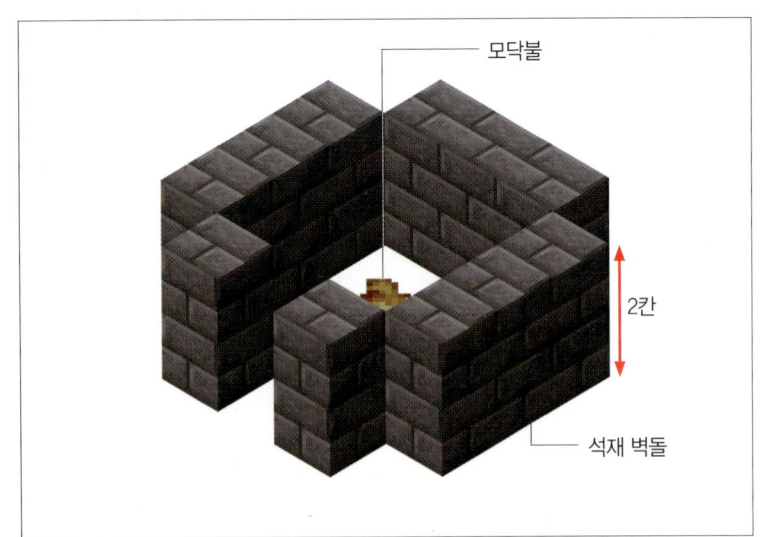

03 방금 놓았던 **석재 벽돌** 위에 **석재 벽돌 계단**을 그림처럼 놓으세요.

04 방금 놓았던 **석재 벽돌 계단** 위에 **석재 벽돌 계단**을 한 번 더 놓으세요. 그러면 가운데에 구멍이 1칸만 생겨요.

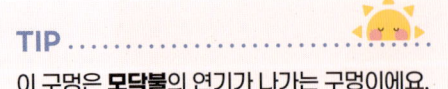
이 구멍은 **모닥불**의 연기가 나가는 구멍이에요.

05 봉수대가 작동하려면 총 5개의 화두가 필요해요. 01~04번 과정을 반복하여 화두를 5개 만들어 주세요.

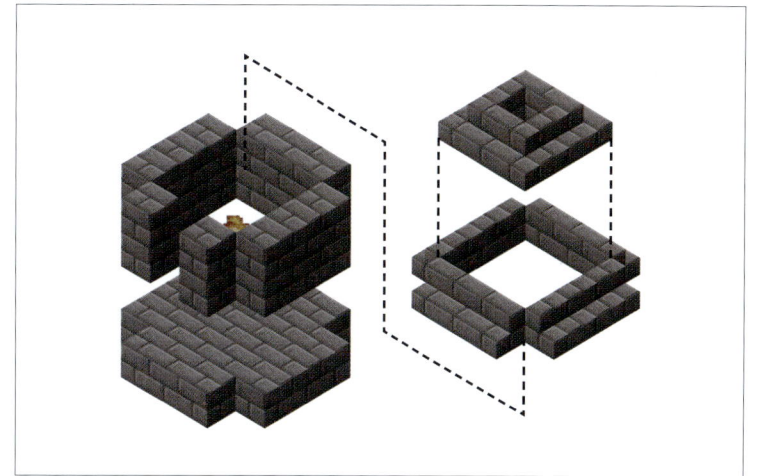

06 화두 5개를 '무작정 따라하기 01'에서 만든 성벽에 설치하겠습니다. **석재 벽돌 벽**을 이용해서 아래로 떨어지지 않게 안전벽을 만들어 주세요.

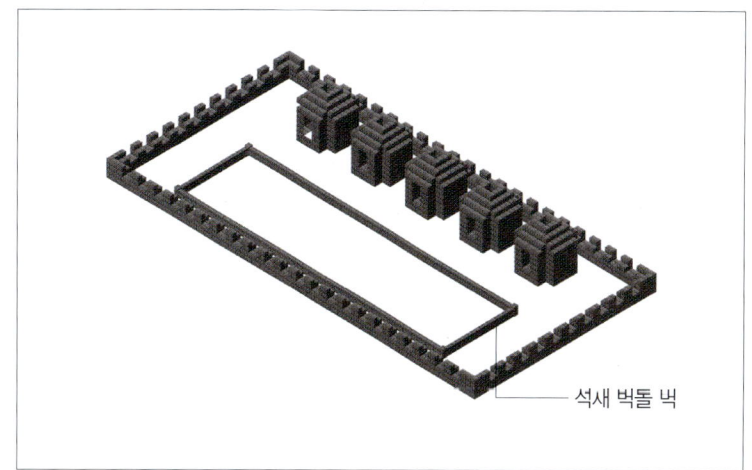

석재 벽돌 벽

07 성벽은 **석재 벽돌**과 **석재 벽돌 계단**을 이용해서 만들어 주세요. 아래 그림과 같은 모양의 성벽을 봉수대 둘레를 따라 쌓으세요.

| 무작정 따라하기 03 | **봉수대 요원들의 숙소 내부 꾸미기** |

봉수대 내부는 각자 원하는 방식대로 만들어 보세요. 아래 그림은 예시입니다. 이 책에서는 봉수대 요원들이 쉴 수 있는 숙소, 식당, 지휘관실과 훈련을 할 수 있는 야외 훈련장을 만들어 보았어요.

01 숙소 내부에 요원들이 사용하는 개인 사물함과 침대를 만들었어요.

- 랜턴
- 참나무 판자

02 식당과 주방을 만들어 보았어요.

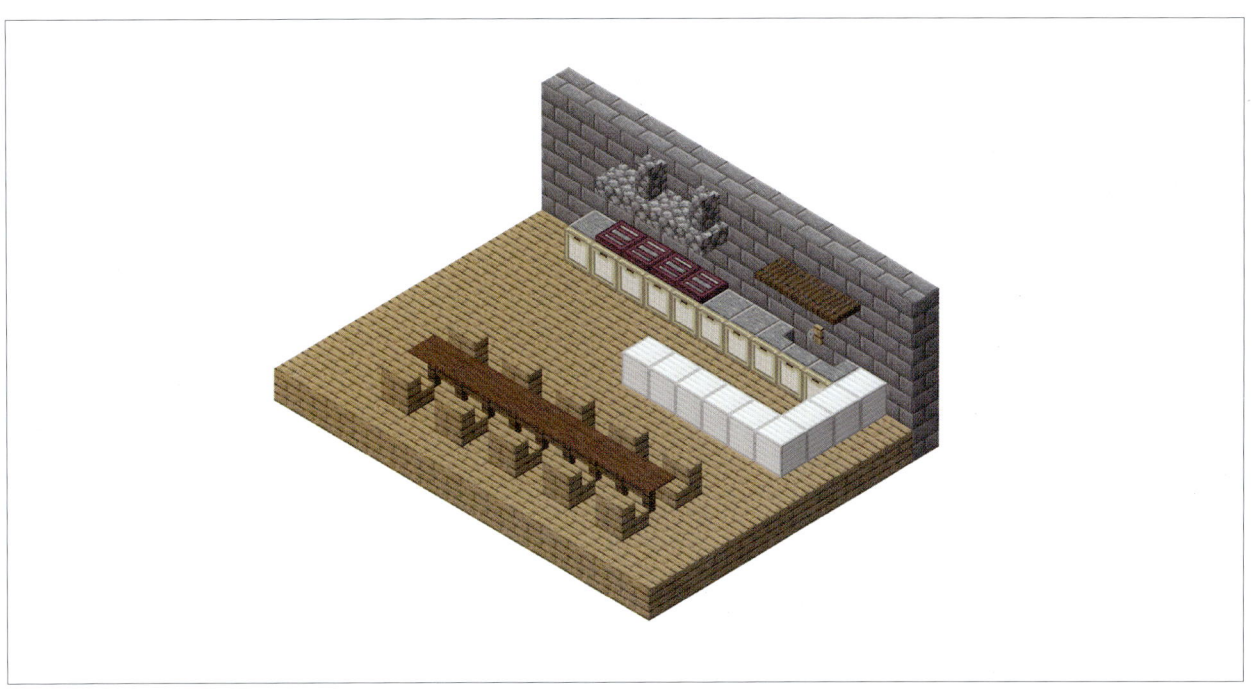

03 아래 그림처럼 지휘관실을 만들어 보세요.

04 요원들의 훈련을 위한 야외 훈련장을 만든 모습입니다. 훈련장에서 훈련하는 병사들의 모습도 볼 수 있어요.

궁금해요

조선 시대의 봉수제도가 궁금해요!

봉수제도는 낮에는 연기, 밤에는 횃불로 지방의 전쟁 상황을 도성에 알리던 군사 통신제도예요. 조선 시대에는 총 5개의 노선이 있었으며, 모든 노선은 한양의 목멱산(지금의 서울 남산)으로 모이게 됩니다. 조선 시대의 봉수는 변방 지역(지금의 함경도, 평안도)에서 한양까지 소식을 전달하는 속도는 1시간에 100km 정도였으며, 약 12시간이 소요됐다고 해요. 봉수대에서는 불을 피울 때는 연기가 많이 나는 솔가지나 동물의 똥을 활용했다고 합니다.

봉수대에 불을 피우는 개수	의미
1개	평상 시(하루에 한 번은 신호 전달)
2개	적군 출현
3개	적군 국경 접근
4개	적군 국경 침입
5개	적군과 교전

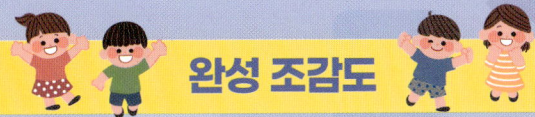

완성 조감도

봉수대의 전체 모습

뒤에서 본 봉수대

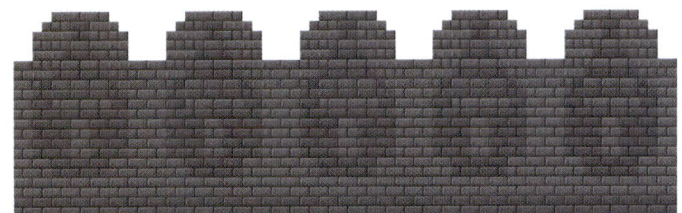

앞에서 본 봉수대

DAY 05

신비롭고 상상력이 가득한
마법사의 집

이번에는 영국의 작가 J. K. 롤링의 판타지 소설 ≪해리포터≫를 읽고 상상한 마법사의 집을 만들어 봅시다. 소설에 등장하는 마법약 과목의 스네이프 교수가 작업하는 모습을 상상하며 내부를 꾸몄어요. 이 책의 내용을 참고하여 각자 상상하는 마법사의 집을 꾸며보세요.

난이도 ★★★　소요 시간 90분

🔍 건축 방법 미리보기

마법사의 집은 지지대, 벽 그리고 지붕으로 만들었어요. 지지대부터 차례대로 쌓으면서 건축을 하고 마지막에 내부를 꾸며 주면 돼요. 마법사의 집은 입구를 기준으로 좌우 대칭인 모양이니 참고하세요.

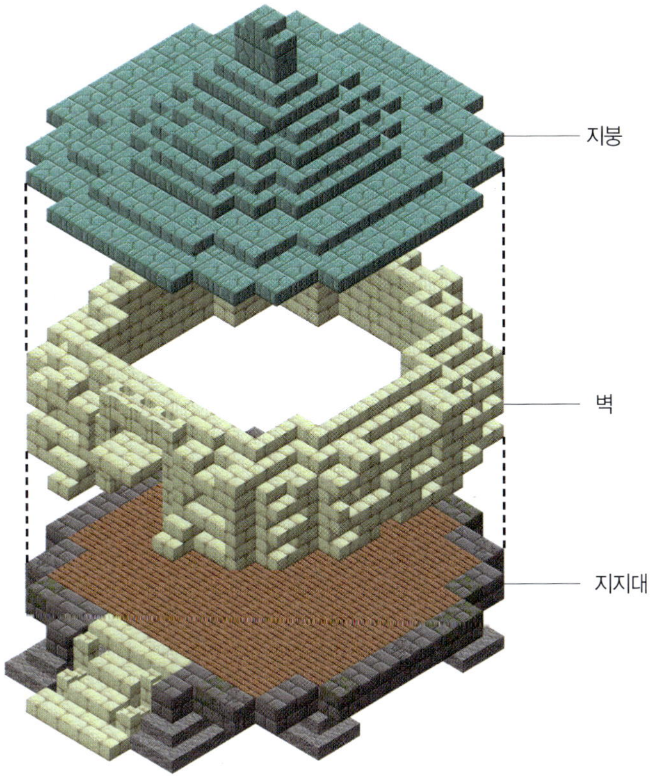

- 지붕
- 벽
- 지지대

🛠️ 건축에 사용할 블록

엔드 스톤 벽돌	엔드 스톤 벽돌 계단	엔드 스톤 벽돌 판	엔드 스톤 벽돌 벽	프리즈머린 벽돌 계단	프리즈머린 벽돌	프리즈머린 벽돌 판	석재 벽돌	안산암 계단
정글나무 판자	뒤틀린 문	뒤틀린 뚜껑문	책장	뒤틀린 계단	이끼 카펫	뒤틀린 덩굴	꽃 핀 철쭉 잎	영혼의 모닥불
양조대	효과부여대	덩굴	죽은 거품 부채 산호	이끼 블록	포자꽃	보라색 촛불	영혼의 불 랜턴	사슬

| 무작정 따라하기 01 | **지지대 만들기** |

지지대는 바닥을 받치는 기둥과 바닥으로 되어 있어요. 좌우 대칭을 확인하며 기둥을 만들고, 기둥을 기준으로 바닥을 만들면 쉽게 완성할 수 있어요. 집으로 들어가는 입구 쪽에는 계단이 있어요.

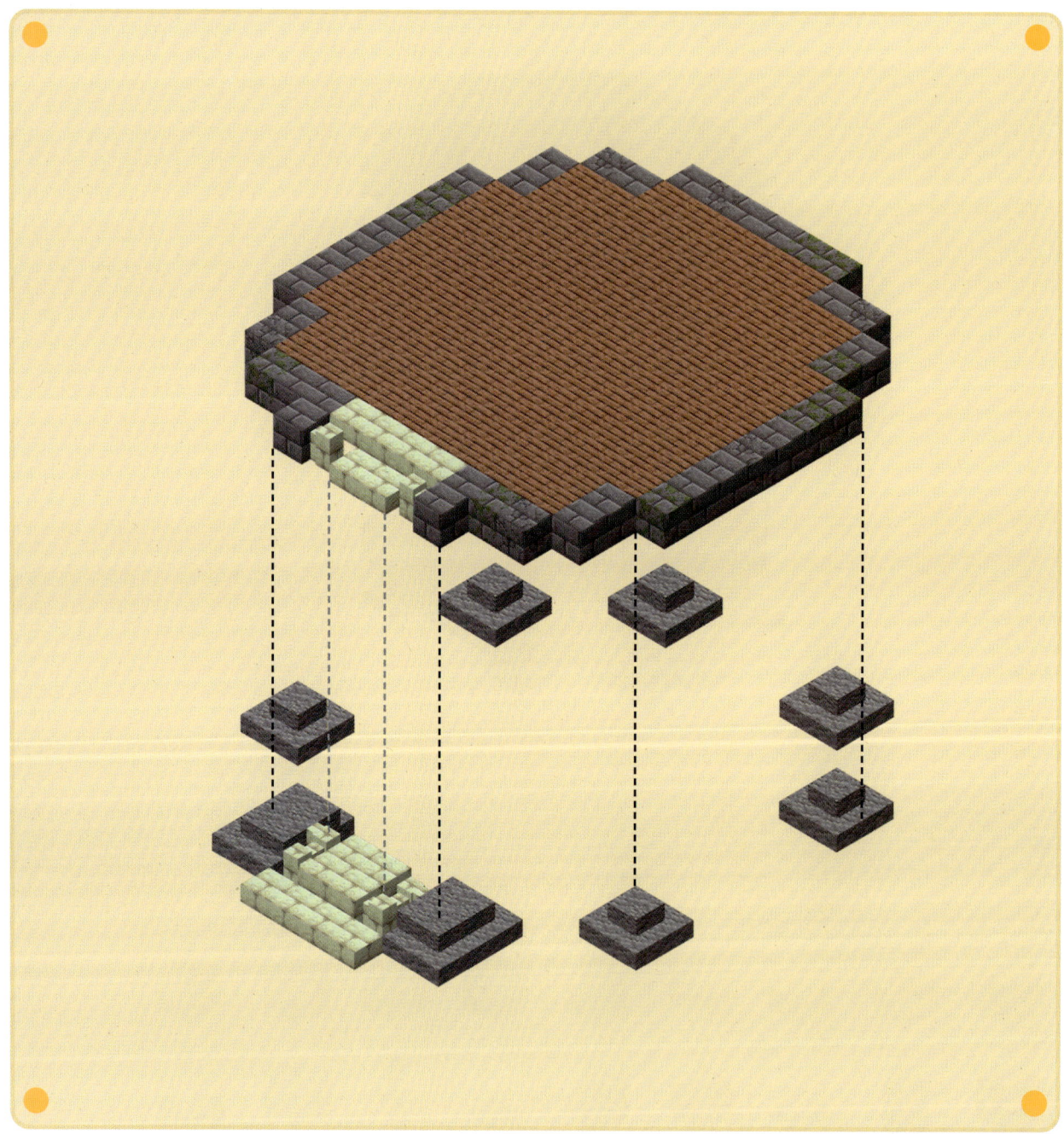

01 바닥 기둥은 **안산암 계단** 4개를 둘러서 만들어 주세요. 입구 계단은 **엔드 스톤 벽돌 판**과 **엔드 스톤 벽돌 벽**으로 만드세요.

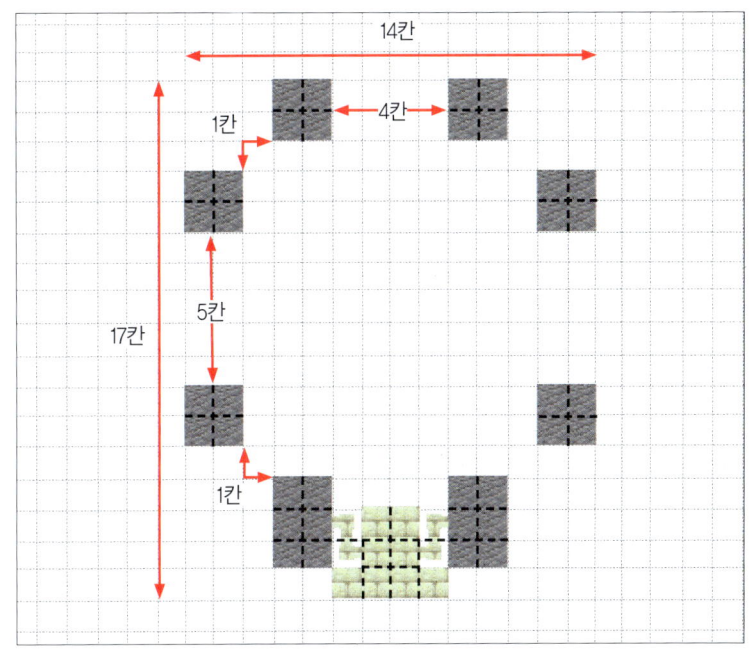

02 기둥 위로 바닥면을 만들어 주세요. **석재 벽돌**로 테두리를 만들고 안쪽은 **정글나무 판자**로 채우세요.

TIP
이끼 낀 석재 벽돌이나 갈라진 석재 벽돌을 적절히 섞어서 만들면 낡은 느낌을 표현할 수 있어요.

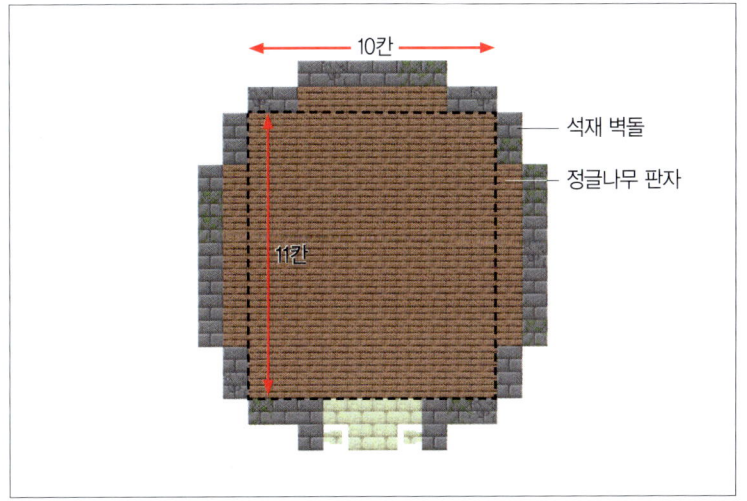

03 입구에 **엔드 스톤 벽돌 판**을 이용해서 반 칸 높이의 계단을 만들어 주세요. **엔드 스톤 벽돌 벽**을 계단 옆으로 세워 장식하세요.

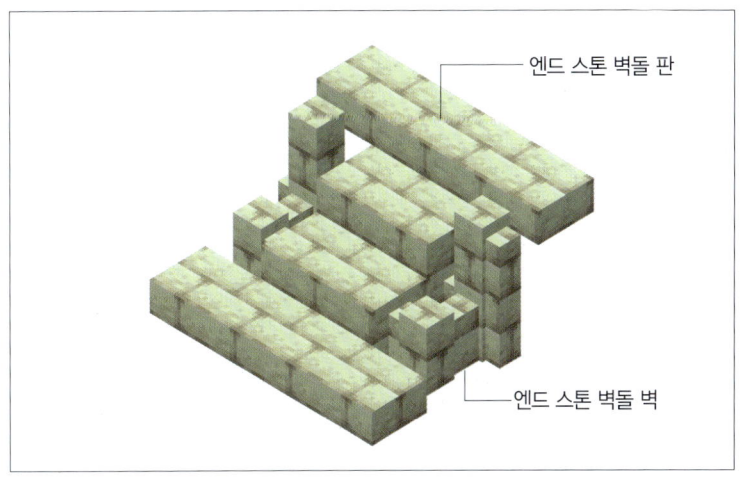

궁금해요 실제로 마법사가 있었을까요?

마법사가 판타지 세계 속에서만 있을 것 같지만 실제로 존재했던 사람들이었어요. 과학적인 기술이 발전하지 않았던 옛날에 초자연적인 현상을 연구하는 사람들이나 높은 지식을 가지고 다른 사람들에게 도움을 주고 이끌어가는 선지자를 '마법사'라고 부르기도 했답니다. 하지만 그들이 마인크래프트 속 마녀와 소환사처럼 몬스터를 소환하거나 마법을 사용했는지는 알 수 없겠죠?

무작정 따라하기 02 | 벽면 만들기

벽면은 4층 높이로 되어 있어요. 1~3층은 같은 모양으로 세우고 4층은 한 칸 안쪽으로 들어가도록 건축하세요.

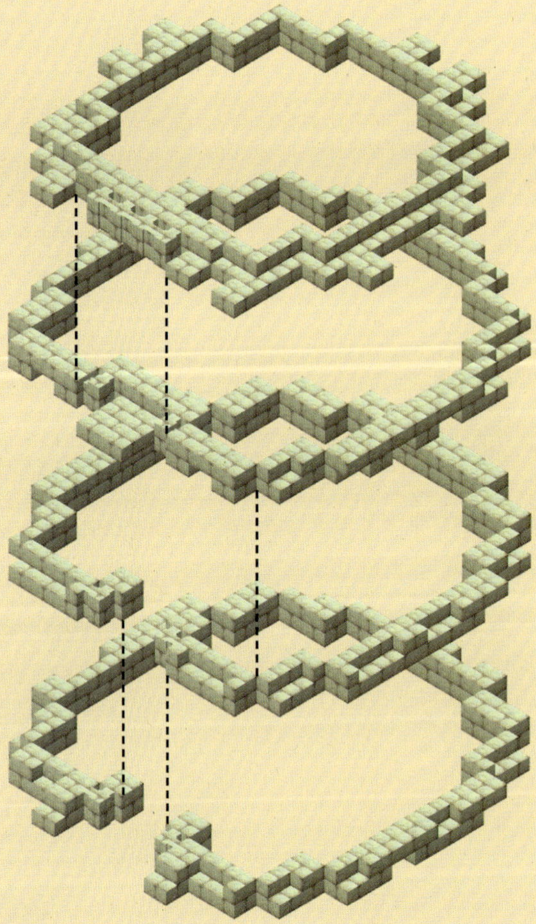

01 벽면은 **엔드 스톤 벽돌 계단**을 이용해서 불규칙한 형태로 꾸며 주세요. **엔드 스톤 벽돌 계단**을 다양한 방향으로 돌려가면서 이어 붙이면 재밌는 모양들이 만들어져요.

02 벽면 1층은 '무작정 따라하기 01'에서 만든 바닥면의 **석재 벽돌**에 맞춰 **엔드 스톤 벽돌 계단**으로 만드세요. 빨간색 부분은 문을 만들기 위한 입구로, **엔드 스톤 벽돌**을 설치하세요.

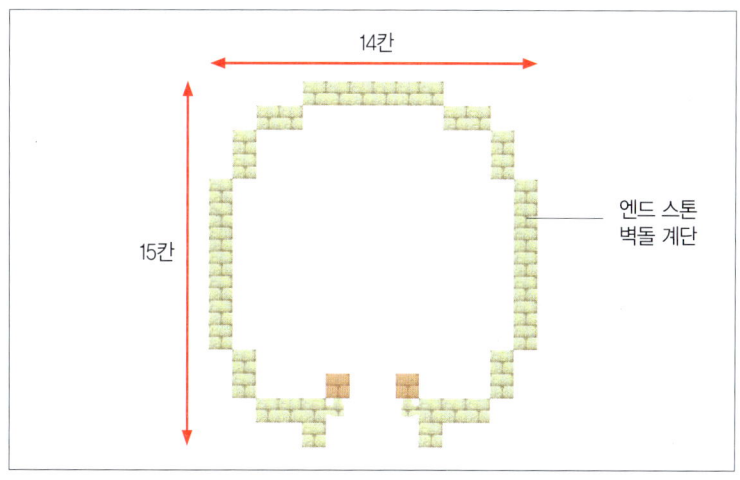

03 2층 벽면은 1층의 모양에 맞춰 **엔드 스톤 벽돌 계단**으로 만드세요. 빨간색 부분의 입구 쪽 블록이 없어진 것도 확인하세요.

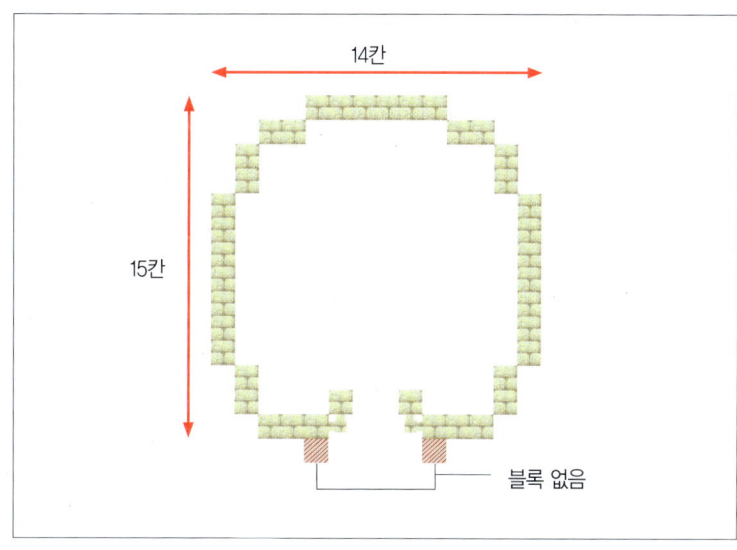

04 3층 벽면도 역시 2층 모양에 맞춰 만들고, 파란색 부분은 **엔드 스톤 벽돌**, 빨간색 부분은 **엔드 스톤 벽돌 판**을 설치하여 입구의 지붕을 만들어 주세요.

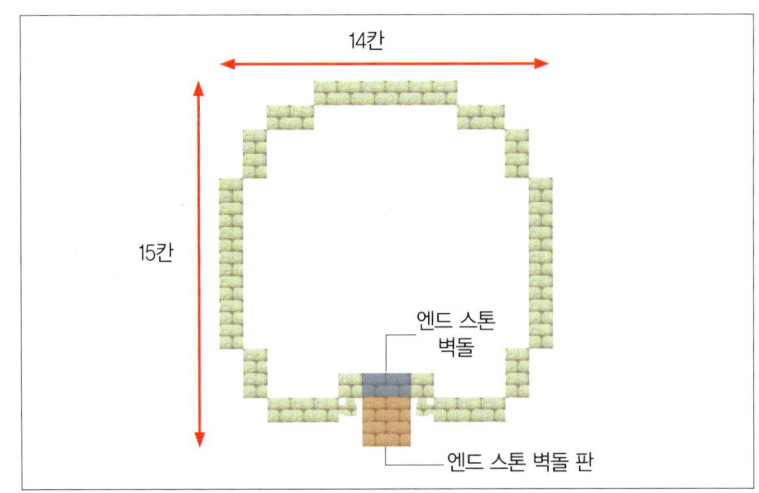

05 4층 벽면은 간격을 한 칸씩 들여서 건축하세요. 빨간색 부분에 **엔드 스톤 벽돌 판**을 불규칙하게 설치하여 3층에서 4층으로 자연스럽게 이어지도록 하세요. 파란색 부분은 **엔드 스톤 벽돌 벽**을 설치하여 입구 위를 장식하세요.

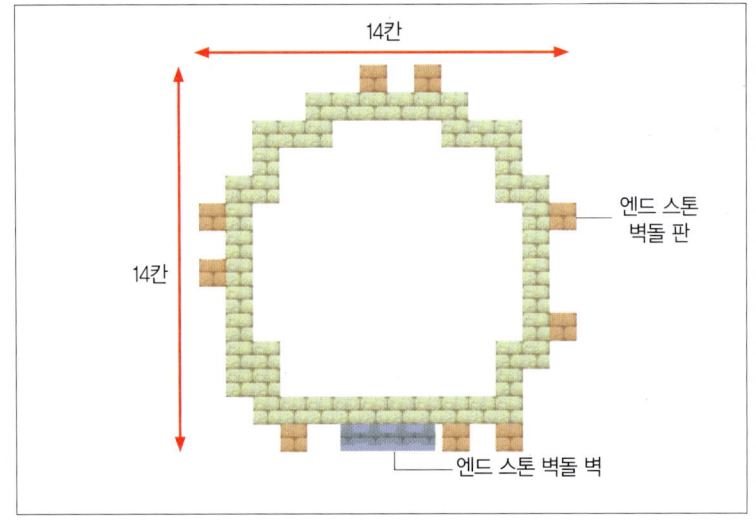

06 4층까지 벽면을 만들면 마법사 집의 입구가 완성돼요.

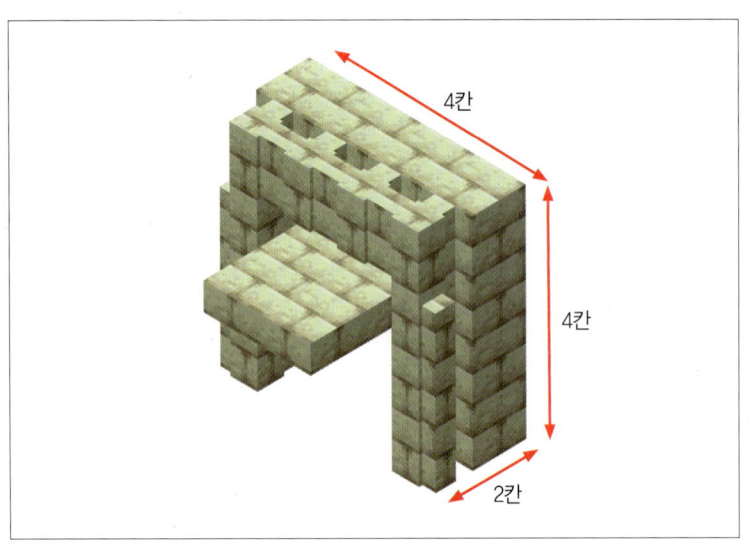

궁금해요 연금술사는 마법사였나요?

'연금술'이란 과학이 지금처럼 발전하기 이전, 흔한 금속을 금으로 바꾸는 것을 목표로 하는 일종의 과학적이고 철학적인 노력이었어요. 금은 당시에도 가치가 높은 금속이었기 때문에 금을 만들어 낸다는 것은 매력적인 일이었지만 그야말로 마법 같은 일이라 성공할 수는 없었지요. 하지만 연금술사의 다양한 연구와 실험들은 지금의 과학기술에 많은 영향을 끼친 것이 사실이랍니다. 따라서 연금술사는 마법사보다 오히려 과학자에 가깝다고 볼 수 있어요.

무작정 따라하기 03 | 지붕 만들기

지붕 외부는 **프리즈머린 벽돌**, 내부는 **엔드 스톤 벽돌**로 만들어요. 마법사의 모자와 같이 뾰족한 지붕 경사를 표현하는 것이 중요해요.

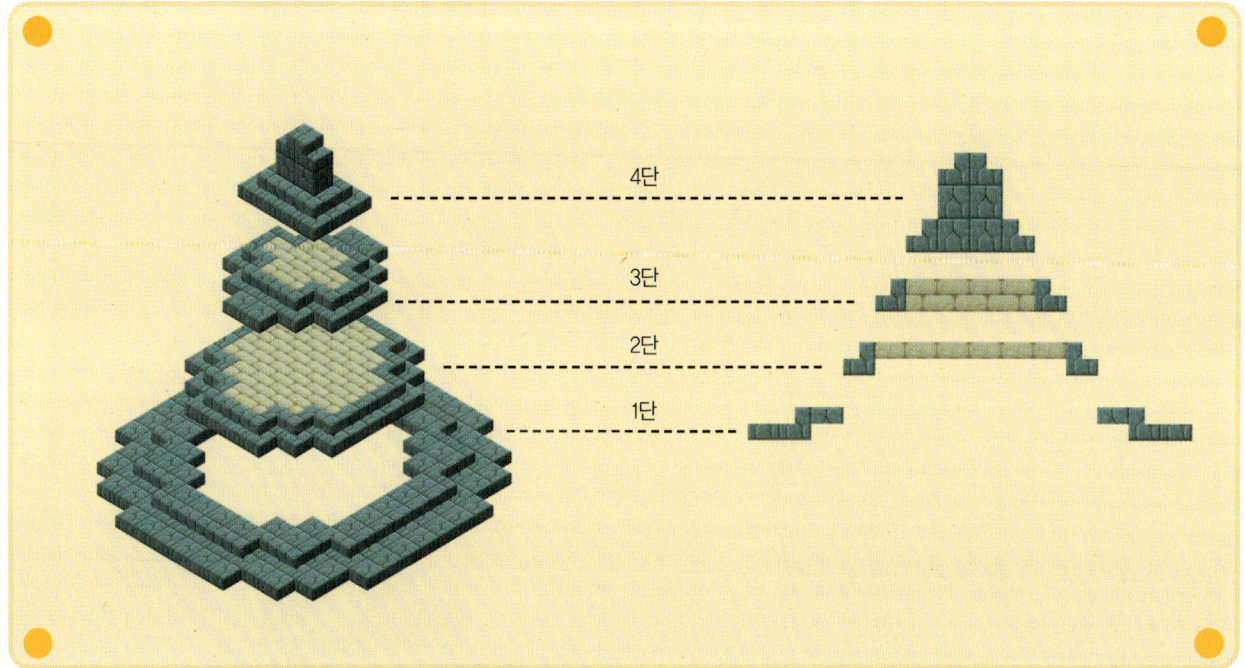

01 지붕의 1단은 '무작정 따라하기 02'에서 만든 벽면 너비와 일치하도록 만드세요. 빨간색 부분은 **프리즈머린 벽돌 계단**이고 나머지 부분은 **프리즈머린 벽돌 판**이에요. 블록들을 이어서 놓아 완만한 경사를 표현하세요.

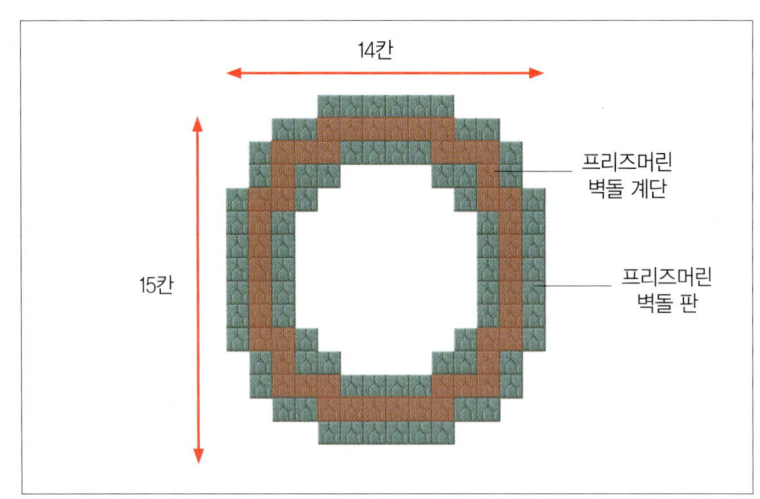

02 지붕 2단의 바깥쪽은 **프리즈머린 벽돌 계단**, 안쪽은 **엔드 스톤 벽돌 판**으로 만들어 주세요.

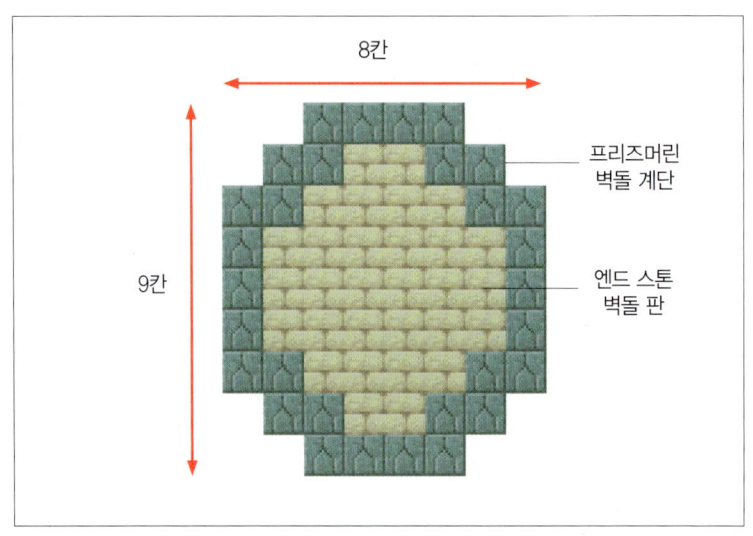

03 지붕 3단의 밖은 **프리즈머린 벽돌 계단**, 안은 **엔드 스톤 벽돌**로 만들어 주세요. 빨간색 부분에는 **프리즈머린 벽돌 판**을 연결하세요.

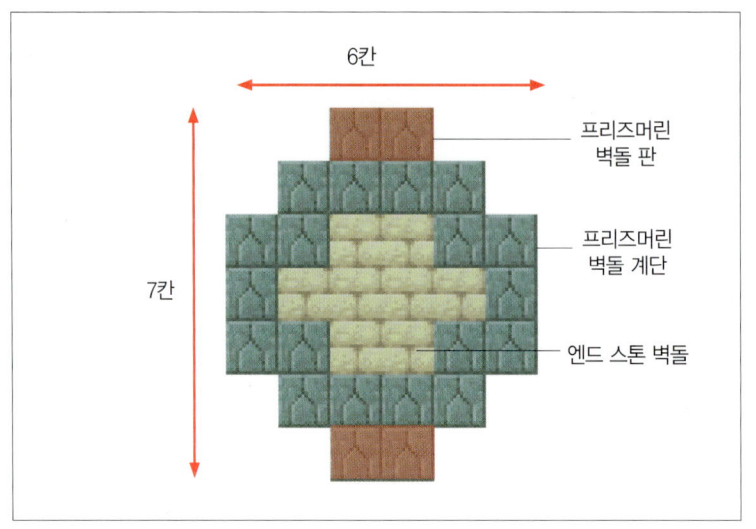

04 지붕의 4단은 **프리즈머린 벽돌**과 **프리즈머린 벽돌 계단**으로 뾰족한 경사를 표현해 주세요.

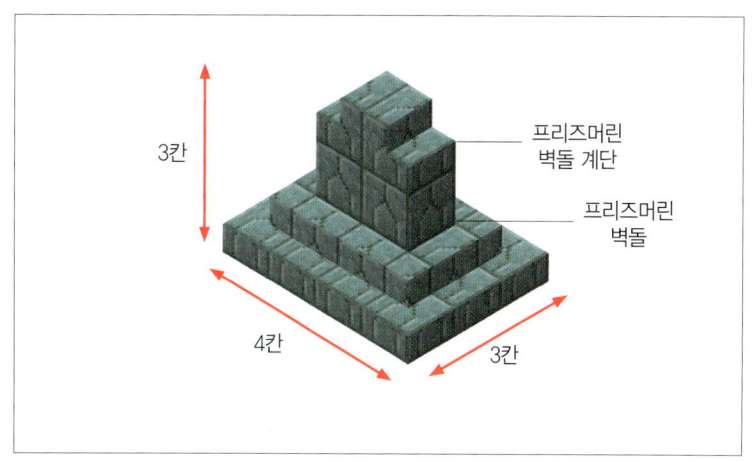

| 무작정 따라하기 04 | 마법사의 집 내부 꾸미기 |

내부는 입구로 들어갔을 때 좌우로 마법 실험 공간, 맞은편에는 마법 난로, 가운데는 테이블이 위치하고 있어요. 자연 아이템을 많이 사용하여 자연적이면서 신비로운 분위기를 연출했어요.

01 책장으로 벽면을 채운 뒤 **프리즈머린 벽돌**과 **프리즈머린 벽돌 계단**, **프리즈머린 벽돌 판**으로 벽난로의 형태를 만들어 주세요. 벽난로의 위는 **뒤틀린 뚜껑문**으로 장식하고 **영혼의 모닥불**을 안쪽에 설치하세요.

02 입구에서 테이블까지의 길을 **죽은 거품 부채 산호**로 장식하고 **뒤틀린 덩굴**로 테이블의 기둥과 철쭉 줄기를 표현하세요. 테이블은 **이끼 카펫**으로 만들어요. 테이블 위에는 **포자꽃**을 놓아 천정을 장식하세요.

03 입구 양 옆에 있는 마법 실험 공간이에요. **프리즈머린 벽돌 계단과 판** 등으로 형태를 만들고 **뒤틀린 뚜껑문**으로 장식하세요. **촛불**, **효과부여대**, **양조대** 그리고 **아이템 액자**와 같은 아이템으로 신비로운 마법 분위기를 연출해 보세요.

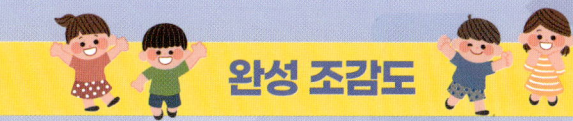 완성 조감도

옆에서 본 마법사의 집

위에서 본 마법사의 집

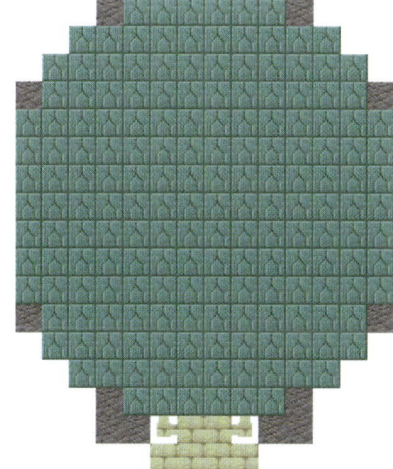

아래에서 본 마법사의 집

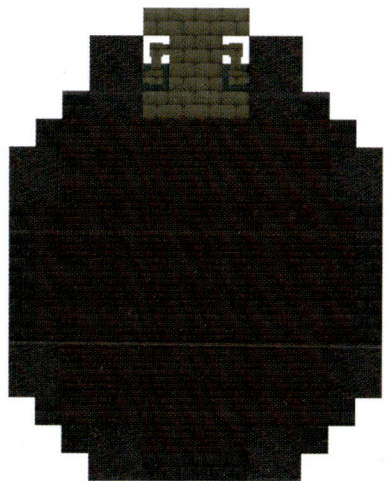

DAY 06

자연과 함께 하는 여행을 위한
태양광 캠핑카

혹시 여행을 좋아하나요? 여행을 잘 즐기려면 여러 가지가 필요하죠. 편히 쉴 수 있는 숙소도 중요해요. 하지만 숙소가 여행지로부터 멀리 떨어져 있거나, 숙소가 아예 없는 깊은 산속을 여행한다면 어떻게 해야 할까요? 이럴 때는 이동식 숙소인 캠핑카를 이용할 수 있어요. 캠핑카의 크기는 아주 작은 자동차부터 버스까지 다양한데, 이번에는 한 가족이 모두 생활할 수 있을 만한 크기의 캠핑카를 만들어 봐요.

난이도 ★★★   소요 시간 90분

건축 방법 미리보기

캠핑카에서 생활하기 위해서 필요한 시설인 주방, 화장실, 침실의 배치를 꼭 생각해 봐요. 만약 캠핑카가 너무 크다면 이동하기 어렵기 때문에 높이와 넓이를 잘 고려해서 만들어야 해요. 내부의 구조를 잘 생각하며 캠핑카를 만들어 보세요.

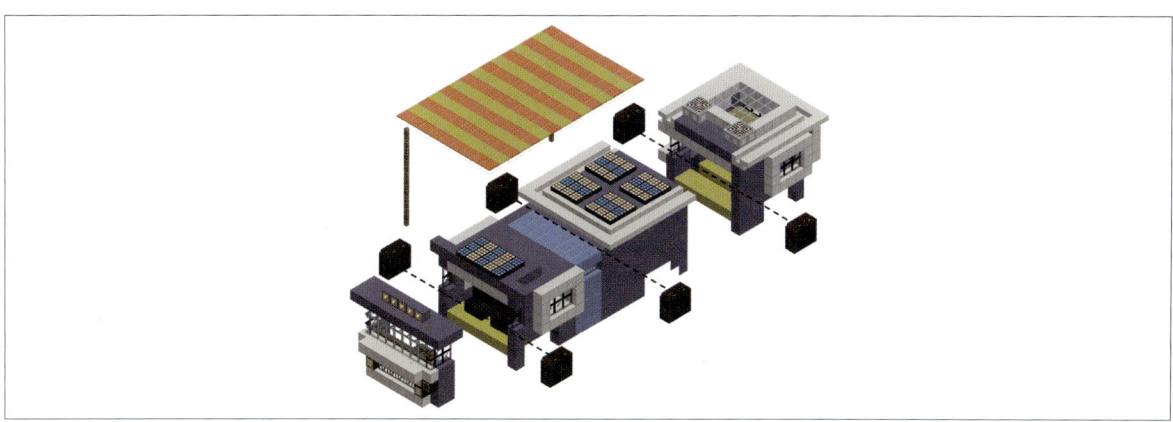

건축에 사용할 블록

이번에 만드는 캠핑카는 플라스틱 확장팩을 사용하여 만들었어요. 플라스틱 확장팩을 사용했을 때와 일반팩을 사용했을 때의 블록들을 비교하여 표로 만들었으니 아래 그림에서 참고하세요.

◁ 플라스틱 확장팩을 사용한 경우

◁ 일반팩을 사용한 경우

| 무작정 따라하기 01 | **캠핑카 앞부분 만들기** |

밝은 파란색 테라코타와 **석영 블록**을 이용하여 자동차 앞부분을 만들어 볼게요. 만약 다른 색으로 꾸미고 싶다면 다른 색 블록을 사용해도 괜찮아요. 이때 주의해야 할 점은 나중에 자동차 바퀴를 넣기 위해 차체를 바닥에서 한 칸 위에 만든다는 것이에요. 바닥에서 한 칸 위에 만들지 않는다면 자동차가 바닥과 붙을테니까요.

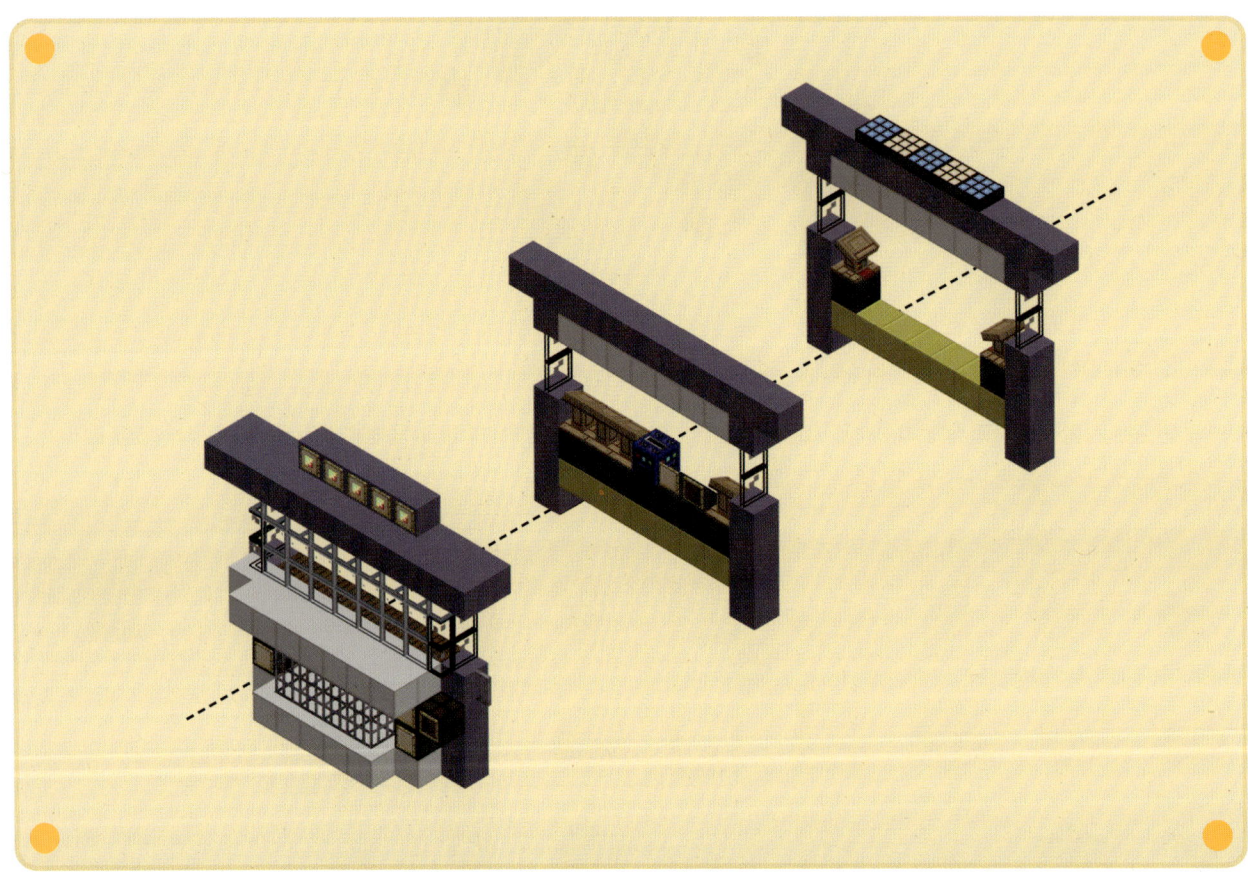

01 제일 먼저 미리보기 그림의 가운데 부분을 만들게요. 여기서는 **밝은 파란색 테라코타**로 자동차 바깥 부분을, **노란색 콘크리트**로 자동차 바닥을 만들어요. 바닥과의 빈 공간을 꼭 확인하세요. 다음으로 그림을 참고하여 **독서대, 주크박스, 아이템 액자** 등으로 대시보드를 만들어 보세요.

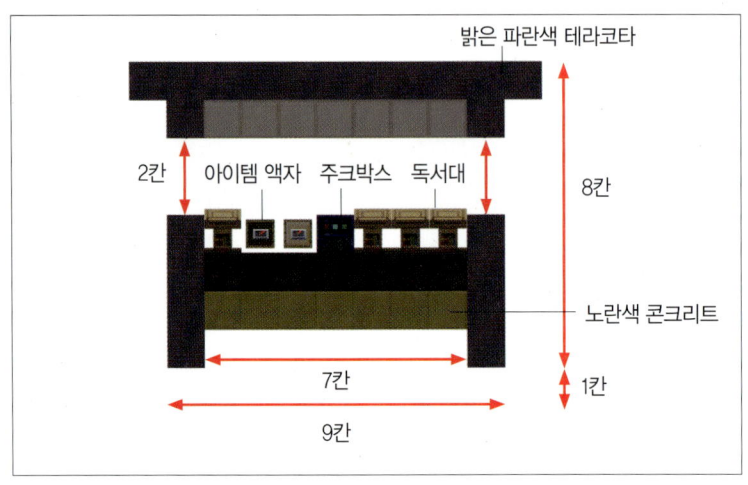

02 이제 차 창문과 그릴, 헤드라이트를 만들어 봅시다. 창문은 **판유리**를 이용하여 얇게 표현하고 캠핑카의 그릴은 **철창**을 이용해 만들고, 캠핑카 헤드라이트와 서치라이트는 **발광 아이템 액자**에 **마그마 크림**을 넣어 표현했어요.

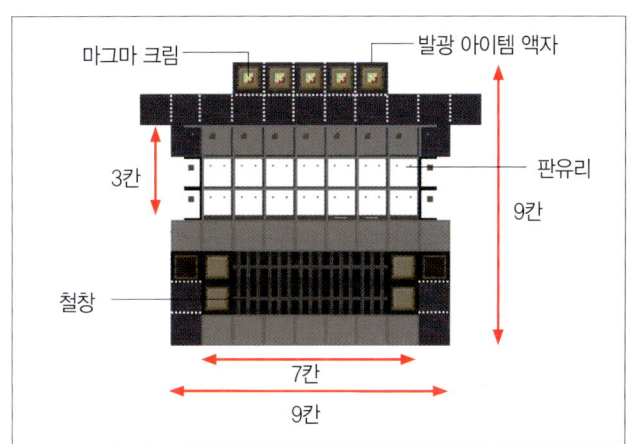
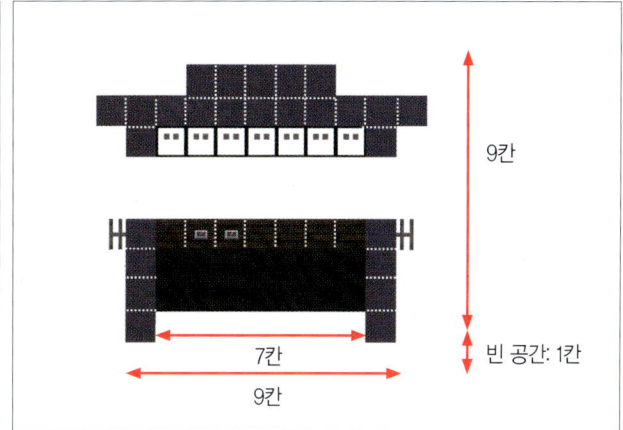

03 이번에는 **일광 센서**를 이용하여 캠핑카 지붕에 태양광 시스템을 만들어 보세요.

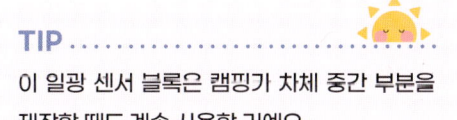

> **TIP**
> 이 일광 센서 블록은 캠핑카 차체 중간 부분을 제작할 때도 계속 사용할 거예요.

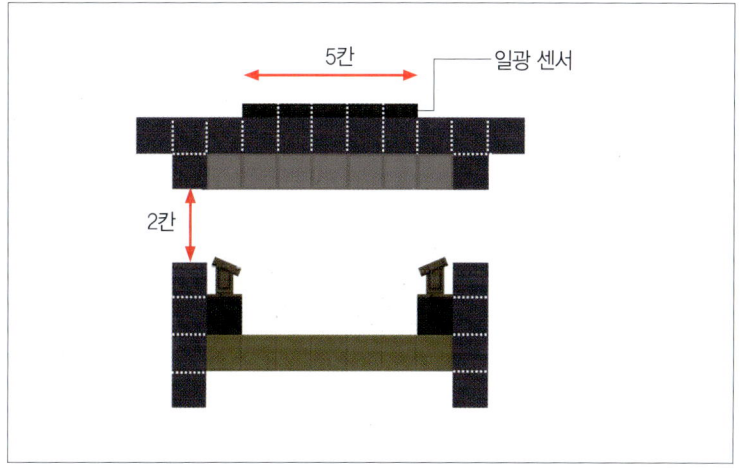

04 완성된 차량 앞부분을 옆에서 본다면 아래 그림과 같은 모양이 됩니다. 공간을 분리하기 위해 **밝은 파란색 양털**을 놓습니다. 칸을 잘 세면서 만드세요.

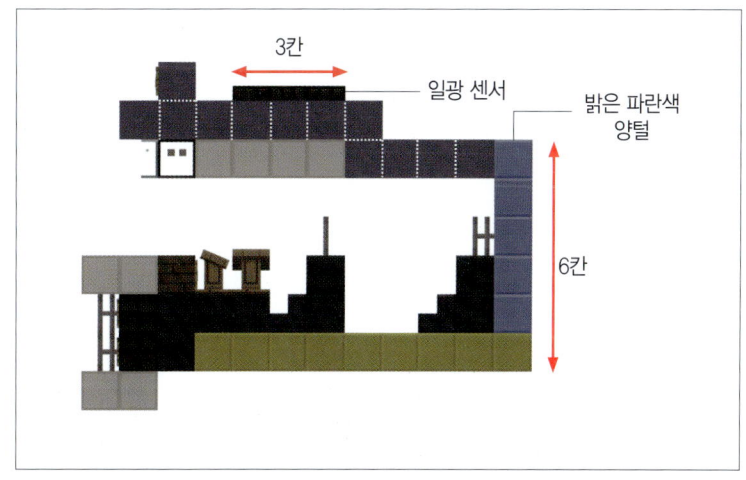

일광 센서는 어떤 역할을 하나요?

일광 센서는 태양빛을 받으면 내부 저항이 달라져 전류가 흐르거나 흐르지 않게 만드는 센서를 말해요. 태양광 패널과 결합하여 낮에는 전기를 축적하고 밤이 되면 축적된 에너지를 사용하는 경우가 많아요. 요즘은 친환경 가로등에 사용되어 밤이 되면 저절로 불이 켜지는 가로등을 주변에서 찾아볼 수 있습니다.

무작정 따라하기 02 자동차 중간 부분 만들기

이번에는 자동차 좌석과 샤워실, 문, 주방, 태양광 발전 시설 등 캠핑카 중간 부분을 만들어 볼게요. 캠핑카 안은 내가 원하는 캠핑카의 모습을 상상하며 함께 꾸며 보는 것도 좋아요.

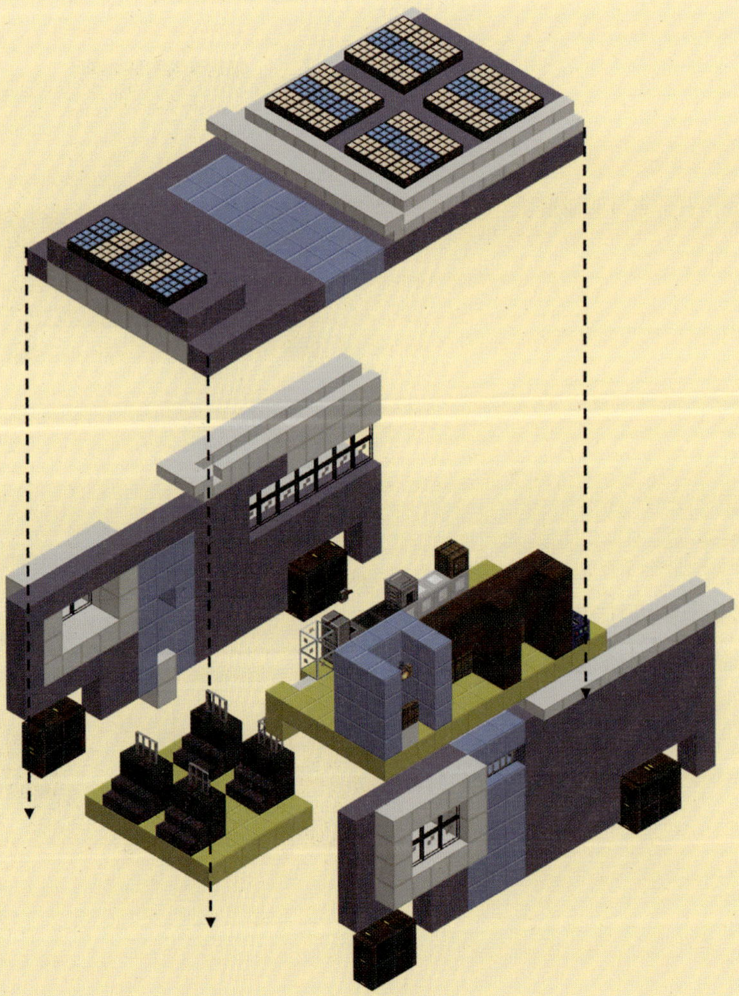

01 먼저 캠핑카 안을 만들고 바깥을 만들어 봅시다. **블랙스톤 계단 블록**과 **블랙스톤**을 이용해 의자를 만들고, **철창**을 이용하여 머리 받침대를 만들어 좌석을 만듭니다.

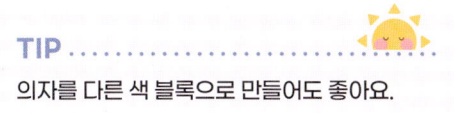
의자를 다른 색 블록으로 만들어도 좋아요.

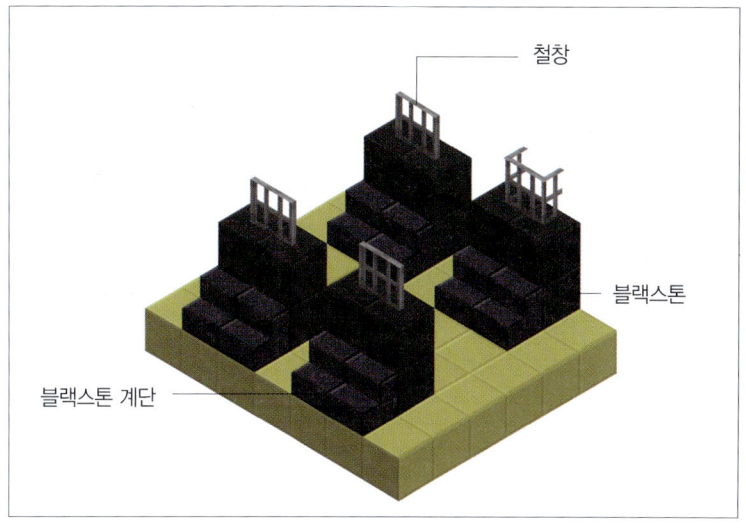

02 샤워실, 장롱, 선반 및 주방을 만들어 봅시다. 샤워실은 **밝은 파란색 양털**로 따로 표현하여 다른 장소와 구별할 수 있도록 꾸며 보세요.

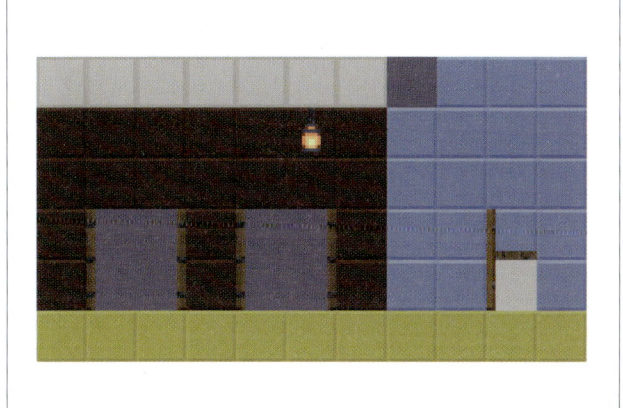

▲ 선반, 장롱, 샤워실   ▲ 조감도

03 주방에 들어갈 물건은 무엇이 있을까 생각하며 꾸며 보세요. **배럴**, **상자**, **호퍼**, **화로** 등을 이용할 수 있어요.

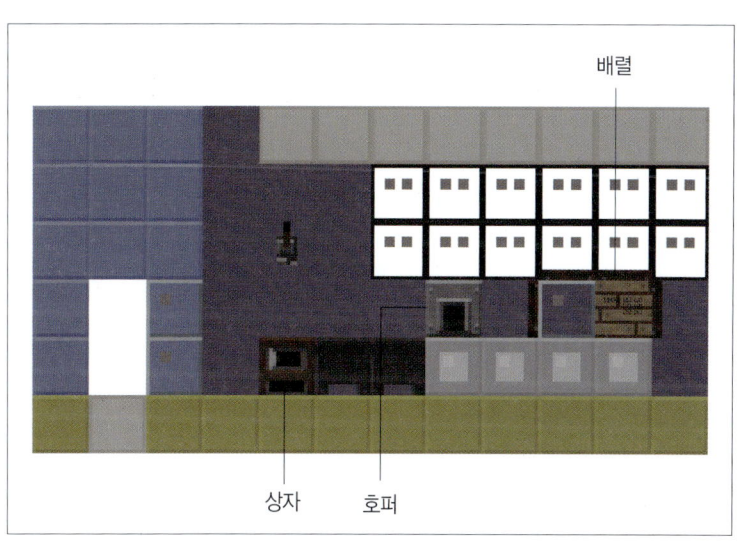

04 앞에서 만든 주방, 샤워실, 선반 등을 감쌀 수 있도록 외벽을 만들어 보세요. '무작정 따라하기 01'에서 만든 차체에 이어서 만들면 됩니다. 차량 바퀴는 **석탄 블록** 4개를 사각형으로 쌓은 후 **어두운 참나무 뚜껑문**을 붙여 주면 됩니다.

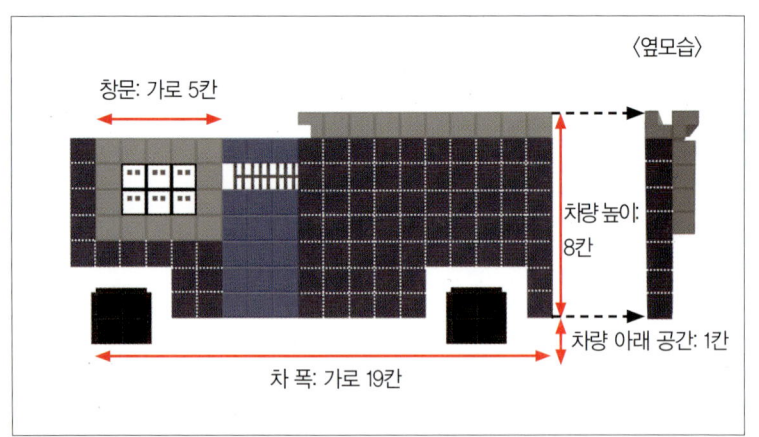

▲ 캠핑카 왼쪽 모습

05 차량의 오른쪽에는 사람이 드나들 수 있도록 계단과 문을 설치해요.

TIP
레드스톤 회로를 사용할 수 있다면 레버를 이용한 문을 만들 수도 있어요.

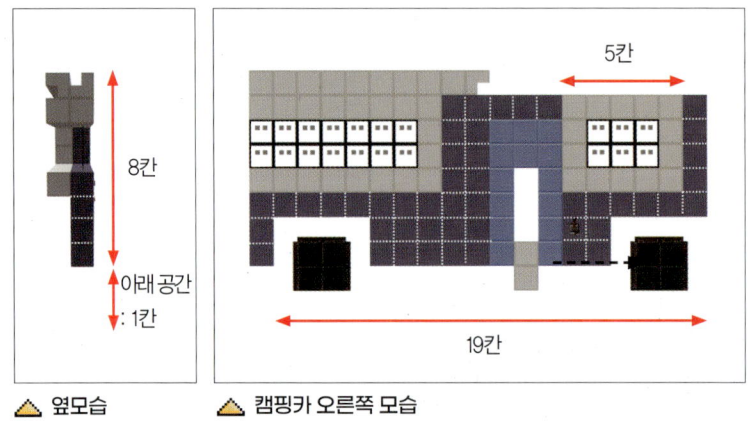

▲ 옆모습   ▲ 캠핑카 오른쪽 모습

06 차량의 위쪽은 **일광 센서, 석영 블록** 등을 이용하여 꾸밉니다.

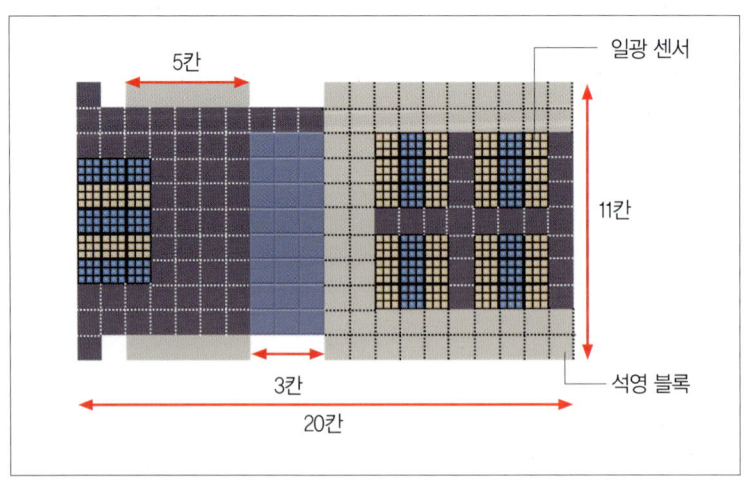

▲ 차량을 위에서 내려다 본 모습

궁금해요 실제로 캠핑카에서 사용한 물은 어떻게 처리하나요?

캠핑카에는 오폐수를 한 데 모아 처리할 수 있는 시스템이 있어요. 하지만 요즘 캠핑족이 많아지면서 간혹 모아진 오폐수를 무단으로 방류하는 경우가 많다고 해요. 이에 캠핑카 자체에서 오수 정화를 할 수 있도록 만든 캠핑카도 등장하고 있어요. 원래는 캠핑카 내부의 물을 사용하고 난 후엔 물을 쓴 만큼 다시 채워야 하지만 캠핑카 자체에서 오폐수를 정화하여 재사용할 수 있다면 물이 낭비되는 것을 막을 수 있을 거예요.

무작정 따라하기 03 — 차량 뒷부분 만들기

이제 차량의 뒤쪽을 만들어 봅시다. 차량 뒷부분에는 침실과 유리 천장을 만들 거예요.

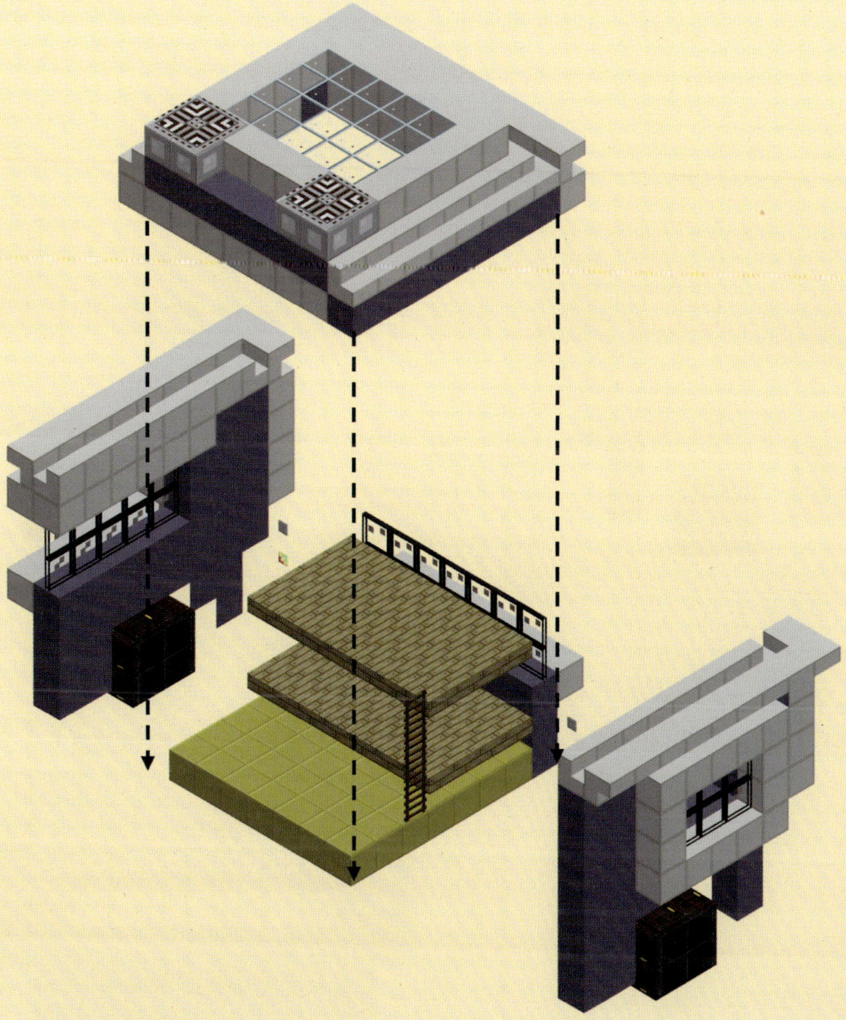

01 먼저 침실을 만들어 봅시다. 침실의 침대는 **자작나무 판**을 이용하여 공중에 떠 있는 모습으로 만들고, 공간 활용을 위해 2층으로 만들었어요. 침실이 있는 곳의 천장은 다른 곳보다 높고, 천장에 창문을 달 수 있도록 높게 만들어요.

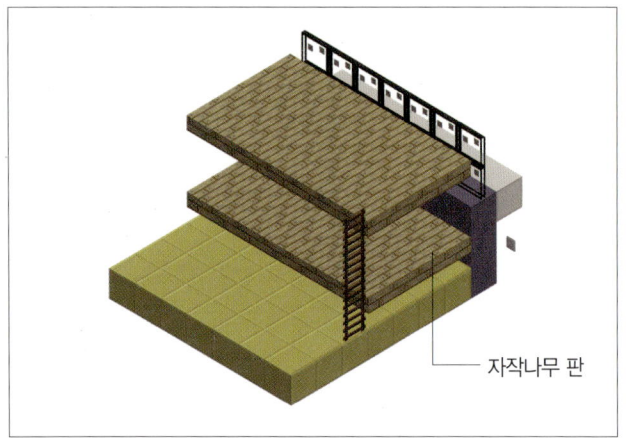
▲ 침실을 대각선 방향서 본 모습

▲ 침실을 옆에서 본 모습

02 캠핑카의 왼쪽과 오른쪽 부분을 아래 그림과 같이 만들고 큰 창문을 달아 보세요.

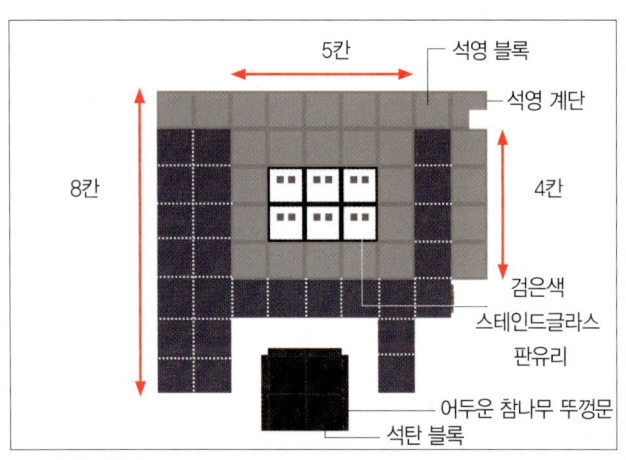
▲ 캠핑카 왼쪽   ▲ 캠핑카 오른쪽

03 차량의 후면은 다음 그림과 같이 마무리합니다. **아이템 액자**를 이용하여 후미등을 만들어 보세요.

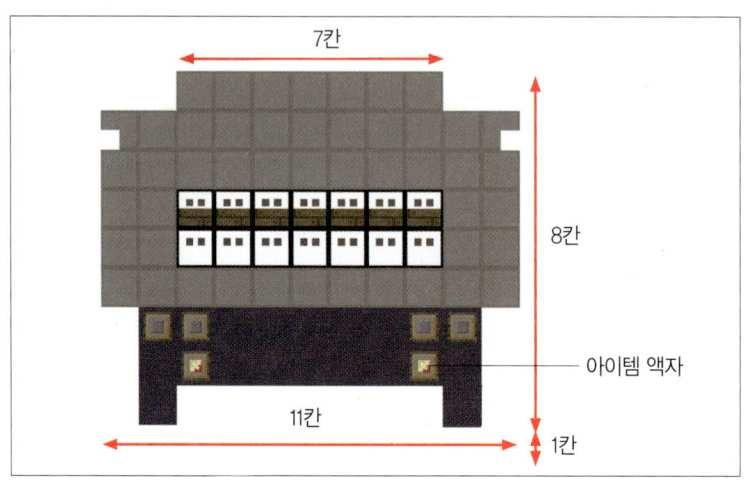

04 자동차 지붕에 에어컨 실외기와 창문을 만들어요. 실외기의 모습은 **레일**을 이용하여 표현할 수 있어요.

05 마지막으로 햇볕을 가릴 수 있는 천막을 만들어 볼게요. **실**을 이용하여 카펫이 올라갈 수 있는 길을 만들고, **노란색 카펫**과 **주황색 카펫**으로 천막을 만듭니다. **참나무 울타리**를 이용하여 천막 기둥을 만들어요.

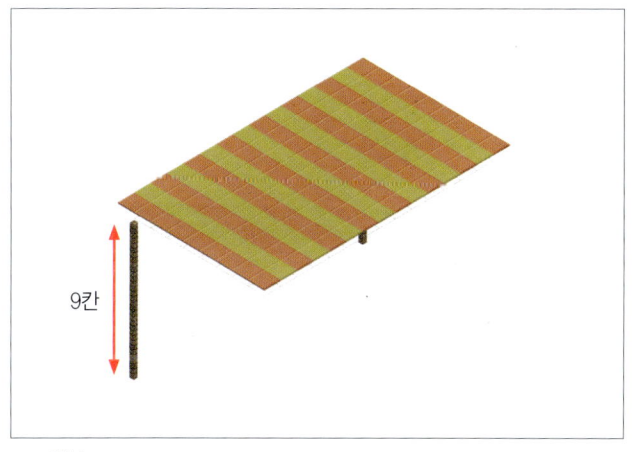

▲ 어닝

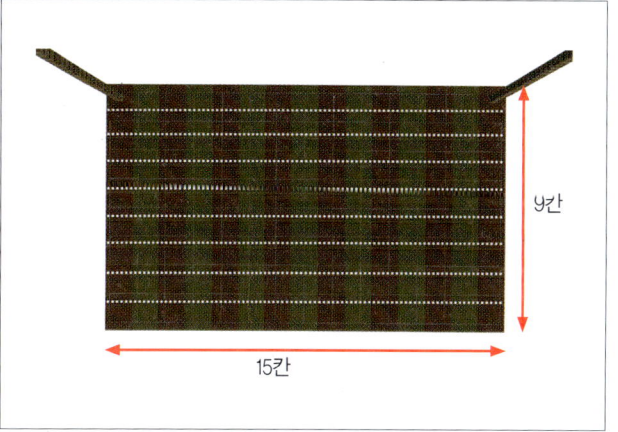

▲ 아래에서 위로 본 어닝

플라스틱 확장팩을 사용하는 이유가 무엇인가요?

마인크래프트를 설치하면 볼 수 있는 블록은 '일반팩'이에요. 그런데 마인크래프트 내의 상점에는 블록 모양을 다양하게 바꿔 주는 팩들이 있어요. 이러한 팩들은 내가 꾸미려는 모양을 더 예쁘게 만들어 주거나, 일반팩으로는 만들 수 없는 아이템을 만들어 낼 수 있어요. 이번에 만든 캠핑카도 일반팩으로 만든 것과 플라스틱 확장팩으로 만든 것은 광택이나 질감이 많이 달라 보일 거예요. 멋진 건축을 위해 재료를 바꿔 볼 수 있다는 점을 알아가면 좋겠어요.

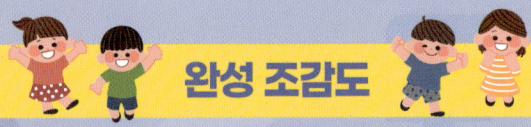
완성 조감도

왼쪽에서 본 캠핑카

오른쪽에서 본 캠핑카
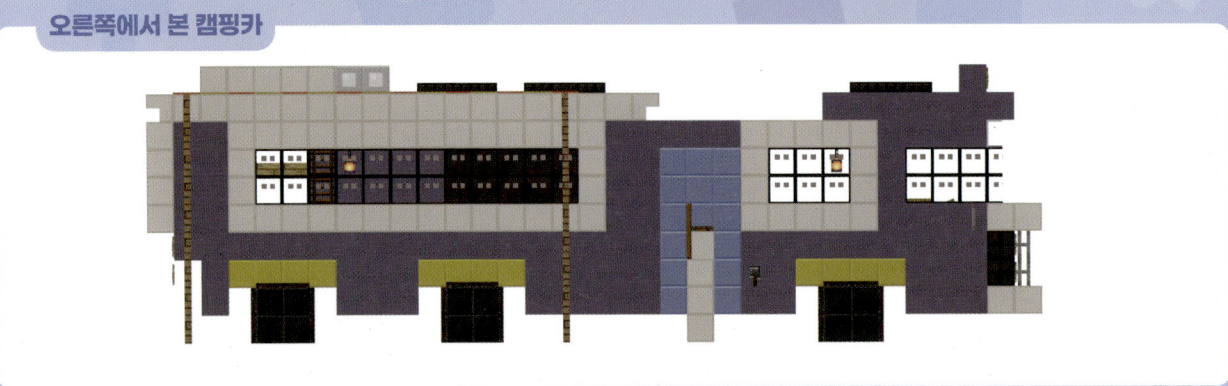

뒤에서 본 캠핑카
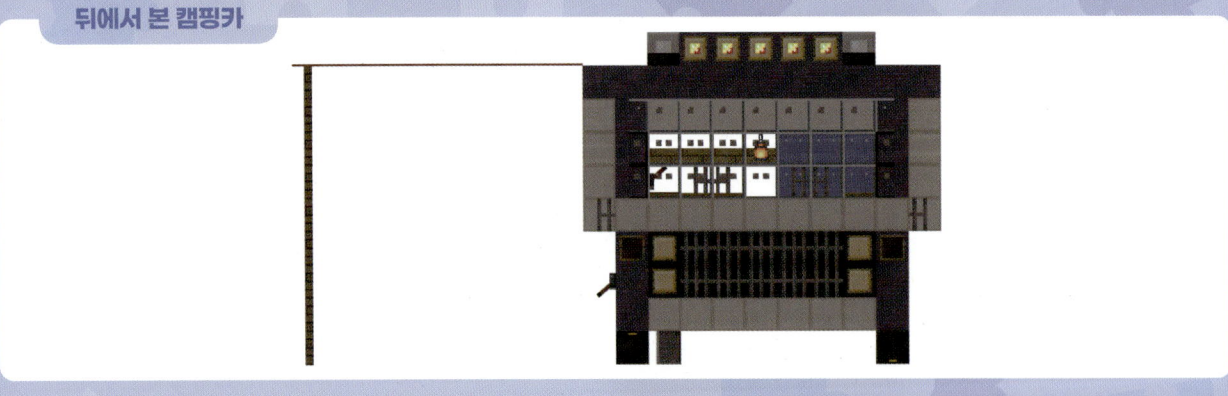

위에서 본 캠핑카
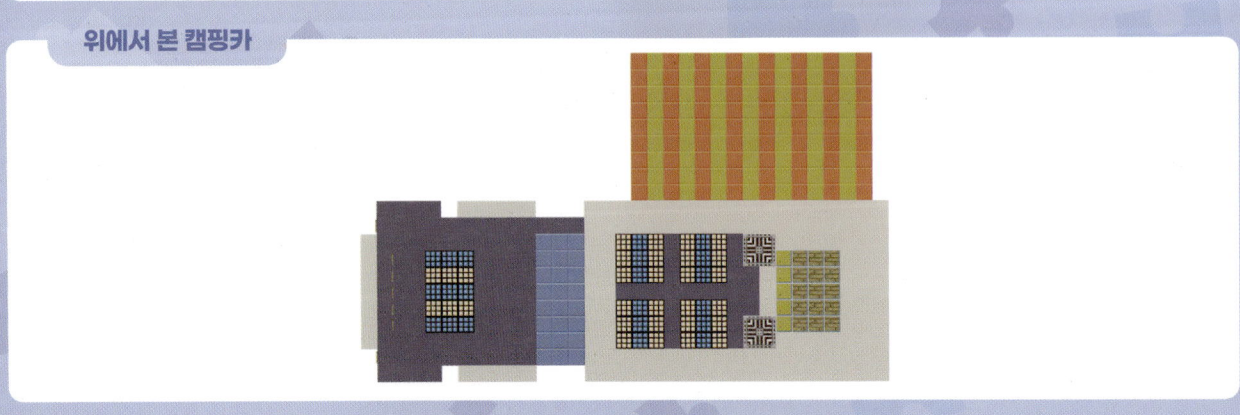

DAY 07

희귀한 아이템과 재료를 얻을 수 있는
오리엔탈 네더포털

마인크래프트에는 사막, 숲, 바다, 눈 지형 등 현실에서 볼 수 있는 다양한 환경을 담고 있어요. 그런데 현실과는 다른 마인크래프트만의 세상이 있다는 것을 알고 있나요? 그곳을 '네더', '엔더' 월드라고 해요. 이곳에서는 희귀한 아이템과 재료를 얻을 수 있다고 해요. 그렇다면 이곳은 어떻게 갈 수 있을까요? 바로 '네더'와 '엔더' 포털을 통해서 갈 수 있어요. 오늘은 그중 '네더포털'을 만들고 어울리는 건축물을 만들어 보겠습니다.

| 난이도 | ★★★ | 소요 시간 | 90분 |

🔍 건축 방법 미리보기

네더포털은 크게 문, 길, 네더포털 신전 3부분으로 나눠서 제작합니다. 나머지 부분은 각자 원하는 방법으로 꾸며도 좋습니다.

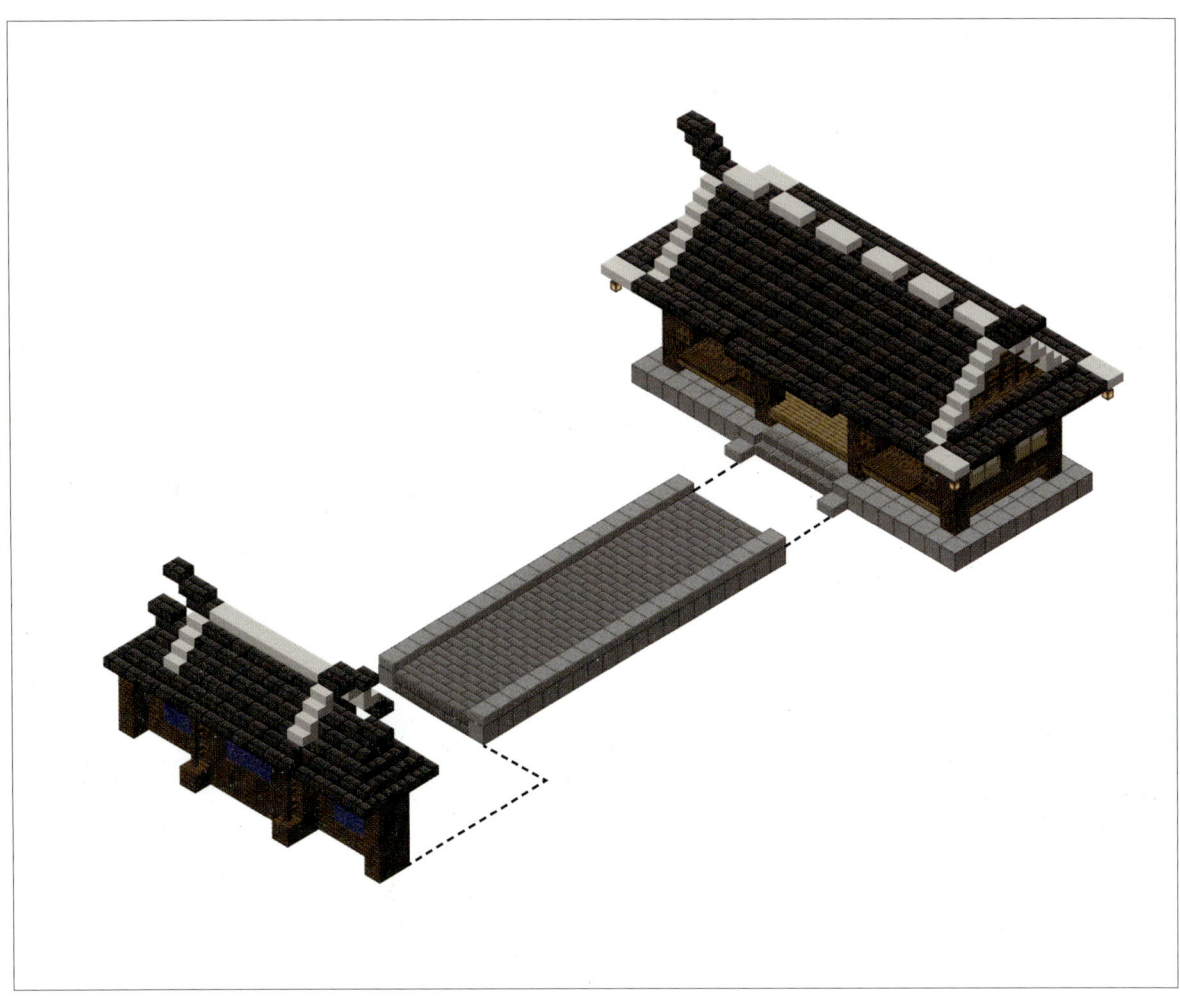

🧱 건축에 사용할 블록

딥슬레이트 벽돌 계단	부드러운 석영 계단	부드러운 안산암 계단	참나무 계단	석재 벽돌	부드러운 석재	참나무 원목	가문비나무 판자	파란색 양털
딥슬레이트 벽돌 판	석영 판	석재 판	참나무 판	참나무 뚜껑문	가문비나무 뚜껑문	자작나무 문	가문비나무 문	빨간색 양털
횃불	랜턴	가문비나무 울타리	흑요석	부싯돌과 부시	베틀	파란색 염료	빨간색 염료	흰색 배너

무작정 따라하기 01 | 문 만들기

가문비나무 판자, **가문비나무 뚜껑문**을 이용해서 내삼문의 기초를 만들고 단계별로 블록을 쌓아서 내삼문을 완성해 봅시다.

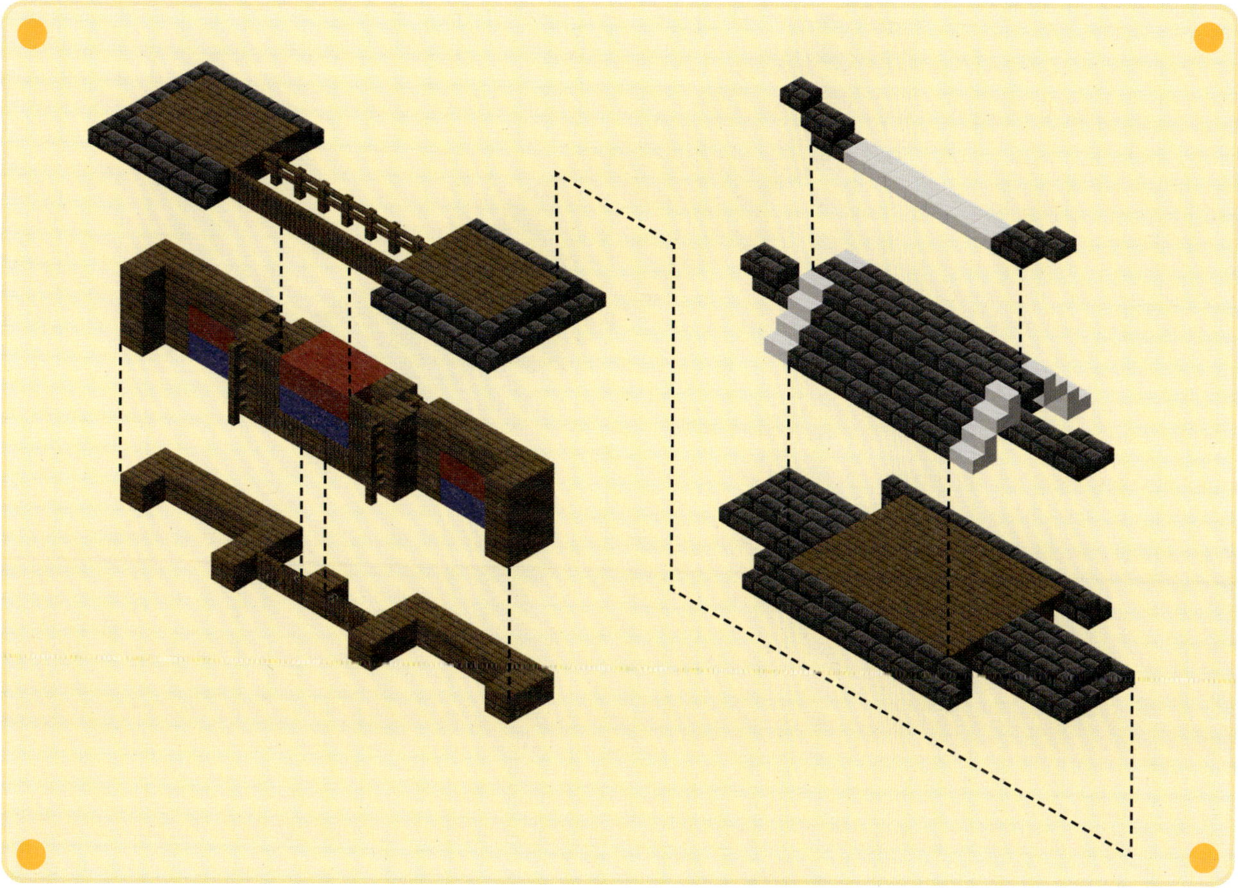

01 제일 먼저 **가문비나무**(**판자**, **뚜껑문**, **문**, **울타리**)를 이용해서 내삼문의 기초를 만드세요. 왼쪽과 오른쪽에 **가문비나무 판자**를 5칸씩 쌓으세요.

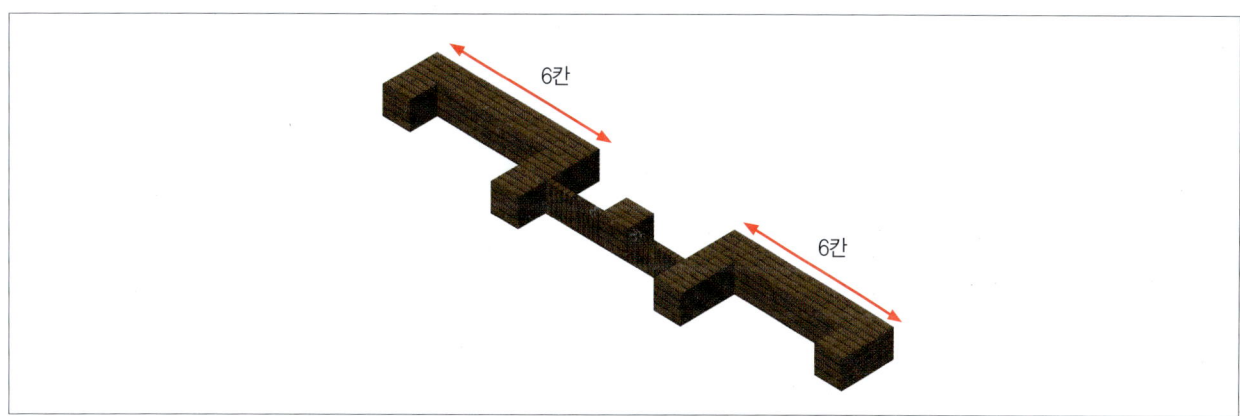

02 01번 과정에서 만든 부분 위에 **빨간색 양털, 파란색 양털, 가문비나무 판자**로 쌓으세요. 그리고 나서 **가문비나무 뚜껑문**과 **가문비나무 울타리**로 장식하세요.

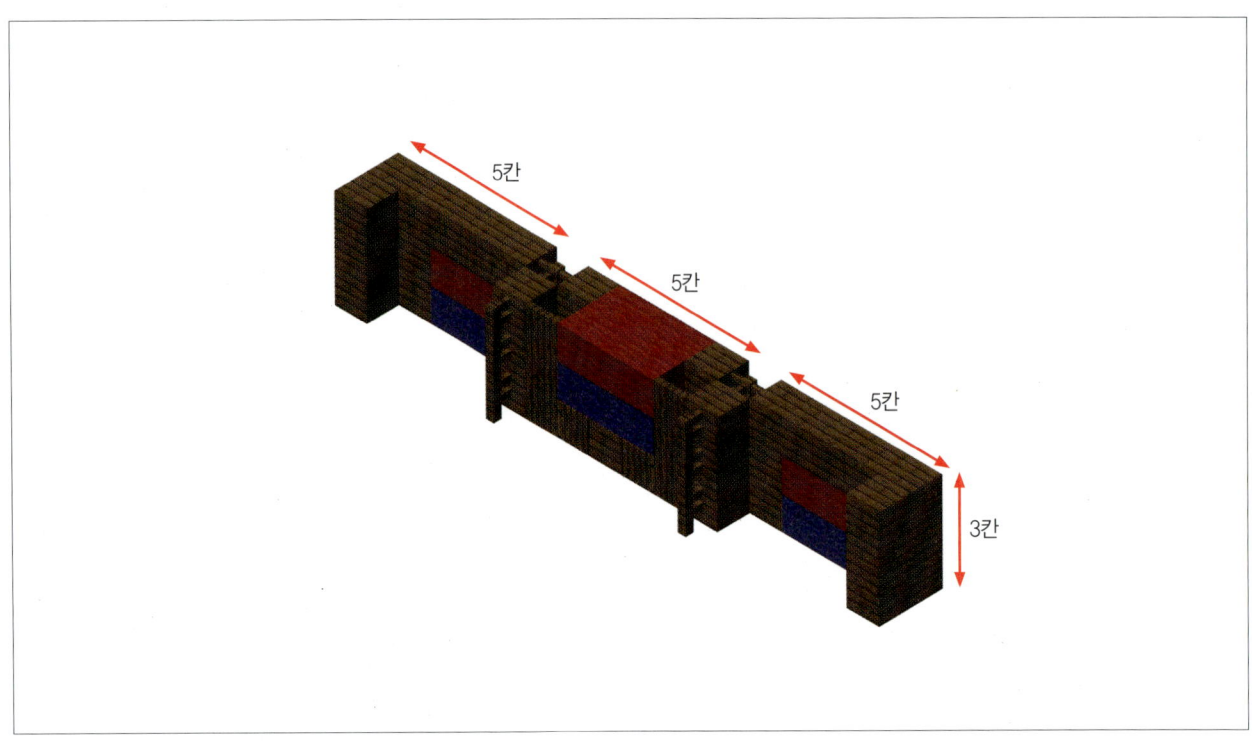

03 02번 과정에서 만든 부분 위에 첫 번째 지붕을 올려주세요. 두 지붕을 **가문비나무 뚜껑문**과 **가문비나무 울타리**로 연결하세요.

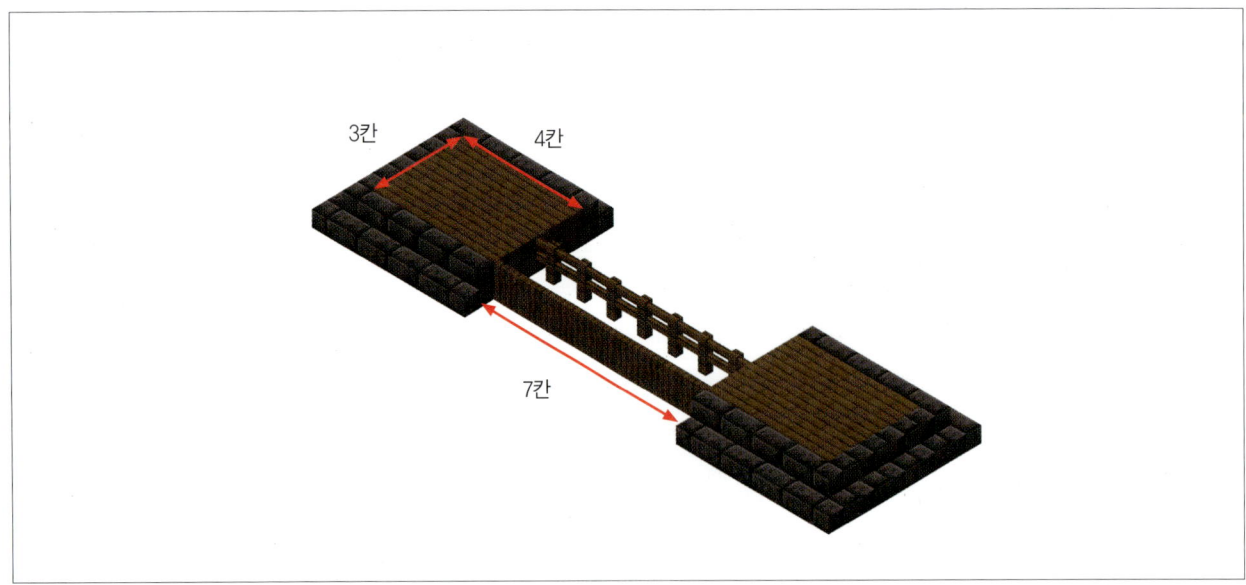

04 양옆 **가문비나무 판자** 윗부분은 **딥슬레이트 벽돌 계단**을 이용해서 위로 올라가면서 좁아지게 놓으세요. 가운데 부분은 **가문비나무 판자**와 **딥슬레이트 벽돌 계단**으로 놓으세요.

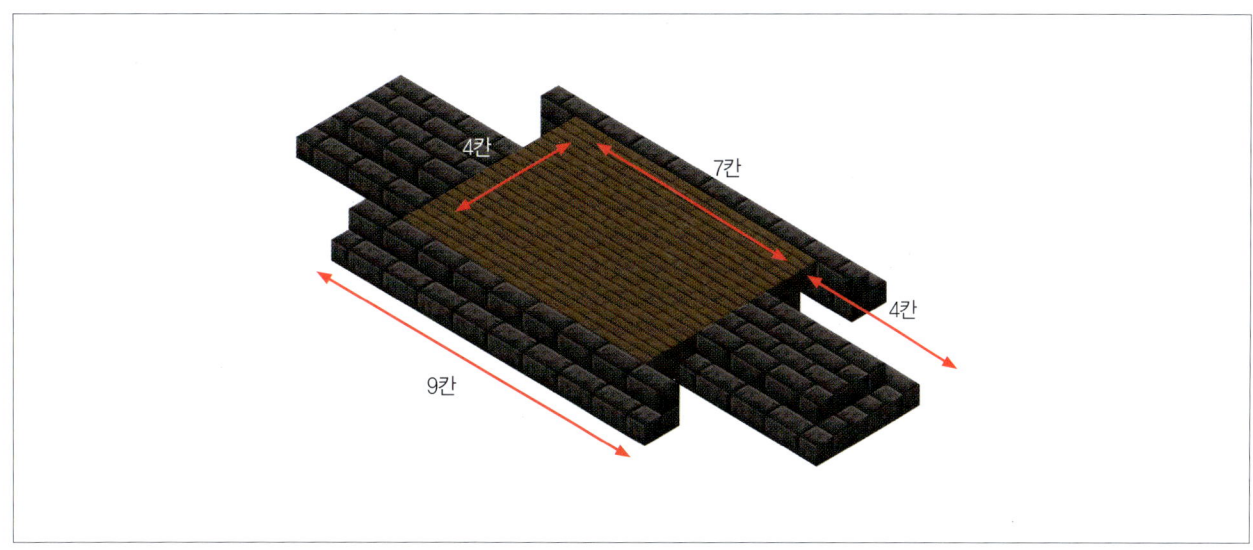

05 가운데 **가문비나무 판자** 부분에 **딥슬레이트 벽돌 계단**을 지붕 형태로 위로 갈수록 점점 좁아지게 놓으세요. 끝부분에 **부드러운 석영 계단**을 이용해서 표현해 줍니다.

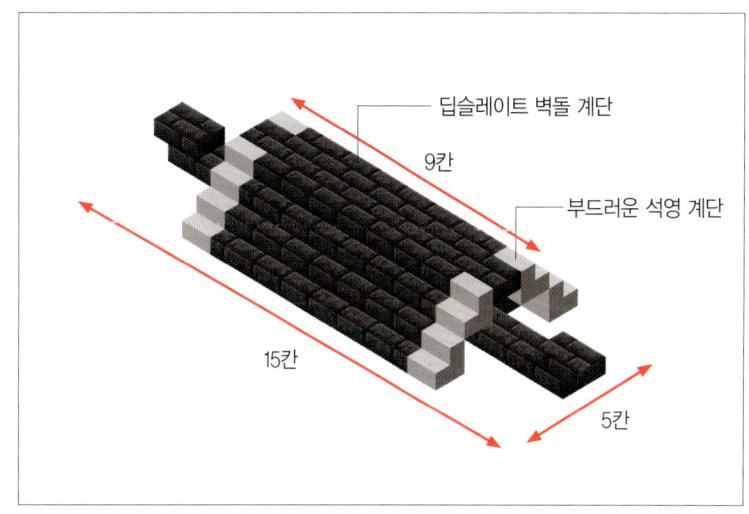

06 가장 윗부분은 **석영 판**과 **딥슬레이트 벽돌 판**을 이용해서 장식하세요.

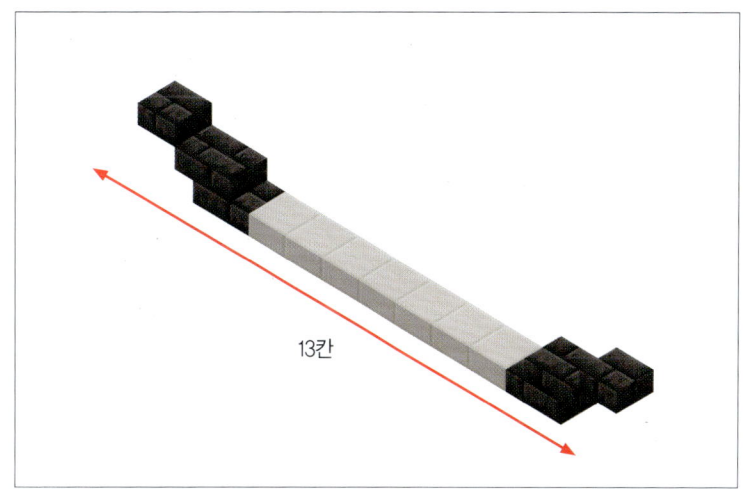

무작정 따라하기 02 | 길 만들기

석재 벽돌, **부드러운 석재** 판을 이용해서 만들겠습니다. 길은 내삼문과 대성전 사이를 이어주는 부분입니다. 책에서는 20칸을 정도의 길이로 만들었는데, 원하는 개수로 놓아 길거나 짧게 만들어도 됩니다.

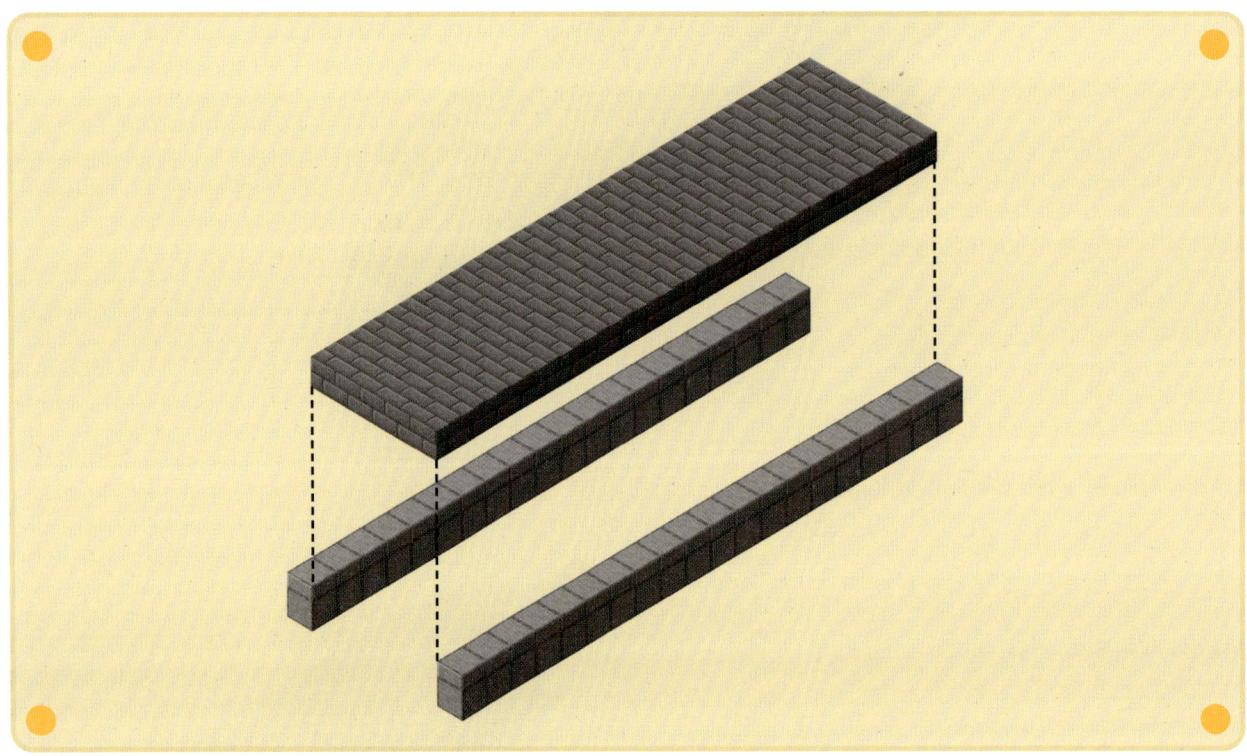

01 **석재 벽돌**을 가운데 5칸을 1줄로 해서 20칸 길이만큼 설치하세요. 원하는 길이로 만들어도 됩니다.

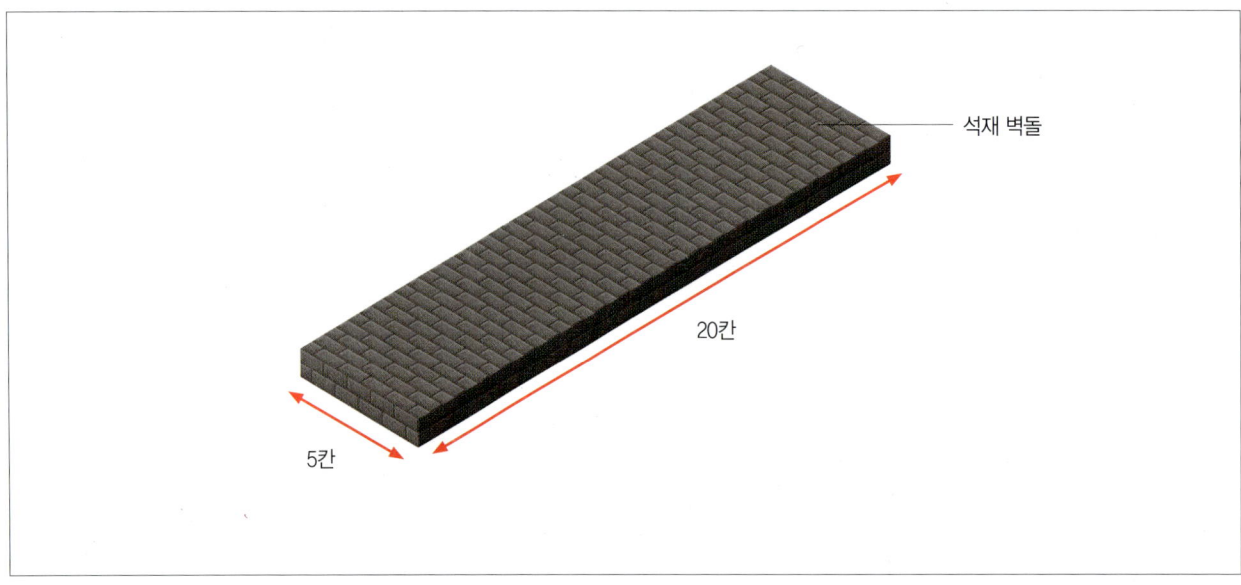

02 석재 벽돌로 만든 길 왼편과 오른편에 **부드러운 석재**를 넣고, 그 위에 **부드러운 석재 판**을 놓아서 길을 마무리합니다.

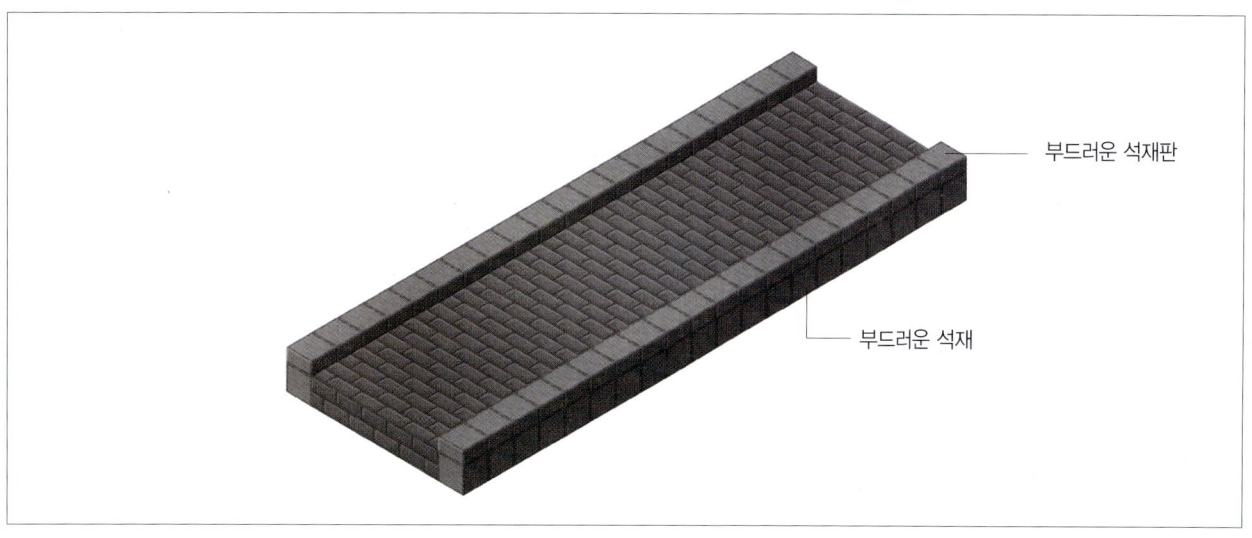

- 부드러운 석재판
- 부드러운 석재

무작정 따라하기 03 — 네더포털 신전 만들기

먼저 건물을 만들고, 건물 안에 네더포털을 만드는 순서로 진행하겠습니다.

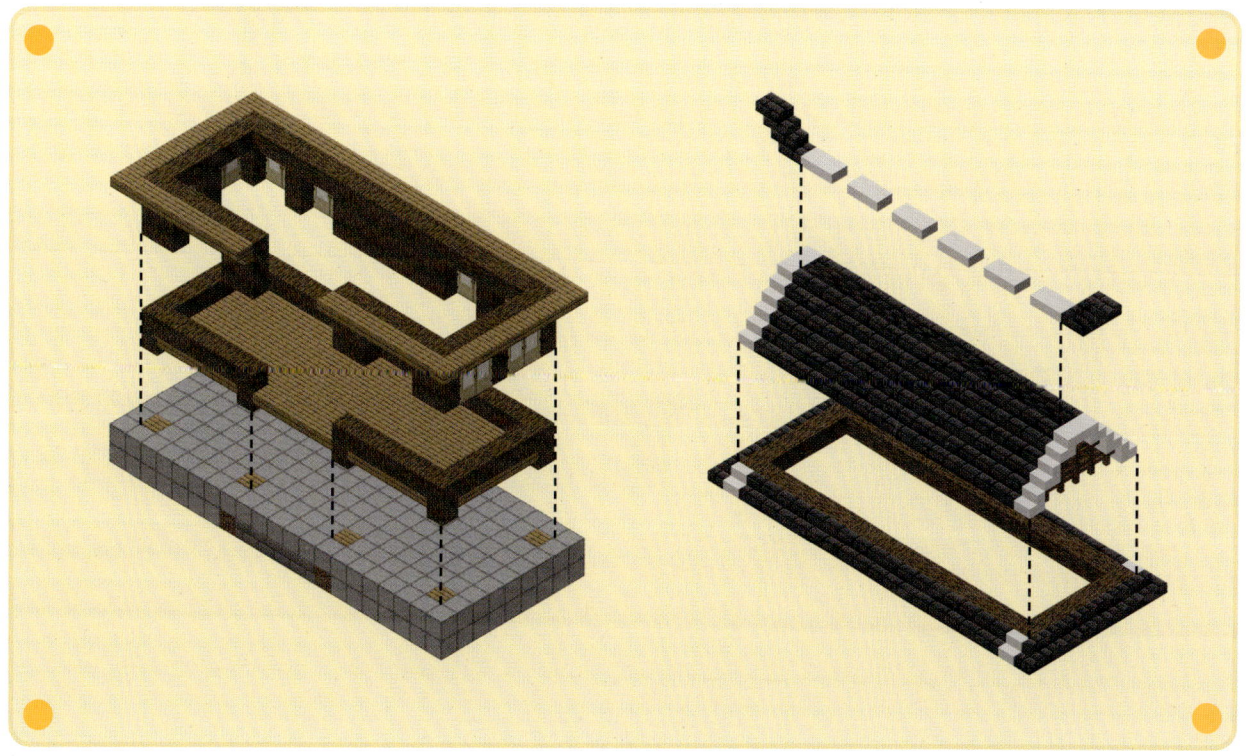

DAY07 오리엔탈 네더포털 ■ **89**

01 부드러운 석재, 참나무 판자를 이용해서 기초 부분을 만드세요. **부드러운 석재**로 가로 21칸, 세로 9칸 크기의 바닥을 만드세요. 그리고 나서 **참나무 판자**를 그림처럼 일정한 간격으로 놓으세요. **참나무 판자** 사이는 5칸씩 떨어져 있어야 합니다.

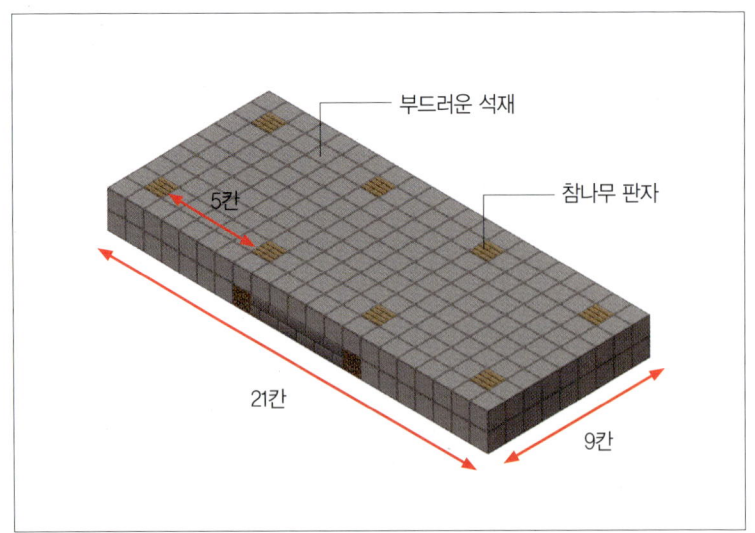

02 참나무 판자로 표시된 곳에 **참나무 원목**을 이용해서 기둥을 만들고, 바닥은 **참나무 판**을 이용해서 만드세요.

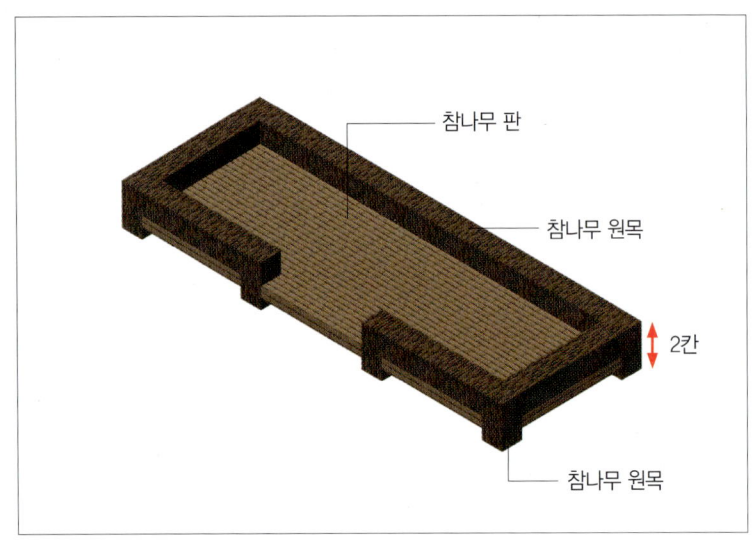

03 **참나무 원목**으로 기둥을 2칸 높이로 쌓고, 사이에 **자작나무 문**을 이용해서 창문을 만드세요. 가장 윗부분은 **참나무 계단**을 거꾸로 해서 설치하세요.

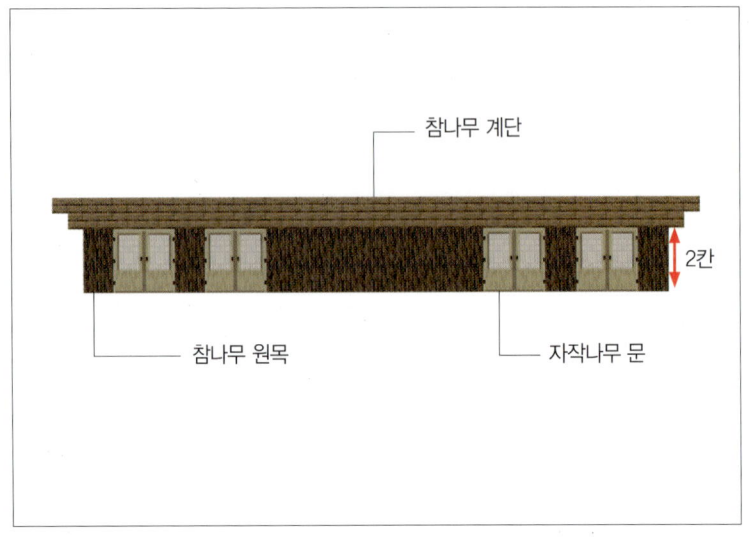

04 참나무 계단을 거꾸로 설치한 부분 위에 **딥슬레이트 벽돌 계단**을 놓으세요. 그림과 같이 각 모서리에 **부드러운 석영 계단**을 놓으세요.

05 가운데 빈 곳을 **참나무 원목**으로 모두 채운 후 **딥슬레이트 벽돌 계단**을 지붕 형태로 놓으세요. 옆면은 **가문비나무 울타리**를 이용해서 채우세요. 가장 윗부분은 **딥슬레이트 벽돌**로 채우세요. **부드러운 석영 계단**을 이용해서 가장자리를 채우세요.

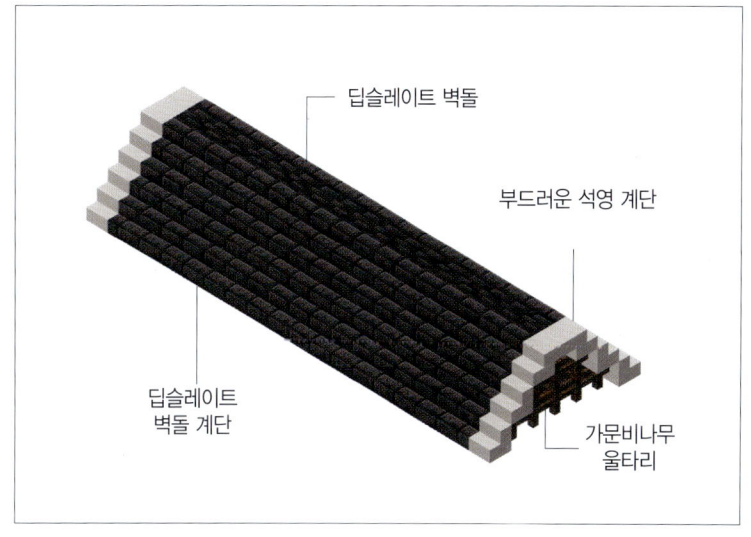

06 **딥슬레이트 벽돌 계단**을 이용해서 장식을 만드세요. 그리고 **석영 판**을 이용해서 지붕 윗부분 장식을 만드세요.

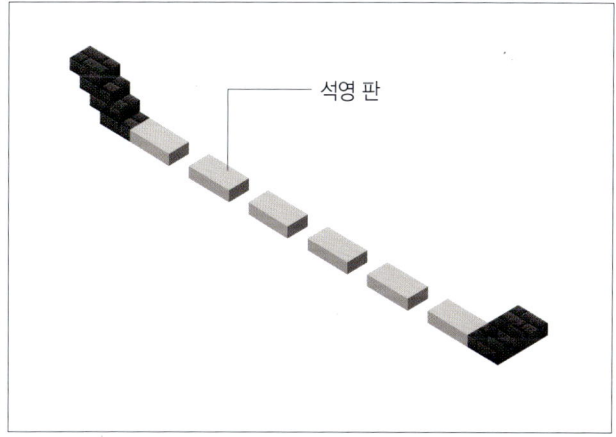

07 내부에 네더포털을 만드세요. 네더포털을 만들 때는 **흑요석**으로 내부는 비워 두고 5×5 모양의 네모를 만든 후, 비어 있는 곳을 향해 **부싯돌과 부시**로 불을 켜면 됩니다.

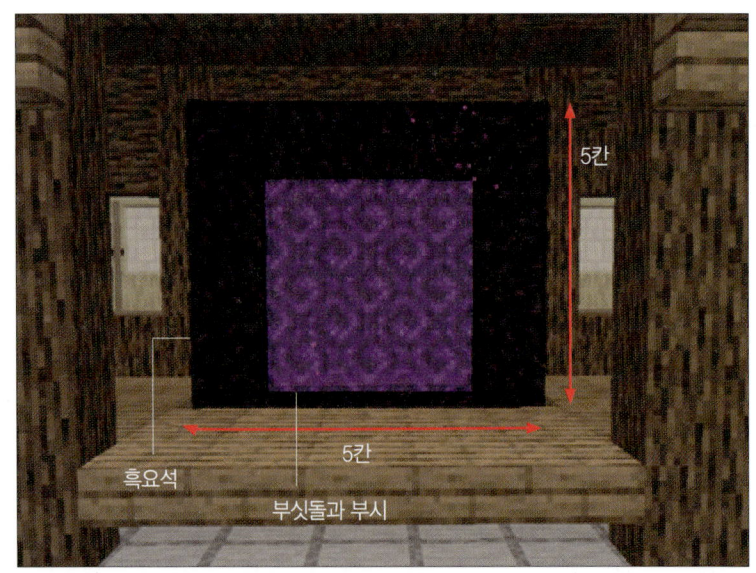

08 **참나무 뚜껑문**과 **가문비나무 뚜껑문**을 이용해서 창문을 장식해 주세요.

09 좋아하는 계단 블록을 이용해서 입구의 계단을 만드세요.

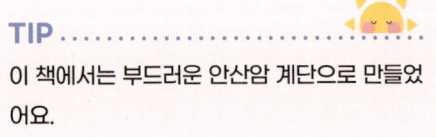
TIP
이 책에서는 부드러운 안산암 계단으로 만들었어요.

궁금해요 청사초롱은 어떻게 만드나요?

먼저 베틀, 흰색 배너, 빨간색 염료, 파란색 염료를 준비하세요.

① 베틀을 설치한 후 열어 보세요. 흰색 배너와 파란색 염료, 왼쪽에 흰색 아래 색칠된 버튼을 누르세요.

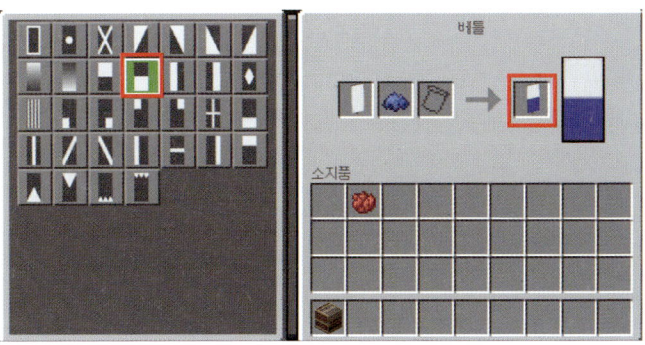

② 새롭게 만들어진 배너(아랫부분이 파란색)를 다시 넣고, 빨간색 염료와 왼쪽에 흰색 윗부분의 색칠된 버튼을 누르세요.

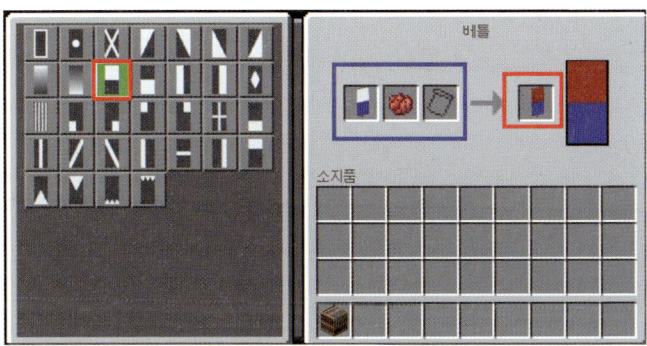

③ 만들어진 배너를 이용해서 아래 그림과 같이 청사초롱을 만들어 보세요.

궁금해요 청사초롱이란 무엇인가요?

'청사초롱'이란 한국의 전통 등롱이에요. 등롱은 대오리나 쇠로 살을 만들고 겉을 종이나 헝겊으로 씌워 안에 등잔불을 넣어 사용했다고 해요. 그래서 청사초롱은 붉은색 천으로 윗부분을, 파란색 천으로 아랫부분을 둘러 싼 등롱이에요. 원래 궁중의 연회나 양반들이 좋은 일이 있을 때 사용하던 고급 등롱이었고 현재는 전통적인 분위기를 살리고 싶을 때 자주 사용해요.

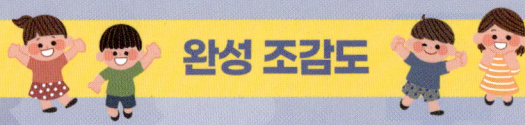

완성 조감도

앞에서 본 네더포털

뒤에서 본 네더포털

위에서 본 네더포털

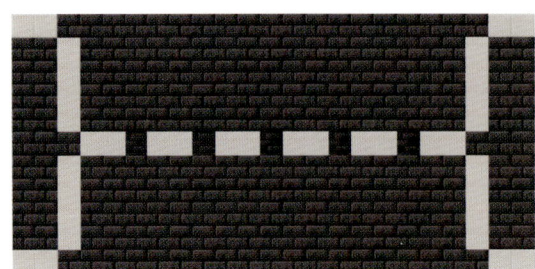

DAY 08

짜릿한 자유낙하를 즐기는
자이로드롭

놀이공원에서 자이로드롭을 타 본 적이 있나요? 자이로드롭은 높은 곳까지 올라간 후 자유 낙하하는 놀이기구입니다. 마인크래프트에 있는 **커맨드** 블록을 이용하면 아래에서 탄 후 공중으로 이동하여 자유 낙하하는 놀이기구를 만들 수 있지만, **커맨드** 블록을 사용하기 어려우므로 이 책에서는 **레드스톤**을 이용하여 자이로드롭과 비슷한 놀이기구를 만들어 보겠습니다.

난이도 ★★★   소요 시간 80분

건축 방법 미리보기

이번에 만들 건물의 특징은 **레드스톤** 회로를 이용하여 **끈끈이 피스톤**을 작동시키고, 그 위에 있는 수레를 하늘로 날려보내는 것이에요. 그리고 **방벽** 블록을 사용하여 겉으로 보기엔 투명하지만 수레가 다른 곳으로 튕겨 나가지 않게 할 거예요. 이번 건축에는 건축 과정이 눈에 보이지 않는 것도 있어서 마인크래프트 게임 화면을 직접 보여준 장면이 있어요. 회로를 만드는 과정과 피스톤을 이용하여 발사하는 과정에서 반드시 정확한 위치에 둬야 할 블록들이 있으니 책의 내용을 따라할 때 주의하며 만들어 보세요.

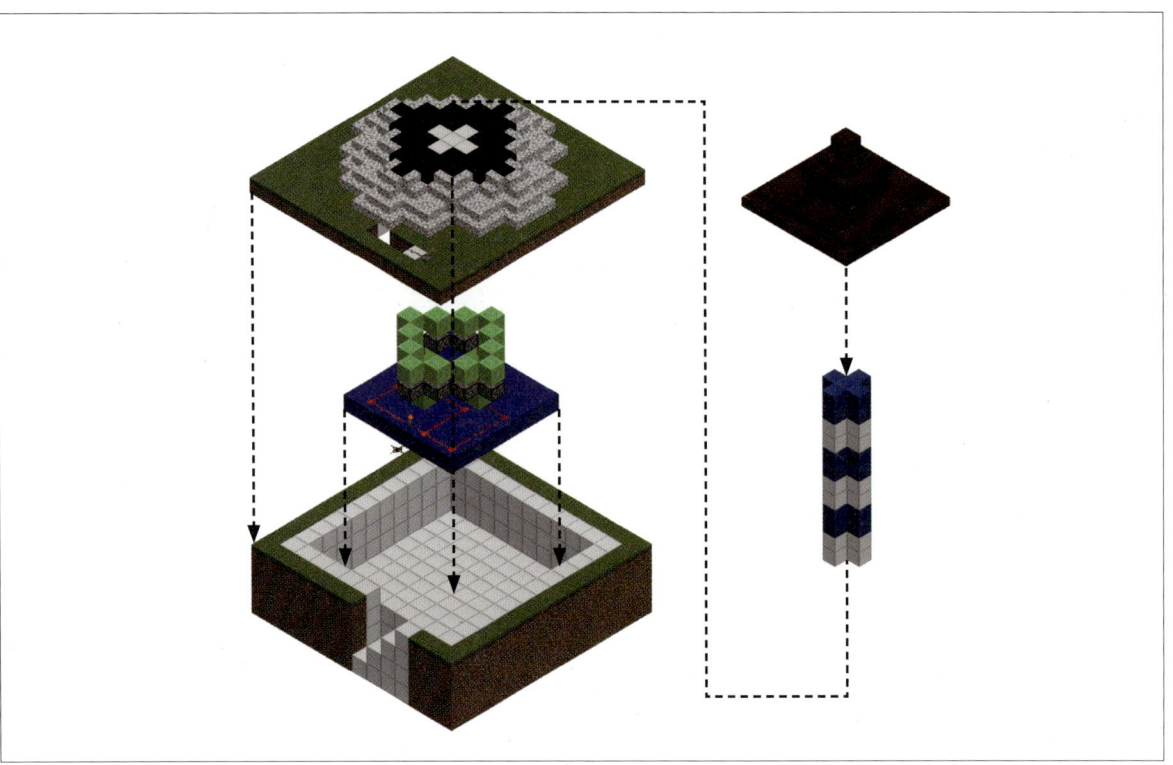

건축에 사용할 블록

철 블록	초록색 콘크리트	끈끈이 피스톤	레일	섬록암	섬록암 계단	방벽	파란색 콘크리트	손잡이
노란색 콘크리트	레드스톤 가루	슬라임 블록	광물 수레	청금석 블록	랜턴	흑요석	레드스톤 횃불	빨간색 네더 벽돌
붉은 네더 벽돌 계단								

> **TIP**
> 자이로드롭의 구조물은 다른 색의 블록을 사용할 수 있지만, 흑요석을 사용하는 블록은 바꾸면 안 되니 꼭 참고하세요.

무작정 따라하기 01 　회로 만들기

먼저 구조물의 지하에 위치할 회로를 만들고, **레드스톤 횃불**과 **레드스톤 가루**를 **끈끈이 피스톤**에 연결하여 회로가 작동하면 하늘로 피스톤을 밀어내게 할 거예요. 회로를 만들 때는 회로가 끊어지지 않았는지, 다른 회로와 붙어 작동이 올바르게 되지 않는지 확인하며 만들어야 합니다.

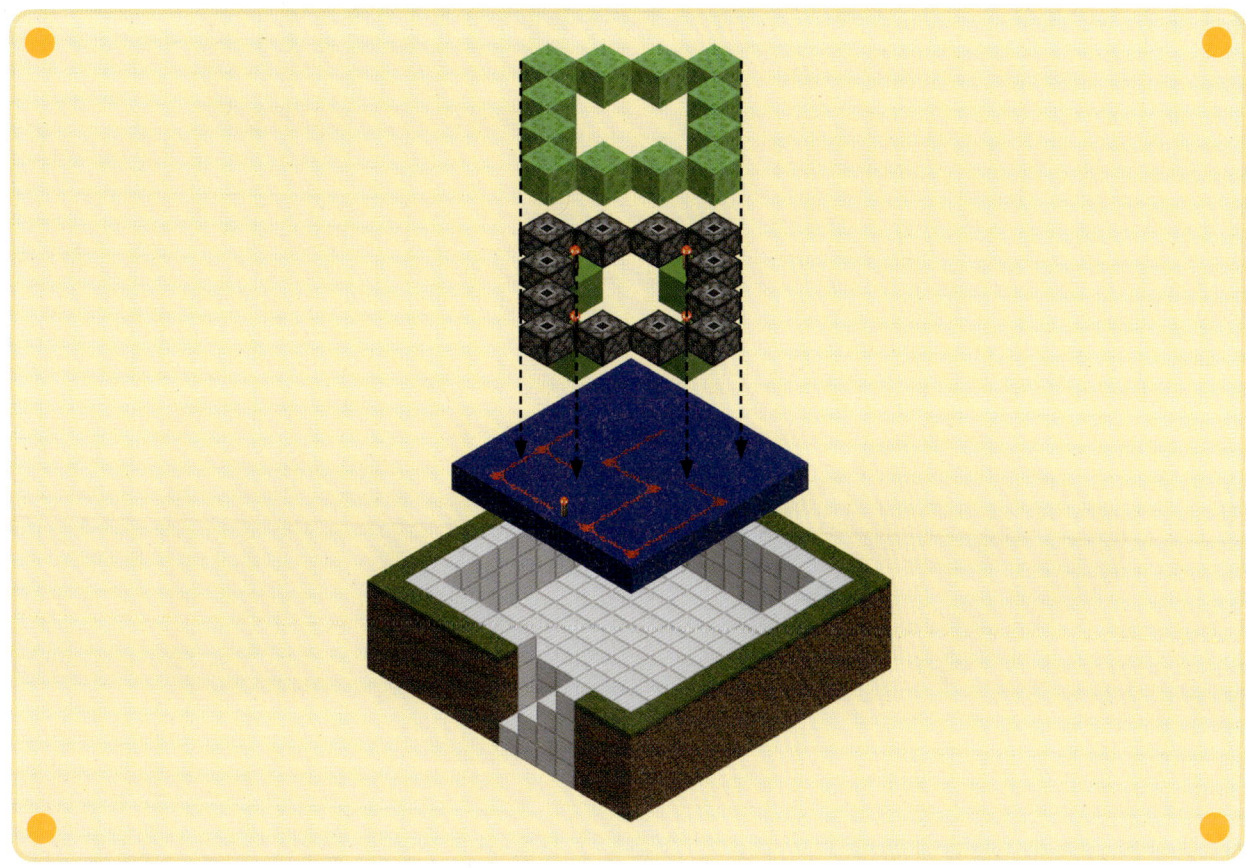

01 먼저 가로 12칸, 세로 12칸, 깊이 4칸의 공간을 땅속에 판 후, 주변을 **철 블록**으로 감싸 주세요. 이러면 가로 10칸, 세로 10칸, 깊이 3칸의 지하 공간이 생길 거예요. 아래 그림에서 파란색으로 표시된 부분이 회로가 들어갈 공간이에요.

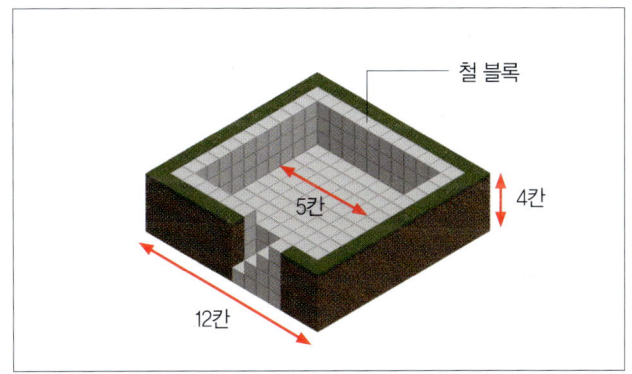
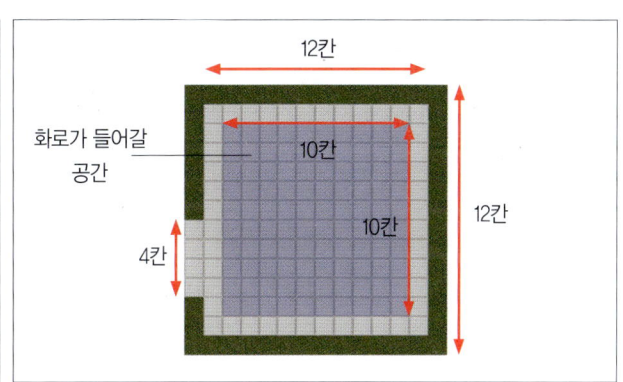

02 다음으로 가로 8칸, 세로 8칸의 공간을 **파란색 콘크리트**로 채워 넣으세요. 이 공간은 회로가 들어갈 공간이에요. 주변을 한 칸씩 비워 두면 나중에 수정할 때 편리할 거예요.

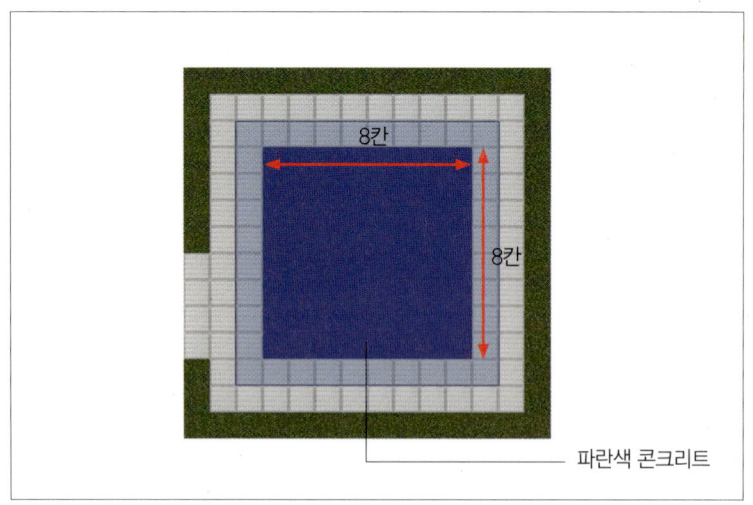

03 다음으로 그림과 같이 T자 형태로 **초록색 콘크리트**를 쌓으세요.

▲ 옆에서 본 모습

▲ 위에서 본 모습

04 T자 블록 위에 **끈끈이 피스톤**이 하늘을 향하도록 설치하세요. 그 다음, **끈끈이 피스톤**이 설치된 곳 아래에 있는 **초록색 콘크리트**를 부서뜨립니다.

▲ 끈끈이 피스톤 설치

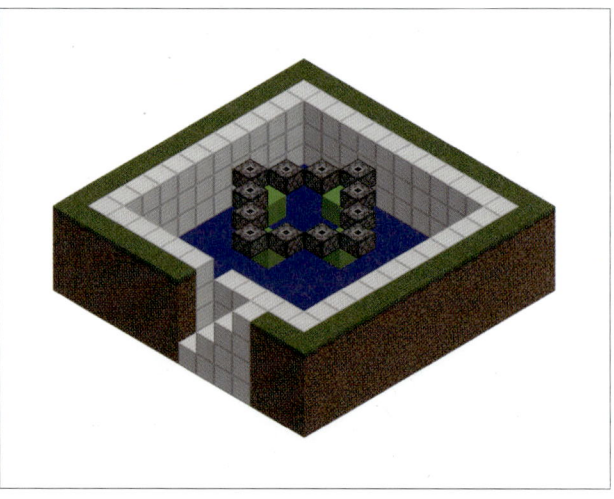

▲ 초록색 콘크리트 부수기

05 레드스톤 가루를 이용하여 회로를 만드세요.

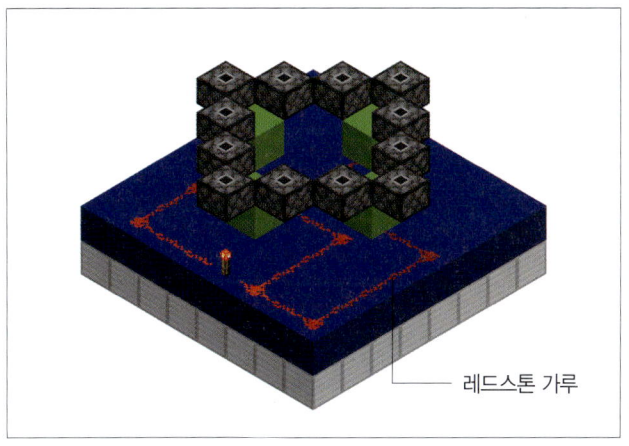 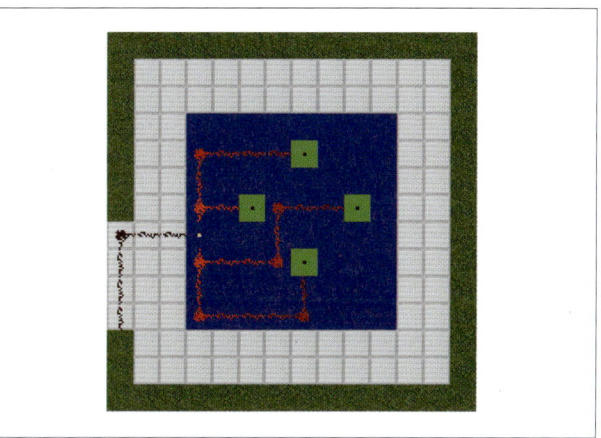

└ 레드스톤 가루

TIP
그림처럼 회로를 구성하지 않으면 회로가 제대로 작동하지 않으니 주의하세요.

06 마지막으로 **레드스톤 횃불**을 **초록색 콘크리트** 위에 설치하세요. 아래 그림은 보기 편하도록 **끈끈이 피스톤**만 지운 모습이에요. 그리고 계단 위로 **레드스톤 가루**를 이어 나간 후 **손잡이**를 설치하여 전원을 켜고 끌 수 있게 해 주세요.

 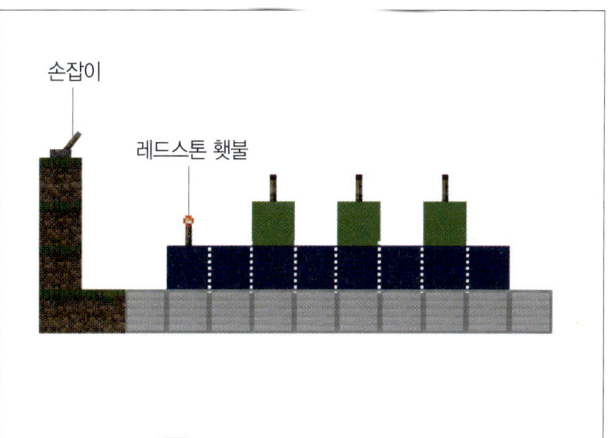

└ 레드스톤 가루

궁금해요 레드스톤 회로는 무엇인가요?
레드스톤 회로는 레드스톤 가루와 손잡이 등을 이용하여 멈춰있는 것을 움직이게 하거나 불을 켜고 끌 수 있는 등 무언가를 원하는 대로 조작할 수 있게 해 줘요. 일상생활에서 쉽게 볼 수 있는 전기 회로는 레드스톤 회로와 비슷한 점이 많아요. 예를 들어, 우리가 불을 켜고 끌 때 스위치를 사용하죠. 스위치에서 전등까지 전기 회로를 통해 입력한 신호가 이동해요. 이 전기 회로를 마인크래프트에서는 레드스톤 가루로 표현해요.

| 무작정 따라하기 02 | **자이로드롭의 아랫부분 만들기** |

'무작정 따라하기 01'에서 자이로드롭이 움직이도록 하는 회로를 만들었어요. 이제 자이로드롭 모양을 만들어 봅시다. 자이로드롭은 구조물 가운데에 기둥이 있고 여러 개의 좌석으로 이루어져 있어요. 여기서 좌석은 **수레**를 이용하여 만들 거예요. 그리고 **슬라임 블록**을 이용하여 이 **수레**를 튀어 오르도록 할 거예요. 아래 그림을 참조하여 자이로드롭 구조물을 만들어 보세요.

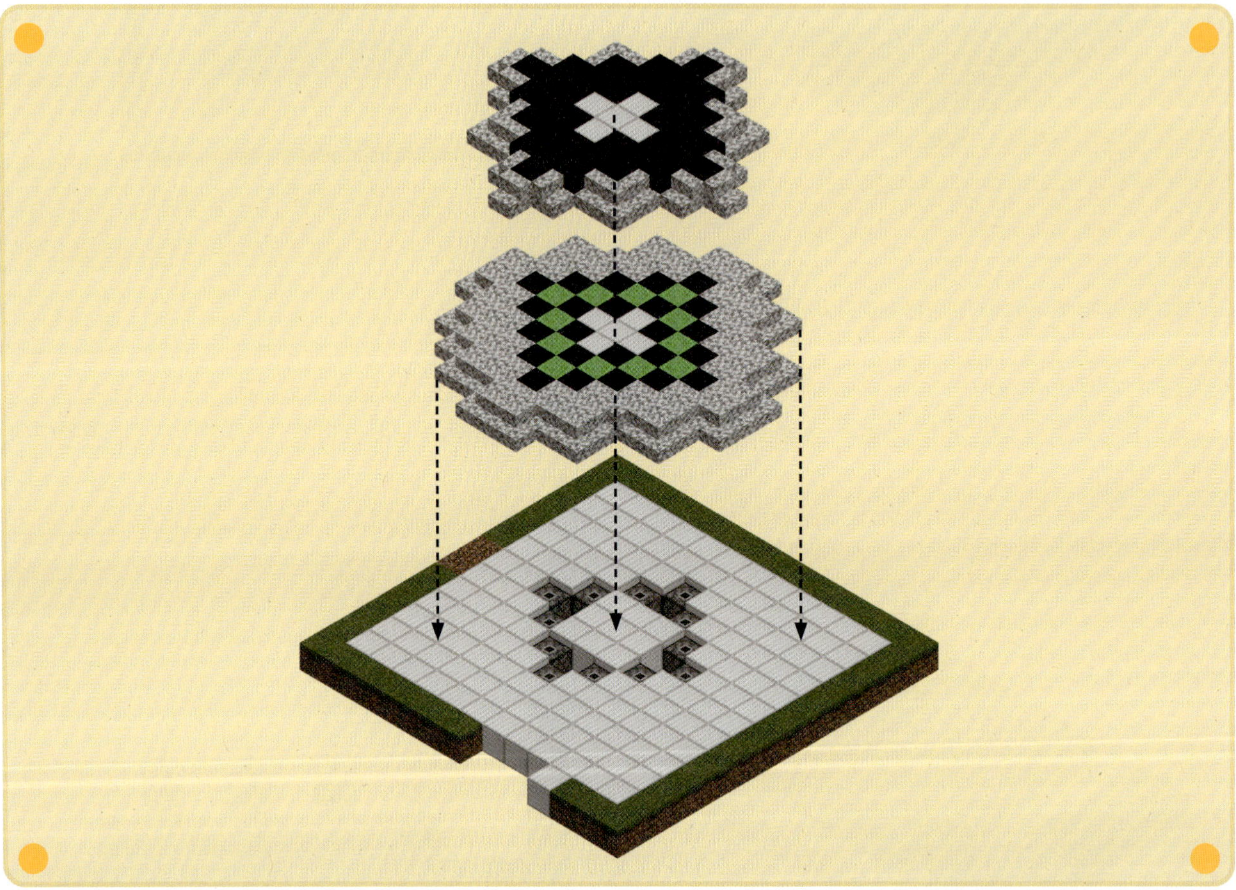

01 가장 먼저 할 일은 회로를 덮는 구조물을 만드는 거예요. **철 블록**을 이용하여 **끈끈이 피스톤** 주변을 채우세요. 이렇게 하면 회로가 있는 곳은 놀이기구 관리실처럼 분리된 공간이 될 거예요.

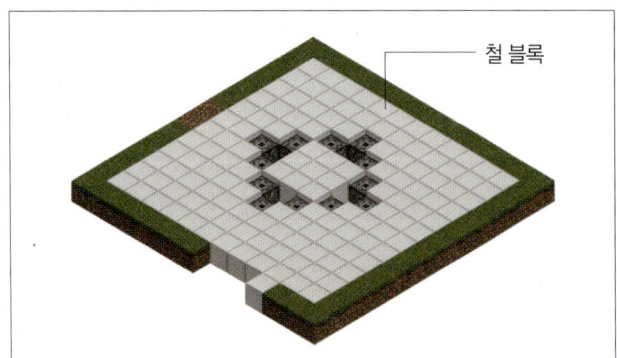

02 지금부터 눈을 크게 뜨고 정확한 위치에 블록을 놓아야 해요. **끈끈이 피스톤**을 감싸는 모습으로 **흑요석**을 두 개씩 놓으세요. 그리고 **끈끈이 피스톤** 위에는 **슬라임 블록**을 하나씩 놓으세요. '무작정 따라하기 01'에서 만든 **손잡이**를 작동하면 **슬라임 블록**이 위 아래로 움직이는 것을 확인할 수 있어요. 아래와 같은 모양이 제대로 나왔다면 흑요석을 위로 한 칸씩 더 쌓으세요.

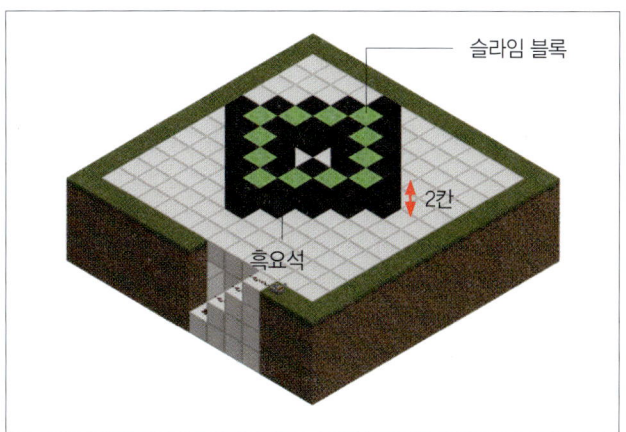
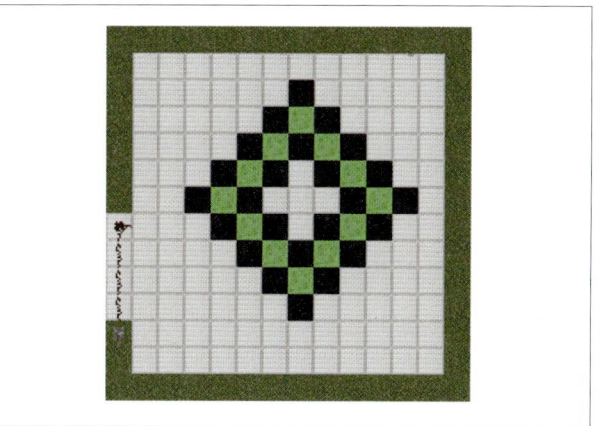

03 위로 올라갈 수 있는 비스듬한 계단을 만들어 볼 거예요. 여기서는 **섬록암 계단 블록**과 **섬록암**을 사용할 거예요. 먼저 **섬록암**을 아래 그림과 같이 쌓으세요.

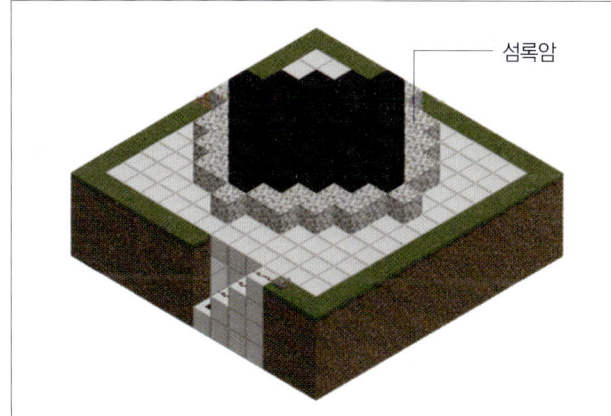
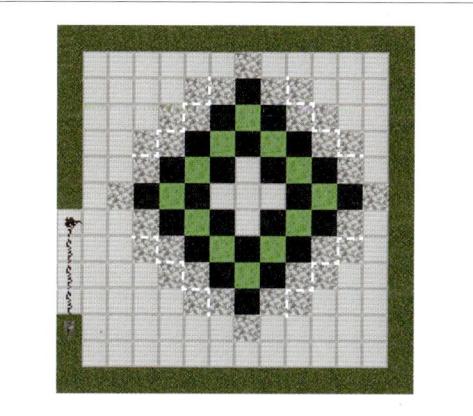

> **궁금해요**
>
> **흑요석 블록을 사용하는 이유는 무엇인가요?**
> 위에서 만든 레드스톤 회로를 켜면 피스톤이 작동하며 끈끈이 피스톤에 붙어 있는 슬라임 블록이 한 칸 위로 올라가요. 그런데 슬라임 블록은 자신 옆에 있는 블록과 붙어있는 성질을 가지고 있기 때문에 일반적인 블록을 사용한다면 슬라임 블록 주변에 있는 땅도 하늘로 한 칸 올라가서 계단이 끊어져요. 그렇기 때문에 슬라임 블록에 붙지 않는 블록을 사용해야 자이로드롭이 망가지지 않아요. 여기서는 흑요석 블록을 사용했지만, 기반암이나 마법부여대, 직소 블록, 주크박스를 이용한다면 같은 효과를 낼 수 있어요.

04 **섬록암** 왼쪽과 오른쪽에 **섬록암 계단**을 쌓아 계단 모양을 만드세요.

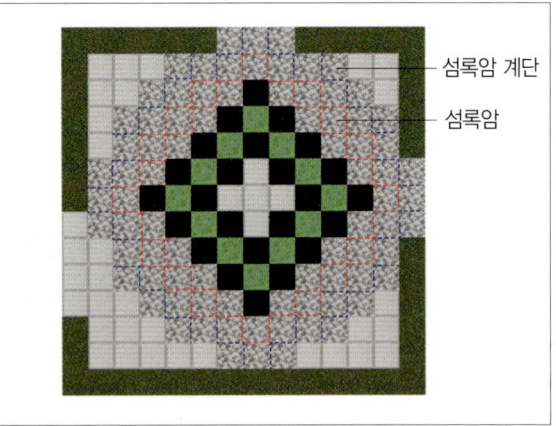

TIP
붉은색 점선으로 둘러싸인 칸은 바로 전에 만든 **섬록암**이고, 파란색 점선으로 표현한 블록은 **섬록암 계단**이에요.

05 마지막으로 **섬록암** 위에 **섬록암 계단**을 한 번 더 쌓아 계단을 완성해요. 아래 그림에서 네 면이 모두 붉은색으로 둘러싸인 블록들을 참고하세요.

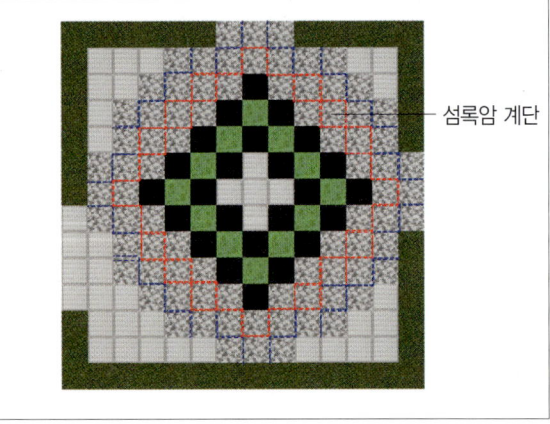

06 이제 놀이기구를 타고 놀 **수레**를 설치해 봅시다. 먼저 **손잡이**를 작동하여 **슬라임 블록**이 **흑요석**과 같은 높이가 되도록 합니다. 그리고 나서 그 위에 **흙 블록**을 쌓고 **레일**을 놓은 후 **수레**를 올려 놓으세요.

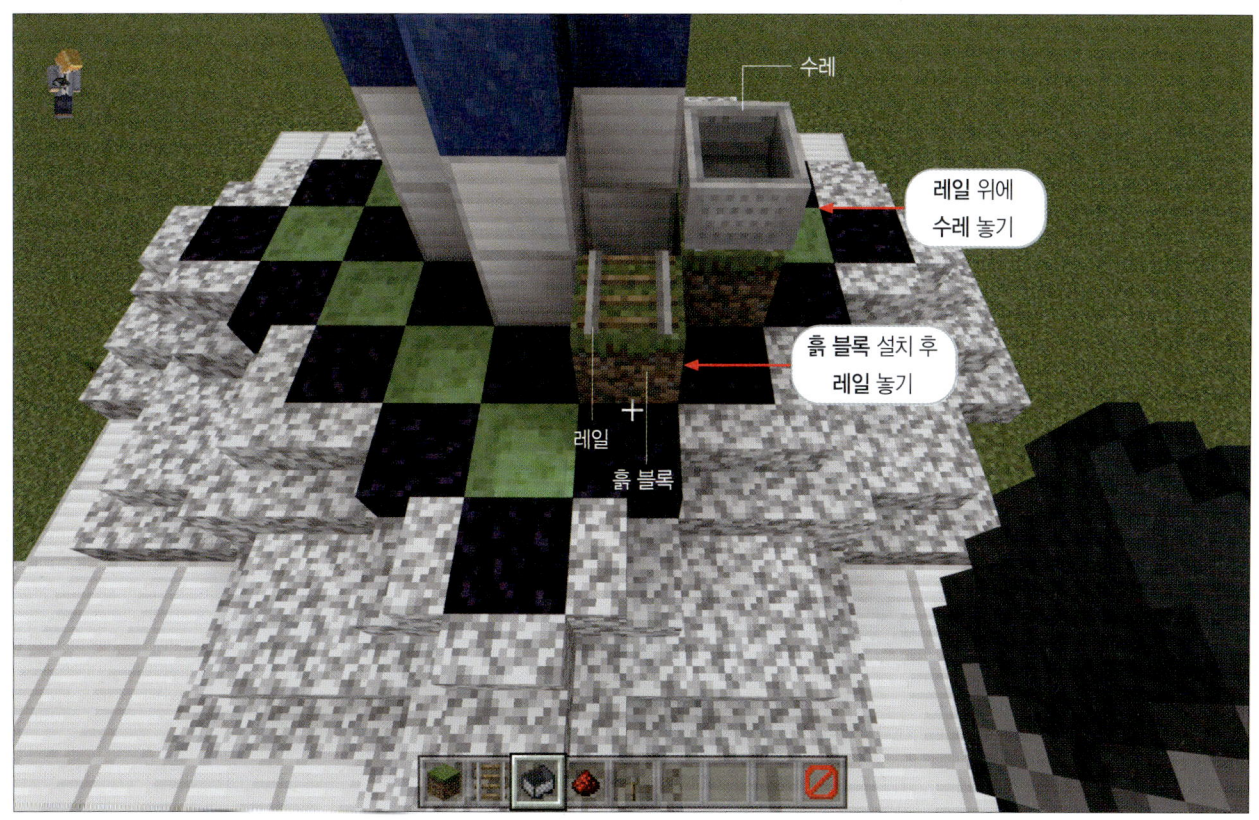

07 이제 아래 있는 **흙 블록**을 부수세요. 그러면 **슬라임 블록** 위에 **수레**가 올라갈 거예요. 몸에 닿으면 **수레**가 움직이기 때문에 **손잡이**를 조작하여 **수레**가 아래로 내려가게 하세요.

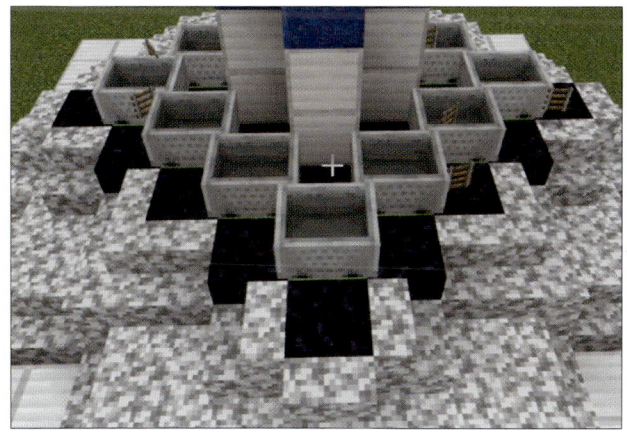 

| 무작정 따라하기 03 | **자이로드롭의 윗부분 만들기** |

앞서 자이로드롭에서 움직이는 부분을 완성했어요. 지금부터 자이로드롭의 윗부분을 만들어 봅시다. 자이로드롭의 윗부분은 자이로드롭 중심부의 기둥과 기둥 끝의 구조물로 나뉘어 있어요. 아래 그림에서는 잘 보이지 않지만 수레가 튀어 오를 때 바깥으로 빠져나가지 않도록 눈에 보이지 않는 **방벽**을 사용하여 **수레**가 위아래로만 움직이게 만들어 줄 거예요.

01 먼저 가운데 기둥을 만들어 볼 거예요. 가운데 기둥은 **청금석 블록**과 **철 블록**을 사용했어요. 높이는 12칸으로 했는데, **수레**가 12칸까지 올라가기 때문이에요.

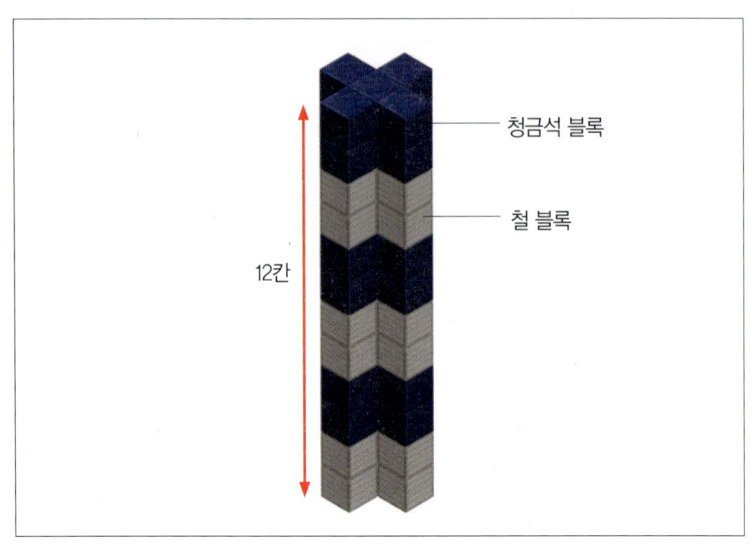

02 천장을 만들어 볼 거예요. 내가 원하는 모양대로 만들어도 되지만 이 책에서는 **붉은 네더 벽돌**과 **붉은 네더 벽돌 계단**을 이용하여 뾰족한 형태로 만들었어요.

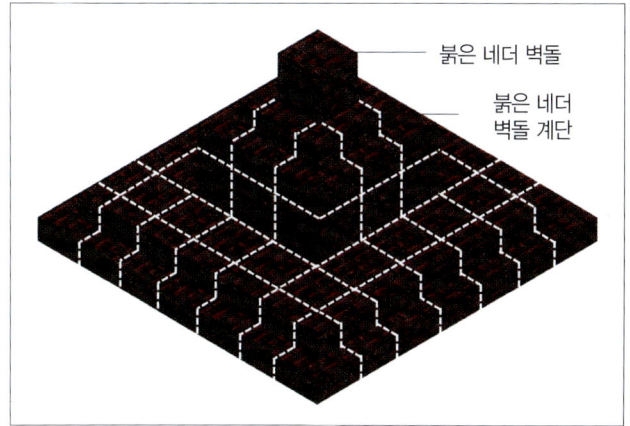
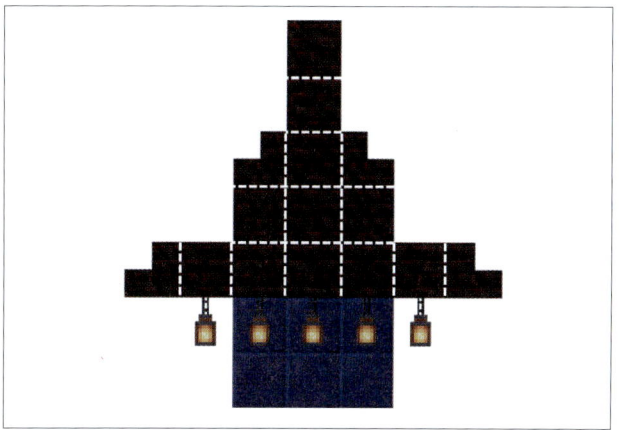

03 이제 마지막 작업만이 남았어요. 여기서 사용할 블록은 **방벽**입니다. 이 블록은 게임 안에서만 보이기 때문에 게임 화면을 참고해야 해요. 기둥과 가까운 **흑요석** 8개 위로 천장까지 **방벽**을 설치하세요.

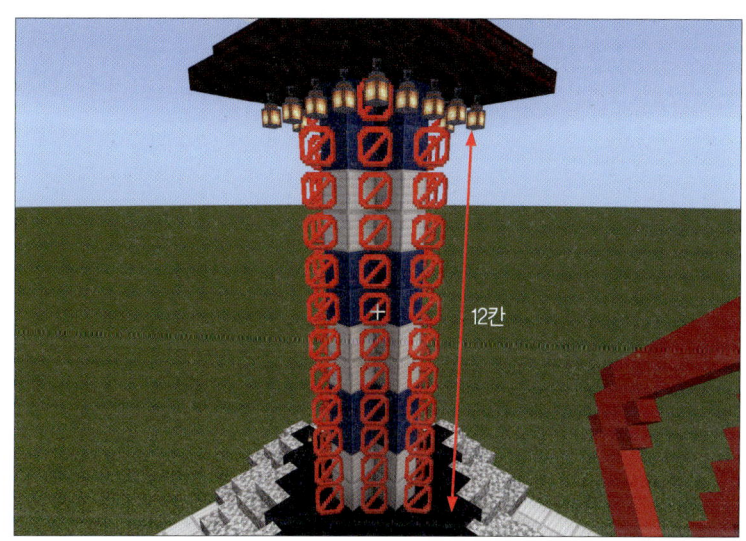

궁금해요

방벽이란?

방벽은 눈에는 보이지 않지만 공간을 차지해서 사람이 지나갈 수 없고 블록도 놓을 수 없어요. 심지어 아이템 창에서도 얻을 수 없답니다. 그렇다면 방벽은 어떻게 얻을 수 있을까요?

 Enter 키를 누르고 『/give @s barrier』을 입력한 후 다시 Enter 키를 누르면 내 아이템 창에 옆의 그림과 같이 금지 표시 모양의 방벽을 얻을 수 있습니다.

▲ 방벽

04 이제 **방벽**을 설치하지 않은 **흑요석** 위에 **방벽**을 설치해요. 이때 **흑요석** 위 두 칸은 띄어 주세요. 자, 이제 자이로드롭 놀이기구를 타고 **손잡이**를 작동해서 통통 튀어 올라봅시다.

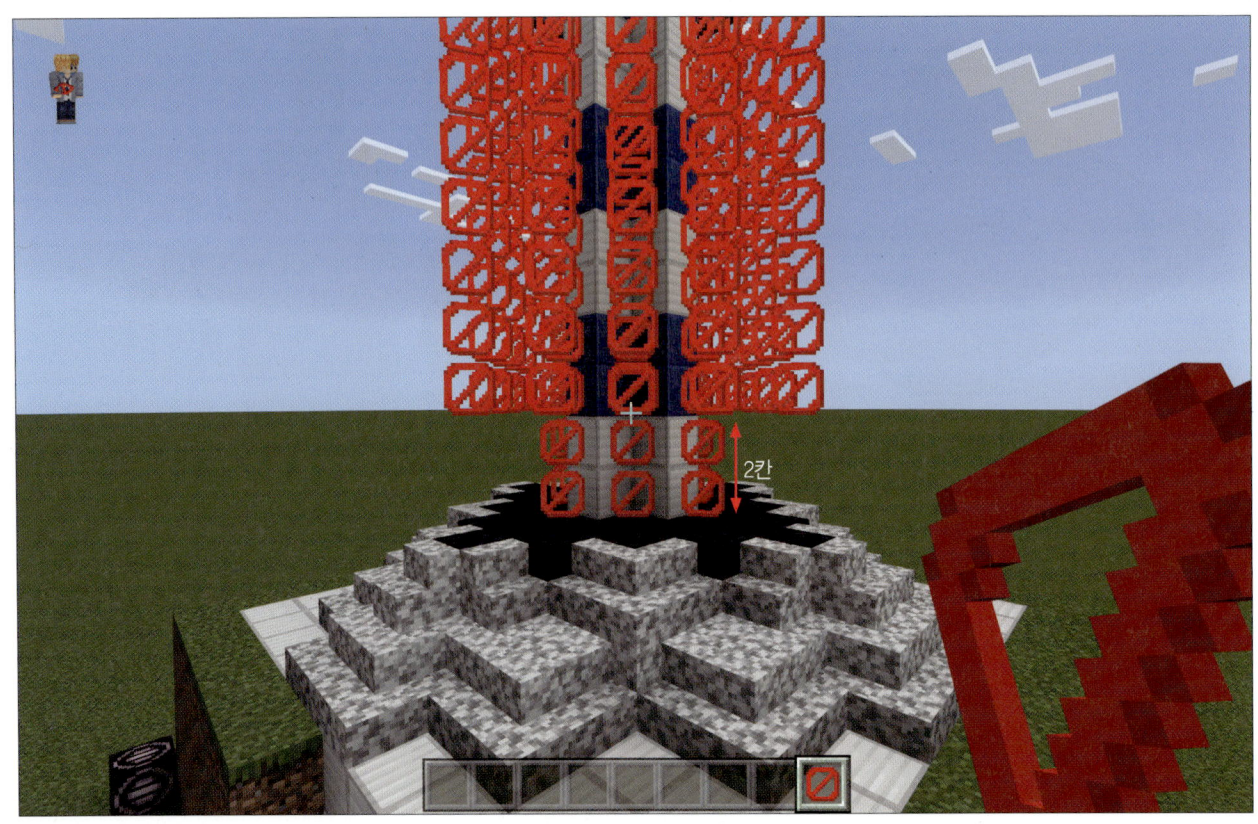

> **TIP** ······
> 두 칸을 띄는 이유는 바닥까지 **방벽**을 만들면 사람이 **수레**에 타고 내릴 수 없기 때문이에요.

궁금해요 이번에 만든 자이로드롭과 실제 자이로드롭의 차이점은 무엇인가요?
실제 놀이공원에 있는 자이로드롭은 땅에서 공중까지 천천히 올라간 다음에 공중에서 갑자기 떨어지는 형태의 놀이기구입니다. 그리고 위에서 아래로 빠르게 내려오다가 땅에 닿기 전에는 놀이기구가 서서히 멈춰요. 반면에 우리가 책에서 만든 자이로드롭은 아래에서 광물 수레를 발사하는 형태라서 공중으로 올라갈 때 속도가 가장 빠르고, 슬라임 블록에 통통 튀기 때문에 멈출 때까지 시간이 걸린다는 차이가 있어요.

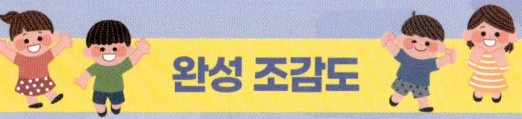

완성 조감도

아래에서 위로 본 자이로드롭

옆에서 본 자이로드롭

위에서 본 자이로드롭

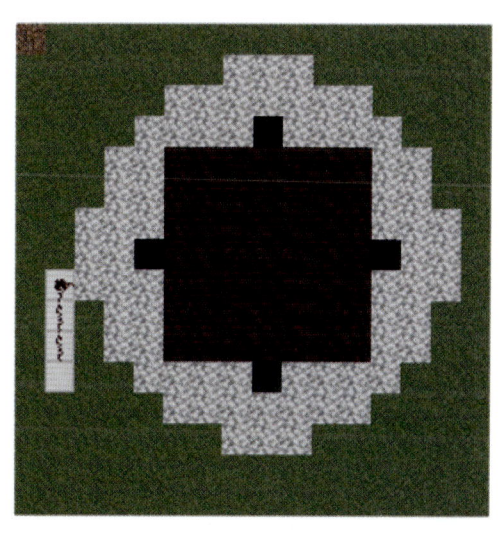

DAY 09

친구와 함께 즐겁게 노는
나선형 워터 슬라이드

메타버스 세계에서는 친구와 함께 소통하며 놀 수도 있어요. 나선형 모양의 워터 슬라이드 코스를 만들어 경주도 해 보고 재미있는 시간을 보내 봅시다. 나선형 코스는 서로 겹치지 않게 설계되어 있어서, 친구가 어디쯤 가고 있는지 확인하면서 경주할 수 있어요.

| 난이도 | ★★★ | 소요 시간 | 90분 |

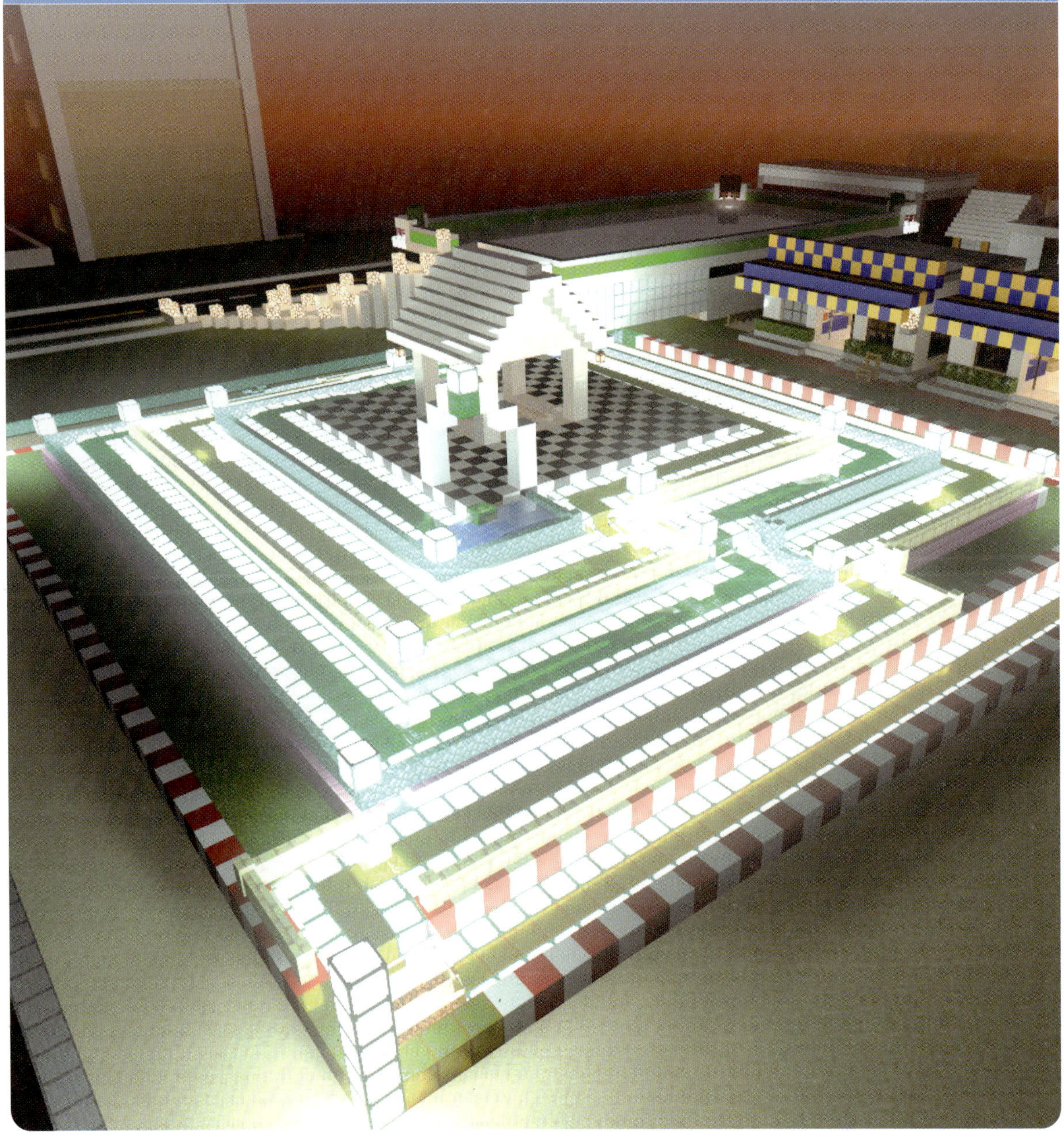

🔍 건축 방법 미리보기

친구와 함께 놀 수 있는 나선형 워터 슬라이드는 총 4단계에 걸쳐서 만듭니다. 위에서 아래로 내려가면서 차례대로 만들어 봅시다.

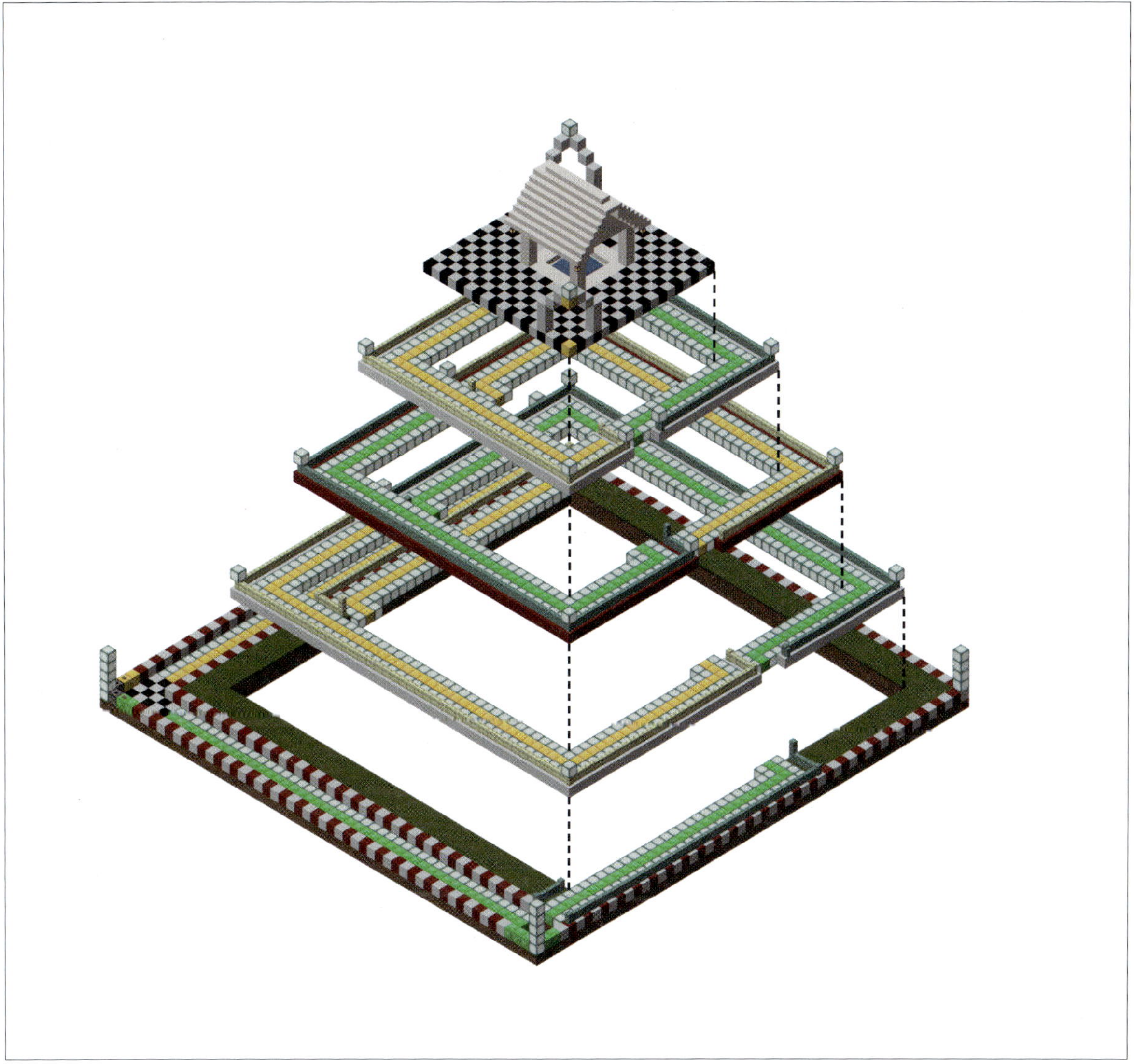

🕹 건축에 사용할 블록

| 무작정 따라하기 01 | **각각의 층 만들기** |

이번에 함께 만들어 볼 워터 슬라이드는 총 4개층으로 이루어져 있습니다. 위로 올라갈수록 넓이가 좁아지므로 좁은 층부터 점차 넓은 층을 만드는 순서로 살펴봅시다.

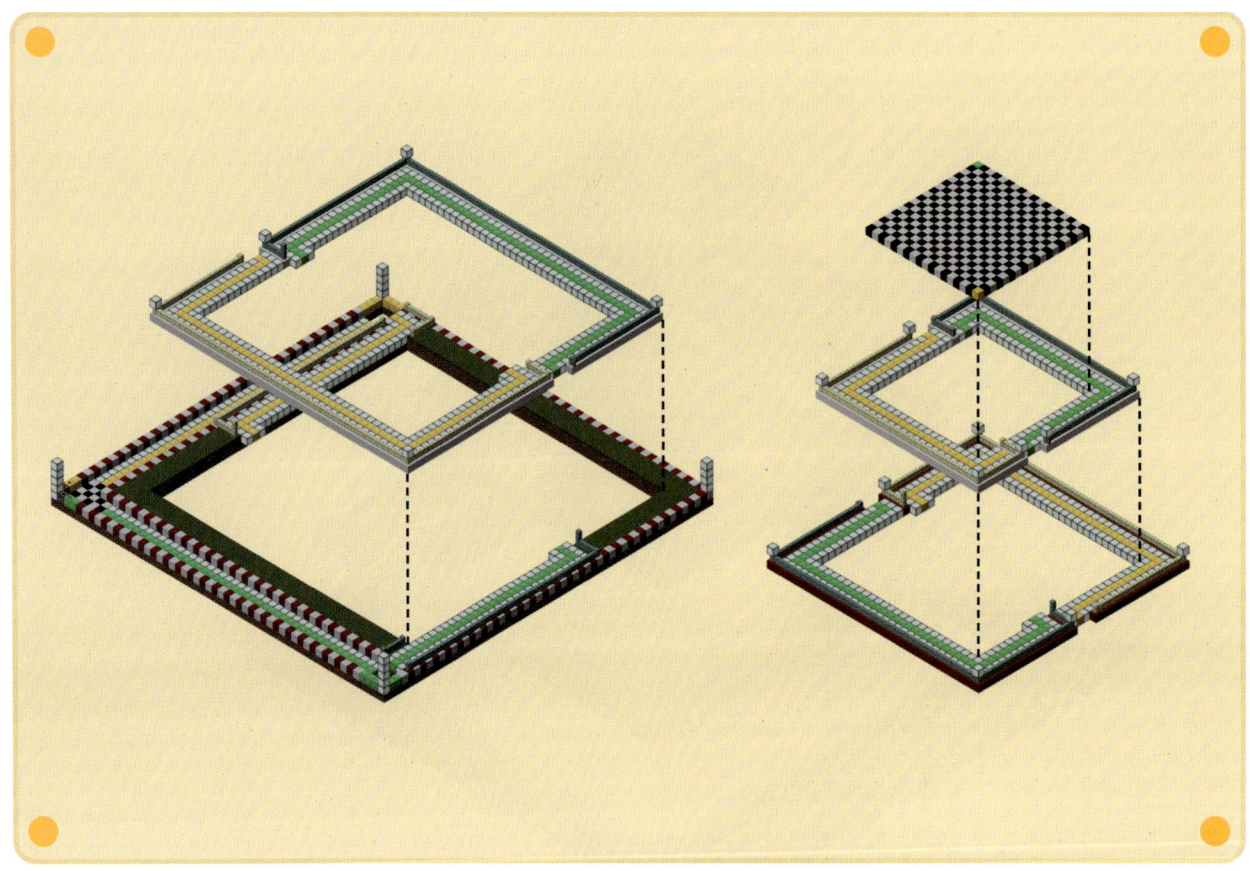

01 가로 18칸, 세로 18칸, 높이 5칸의 네모 모양을 만드세요. 가장 윗부분에는 **흰색 콘크리트**와 **검은색 콘크리트**를 번갈아 놓습니다. 마주 보는 모서리를 정해서 한쪽에는 **황금 블록**, 다른 한쪽에는 **에메랄드 블록**을 놓으세요. 이곳이 워터 슬라이드의 출발점이 됩니다.

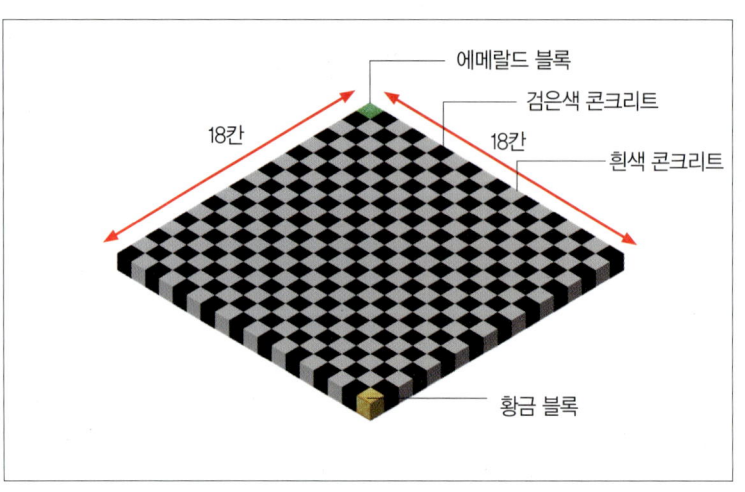

02 한 칸 아래로 내려와서 그림처럼 블록을 놓으세요. **황금 블록**과 **에메랄드 블록**으로 안쪽부터 4층의 길을 표현하고 길의 양 옆에 **바다 랜턴**을 놓습니다. 테두리에 **흰색 콘크리트**를 놓아줍니다. **흰색 콘크리트** 위에 벽을 놓을 때는 **황금 블록**과 가까운 곳을 **엔드 스톤 벽돌 벽**, **에메랄드 블록**과 가까운 쪽은 **프리즈마린 벽**을 놓으세요.

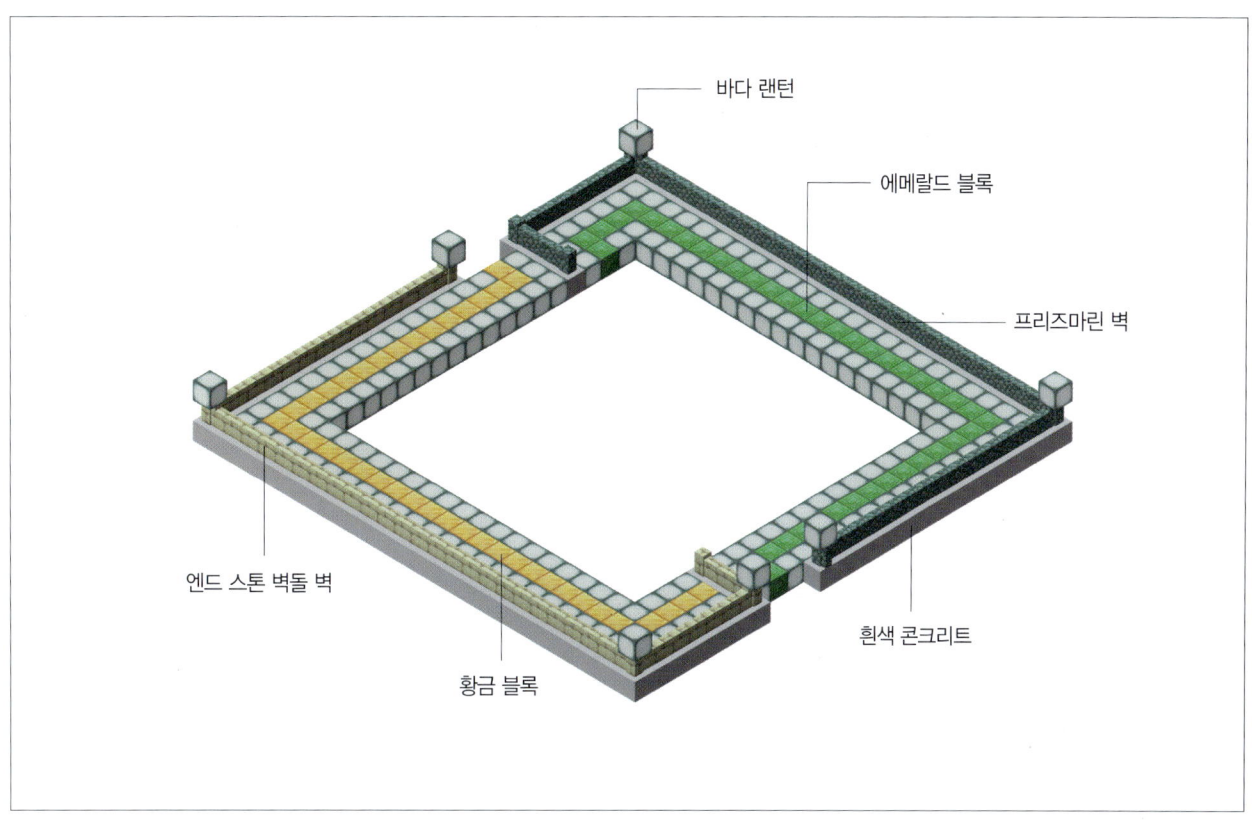

▲ 에메랄드 블록으로 만든 길

▲ 황금 블록으로 만든 길

03 3층은 앞에서 했던 과정과 동일한 방법으로 길을 만들어 보세요. **바다 랜턴, 황금 블록, 에메랄드 블록**으로 그림과 같이 길을 만들고 테두리에 **빨간색 콘크리트**를 놓습니다. 단, 파란색 동그라미로 표시된 두 개 부분의 3칸은 **빨간색 콘크리트**를 놓지 마세요. **빨간색 콘크리트** 윗부분에 벽을 쌓겠습니다. 앞서 했던 과정과 동일하게 **황금 블록**과 가까운 **빨간색 콘크리트** 윗부분은 **엔드 스톤 벽돌 벽**을 놓고, **에메랄드 블록**과 가까운 쪽 **빨간색 콘크리트** 윗부분에는 **프리즈마린 벽**을 놓으세요. 그리고 각 모서리에 그림과 같이 **바다 랜턴**을 놓습니다.

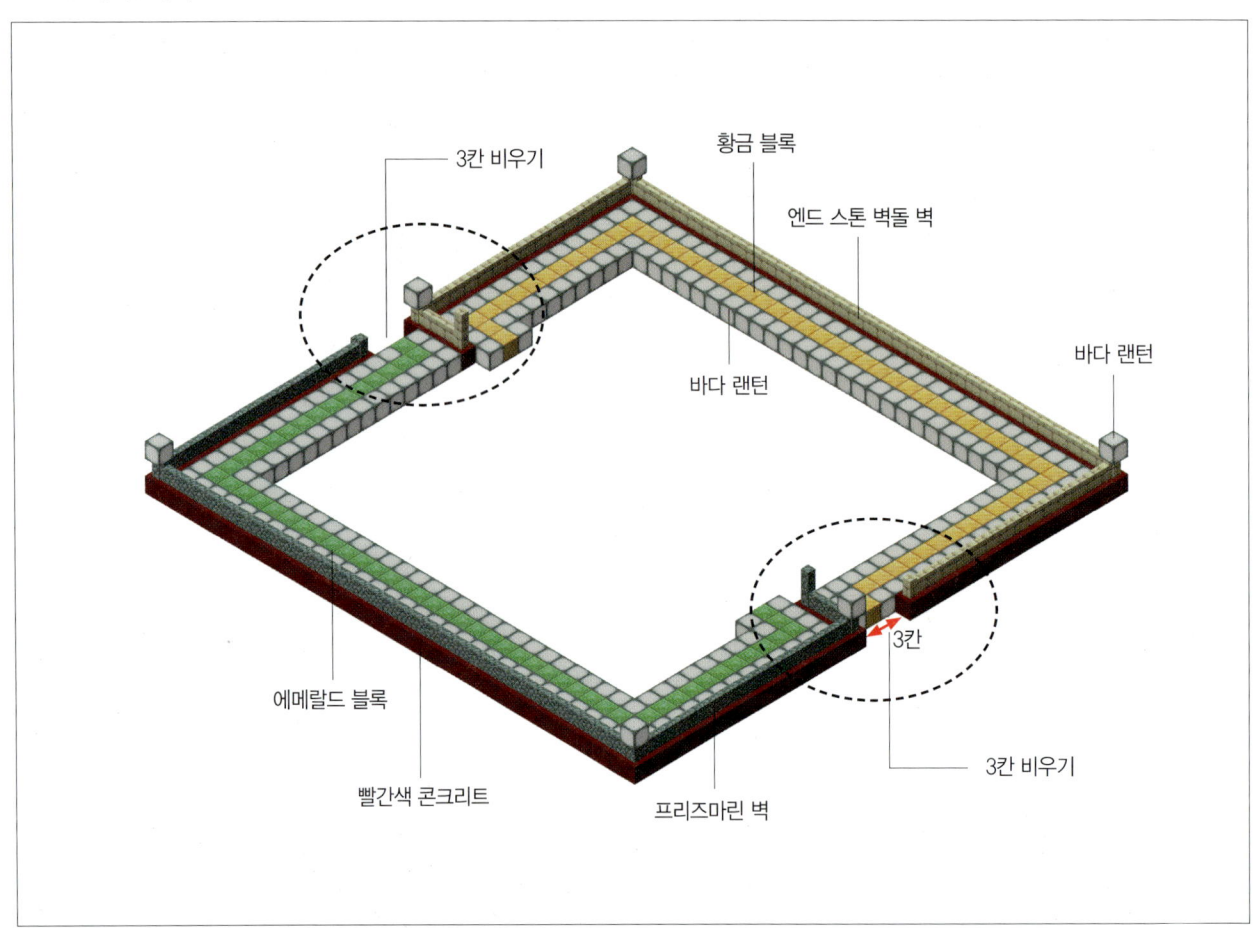

04 2층의 길도 같은 방법으로 만듭니다. 안쪽부터 **바다 랜턴, 황금 블록, 에메랄드 블록, 바다 랜턴, 흰색 콘크리트** 순으로 길을 만드세요. 빨간색 동그라미 표시한 부분의 3칸은 블록을 놓지 않습니다. **황금 블록**과 가까운 **흰색 콘크리트** 윗부분은 **엔드 스톤 벽돌 벽**을 놓고, **에메랄드** 가까운 쪽 **흰색 콘크리트** 윗부분에는 **프리즈마린 벽**을 놓으세요.

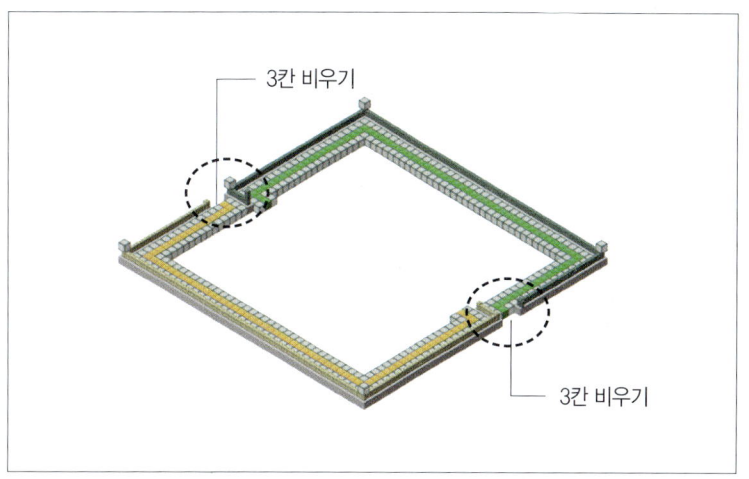

05 1층의 길을 만들어봅시다. 1층은 앞에서 만든 과정과 조금 다른데, **바다 랜턴, 황금/에메랄드 블록, 바다 랜턴** 순으로 놓아 표현하고 테두리는 **빨간색 콘크리트**와 **흰색 콘크리트**를 번갈아 가면서 놓습니다. 나머지 부분은 **잔디 블록**으로 채우면 됩니다.

다음은 벽을 만들어 봅시다. **흰색 콘크리트**와 **빨간색 콘크리트**가 번갈아 있는 콘크리트 위에 앞에서 했던 방법과 동일하게 **엔드 스톤 벽돌 벽**과 **프리즈마린 벽**을 놓으세요. 그리고 입구에 그림과 같이 **바다 랜턴**을 올립니다.

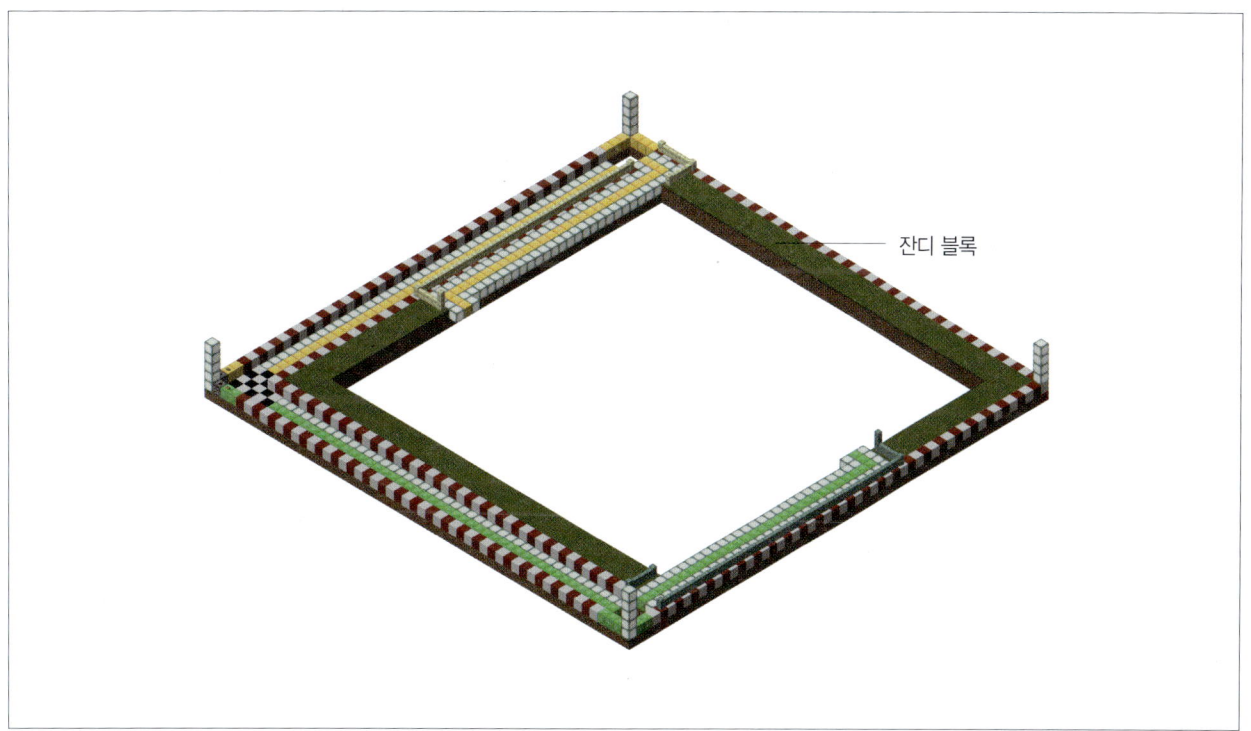

06 도착 지점에서 **버튼**을 누르면 **폭죽**이 나올 수 있도록 설치해 보겠습니다. **디스펜서**를 하늘로 향하게 설치하고 그 옆에 **버튼**을 놓으세요. **디스펜서** 안에 **폭죽** 아이템을 넣습니다.

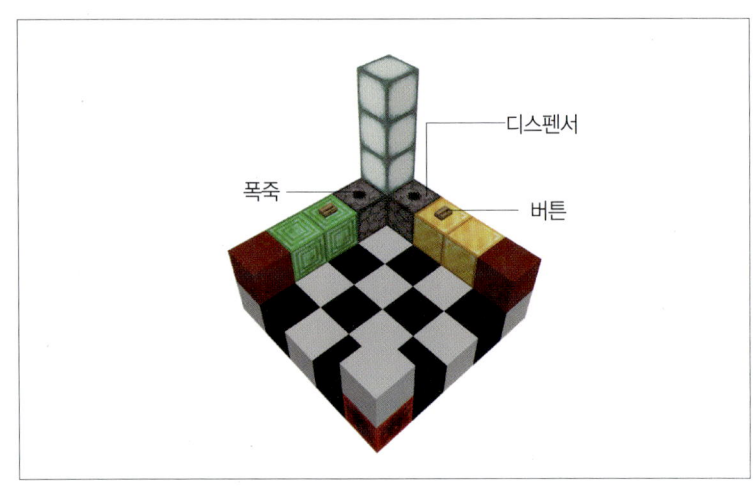

| 무작정 따라하기 02 | **코스에 물 채우고 장식하기** |

방금 만들었던 길 가운데에 **물 양동이**를 이용해서 물을 채우세요. 코스에 물을 채울 때는 **물 양동이**를 이용해서 가운데 부분에만 물을 넣으면 흐르는 물이 만들어집니다. 출발점에 자신이 원하는 건물이나 장식을 꾸며 보세요. 이때 어떤 주제나 분위기로 꾸밀지 미리 생각해 본다면, 코스 장식을 할 때 훨씬 더 멋지게 표현해 볼 수 있어요. 아래 그림은 깔끔한 쉼터의 모습을 표현해 본 것이에요.

01 **물 양동이**를 준비해서, 코스에 물을 넣어 보세요. 이때, 코스의 가운데 부분만 **물 양동이**를 이용해서 물을 넣으면 물이 흐르는 느낌처럼 보입니다.

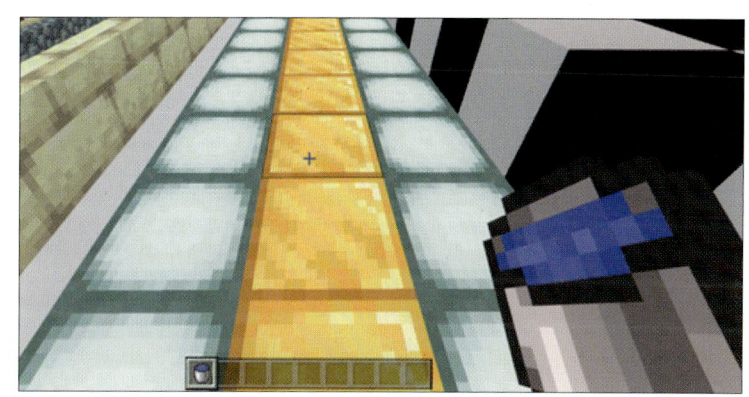

02 코스 장식은 각자 자신이 원하는 방법을 이용해서 꾸며주세요. 왼쪽 그림은 예시이며, 그리스 신전 느낌으로 표현해 봤어요.

03 조명, 쉼터 등 다양한 아이템이나 물건을 설치할 수 있어요.

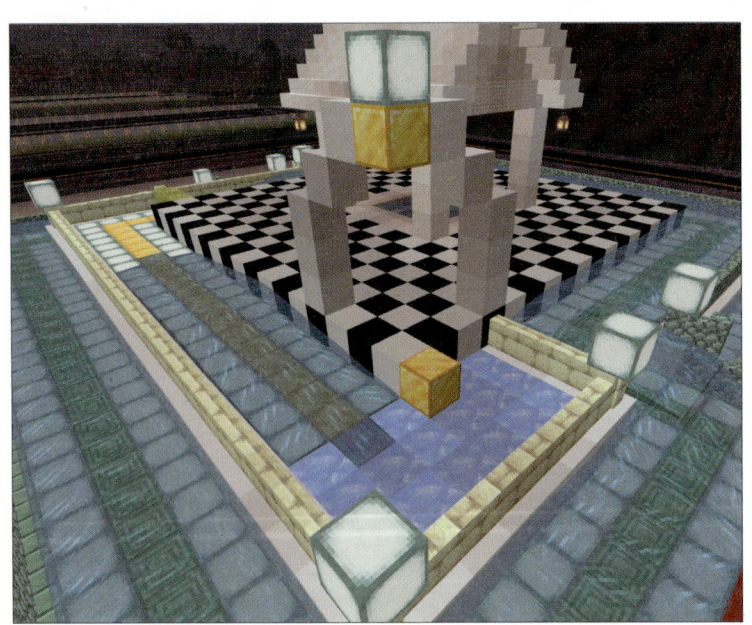

| 무작정 따라하기 03 | **친구와 재미있게 즐기기** |

플레이어가 빨간색 별표와 노란색 별표에서 각자 **보트**를 꺼내고 신호와 함께 출발합니다. **보트**를 타고 자신의 코스를 따라 내려갑니다. 물이 끝나는 지점부터는 플레이어가 직접 뛰어야 하며, 마지막 도착점에 있는 **버튼**을 먼저 누른 사람이 승리하게 됩니다.

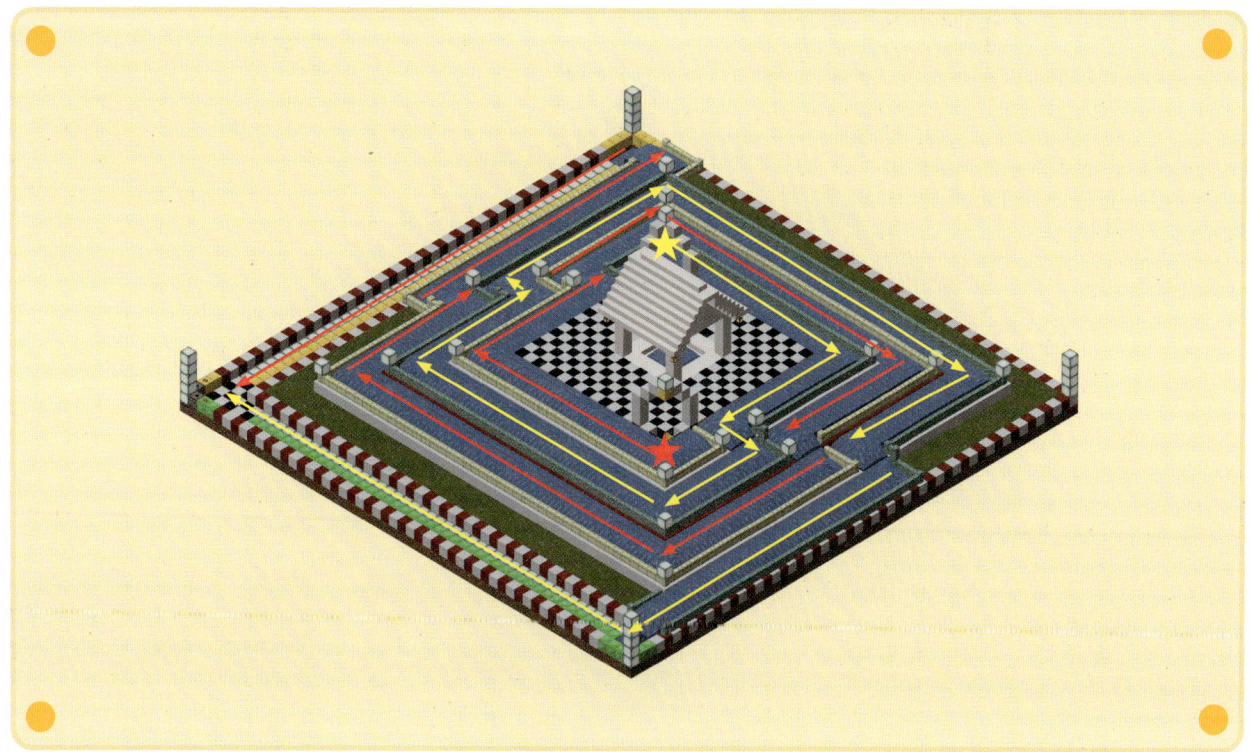

01 노란 코스, 빨간 코스 둘 중 어느 코스에서 출발할지 친구와 미리 정합니다. 그리고 나의 출발점에서 **보트**를 준비하고 기다립니다.

02 친구와 내가 신호와 함께 동시에 출발을 합니다. 물길을 최대한 빠르게 벗어난 후 마지막 지점에서는 보트에서 나와 뛰어서 최종 목적지까지 갑니다.

03 마지막 지점에 있는 **버튼**을 먼저 누르는 사람이 승리하게 됩니다.

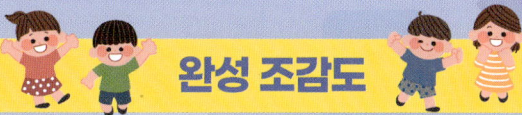
완성 조감도

워터 슬라이드 전체 모습

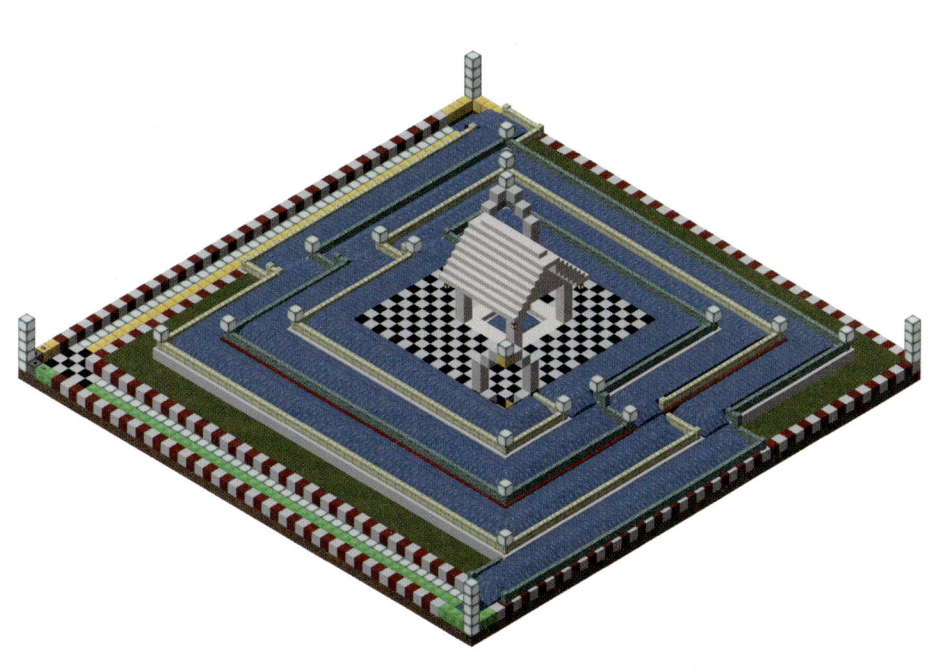

위에서 본 워터 슬라이드

옆에서 본 워터 슬라이드

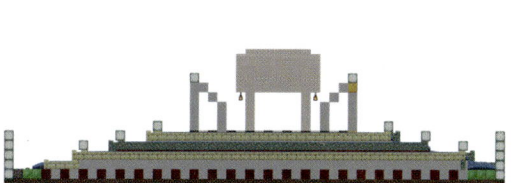

DAY09 나선형 워터 슬라이드 · 119

DAY 10

위풍당당하게 앞으로 나아가는
탱크

가끔씩 뉴스나 TV 프로그램에서 군인들이 탱크를 타고 포격 훈련이나 대열을 갖춰 행진하는 모습을 볼 수 있어요. 우리를 적 등 다양한 외부 위협으로부터 지켜주는 탱크는 어떤 구성으로 제작되었을까요? 지금부터 직접 탱크 조종수가 되어 지휘하는 모습을 상상하며 위풍당당한 탱크를 만들어 봅시다.

난이도	★★★☆	소요 시간	120분

🔍 건축 방법 미리보기

탱크 제작에서 가장 중요한 점은 탱크 전체를 몇 개의 큰 부분으로 나눌 것인가 입니다. 우리가 만들 탱크는 크게 3개의 몸통과 왼쪽, 오른쪽 바퀴, 포신 부분까지 총 6부분으로 나뉘어 있습니다. 안정감과 균형감을 위해서는 완성된 탱크가 대칭을 이루어야 합니다. 빨간색 양털, 파란색 양털, 검은색 양털, 흰색 양털을 사용해서 균형과 조화를 생각하며 만들어 보세요.

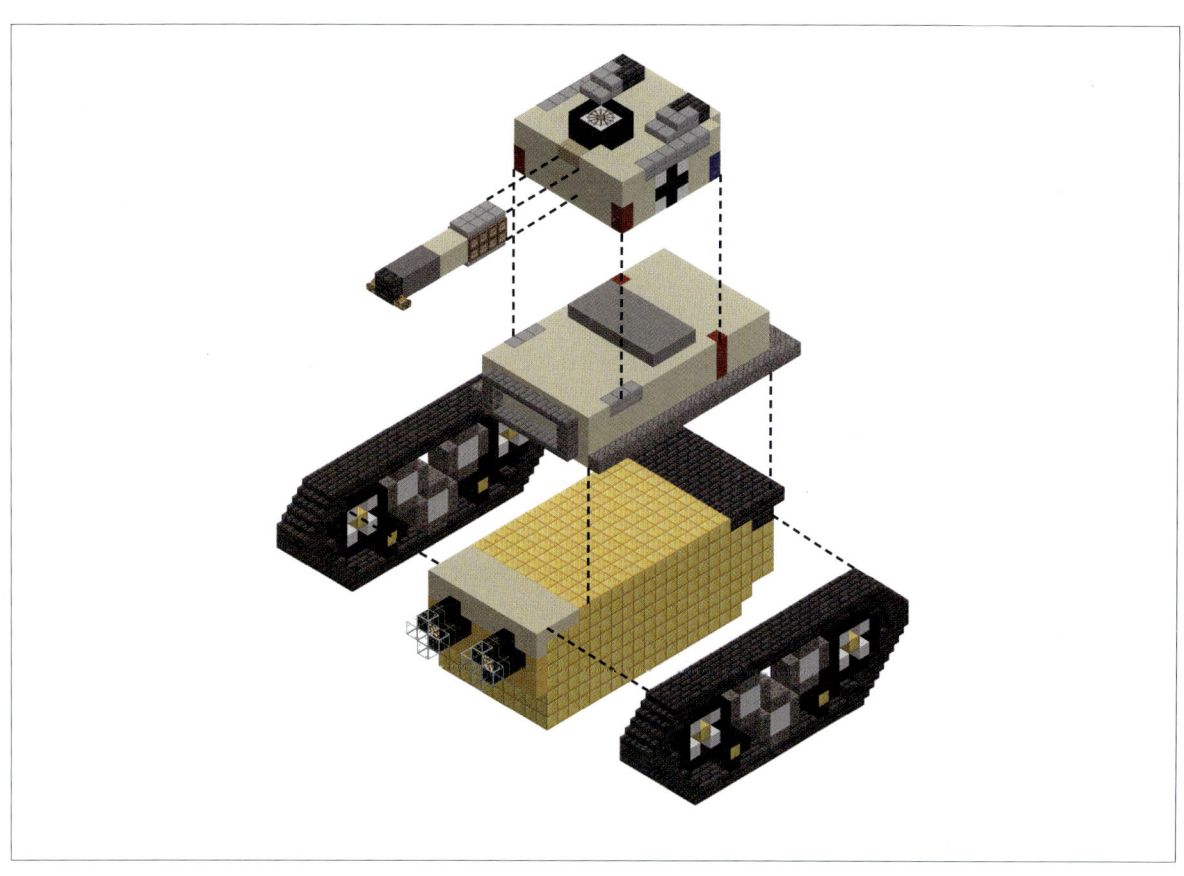

🕹 건축에 사용할 블록

딥슬레이트 벽돌 계단	밝은 회색 양털	죽은 뿔 산호 블록	자작나무 판	석탄 블록	검은색 양털	빨간색 양털	파란색 양털	정글나무 뚜껑문
모닥불	유리	말린 다시마 블록	흑요석	발광석	돌	딥슬레이트 벽돌	흰색 양털	황금 블록
조약돌 벽	회색 양털	딥슬레이트 벽돌 판	레일	조약돌	부드러운 석재 판	부드러운 사암		

| 무작정 따라하기 01 | **탱크 1층 몸통 만들기** |

탱크 1층 몸통에 전조등을 붙여서 만들어 봅시다.

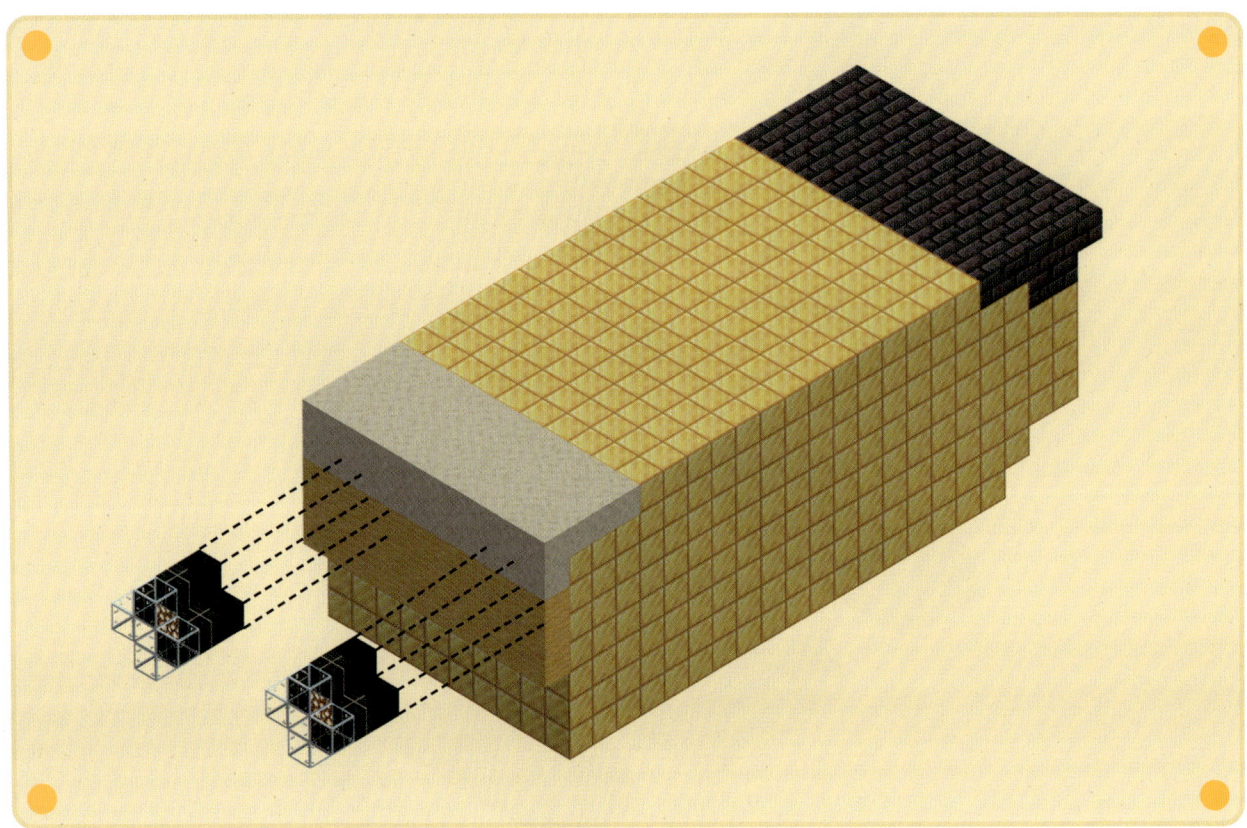

01 1층 몸통을 위에서 바라본 모습이에요. **부드러운 사암, 딥슬레이트 벽돌, 황금 블록**을 사용해서 만들었어요.

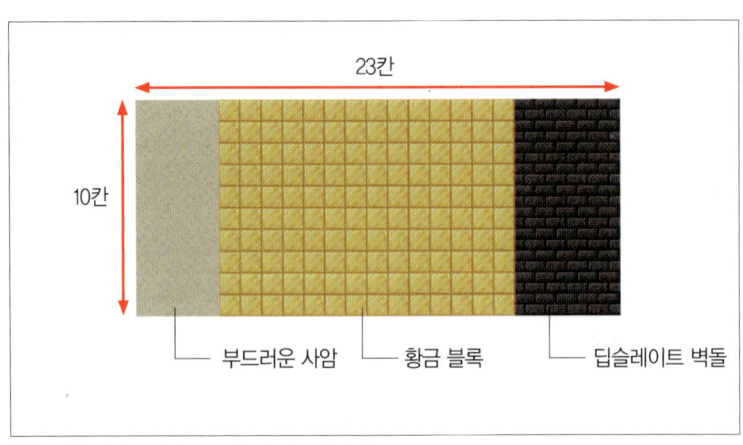

02 전조등을 제외한 1층 몸통의 앞모습을 살펴보세요. **부드러운 사암**, **노랑색 양털**, **황금 블록**을 사용하여 다채롭게 표현했어요.

> **TIP**
> 다양한 블록을 사용하면 다채로운 느낌이 들고, 밑부분을 살짝 깎으면 입체감을 느낄 수 있어요. 꼭 부드러운 사암이나 노랑색 양털을 사용해야 하는 것은 아니지만, 황금 블록과 어울릴 디자인으로 해도 좋아요.

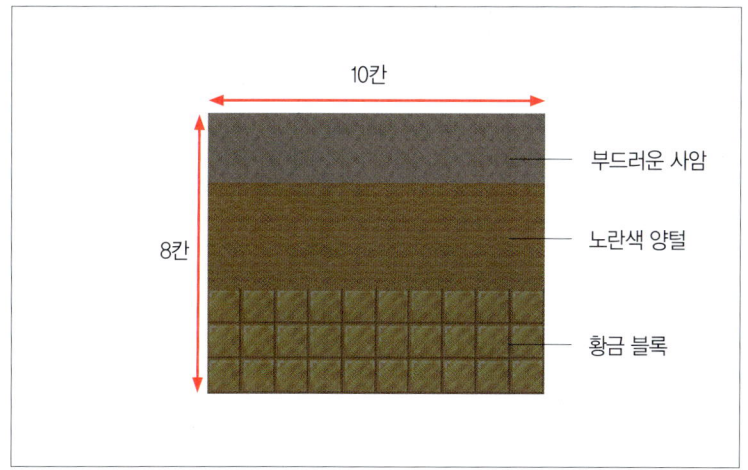

03 1층 몸통의 뒷모습이에요. **딥슬레이트 벽돌**, **회색 양털**, **황금 블록**을 사용합니다. 비스듬히 경사지게 만드는 게 중요해요.

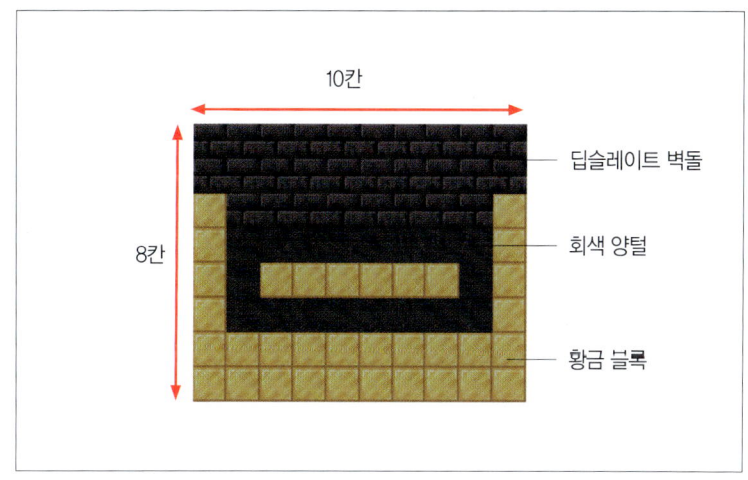

04 먼저, 전조등의 전체적인 모습을 살펴봅시다.

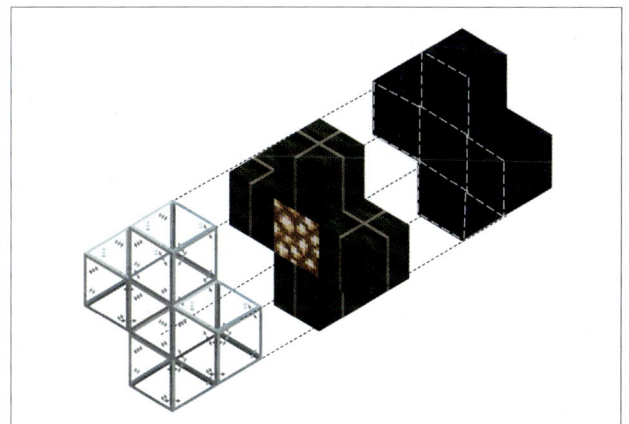 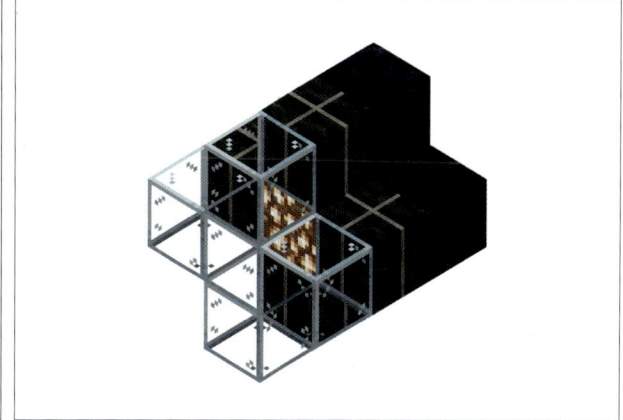

05 자동차를 타고 어두운 밤길이나 기상 상황이 좋지 않을 때 운전을 한다면 반드시 전조등이 있어야 해요. 아래 그림에서 1층 몸통 앞부분을 보면, 전조등이 있어요. **유리** 5개, **발광석** 1개, **말린 다시마 블록** 4개, **흑요석** 5개를 사용했어요. 먼저 **흑요석** 5개를 그림과 같이 놓습니다.

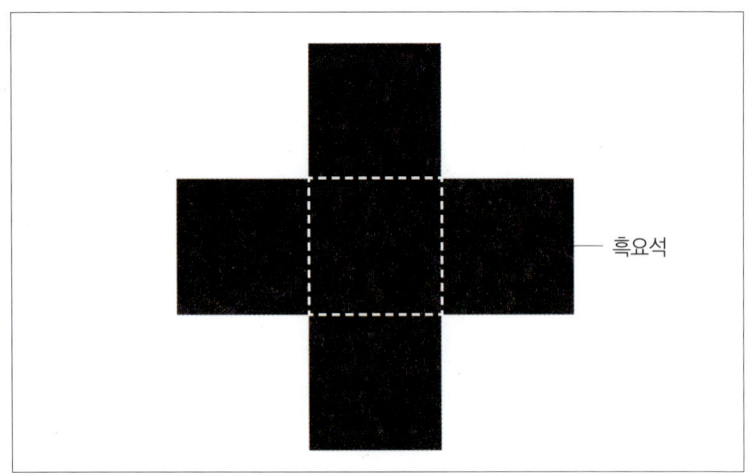

06 다음은 전조등의 두 번째 칸입니다. **흑요석** 위에 말린 다시마 블록을 붙이고, 가운데에는 **발광석**을 설치했어요.

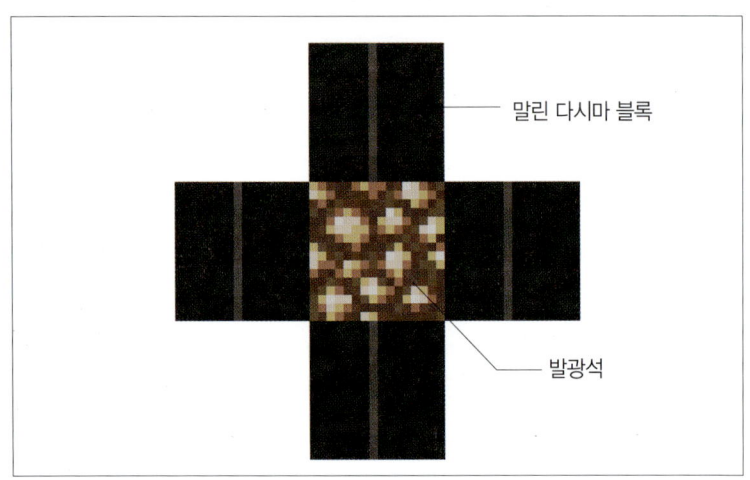

07 마지막으로 한 번 더 보호하는 느낌으로 06번 과정에서 만들 블록 위에 **유리**를 씌우세요. 전조등 앞에 **유리**를 씌우면 빛의 방향이 정교해지는 효과가 있어요.

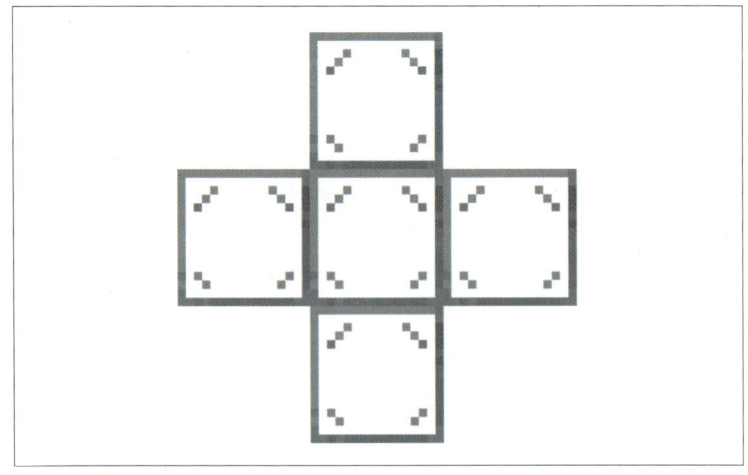

무작정 따라하기 02 | 탱크 바퀴 만들기

다음으로는 바퀴를 만들어 봅시다. 바퀴는 양쪽이 같은 모양이에요. 정면에서 바라보았을 때, 왼쪽에 있는 바퀴 기준으로 만들게요. 먼저 바퀴의 전체적인 모습을 살펴봅시다.

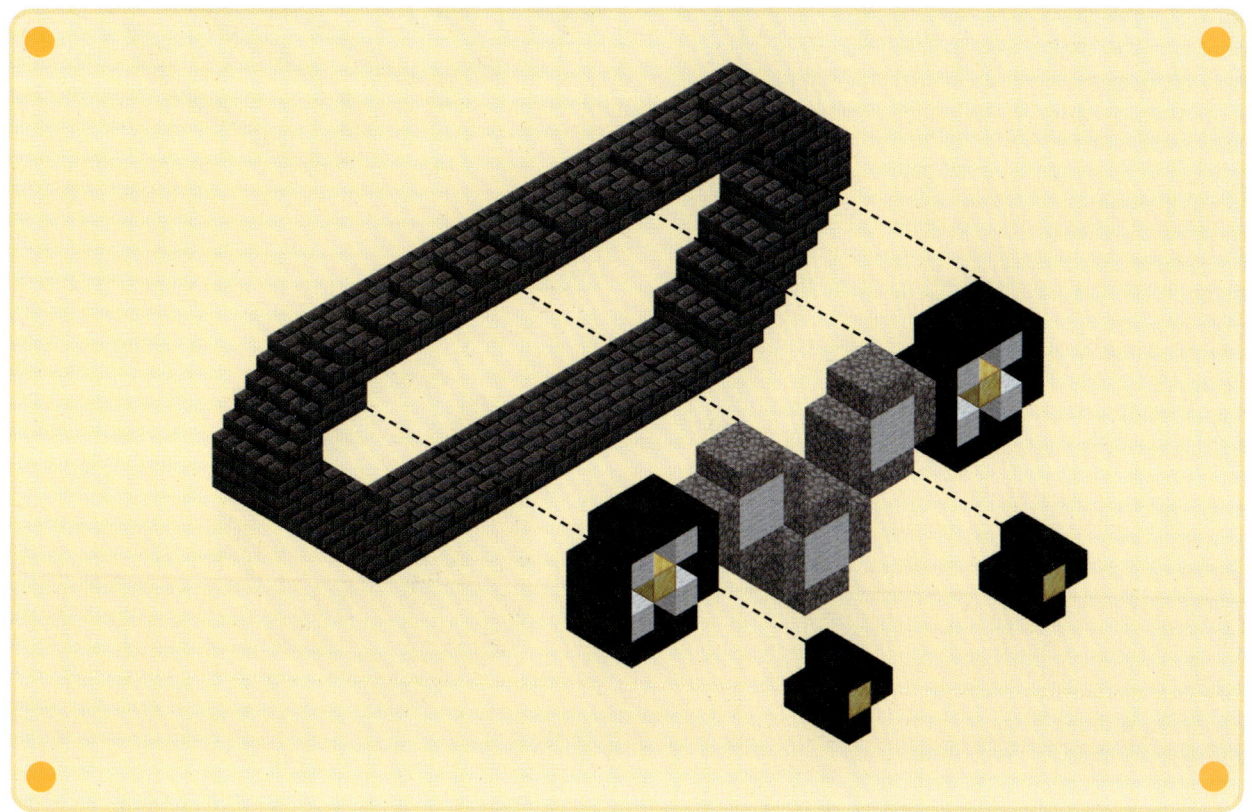

01 바퀴 부분을 만들려면 첫 번째로, 바퀴의 표면에 캐터필터를 둘러야 해요. **딥슬레이트 벽돌, 딥슬레이트 벽돌 판, 딥슬레이트 벽돌 계단**, 윗부분은 **죽은 뿔 산호 블록**을 사용하였어요. **딥슬레이트 벽돌**과 **딥슬레이트 벽돌 계단**을 사용하여 길이 26칸, 높이 9칸의 캐터필러를 만들어요. 여기서 중요한 것은 정확하게 중심을 기준으로 대칭이 됩니다.

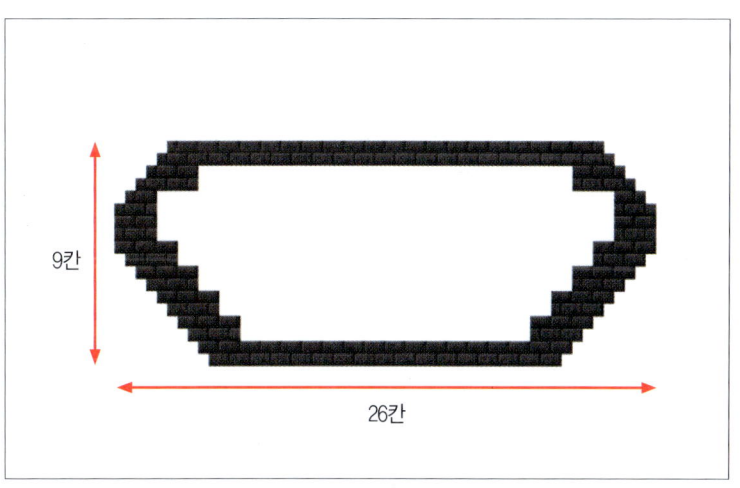

02 캐터필러는 3개가 합쳐져서 구성되므로 각 부분을 이어 붙여 완성할 수 있어요.

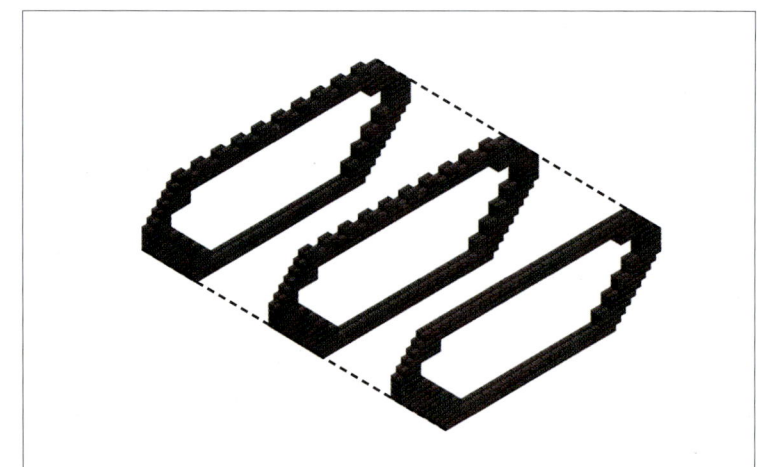

03 캐터필러 안은 서로 맞물리는 크고 작은 3개의 바퀴들로 구성됩니다. 먼저, 캐터필러 안에 가장 큰 검은 바퀴를 만들어요. 이 바퀴는 **석탄 블록**, **흰색 양털**, **황금 블록**을 사용해 만들었어요.

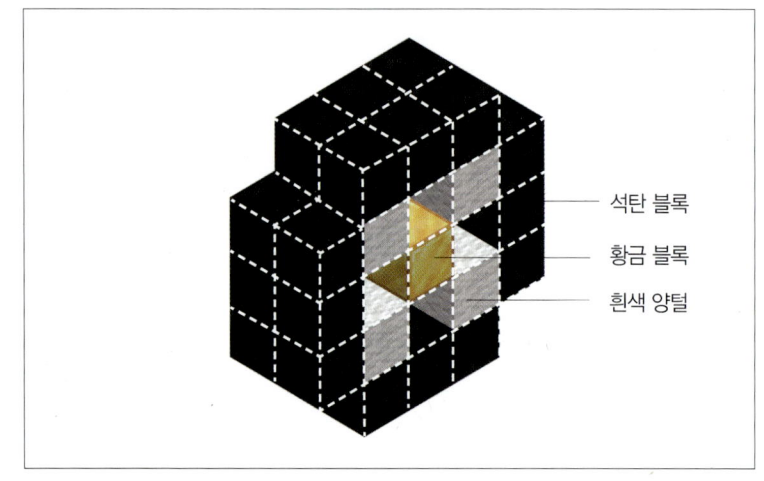

— 석탄 블록
— 황금 블록
— 흰색 양털

04 다음으로는 두 번째 바퀴를 만들어 볼게요. **죽은 뿔 산호 블록**과 **흰색 양털**을 사용해서 만들었어요.

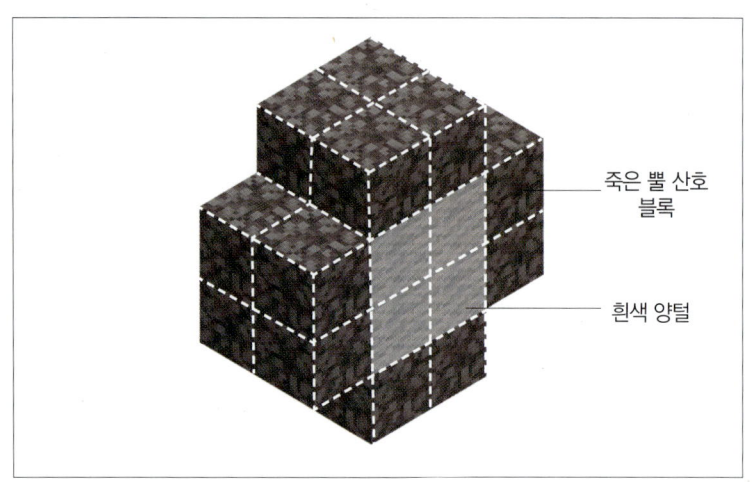

— 죽은 뿔 산호 블록

— 흰색 양털

126

05 마지막으로 캐터필러 안의 가장 작은 바퀴가 만들어지는 과정이에요. **석탄 블록**과 **황금 블록**을 사용해 만듭니다.

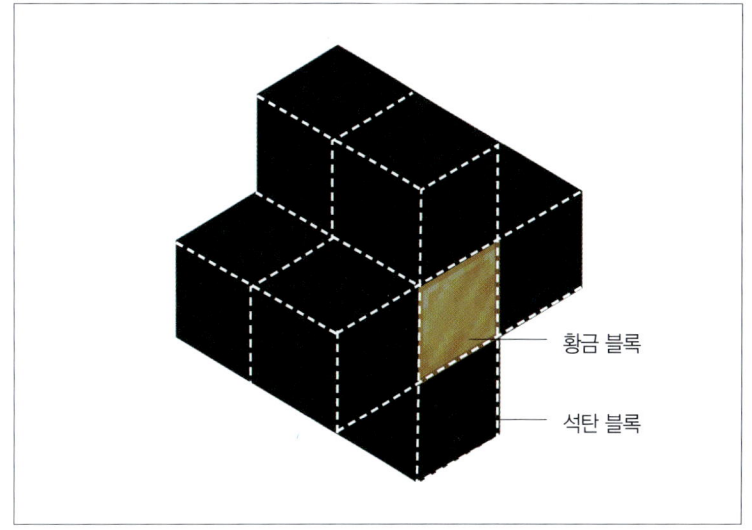

06 캐터필러 안쪽에 3종류의 바퀴를 그림과 같이 넣고, 캐터필러와 연결하면 탱크의 왼쪽, 오른쪽 바퀴를 완성할 수 있어요.

▲ 옆에서 본 탱크 바퀴

궁금해요

캐터필러란 무엇이고, 왜 탱크는 캐터필러를 사용하나요?

'캐터필러'란 여러 개의 강판 조각을 벨트처럼 연결하여 차바퀴로 사용하는 것을 말해요. 강판제의 판을 체인 모양으로 연결하고, 이것을 앞, 뒷바퀴에 벨트처럼 걸어 동력으로 회전시켜서 주행하게 하는 장치로 '무한궤도'라고도 불러요. 보통의 바퀴에 비해 땅에 닿는 면적이 크고 지면과의 마찰도 크므로 울퉁불퉁한 도로나 진흙에서도 자유롭게 주행할 수 있어요. 또 회전 속도를 바꿔 방향을 쉽게 바꿀 수 있고, 좁은 곳에서도 쉽게 회전할 수 있어요. 이동할 때 차량의 중심은 조금도 움직이지 않고 움직일 수 있어요. 그래서 무게가 많이 나가는 주로 큰 토목용 차량이나 군사적 목적으로 사용되는 전차에서 활용합니다.

| 무작정 따라하기 03 | **탱크 몸통 2층 만들기** |

총 3개의 층으로 이루어진 탱크의 몸통 중에서 2층을 만들어 볼 거예요. 2층에는 3층과 연결되는 접합 부분이 있다는 점과, 앞부분에 조종을 위한 창문이 설치되어 있고 옆면에는 탱크 고유의 특징을 나타내는 디자인, 뒷부분에는 배기구가 있다는 점이 특징이에요.

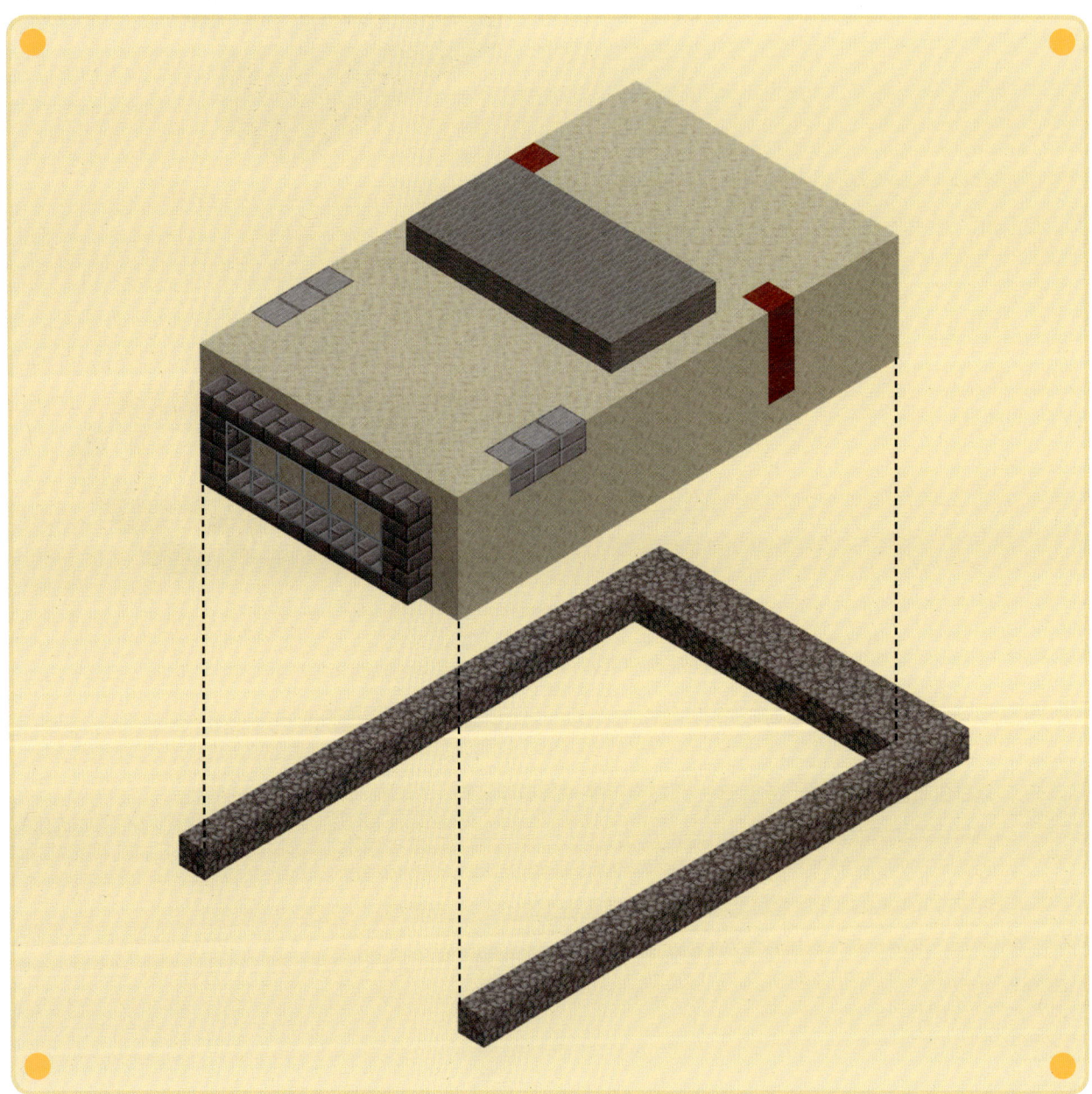

01 먼저, **부드러운 사암**과 **빨간색 양털**, **부드러운 석재 판**을 사용하여 직육면체를 만드세요.

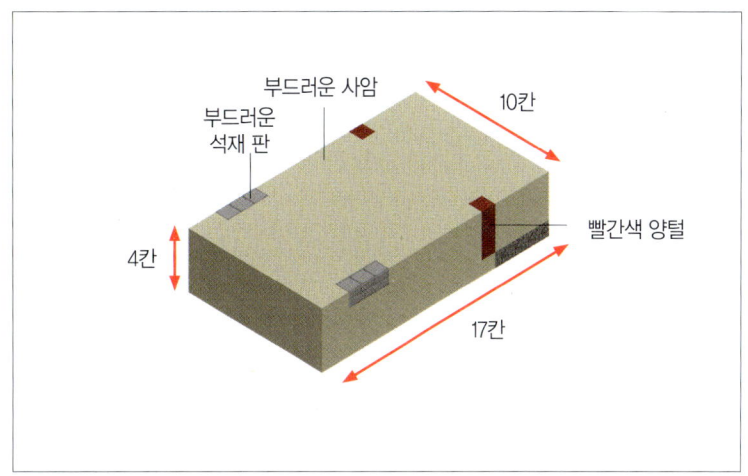

02 앞부분 창문을 만드는 과정이에요. **유리**로 길이 6칸, 높이 2칸을 만들고 가로로 양옆으로 **딥슬레이트 벽돌 판**을 두 장씩 추가해 주세요. 위, 아랫부분에는 한 장씩 추가해서 덮으세요.

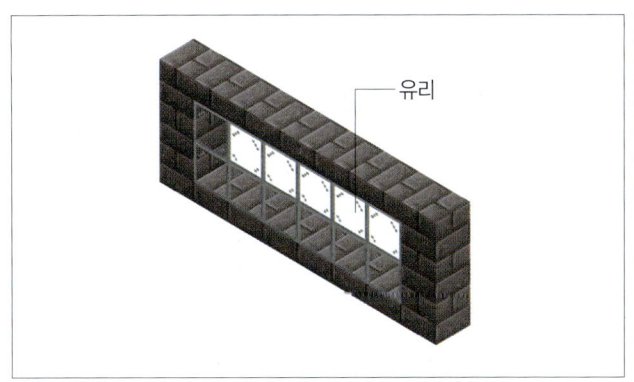

▲ 앞부분 창문

▲ 정면에서 바라본 모습

03 2층 몸통의 뒷부분을 만들 거예요. **부드러운 사암, 죽은 뿔 산호 블록, 조약돌 벽**을 사용하여 뒷부분을 표현했어요. 특히 **조약돌 벽**을 맞물리게 설치하여 배기구를 표현하세요.

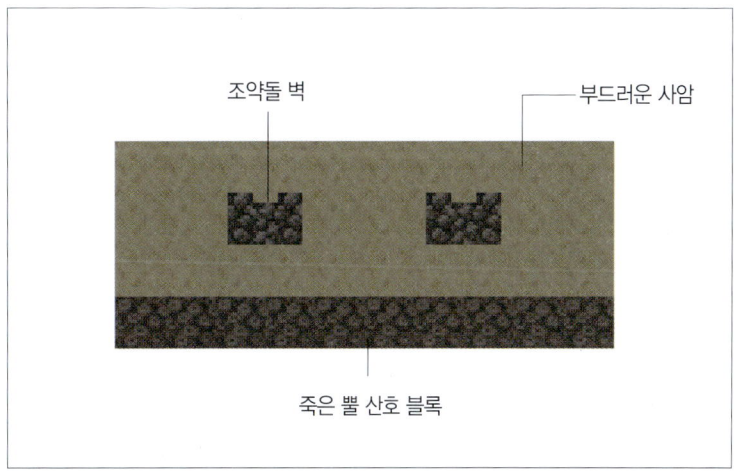

DAY 10 탱크

04 회색 양털로 가로 8칸, 세로 4칸, 높이 1칸을 만들었습니다. 이 부분은 몸통 3층과 연결되는 부분으로, 중요한 역할을 합니다.

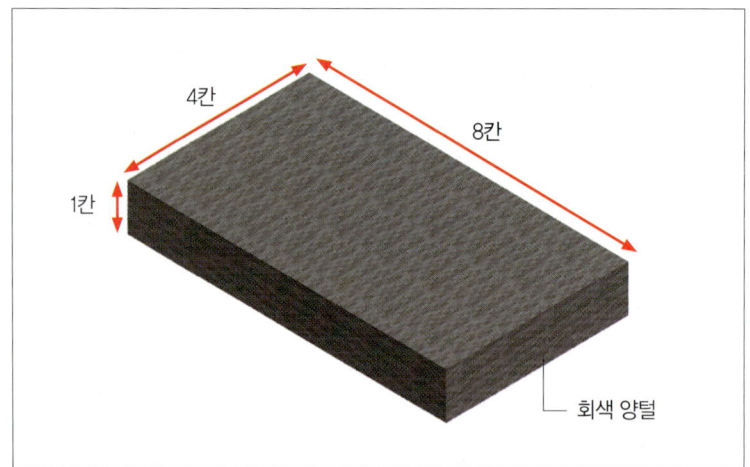

05 마지막으로 **조약돌**로 ㄷ자 부분을 만들어 보아요.

무작정 따라하기 04   탱크 몸통 3층 만들기

탱크의 3개 몸통 중에서 마지막 3층을 만들어 볼 거예요. 3층의 특징은 포신과 연결되는 부분으로, 포신의 지지대 역할을 한다는 점과 탱크의 디자인적 상징을 가장 눈에 띈다는 점이에요. 아울러, 포신의 화약이 있고, 외부와 환기를 할 수 있는 환풍구도 있습니다. 사용한 블록은 **레일, 흑요석, 흰색 양털, 검은색 양털, 빨간색 양털, 파란색 양털, 딥슬레이트 벽돌, 부드러운 석재 판, 자작나무 판**입니다. 먼저 **부드러운 사암**으로 길이 9칸, 높이 4칸, 폭 10칸을 감싸세요.

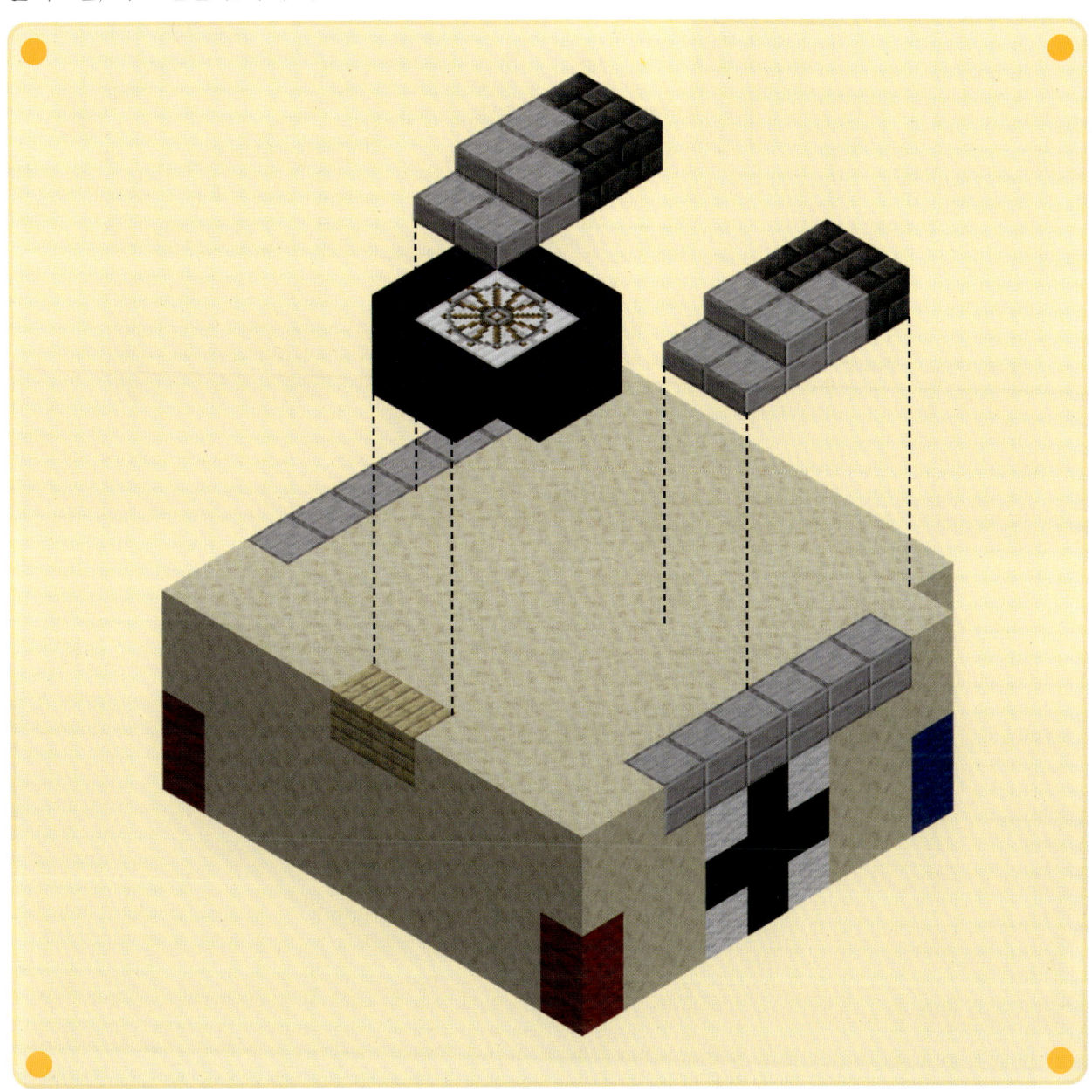

DAY 10 탱크 ▪ 131

01 이제 앞모습부터 살펴보겠습니다. 앞은 **부드러운 사암**으로 먼저 쌓고 겉의 테두리 부분을 **빨간색 양털**, 가운데 윗부분을 두 개의 **자작나무 판**으로 바꾸세요.

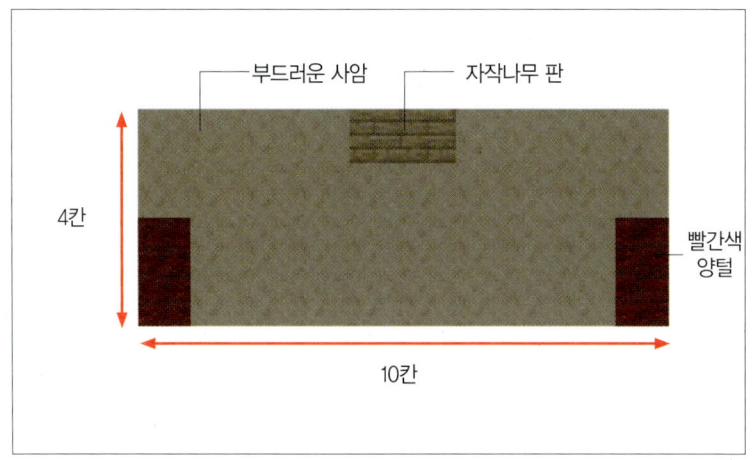

02 다음으로는 옆모습을 만들겠습니다. 탱크 몸통 3층의 경우, 가운데를 중심으로 대칭으로 만들어졌어요. **부드러운 사암**으로 덮여 있는 부분의 왼쪽은 **빨간색 양털**, 오른쪽은 **파란색 양털**로 바꾸었고, **흰색**, **검은색 양털**로 십자 무늬를 표현해 주세요. 꼭 십자 무늬가 아니어도 되니 자유롭게 꾸미세요. 윗부분은 **부드러운 석재 판**으로 덮었어요.

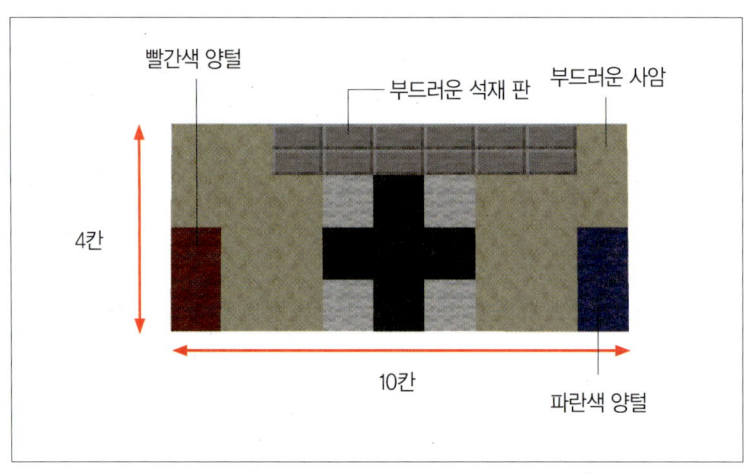

03 다음으로 뒷모습을 살펴봅시다. 뒷모습은 특징은 입체감이 있는 거예요. 모든 부분이 각지면 다소 투박한 느낌을 줄 수 있어요. 곡선의 느낌을 주면서 예쁘게 다듬기 위해서 끝으로 갈수록 한 칸씩 좁아져 튀어나와 보이도록 만들었어요.

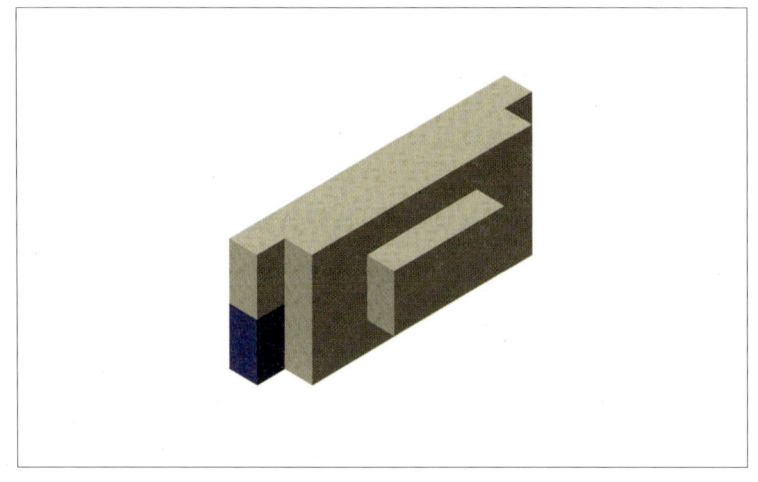

04 윗부분은 포신 화약 배출을 위한 환풍구, 지지대가 있는 게 특징이에요. **흑요석, 부드러운 석재 판, 딥슬레이트 벽돌**을 사용해서 만들었어요. 위에서 본 모습을 기준으로 왼쪽에는 **자작나무 판**을 두 칸 설치하고 그 옆에 환풍구를 배치해요. 양 옆으로는 지지대를 세우면 돼요.

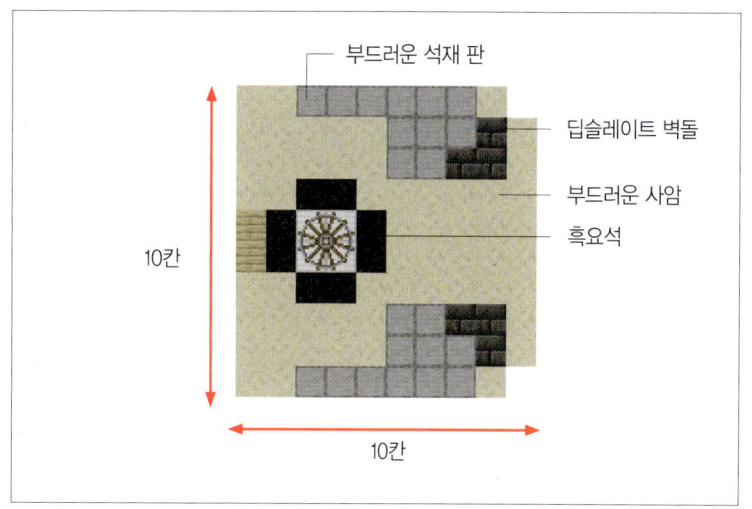

05 환풍구를 만들어 볼 거예요. 몸통 3층의 환풍구는 포신의 화약을 밖으로 배출하는 역할을 해요. 필요한 재료로는 **흑요석, 레일, 철 블록**이에요. 먼저 가로 두 칸, 세로 두 칸으로 철 블록을 설치하고 그 위에 **레일**을 동그랗게 깝니다. 테두리로 **흑요석**으로 보호벽을 표시하면 환풍구 모양이 완성돼요.

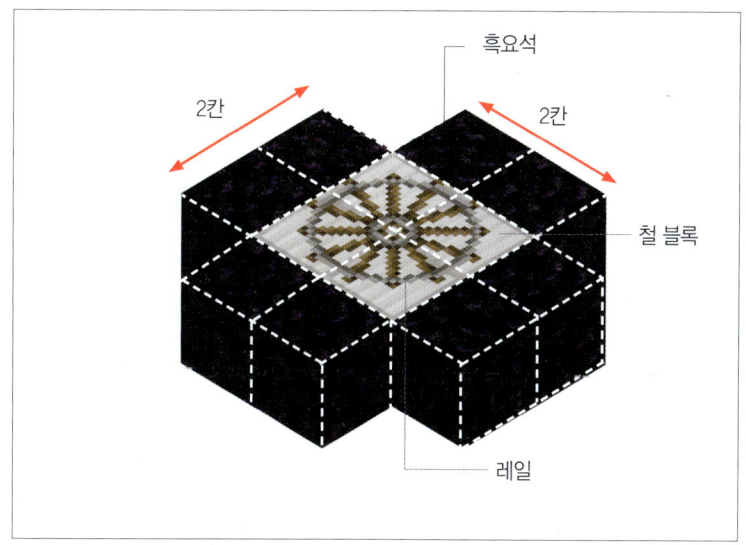

06 몸통 3층의 마지막으로 지지대를 설치할 거예요. 지지대는 **부드러운 석재 판**과 **딥슬레이트 벽돌 판**으로 만들어요.

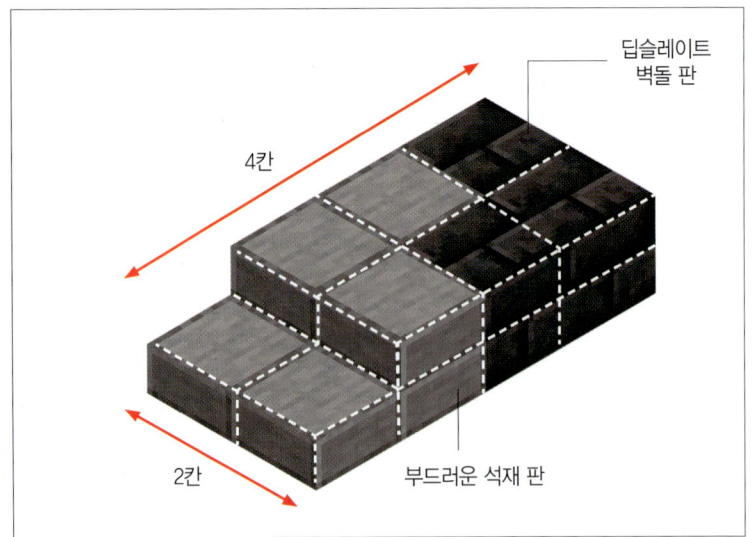

궁금해요

탱크의 종류는 무엇이 있나요?

탱크는 무게와 탑재된 화포의 구경에 따라서 경전차, 중전차, 무거운 전차로 나뉘며, 용도에 따라 정찰·대공·전투·구축·지원 등의 전차로 분류해요. 대체로 경전차는 무게 15~20t에 37~45mm 정도의 포를 탑재하고, 중전차는 무게 20~50t에 57~76mm 정도의 포를 탑재하며, 무거운 전차는 무게 50t 이상에 90mm 이상의 포를 장착하고 있어요. 또 다른 분류 기준으로는, 지상전차와 수륙양용전차로 구분할 수 있고, 지상전차 중에서는 물속에서 달릴 수 있는 전차도 있어요. 그 외에도 화염방사기를 장비한 것, 레이더를 장비한 탱크도 있답니다.

무작정 따라하기 05 — 포신 만들기

이제 몸통 3층에 포신을 붙여서 만들 거예요. 사용할 블록은 **모닥불, 딥슬레이트 벽돌, 돌, 부드러운 사암, 부드러운 석재 판, 정글나무 뚜껑문**이에요. 전체적인 그림을 살펴보면 총 길이 11칸, 폭 2칸, 높이 2칸에, 끝에 **딥슬레이트 벽돌**을 놓았고 옆에는 **모닥불**을 이용하여 포격이 연상되도록 구성했어요.

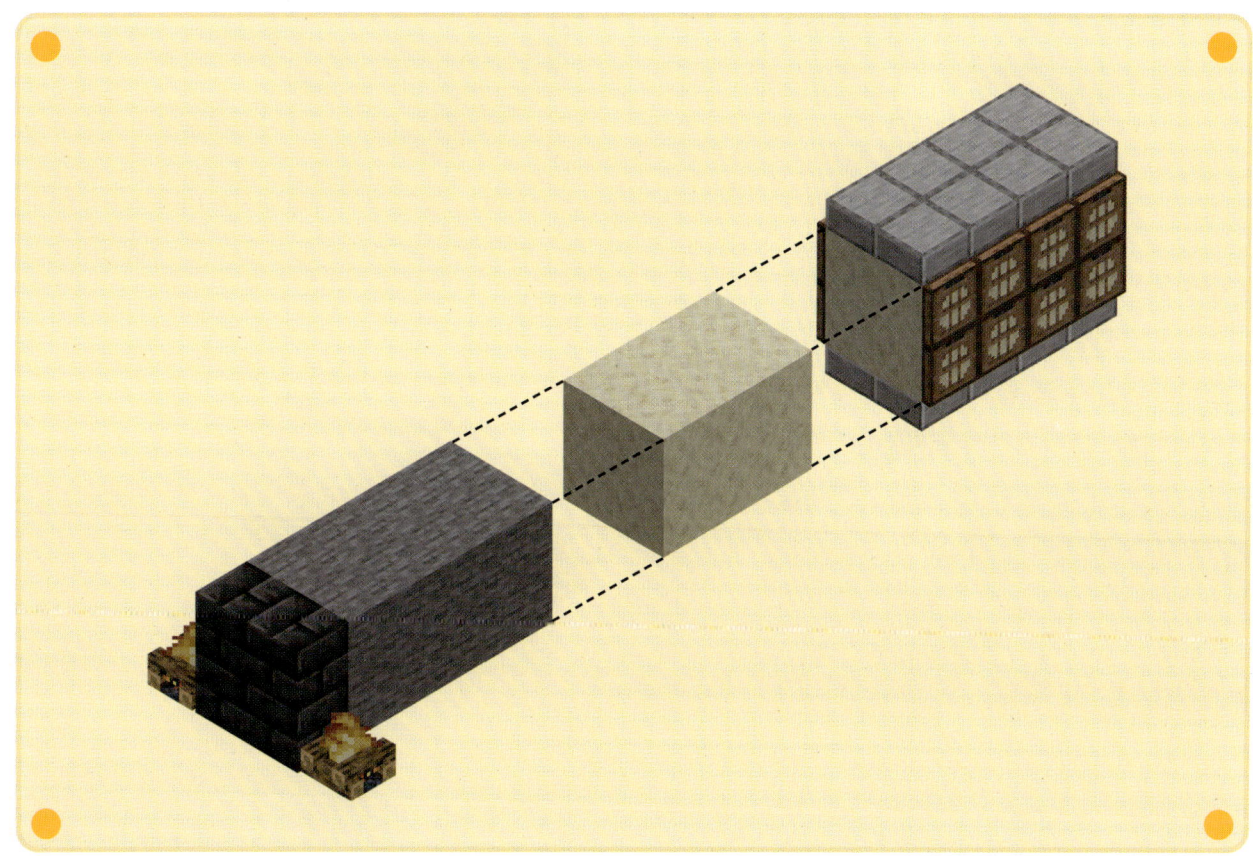

01 포신 중에서 먼저 **정글나무 뚜껑문**이 있는 곳부터 만들면 좋아요. 먼저 높이 2칸, 길이 4칸, 폭 2칸으로 **부드러운 사암**을 안쪽에 채우세요. 그리고 난 후, 옆쪽을 **정글나무 뚜껑문**, 뒤 아래를 **부드러운 석재 판**으로 덮으면 완성됩니다.

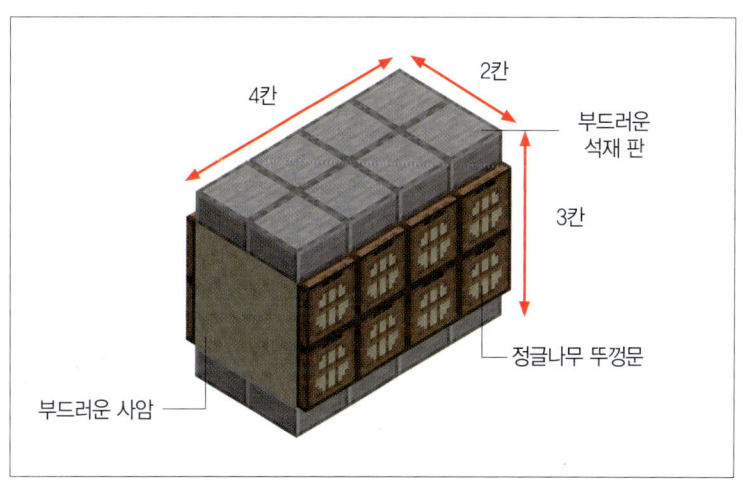

02 다음으로는 두 번째 중간 부분은 **부드러운 사암**만 사용해서 길이 3칸, 높이 2칸, 폭 2칸으로 만드세요.

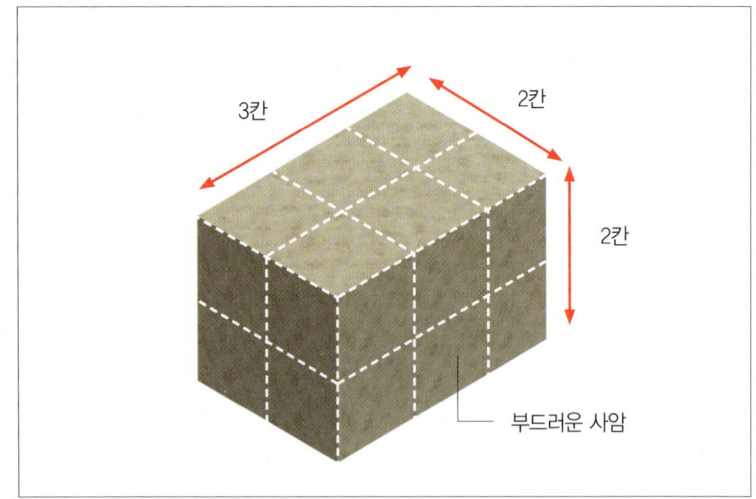

03 마지막으로 횃불이 있는 부분을 만듭니다. 이곳은 먼저 길이 4칸, 폭 2칸, 높이 2칸을 **돌**로 채웁니다. 그 다음 길이 1칸, 높이 2칸의 **딥슬레이트 벽돌**을 맨 앞 포신 곁에 놓고, 양옆으로 **횃불**을 설치하면 포신이 완성돼요.

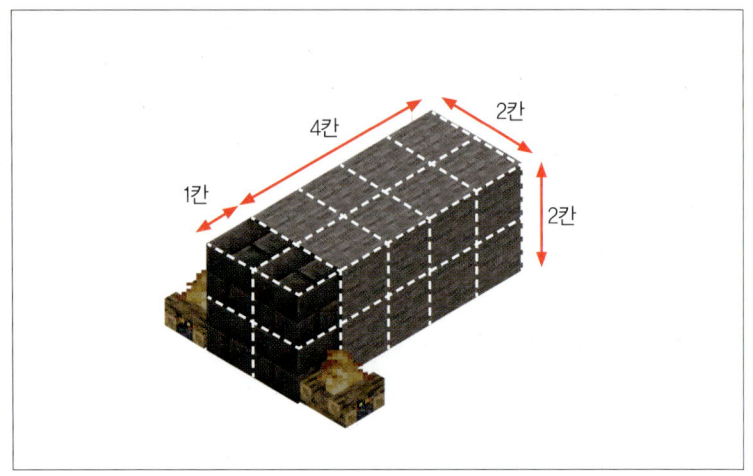

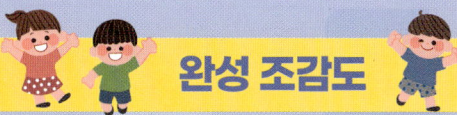

완성 조감도

앞에서 본 탱크
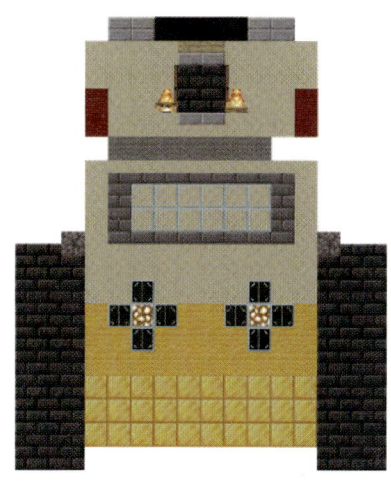

뒤에서 본 탱크

위에서 본 탱크
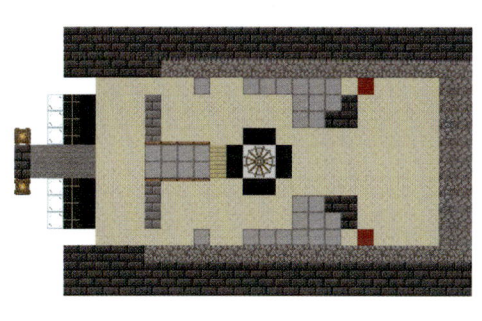

옆에서 본 탱크

아래에서 본 탱크
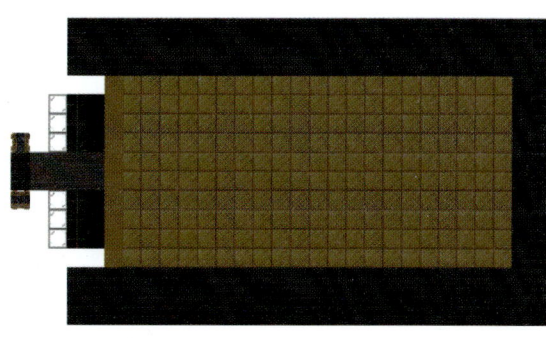

DAY 11

칙칙폭폭 소리 내며 움직이는
증기기관차

증기기관차가 발명되기 전에는 사람이나 말이 짐을 옮기다 보니 여러 가지 불편한 점이 많았어요. 이를 개선하고자 뜨거운 수증기로 동력을 발생시키는 최초의 엔진인 증기기관이 만들어졌어요. 이렇게 발명된 증기기관을 이용하여 움직이는 기차인 증기기관차는 사람과 화물을 수송하는 중요한 역할을 했어요. Day11에서는 연기를 내뿜는 증기기관차를 만들어 봅시다.

난이도 ★★★★   소요 시간 120분

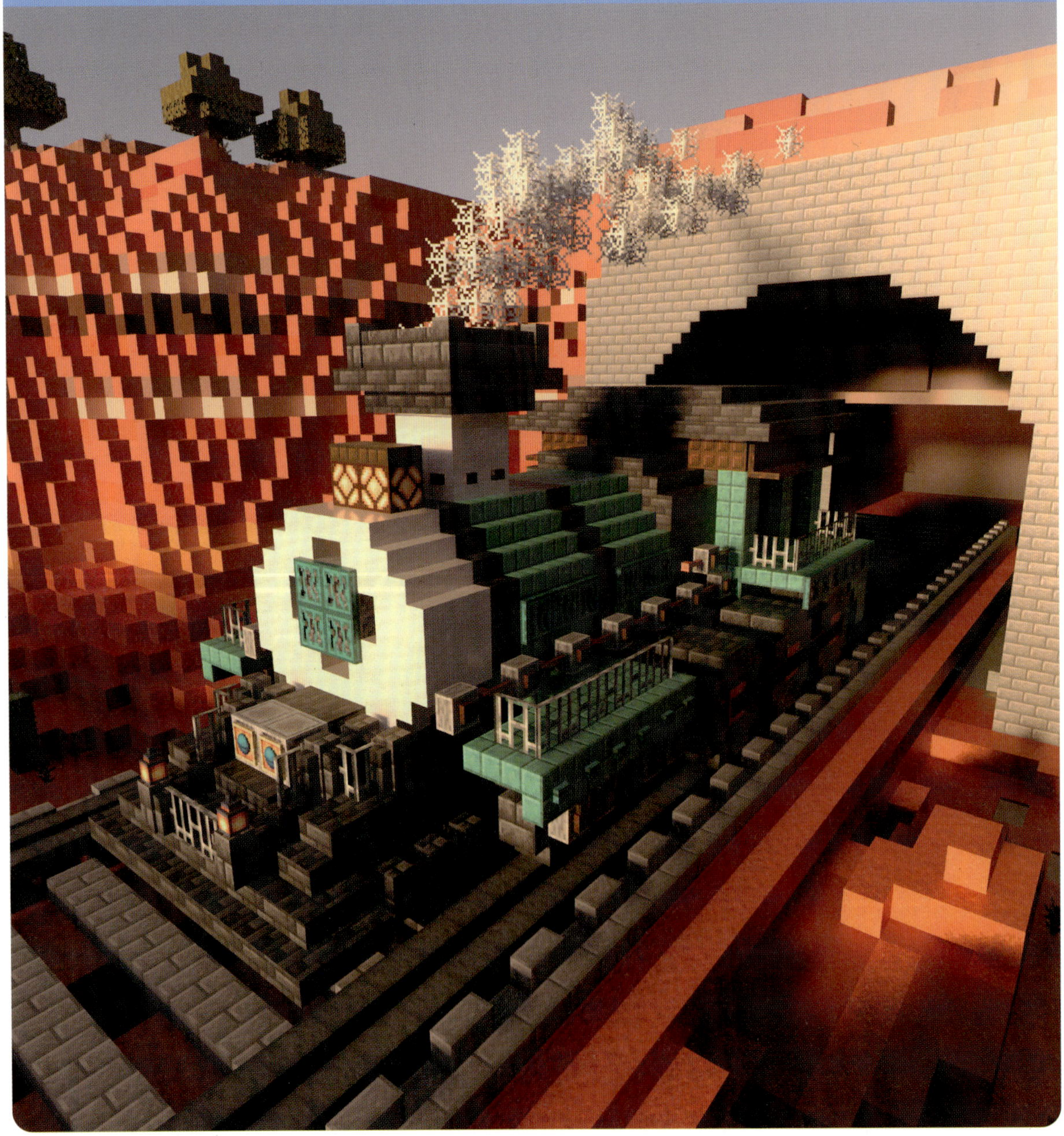

🔍 건축 방법 미리보기

기관차의 몸체와 바퀴를 만들 때는 계단 블록을 활용하여 원 모양을 표현해야 해요. 기관차의 좌우가 대칭이므로 만들 때 확인하면서 제작해야 한다는 점을 잊지 마세요.

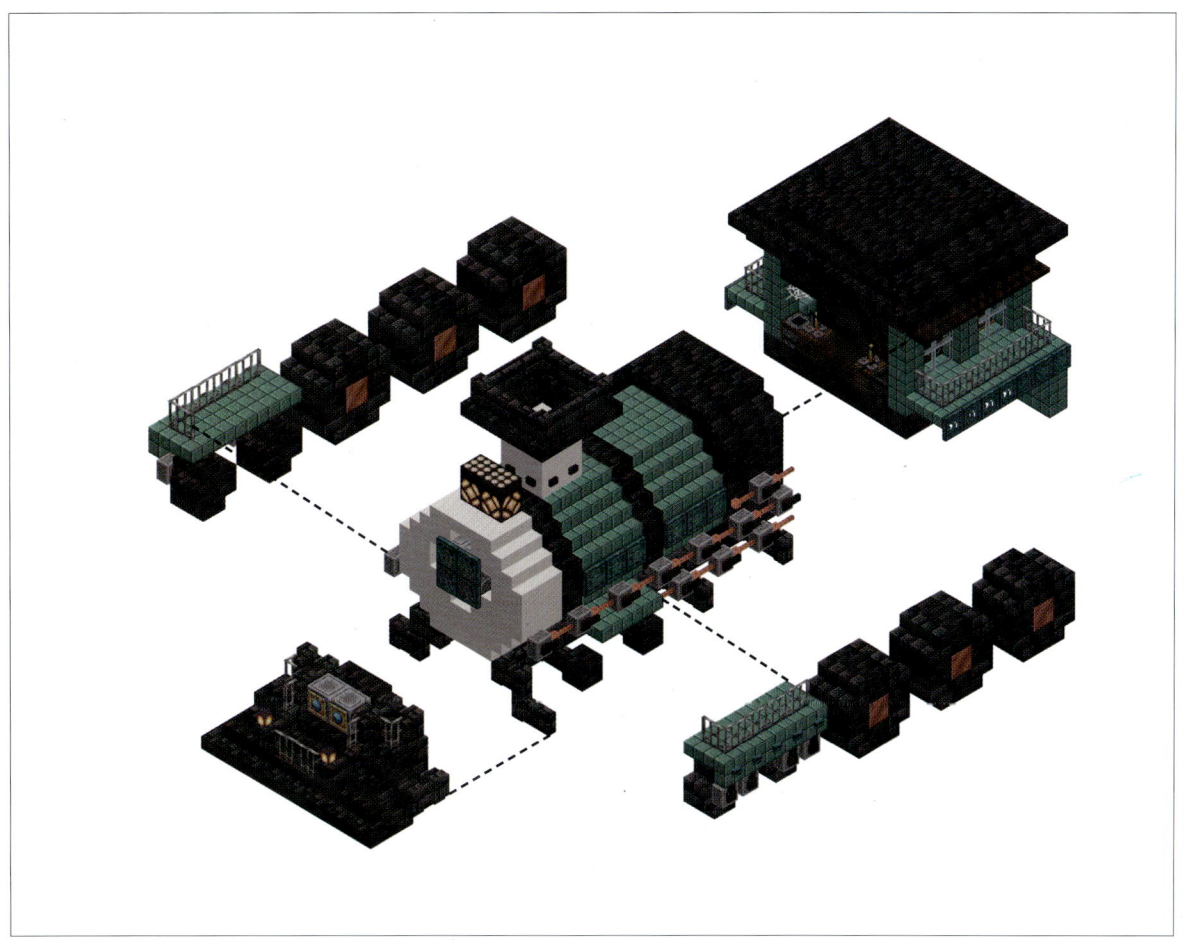

🎮 건축에 사용할 블록

부드러운 석영 계단	부드러운 석영 블록	자석석	레드스톤 램프	레드스톤 블록	일광 센서	딥슬레이트 타일 계단	딥슬레이트 타일	왁스 산화 절단된 구리
왁스 산화 절단된 구리 계단	왁스 산화 절단된 구리 판	뒤틀린 뚜껑문	딥슬레이트 벽돌 벽	광택 블랙스톤 버튼	숫돌	벼락 막대	철창	랜턴
발광 아이템 액자	바다의 심장	짙은 참나무 판자	어두운 참나무 뚜껑문	판유리	딥슬레이트 벽돌 판	왁스 구리 블록	뒤틀린 버튼	거미줄

| 무작정 따라하기 01 | **증기기관차의 본체 만들기** |

증기기관차의 중심이 되는 본체를 원통 모양으로 만들어 봅시다. 원 모양을 연결하며 원통 모양을 완성하세요. 앞에서부터 순서대로 만들겠습니다.

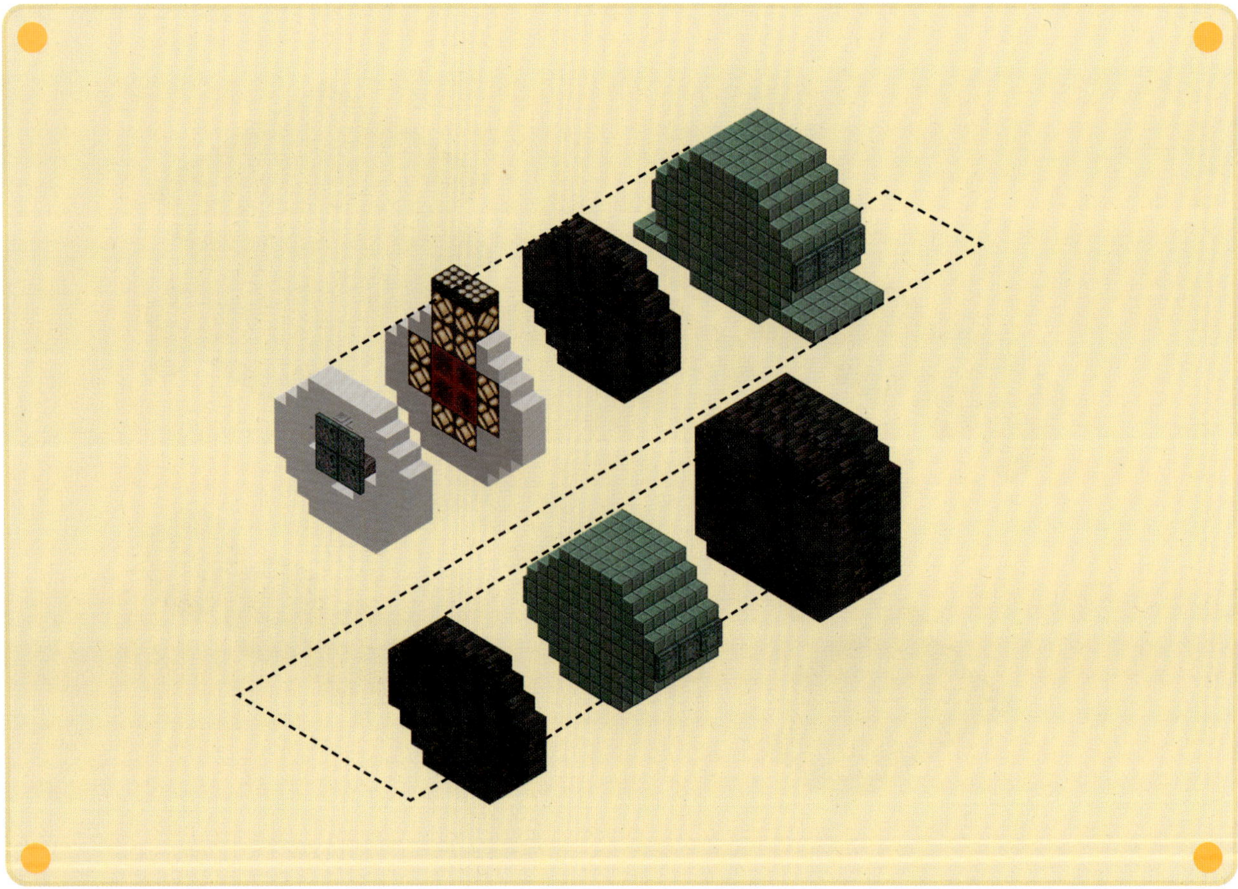

01 **석영 블록**과 **석영 계단 블록**을 이용하여 원 모양을 만들고 가운데에는 **자석석**과 **뒤틀린 뚜껑문**을 넣어 장식하세요.

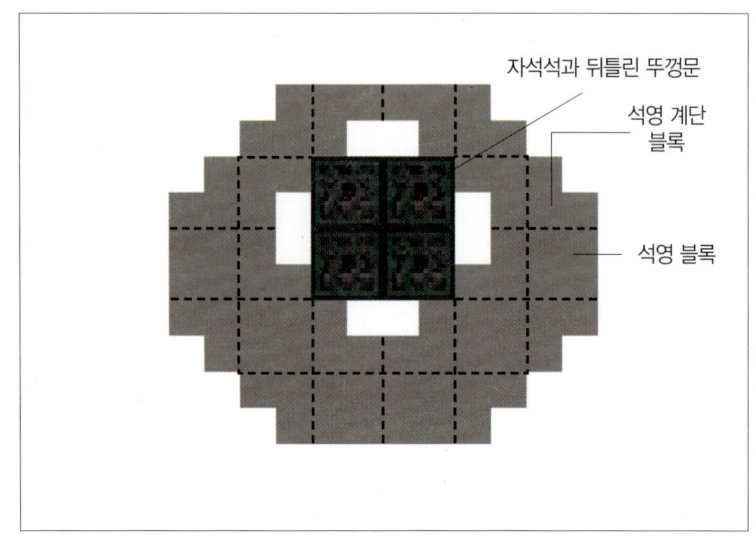

자석석과 뒤틀린 뚜껑문
석영 계단 블록
석영 블록

02 가운데는 **레드스톤 블록**과 **레드스톤 램프**를 놓고 레드스톤 램프 위에는 **일광 센서**를 설치해요.

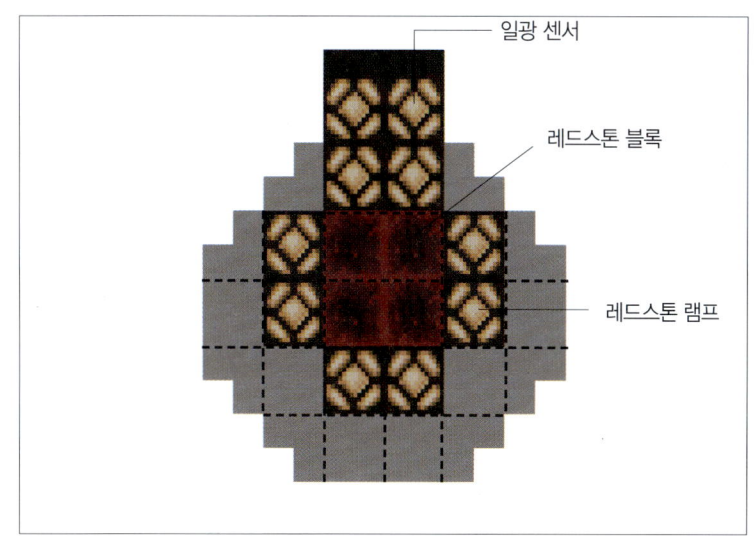

03 **딥슬레이트 타일 계단**과 **딥슬레이트 타일**로 만들어 주세요. 이 모양은 다섯 번째 원 모양과 같아요.

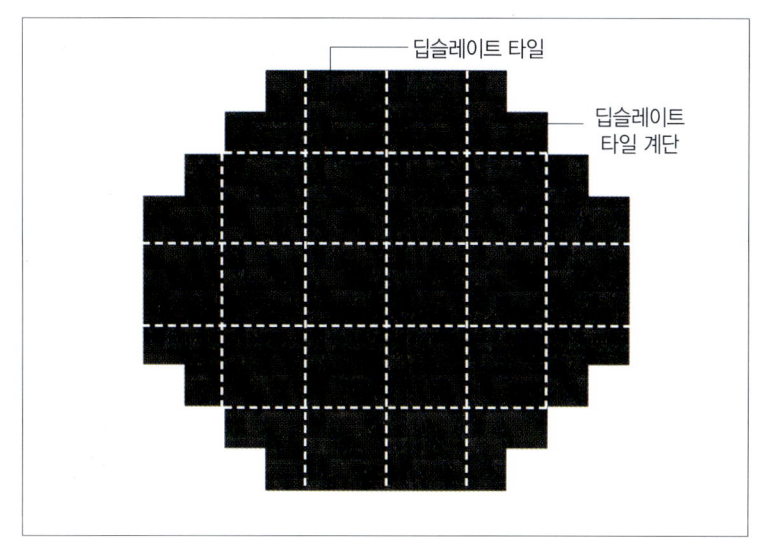

04 **왁스 산화 절단된 구리**와 **왁스 산화 절단된 구리 계단**으로 원 모양을 만들어 주세요. 원 모양의 양옆에는 구동바퀴를 덮기 위한 판 블록을 설치해 주세요. 양옆에는 **뒤틀린 뚜껑문**으로 장식했어요.

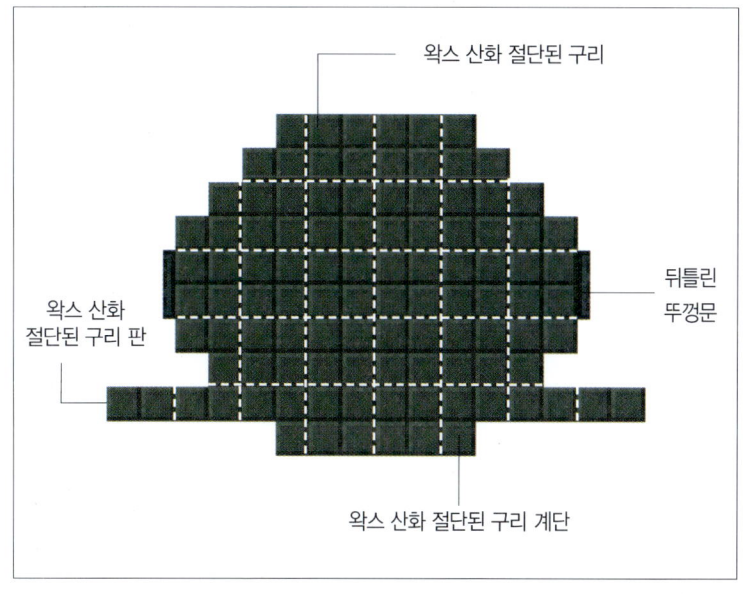

05 다섯 번째 원 모양은 03번 과정에서 만들었던 모양과 같게 만들어 주세요. 그리고 여섯 번째 원 모양은 앞서 04번 과정에서 만들었던 원 모양에서 판 블록 부분만 빼면 똑같아요.

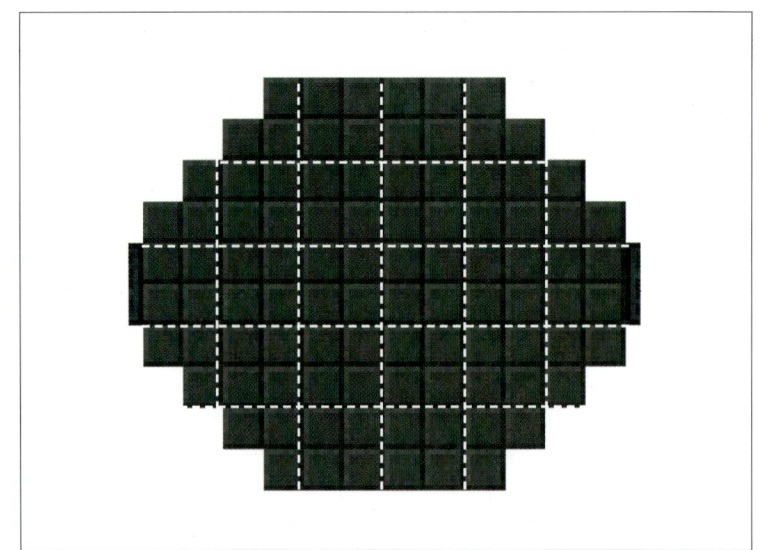

04 마지막 부분은 **딥슬레이트 타일**로 각진 원 모양을 만드세요. 그리고 윗부분에 **딥슬레이트 벽돌 판**을 설치하여 다른 원 모양보다 반 칸 높이 쌓으세요.

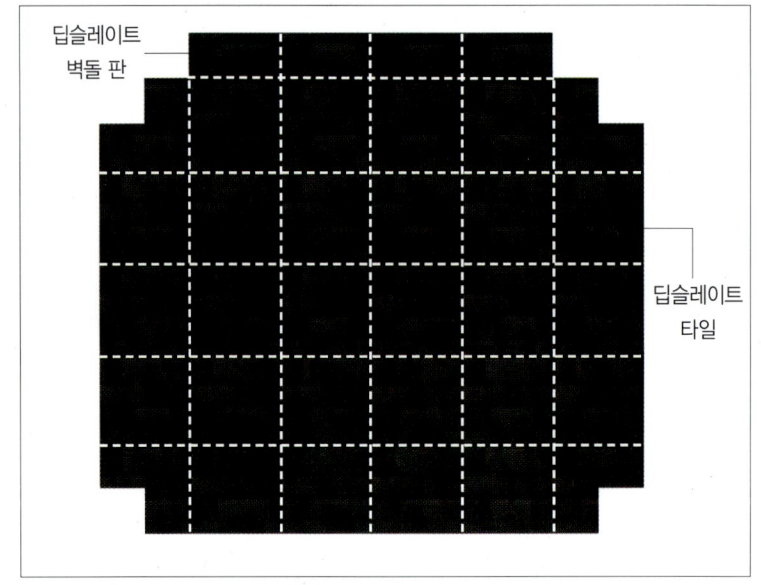

| 무작정 따라하기 02 | **증기기관차의 몸체 장식하기** |

굴뚝을 원통 위로 올리고 원통 아래 구동바퀴의 축을 연결하겠습니다. 양 옆에는 **숫돌**과 **벼락 막대**로 장식합니다.

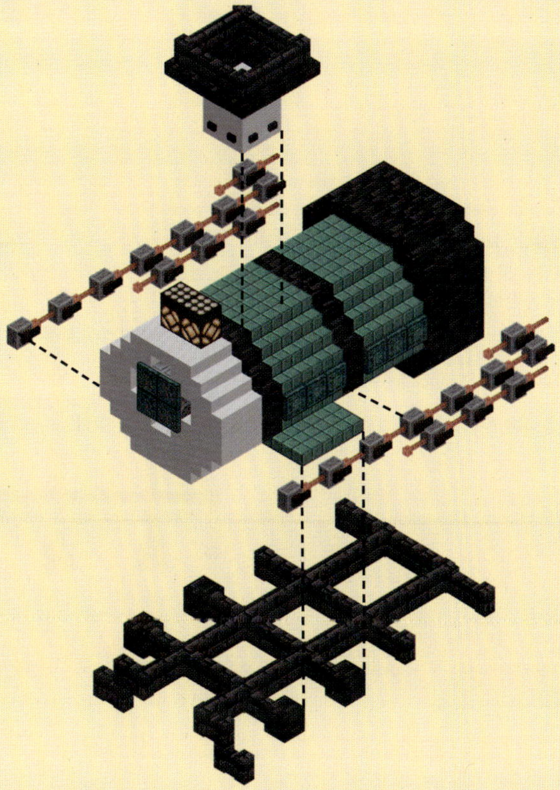

01 굴뚝은 **딥슬레이트 벽돌 판, 딥슬레이트 타일 계단**과 **딥슬레이트 타일**로 만들어 주세요. **부드러운 석영** 기둥 옆에는 **광택 블랙스톤 버튼**으로 장식했어요.

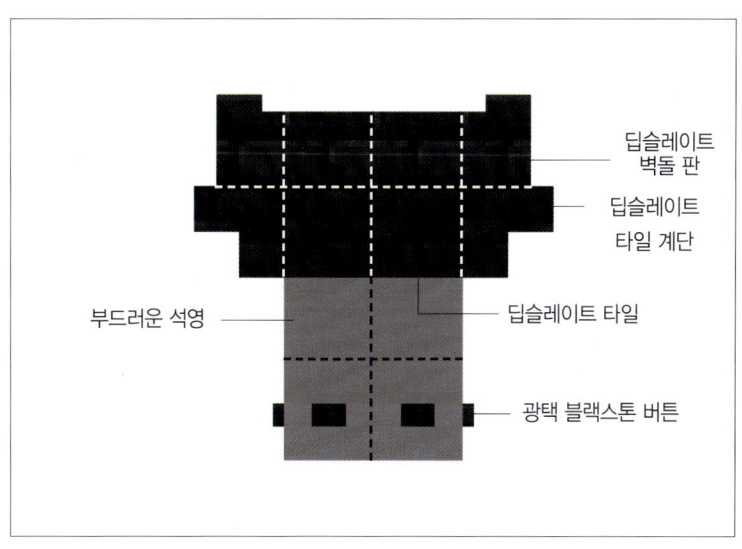

02 **숫돌**과 **벼락 막대**를 그림과 같은 방향으로 만드세요. 기관차의 왼쪽, 오른쪽 부분이 서로 같은 모양이라서 2개를 만들어야 합니다.

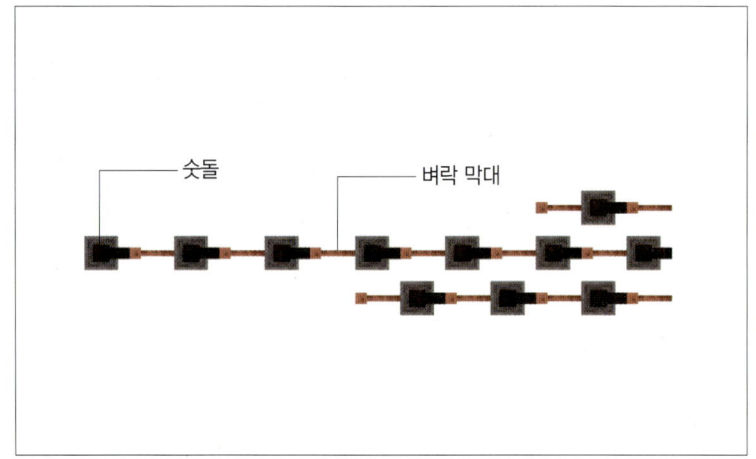

03 **딥슬레이트 벽돌 벽**과 **딥슬레이트 타일**로 구동바퀴 축을 만드세요. 구동바퀴와 연결되는 부분이니 간격에 주의하세요.

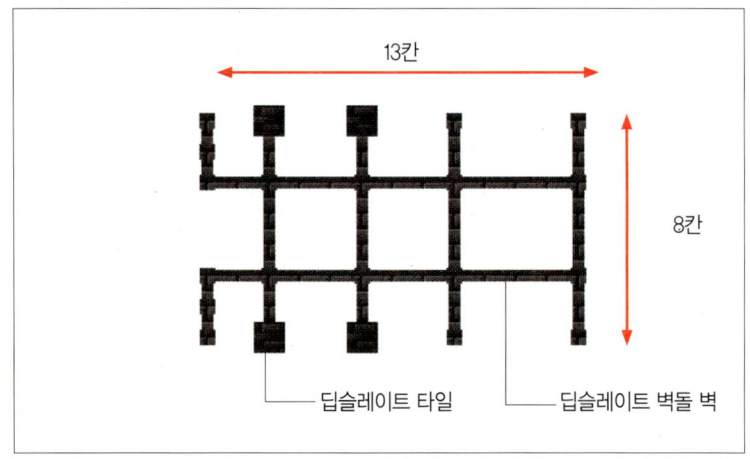

실제 증기기관차 몸체의 원통 안에는 무엇이 있나요?

증기기관차를 하나의 큰 보일러라고 생각하면 돼요. 연료를 태운 열로 물을 끓이고 발생된 증기의 압력으로 동력을 만들어요. 그래서 증기기관차는 많은 물과 동력을 전달하는 장치로 이루어져 있답니다.

| 무작정 따라하기 03 | 증기기관차의 앞부분 만들기 |

딥슬레이트 벽돌 벽과 딥슬레이트 타일 계단으로 경사를 만들어 증기기관차 몸체와 연결하겠습니다.

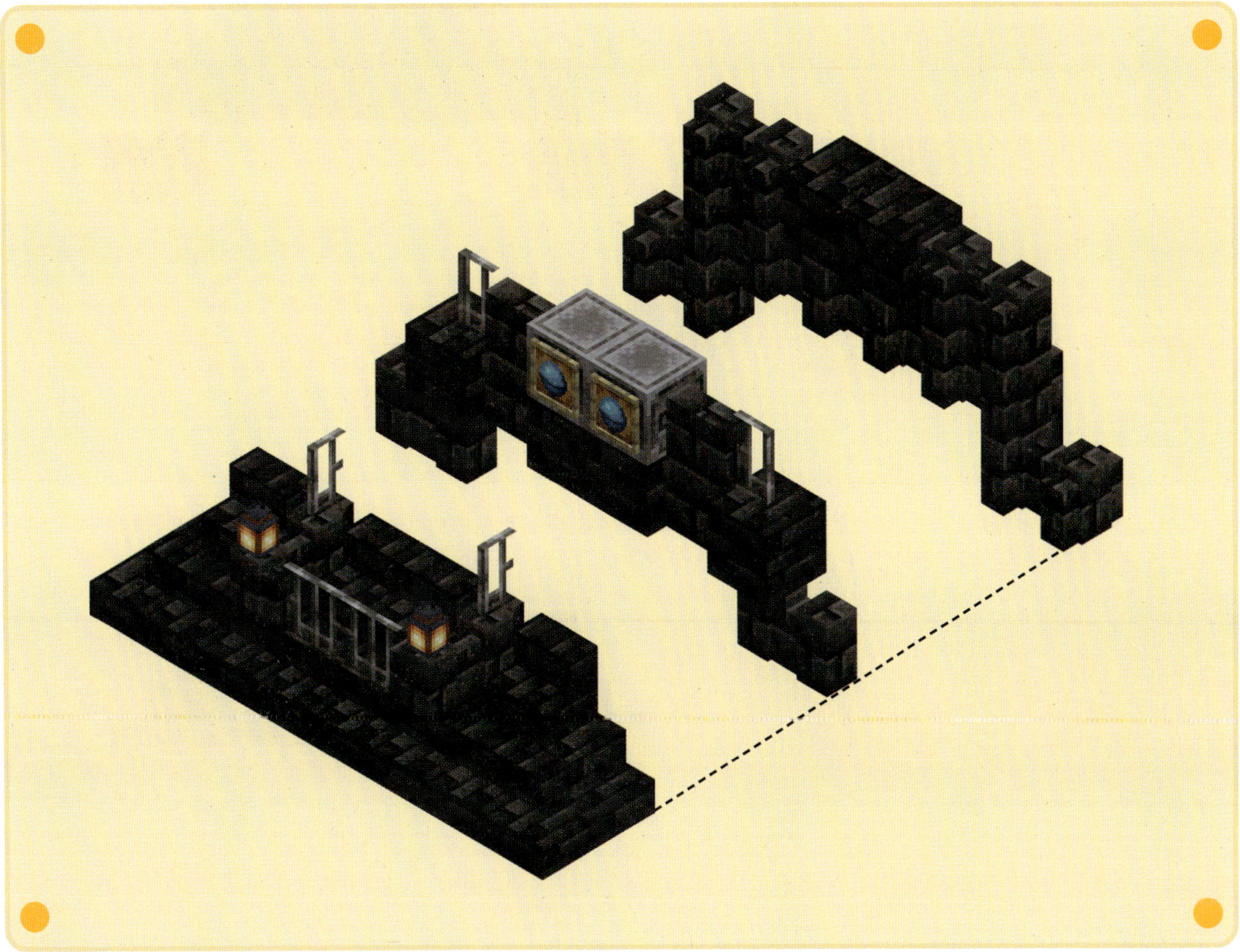

01 '무작정 따라하기 02'에서 만든 구동바퀴축과 아래쪽 **딥슬레이트 벽돌 벽**을 연결하여 건축하세요.

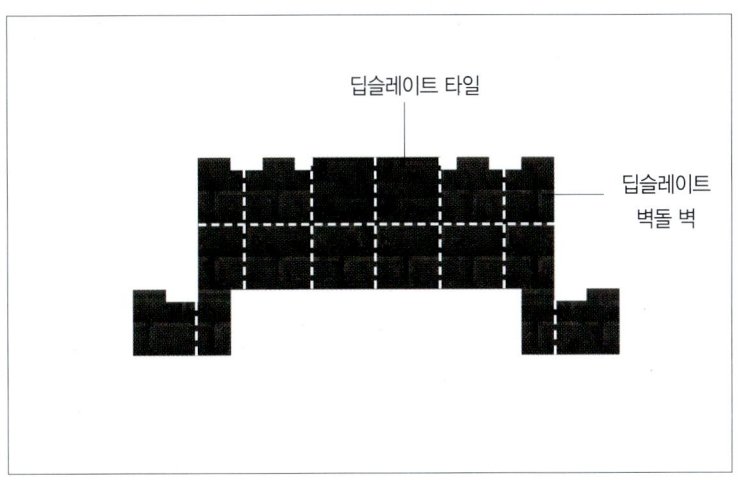

딥슬레이트 타일

딥슬레이트 벽돌 벽

02 가운데 **자석석**을 2칸 설치한 뒤 **발광 아이템 액자** 안에 **바다의 심장** 아이템을 넣어 장식하세요.

자석석, 발광 아이템 액자, 바다의 심장

03 **딥슬레이트 타일 계단**으로 경사를 만들고 **철창**과 **랜턴**으로 장식하세요.

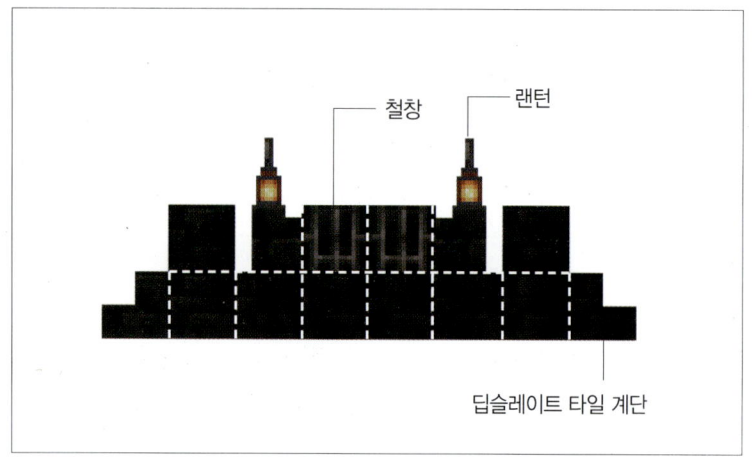

철창, 랜턴, 딥슬레이트 타일 계단

무작정 따라하기 04   운전실 만들기

기관실 아래 바퀴축부터 지붕까지 연결하여 운전실을 만들겠습니다.

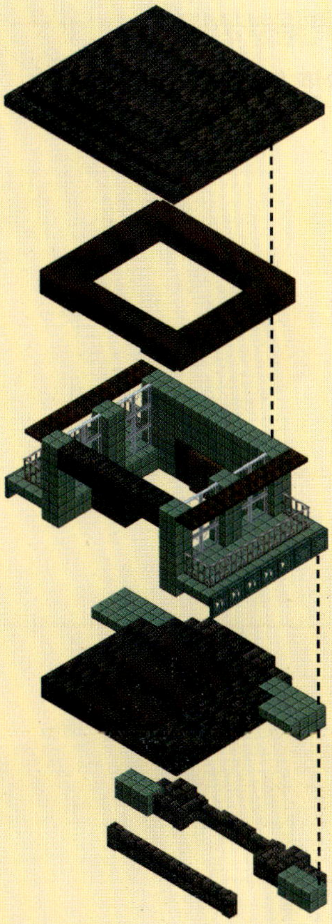

01 '무작정 따라하기 02'에서 만든 몸체의 구동바퀴 축보다 1칸 높게 운전실 바닥을 만듭니다. 여기서는 **딥슬레이트 타일**과 **짙은 참나무 판자**, **왁스 산화 절단된 구리**로 건축하세요.

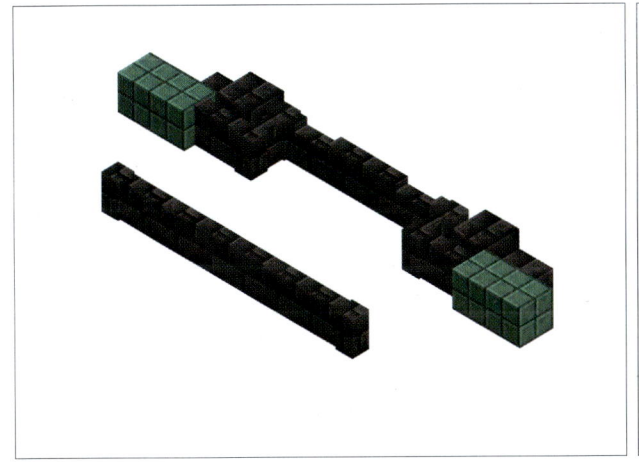 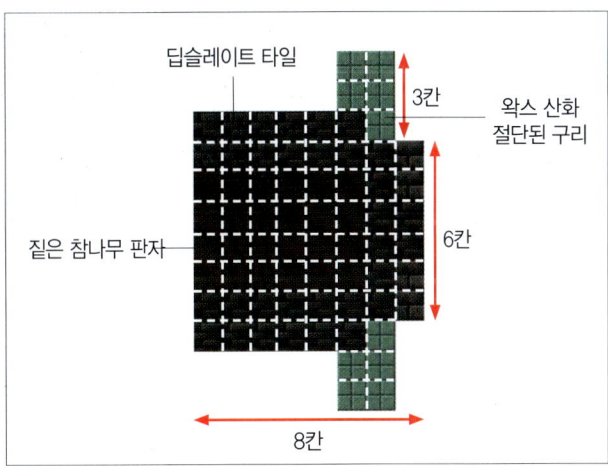

DAY11 증기기관차

02 운전실 뒷부분에 계단은 **딥슬레이트 벽돌 판**으로, 계단 지지대는 **딥슬레이트 타일**로 건축하세요.

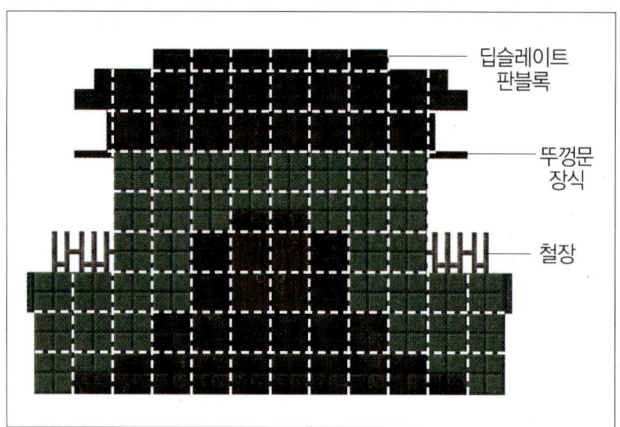
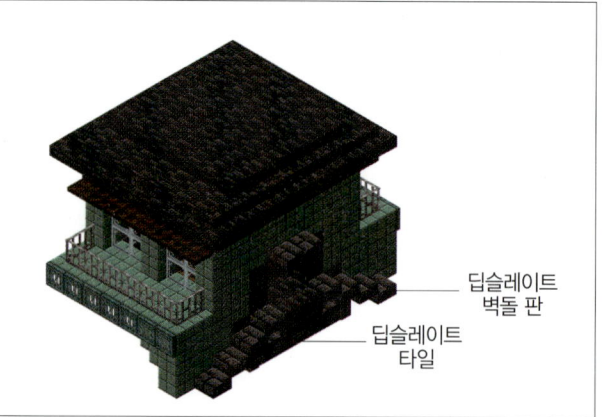

03 내부는 **발연물, 화로, 숫돌, 거미줄, 사슬** 등을 이용하여 꾸미세요.

무작정 따라하기 05 | 구동바퀴와 덮개 만들기

아래 그림과 같이 구동바퀴와 덮개를 만들어 기관차 옆으로 연결하겠습니다.

01 '무작정 따라하기 01'에서 만든 몸체의 **왁스 절단된 산화 구리 판**에 이어서 건축하세요. **왁스 절단된 산화 구리 판**과 **계단**을 연결하고, **숫돌**을 아래에 연결하세요. **뒤틀린 버튼**으로 덮개 옆을 장식하세요.

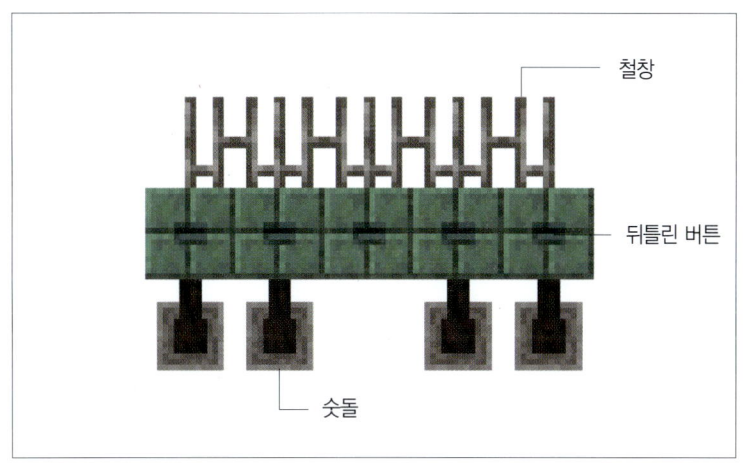

02 구동바퀴를 그림과 같이 만들고 '무작정 따라하기 02'에서 만든 몸체 아래 구동바퀴축과 연결하세요.

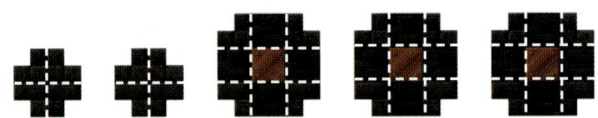

03 거미줄을 활용하여 굴뚝으로 나오는 연기를 표현해 보세요.

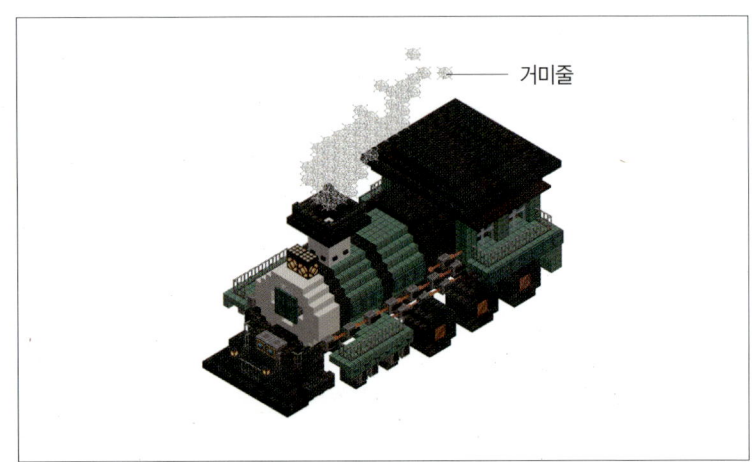

거미줄

궁금해요

실제 증기기관차의 속도는 얼마나 빨랐나요?

증기기관차를 활발하게 이용했던 19세기 후반에는 130km/h(1시간에 서울에서 대전까지 갈 수 있는 정도의 속도) 넘게 속도를 낼 수 있었다고 해요. 당시 운송 수단으로는 굉장히 빠른 속도였어요. 다만 엔진이 너무 무겁고 효율이 좋지 않아 많은 연료를 가지고 다녀야 했어요. 따라서 속도를 빠르게 줄이거나 내는 것이 어려웠고 연료를 빨리 소모해서 자주 연료를 공급해야 했답니다.

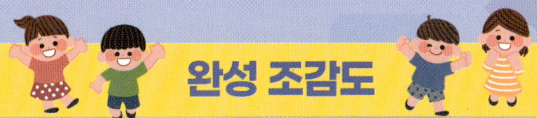

완성 조감도

앞과 뒤에서 본 증기기관차

위와 아래에서 본 증기기관차

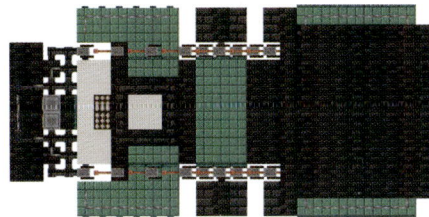
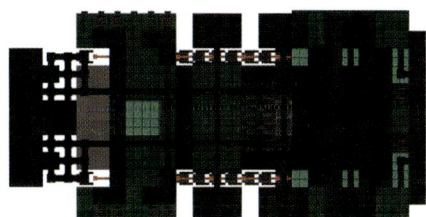

옆에서 본 증기기관차

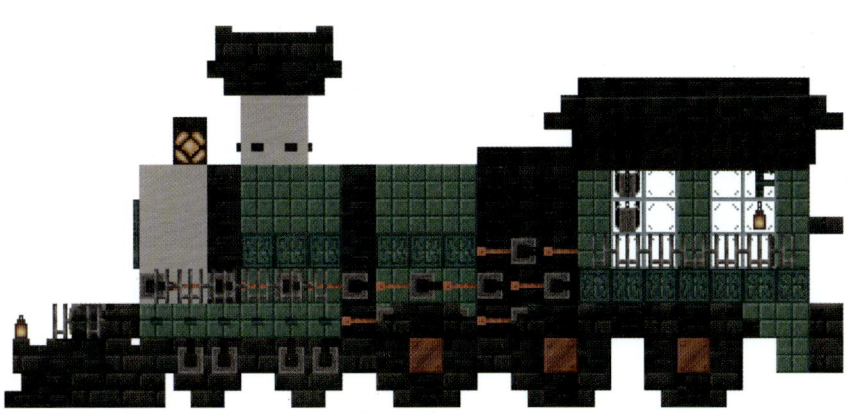

DAY 12

지역 환경에 따라 다양한
건물 지붕

평소와는 다른 옷차림이나 헤어스타일로 개성을 뽐내 본 적이 있나요? 사람마다 모습은 달라도 남들과는 다르게 보이기 위해 우리는 자신을 꾸미곤 해요. 그렇다면 건물은 어떨까요. 많은 건물들이 효율적으로 사용하기 위해 육면체 형태로 만들어져요. 하지만 이런 건물들은 남들과는 다른 개성을 뽐내기에는 어딘가 부족하게 느껴져요. 그렇다면 어떻게 하면 돋보이는 건물을 만들 수 있을까요? 그 해답은 바로 지붕에 있어요. 이번엔 지붕을 꾸며보는 방법을 배워볼 거예요. 오늘 배운 방법을 다양하게 변형해서 나만의 개성 있는 건물을 만들어 보세요.

난이도 ★★★★ **소요 시간** 100분

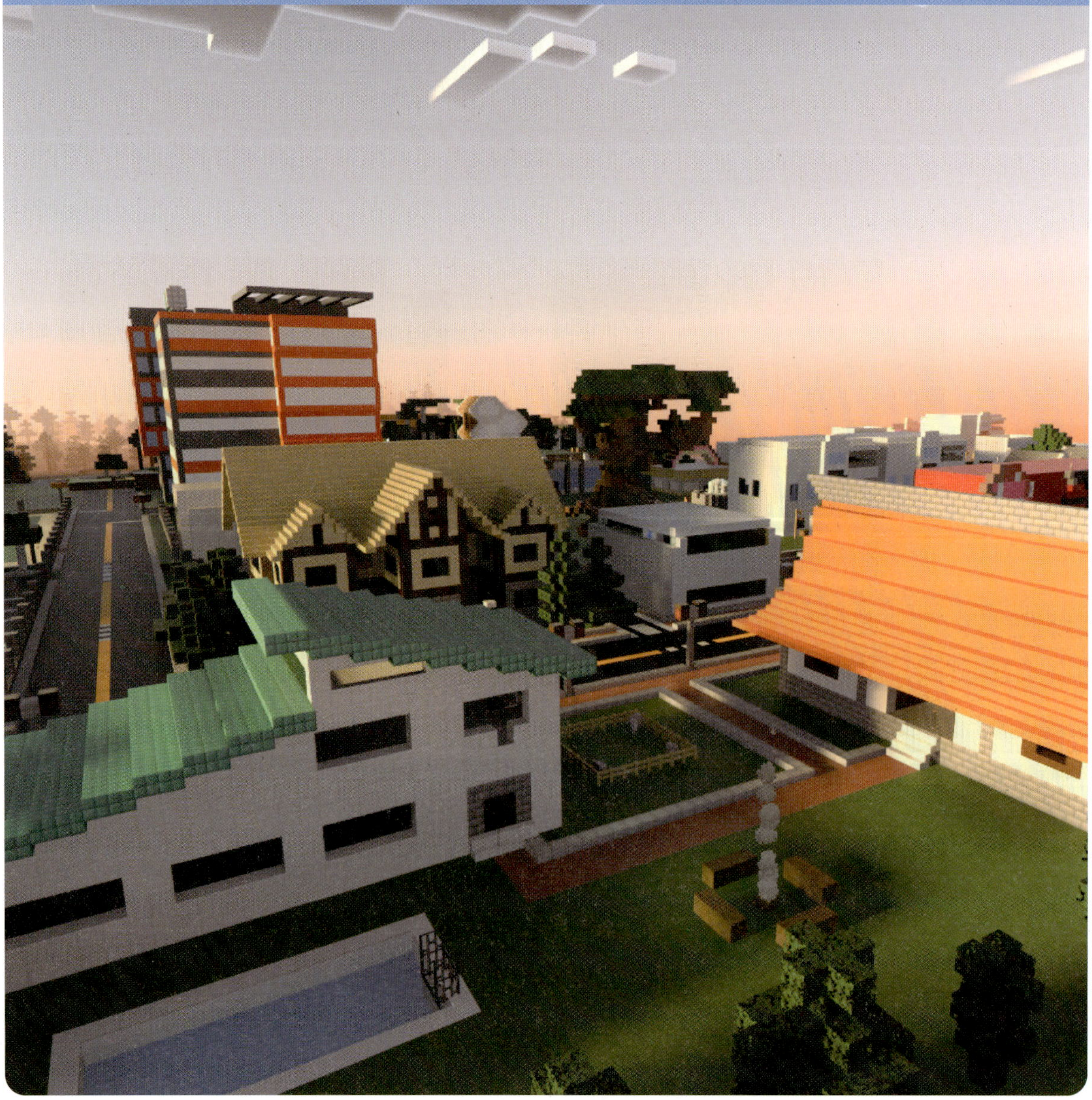

건축 방법 미리보기

지붕만 바꿔도 건축물의 차이를 느껴볼 수 있습니다. 이를 위해 아래 그림처럼 건물의 뼈대는 가로 30칸, 세로 11칸, 높이 6칸으로 정해 두고 이 뼈대 위에 지붕을 만들겠습니다. 세로가 11칸인 이유는 삼각형 모양의 지붕을 만들 때 가장 높은 부분을 표현하기 쉽기 때문이에요. 만약 이 건물보다 더 크거나 작게 만드는 경우엔 같은 비율로 지붕의 크기를 늘이거나 줄여야 할 거예요. 오늘 만들 건물의 내부는 원하는 대로 꾸며보도록 해요. 3가지 건물을 만들어 볼 예정이므로 아래와 같이 지붕 재료를 각각 준비하세요.

▲ 기본 뼈대

▲ 동남아시아 지역의 지붕

▲ 유럽풍 지붕

▲ 현대식 지붕

건축에 사용할 블록

석재 벽돌	석재 벽돌 계단	석영 벽돌	짙은 참나무 판	짙은 참나무 판자	다듬은 붉은 사암 판	붉은 사암 계단	붉은 모래

◀ 동남아시아 지역의 지붕 재료

석영 블록	석영 판	절단된 구리 판	판유리	석재 벽돌

◀ 현대식 지붕 재료

석재 벽돌	짙은 참나무 판자	사암	자작나무 판	자작나무 계단	유리

◀ 유럽풍 지붕 재료

| 무작정 따라하기 01 | **동남아시아 지역의 지붕 만들기** |

가장 먼저 만들어 볼 지붕은 동남아시아 지역에서 볼 수 있는 지붕이에요. 이 지역은 지붕을 위로 길쭉하게 만들고 식물의 줄기를 이용하여 만든다는 특징이 있어요. 그래서 지붕은 갈색이나 황토색 계열의 블록을 이용할 거예요. 이 책에서는 **붉은 사암 계단**, **다듬은 붉은 사암 판**을 사용했어요. 벽은 나무와 흙을 이용하므로 각각 원하는 색의 블록을 찾아보세요. 만약 나만의 개성있는 집을 원한다면 다른 색을 선택해도 좋아요.

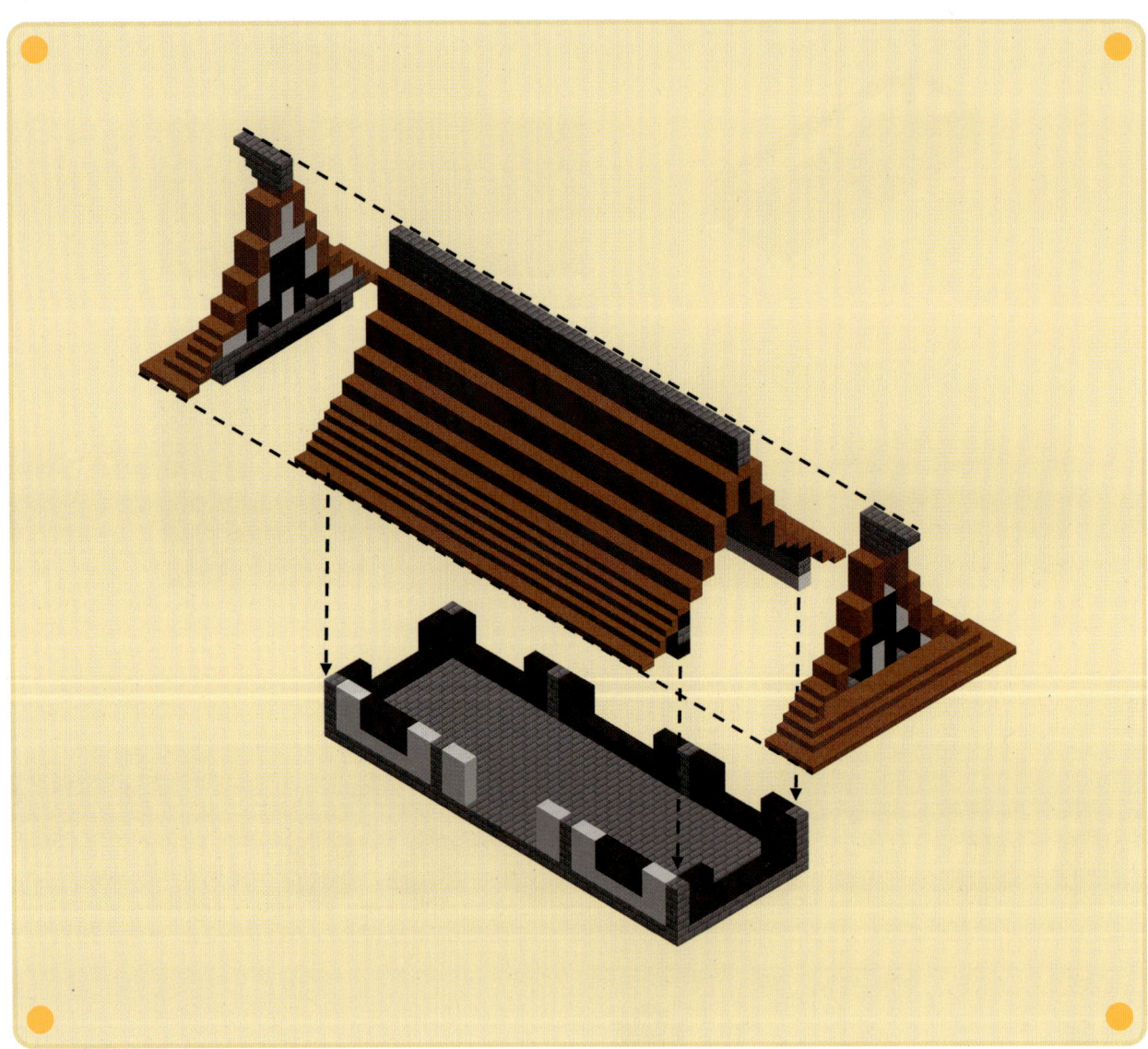

01 가장 먼저 만들 부분은 처마예요. 처마의 가장 아랫부분을 전부 반 블록으로 꾸미고, 그 윗단은 계단 블록을 이용하여 처음에는 완만한 경사로 시작하다가 지붕이 높아질수록 점차 경사가 급해지게 만들 거예요. 이때 가장 아래의 반 블록 처마의 높이는 6칸이 아니라 5칸으로 만들고, 반 블록 처마를 만든 다음에 계단 블록을 6칸 높이로 설치하면 처마와 건물 높이가 같아진다는 점에 주의하여 만드세요.

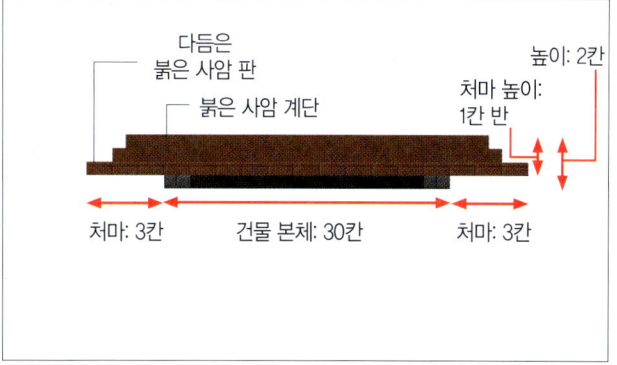

02 지붕의 양 옆을 만들겠습니다. 급격한 경사를 가진 높은 지붕이기 때문에 처음에는 반 블록 정도의 경사로 만들고, 점차 한 칸, 두 칸, 두 칸 반으로 경사가 높아집니다. 회색 부분은 **석영 블록**, 갈색 부분은 **짙은 참나무 판자** 블록을 사용했어요.

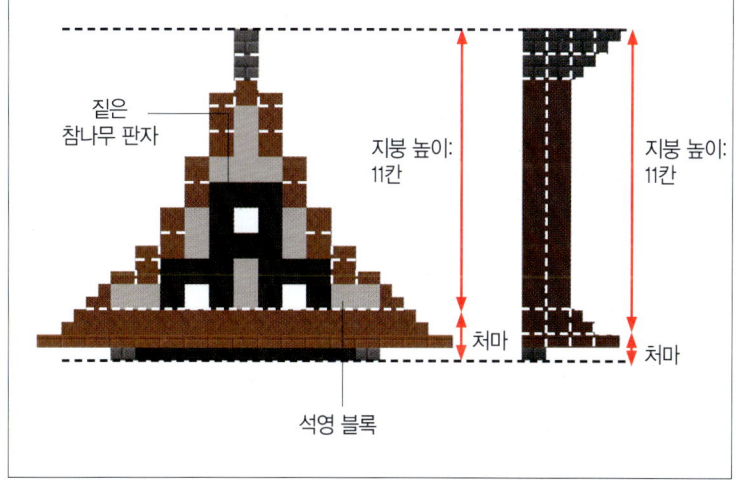

> **TIP**
> 그림에 '처마'라고 표시된 부분은 01번 과정에서 만들었던 것이므로 처마 위부터 건축하면 돼요. 만약 지붕 옆이 젖는 것을 원하지 않는다면 사암 블록을 하나씩 덧붙여 튀어나오게 하여 입체감 있는 지붕 옆면을 만들 수 있어요.

03 지붕의 양옆을 완성했으면 그 사이를 이어볼 거예요. 이 부분은 지붕 양옆을 같은 블록으로 잇습니다.

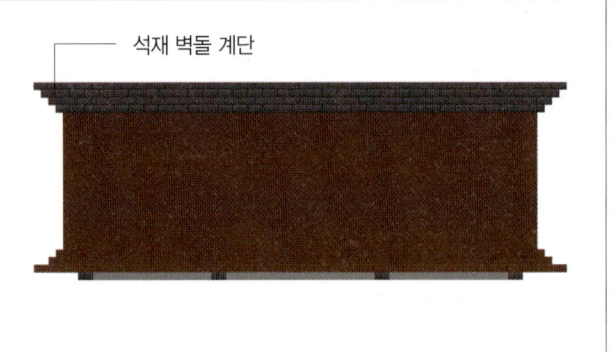

04 건물 벽을 쌓고 내부를 꾸며주면 완성입니다.

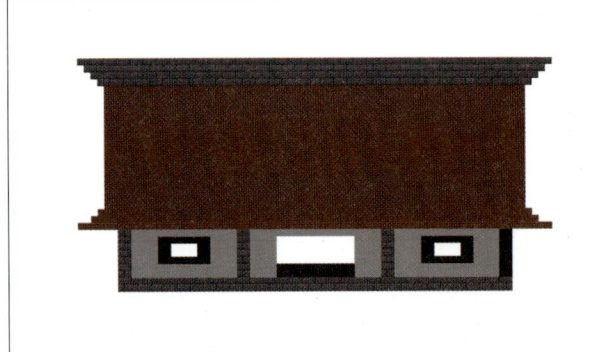

궁금해요

동남아시아 지역은 왜 이렇게 높은 지붕을 사용하나요?

동남아시아에는 비가 많이 오기 때문에 비를 건물에서 빠르게 흘려 보낼 수 있도록 경사가 있는 지붕을 가지고 있어요. 또한 지붕이 높기 때문에 표면적이 넓어져 젖은 지붕이 쉽게 마를 수 있어요. 그리고 따뜻한 공기는 위로 올라가고 차가운 공기는 아래로 내려오는 성질 때문에, 집 안이 더워지면 지붕쪽은 더워지지만 사람이 생활하는 아래쪽은 지붕에서 내려온 차가운 공기 때문에 좀 더 쾌적한 생활을 할 수 있어요.

| 무작정 따라하기 02 | **현대식 지붕 만들기** |

이번에는 다락이 있는 집의 지붕을 만들어 보겠습니다. '무작정 따라하기 01'에서 만든 지붕에 비해 현대식 지붕은 각도가 완만하고 한쪽은 3층 다락이 있기 때문에 지붕이 두개로 나뉘어 있어요. 이런 지붕을 만들 때는 반 블록을 잘 사용해야 예쁜 모양의 지붕을 만들 수 있어요.

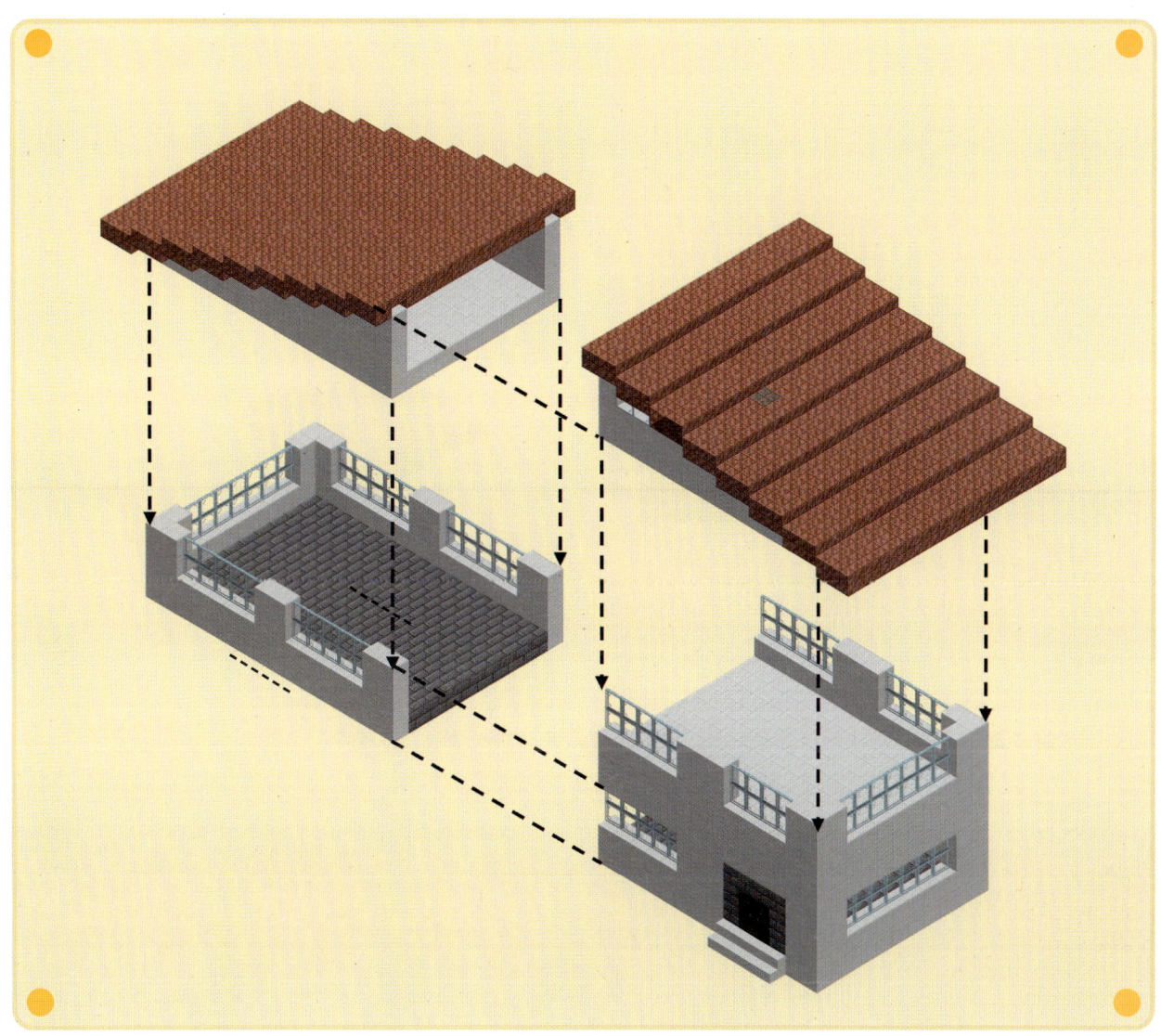

01 이번에는 1층과 3층 다락 위에 지붕을 만들어 봅시다. 1층 지붕이 끝나는 곳에서 2층 다락을 만들고 그 위에 지붕을 만들 것이기 때문에 1층 지붕을 어디서 끝내느냐에 따라 2층과 3층 다락의 크기를 조절할 수 있어요.

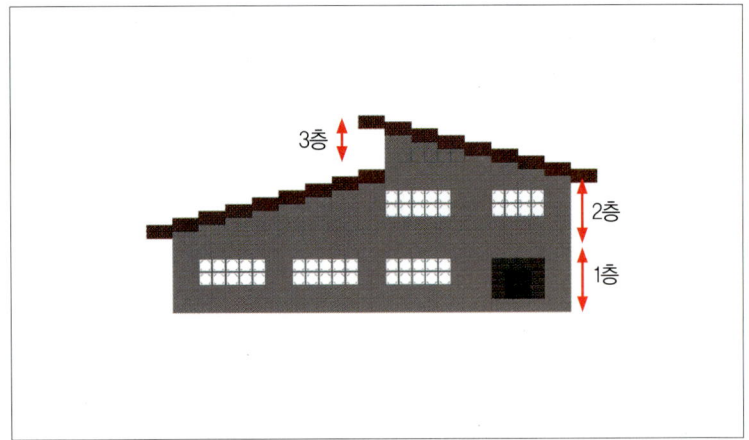

02 먼저 만들어 볼 지붕은 위 그림의 왼쪽에 있는 1층 지붕이에요. 여기서는 **절단된 구리 판**과 **석영 판**을 이용했어요.

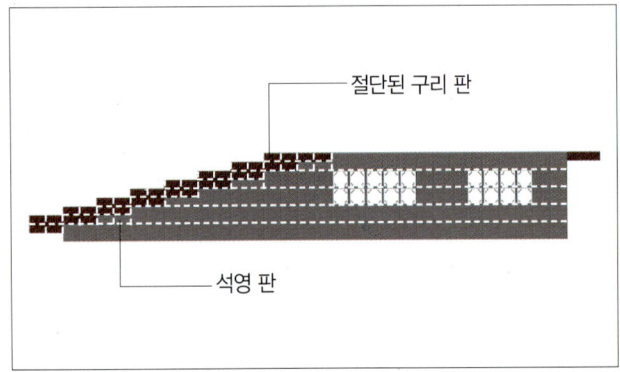

궁금해요 **왜 구리 블록을 1개가 아니라 블록 반 개를 두 겹으로 겹쳐서 쌓는 건가요?**
마인크래프트에서는 같은 종류의 반 블록은 위로 쌓아도 아무런 문제가 없지만, 다른 종류의 반 블록은 바로 위에 쌓이는 것이 아니라 반 블록 만큼 공간이 생기는 경우가 있어요. 아래 그림에서도 석영 판 위에 절단된 구리 판이 쌓이지 않고 빈칸이 생기는 것을 볼 수 있어요. 그렇기 때문에 저 공간을 비워두고 빈 공간 위에 절단된 구리 판을 쌓아 겉에서 볼 때는 구리 블록으로 쌓인 것처럼 만드는 거예요.

03 1층 지붕이 완성되었다면 2층도 만들어 봅시다. 1층 지붕을 만들 때처럼 **석영 판**이 보이지 않게 **절단된 구리 판**을 두 겹으로 쌓아 만드세요.

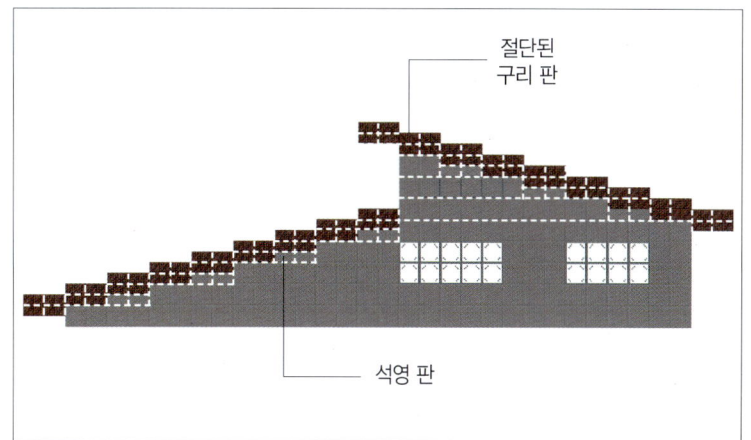

04 다음으로 1층 지붕과 3층 지붕 사이에 있는 벽에 **판유리**를 넣어 창문을 만들어 꾸미면 좀 더 탁 트인 느낌의 모습이 될 거예요.

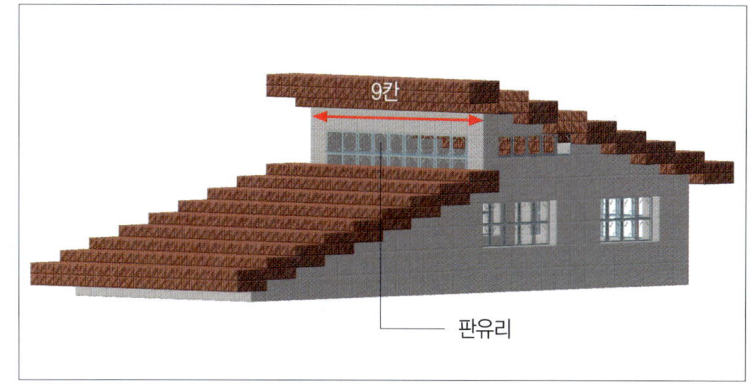

05 마지막으로 집 전체와 내부를 꾸며주면 완성입니다.

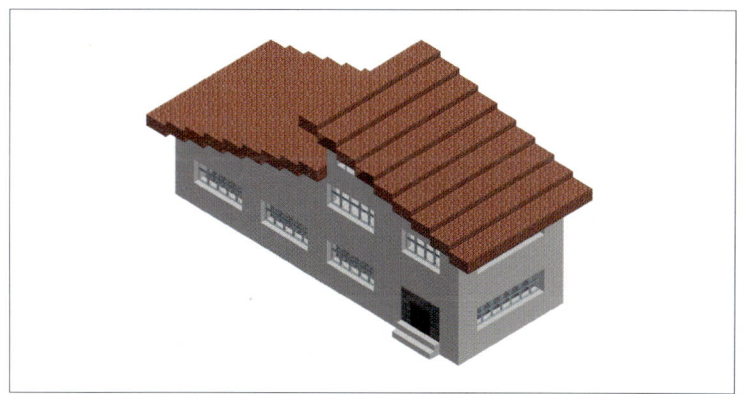

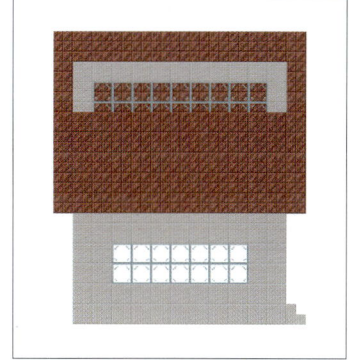

| 무작정 따라하기 03 | **유럽풍 집의 지붕 만들기** |

이제 마지막 지붕인 유럽풍 지붕을 만들어 볼 거예요. 유럽은 1층 집 보다는 2층 이상의 집이 많고 특유의 삼각형 지붕이 돋보여요. 특히 나무와 돌을 이용하여 벽을 만들고 지붕은 나무 또는 돌로 되어 있어요. 유럽풍 집을 좀 더 잘 구현하기 위해 이번엔 가로 30칸, 세로 11칸, 높이 6칸에서 살짝 벗어나 높이는 12칸으로, 그리고 집 앞쪽은 튀어 나오도록 3곳을 추가했어요. 지금부터 설명을 잘 보며 집을 만들어 봅시다.

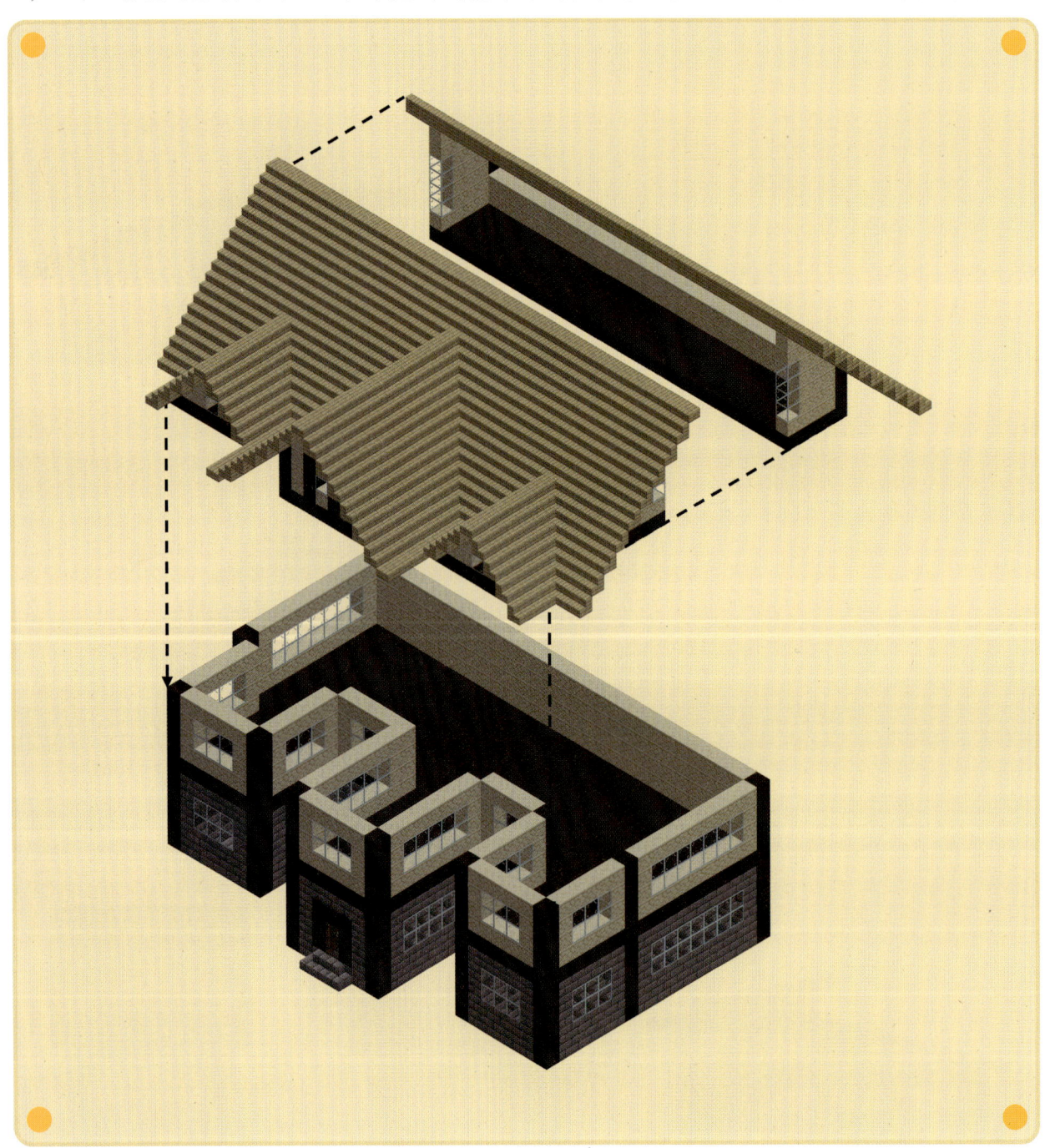

01 가장 먼저 바닥을 만들겠습니다. 바닥은 **석재 벽돌**과 **짙은 참나무 판자**로 만듭니다. 앞서 만든 두 건물과는 다르게 유럽풍 집은 돌출부가 있기 때문에 바닥 모양을 먼저 만들고 그 위에 지붕을 만들 거예요. 자세한 칸 수는 그림을 참고하세요.

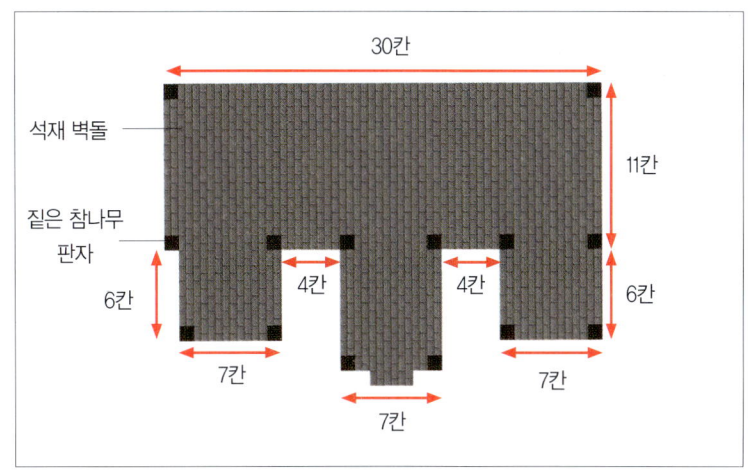

02 다음으로 바닥 표면을 따라 건물을 쌓으세요. 여기서는 1층과 2층 색을 다르게 하여 꾸며 보았어요. 여러분이 원하는 색으로 건물을 만들어 볼 수도 있어요. 여기서는 **사암**과 **유리**, **짙은 참나무 판자**를 이용했어요.

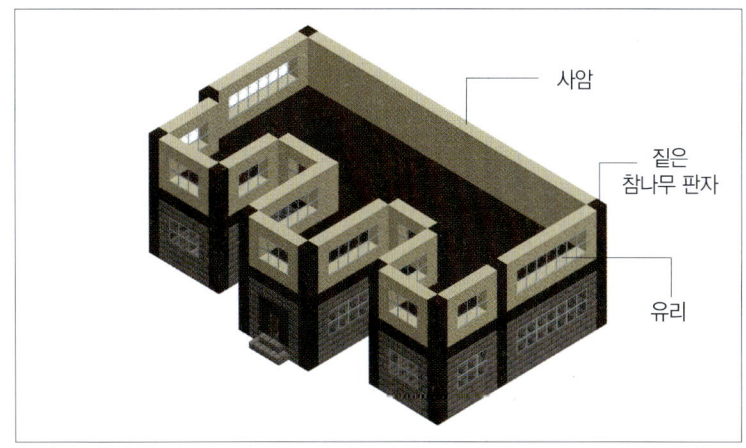

03 이제부터 지붕을 만들어 볼 거예요. 그림에서 벽을 포함한 모든 부분을 **짙은 참나무 판자**로 깔아요. 그 후에 건물 뒤쪽은 빈 공간을 3칸 남기고 **자작나무 계단**을 설치해요. 건물 앞쪽에는 건물 가운데는 반 블록을 설치하고, 건물 왼쪽과 오른편은 계단 블록을 이용하여 설치해요.

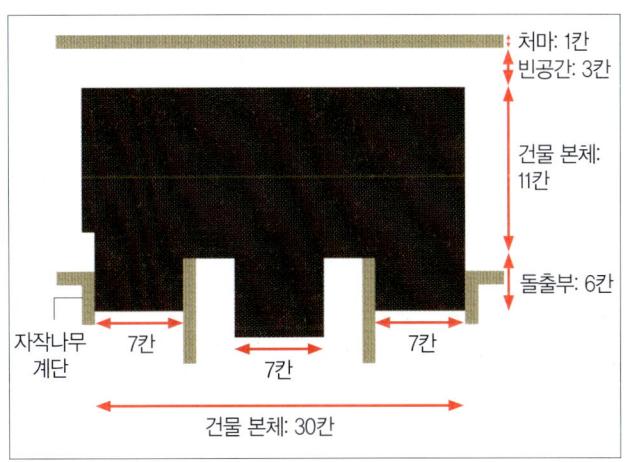
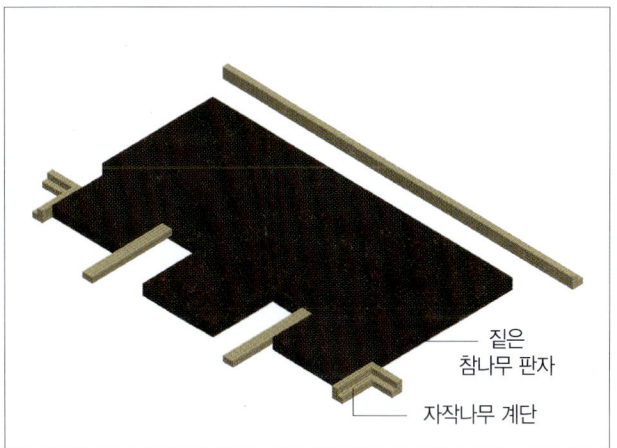

04 그 다음 칸을 쌓을 때는 나무 바닥 테두리를 따라 3층 벽을 쌓을 거예요. 한편 **자작나무 계단**으로 삼각형 경사를 만든다고 생각하며 지붕을 쌓아요. 아래 붉은색으로 표시한 부분은 위에서 쌓은 반 블록 옆으로 계단 블록을 쌓아 ㄷ 형태의 계단 블록을 쌓을 거예요. 잘 모르겠다면 그림을 참고하며 설치하세요.

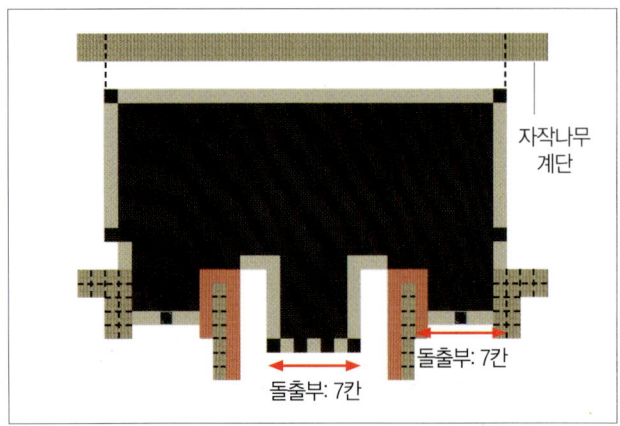 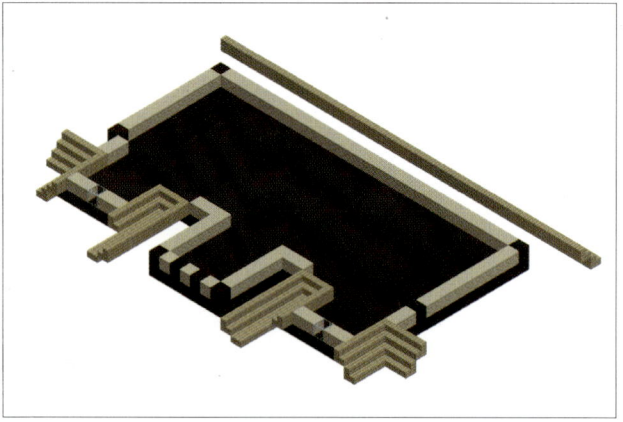

05 계단을 쌓는다는 생각으로 계단 블록을 이어서 쌓으세요. 위 그림까지 정확하게 했다면 자연스럽게 지붕 모양으로 쌓여가게 되어 있어요. 그래도 잘 모르겠다면 아래의 그림과 비교하며 지붕을 만들어 보세요.

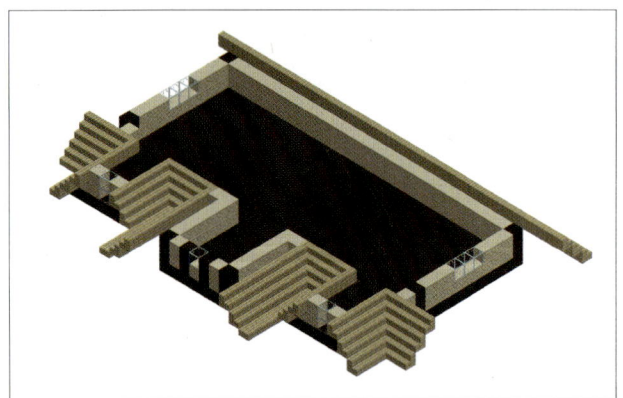 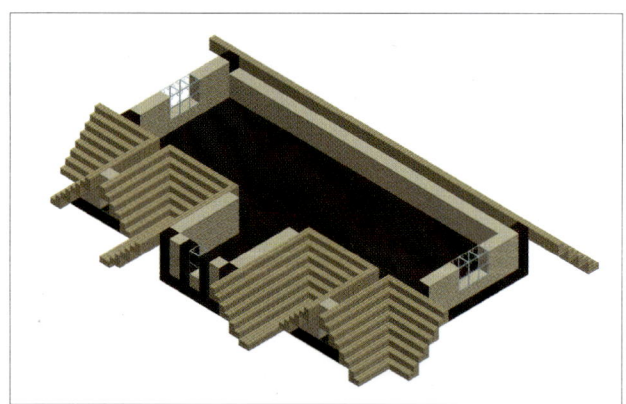

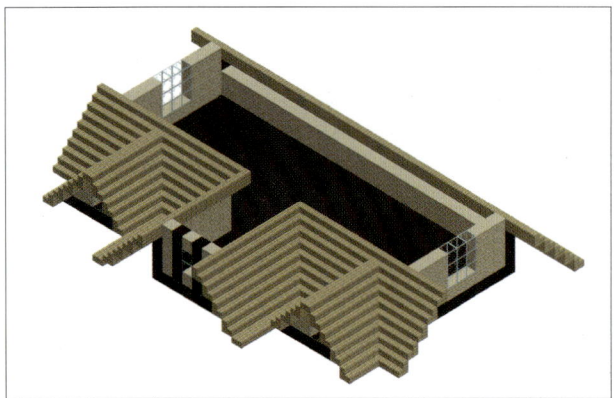 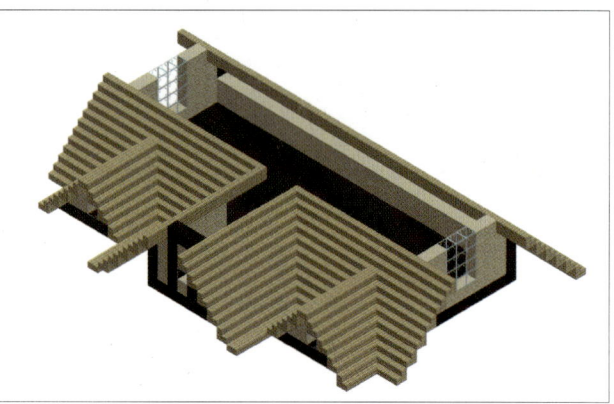

06 여기까지 했다면 가장 어려운 부분은 모두 지나갔어요. 계단 블록을 마저 이어 지붕을 완성해 보세요. 그 다음 건물 내부와 주변을 꾸며 건물을 완성해요.

 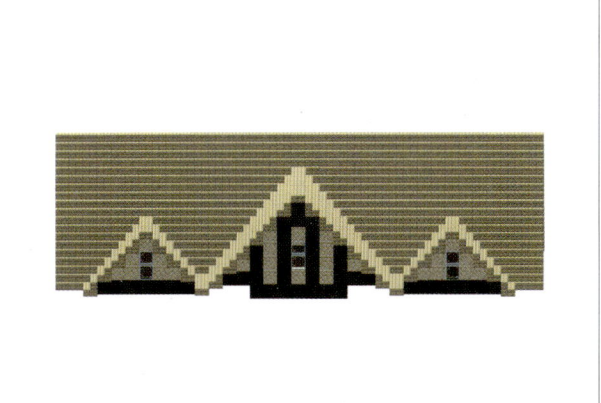

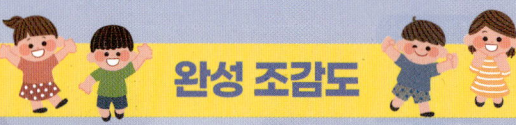

동남아시아 지역의 지붕

현대식 지붕

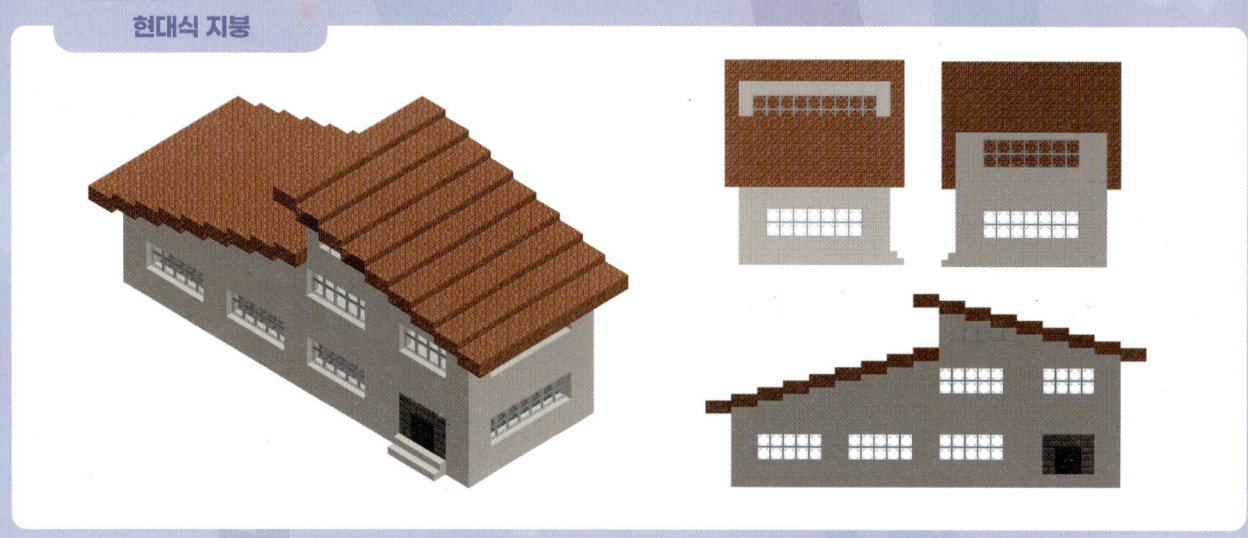

유럽풍 지붕

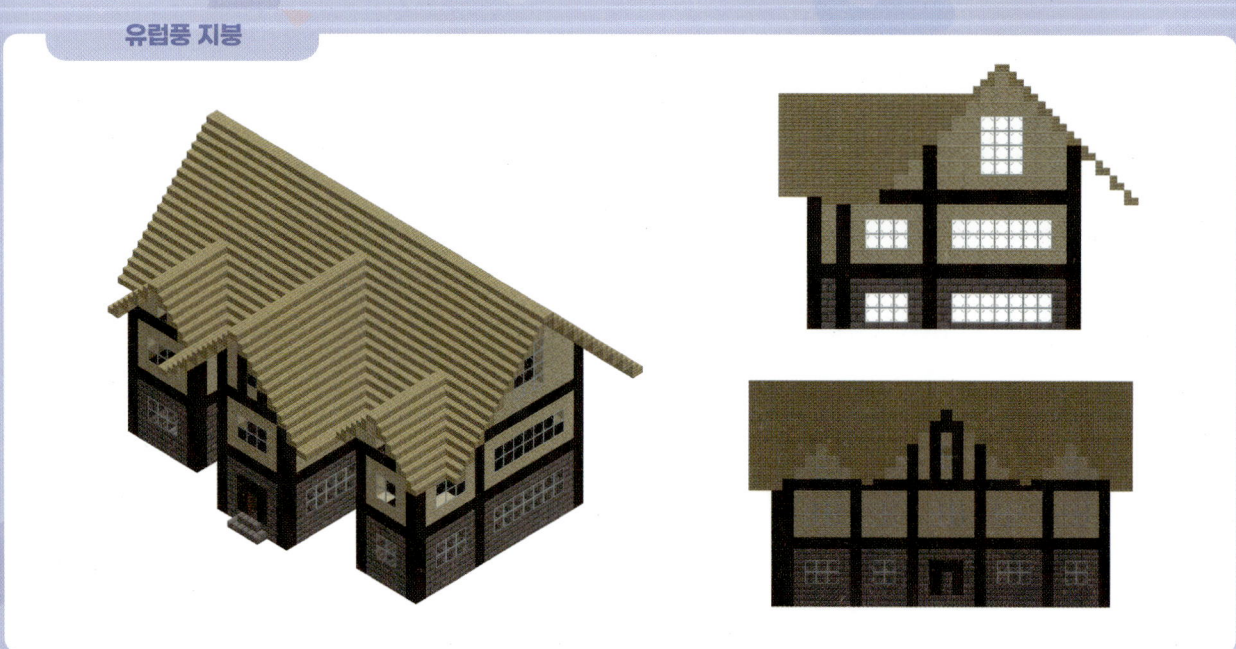

DAY 13

온라인에서 둘러보는
메타버스 과학관

코로나19로 인해 우리가 사는 세상이 많이 달라졌어요. 특히, 직접 가서 보고, 듣고, 느끼는 체험활동이 줄어들고, 온라인에서 선생님과 친구들을 만나는 시간이 늘었어요. 그러다 보니 사람들은 새로운 공간을 찾아 활동하기 시작했는데, 그곳이 바로 온라인입니다. 그러면 온라인에서 과학 전시를 관람할 수 있는 메타버스 과학관은 어떤 모습일까요?

난이도 ★★★★ 소요 시간 120분

🔍 건축 방법 미리보기

온라인 메타버스 과학관은 총 4단계에 걸쳐서 만듭니다. 1단계는 입구를 만들고, 2단계는 중앙 돔 건물을 만듭니다. 3단계에서는 양옆에 있는 보조 건물을 세우고, 4단계는 내부를 꾸밉니다. 단계별로 순서를 잘 지켜서 만들어 보세요.

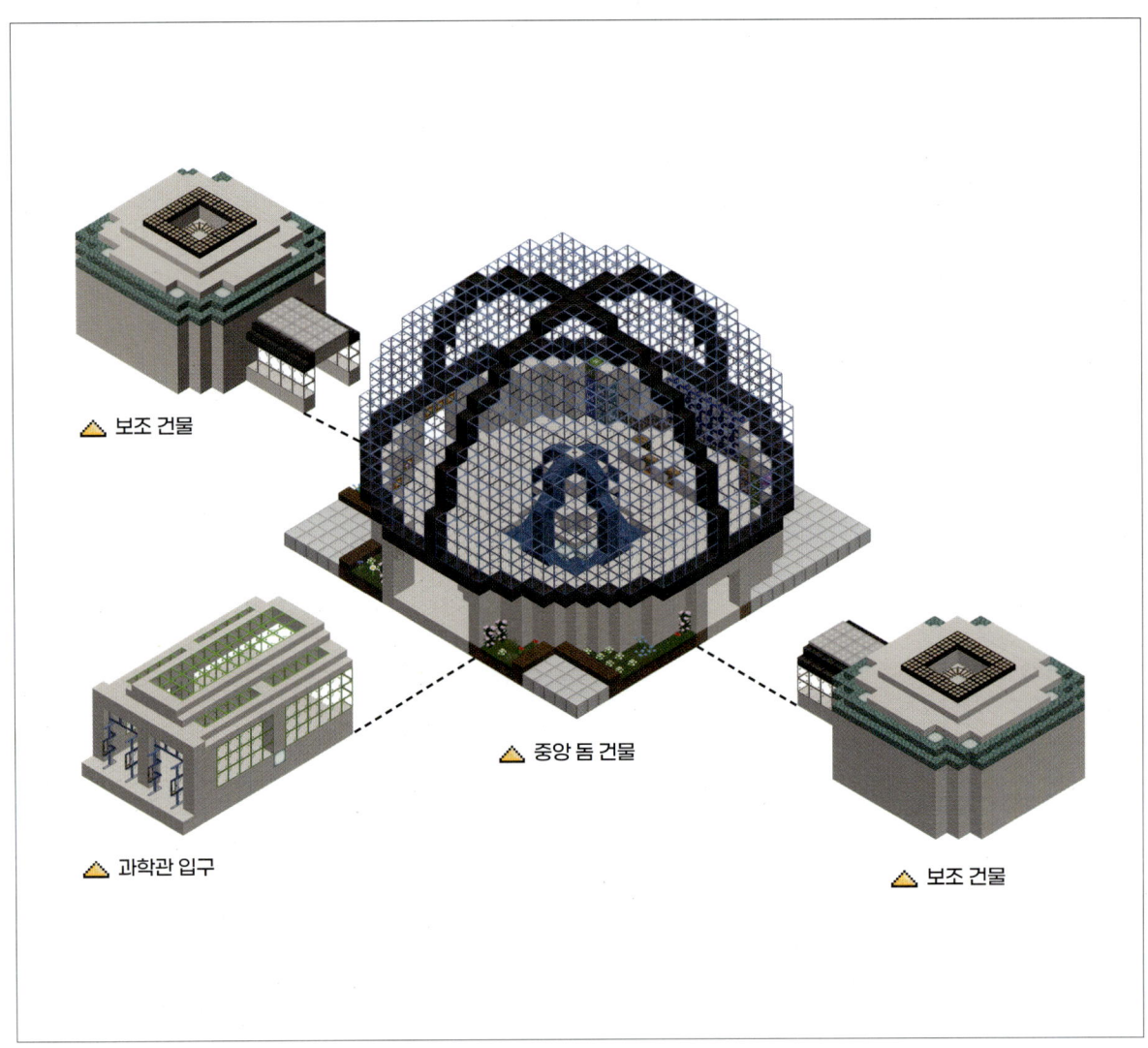

▲ 보조 건물
▲ 중앙 돔 건물
▲ 과학관 입구
▲ 보조 건물

🕹 건축에 사용할 블록

석영 블록	석영 계단	철 블록	바다 랜턴	네테라이트 블록	밝은 파란색 스테인드글라스 판유리	흰색 스테인드글라스	밝은 파란색 스테인드글라스	연두색 스테인드글라스

엔더 막대	프리즈머린 계단	딥슬레이트 벽돌 계단	철창	일광 센서	철제 바닥 문

| 무작정 따라하기 01 | **입구 만들기** |

입구는 크게 4부분으로 나눠서 만들 수 있습니다. 만드는 순서를 잘 따라하세요. 땅을 한 칸 판 후에 그 자리에 **석영 블록**을 채워서 바닥을 만들어 보겠습니다. 창문 색깔은 연두색으로 제시되어 있지만, 좋아하는 색깔이 있다면 원하는 색깔로 해도 좋습니다.

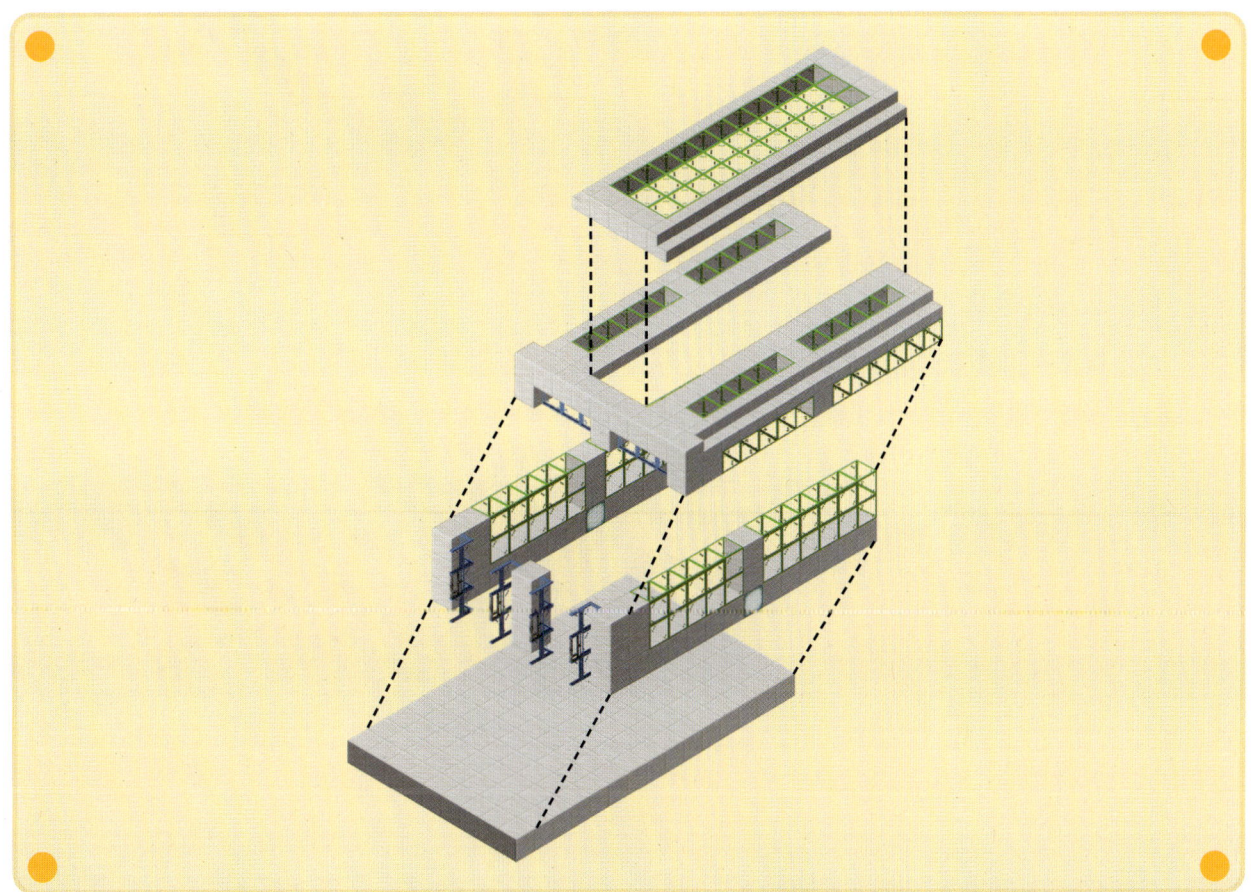

01 입구를 만들겠습니다. **석영 블록**으로 가로 9칸, 세로 15칸의 직사각형 모양을 만드세요.

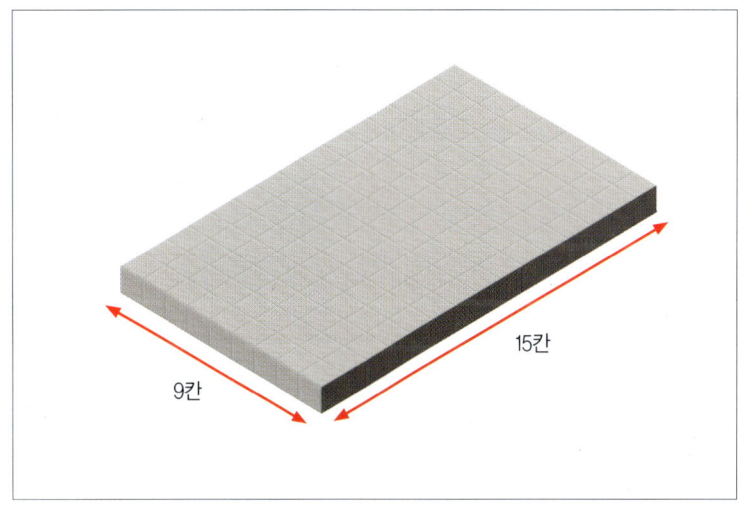

02 기둥을 만들겠습니다. **석영 블록**을 1칸 쌓고, 그 후에 **연두색 스테인드글라스**를 2칸씩 쌓으세요. **바다 랜턴**을 이용해서 바닥에 조명 장치도 설치해 보세요. **밝은 파란색 스테인드글라스 판유리**를 이용해서 문 모양도 만드세요.

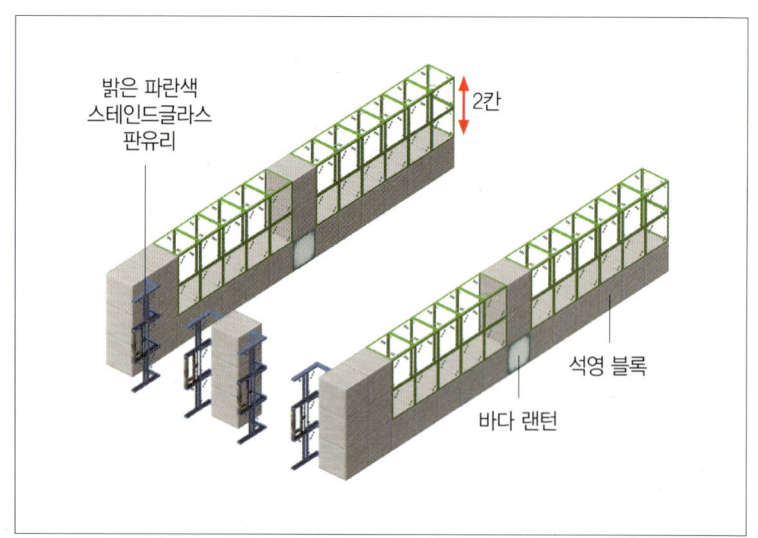

03 **연두색 스테인드글라스** 윗부분에는 **석영 블록**과 **석영 계단**을 놓으세요. 안쪽 부분은 **석영 계단**을 거꾸로 해서 꾸며보세요.

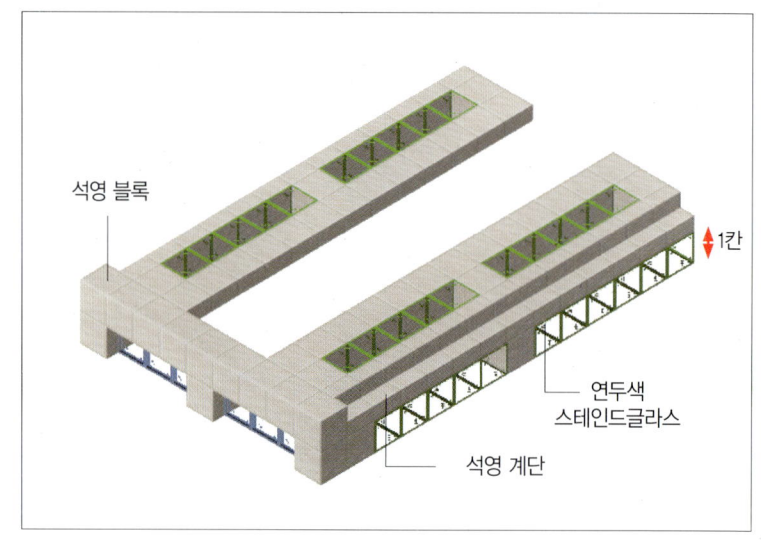

04 **석영 계단**, **석영 블록**, **연두색 스테인드글라스**를 이용해서 입구 지붕을 덮으세요.

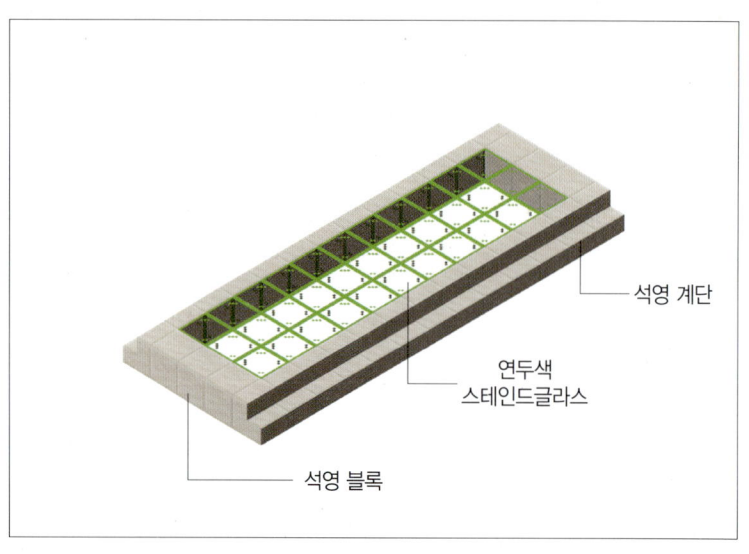

| 무작정 따라하기 02 | **중앙 돔 만들기** |

메타버스 과학관에서 중요한 건물인 중앙 돔입니다. 총 3단계로 나뉘어져 있습니다. 마인크래프트는 네모로 만들어진 세상이기 때문에 곡선을 표현하기가 어렵습니다. 그래서 바닥을 만들 때부터 조금 어려울 수 있지만 하나씩 차근차근 휘어진 모습을 표현해 보아요.

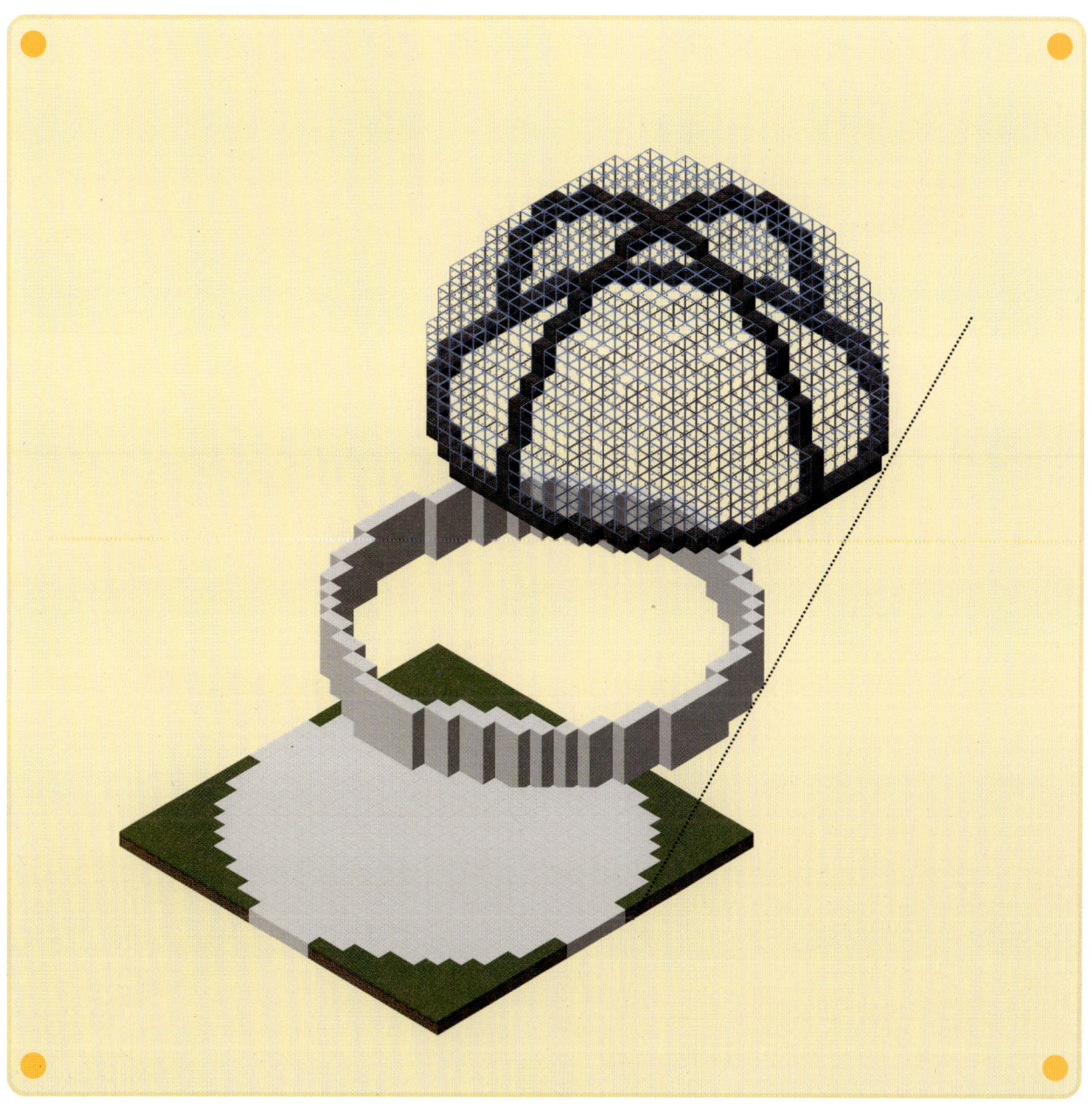

DAY13 메타버스 과학관

01 석영 블록과 잔디 블록을 이용해서 가로 27칸, 세로 27칸의 네모 모양 바닥을 만드세요. 원 모양을 만들어야 합니다. 아래 그림에서 바닥의 1/4 부분의 확대한 모습을 참고하여 만들어 보세요. 칸의 개수를 보면서 석영 블록을 잔디 블록으로 바꾸는 방식으로 원 모양을 만드세요.

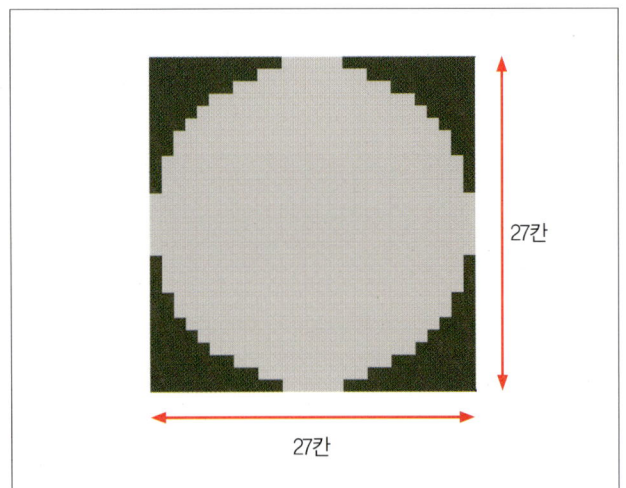
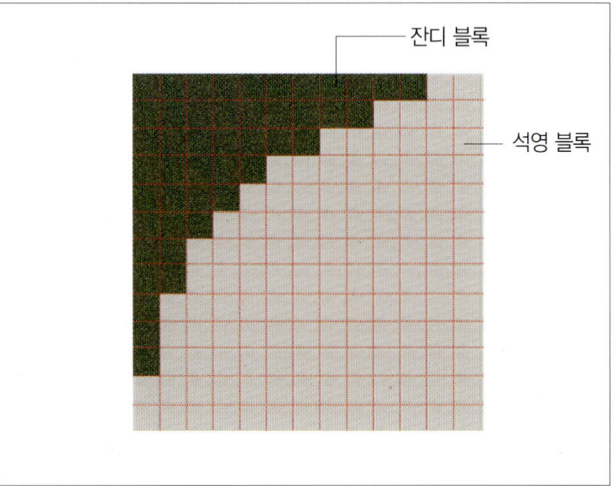

02 바닥의 바깥 부분을 따라서 석영 블록을 위로 4칸 쌓으세요.

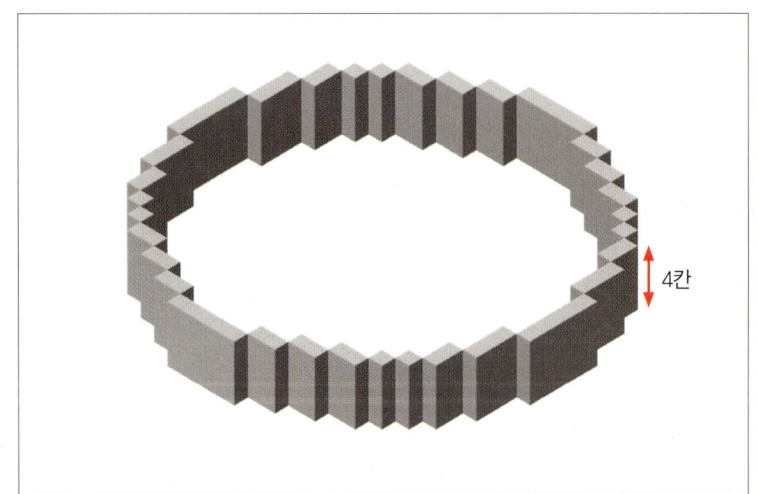

03 네테라이트 블록을 석영 블록보다 1칸 바깥쪽(노란색 동그라미)으로 놓으세요. 가운데 부분에서 5칸(빨간색 네모)은 석영 블록 바로 위에 놓으세요. 원의 나머지 부분도 같은 방법으로 네테라이트 블록을 놓으세요.

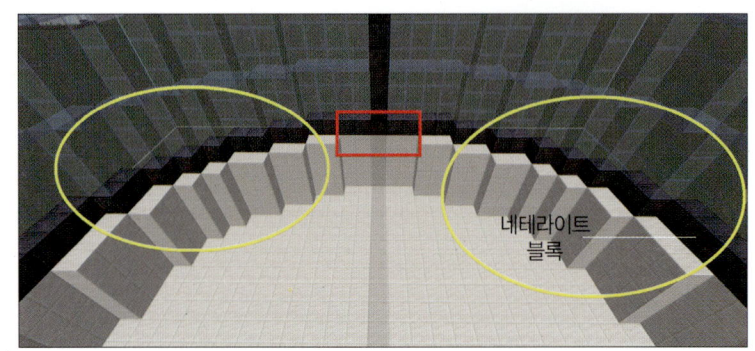

04 돔의 틀을 만들어 봅시다. 03번 과정에 있는 빨간색 네모 안의 5개의 블록 중 가운데부터 **네테라이트 블록**을 이용해서 돔의 틀을 만듭니다.

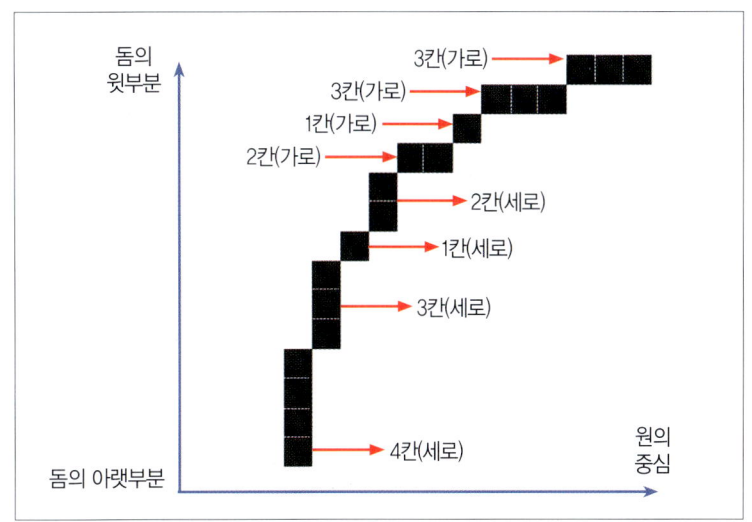

05 돔의 틀을 다 만들었으면, 틀과 틀 사이를 **밝은 파란색 스테인드글라스**를 이용해서 채우세요. 만들 때 참고하기 쉽도록 아래 그림에서는 블록 색깔을 각각 다르게 표시했습니다. 이와 같은 방법으로 나머지 면도 모두 채우세요.

| 무작정 따라하기 03 | **보조 건물 만들기** |

보조 건물은 같은 모양을 2개를 만들어서 중앙 돔 양쪽에 붙이면 됩니다. 보조 건물은 총 4단계에 걸쳐서 만듭니다. 각 단계에서 칸의 수를 정확히 맞춰 제작해 보세요.

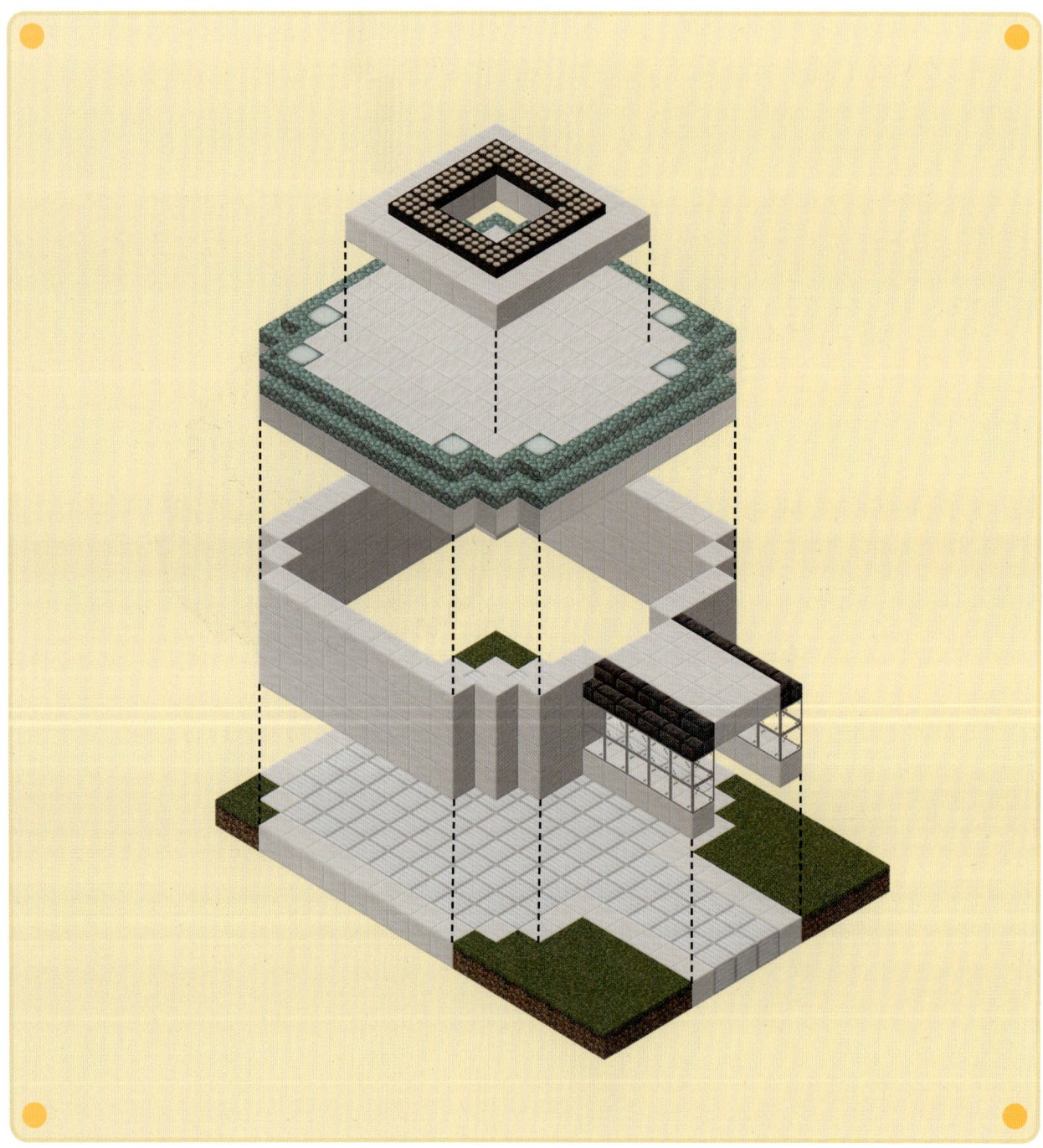

01 잔디 블록으로 가로 13칸, 세로 13칸의 네모 모양을 만들고 테두리는 **석영 블록**으로, 바닥은 **철 블록**으로 채우세요. 통로는 가로 5칸, 세로 5칸으로 만드세요.

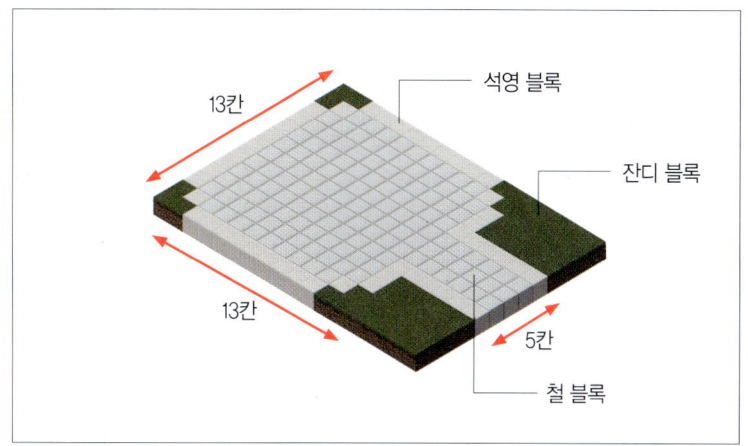

02 기둥은 바닥에 **석영 블록**으로 표시된 부분에 위로 4칸씩 쌓으세요. 통로 부분은 **석영 블록** 1칸, **흰색 스테인드글라스**로 2칸, **딥슬레이트 벽돌 계단** 1칸으로 만드세요. 그 후, 통로 윗부분은 **석영 블록**으로 채우세요. 그 위에는 **철제 바닥문**을 이용해서 마무리하세요.

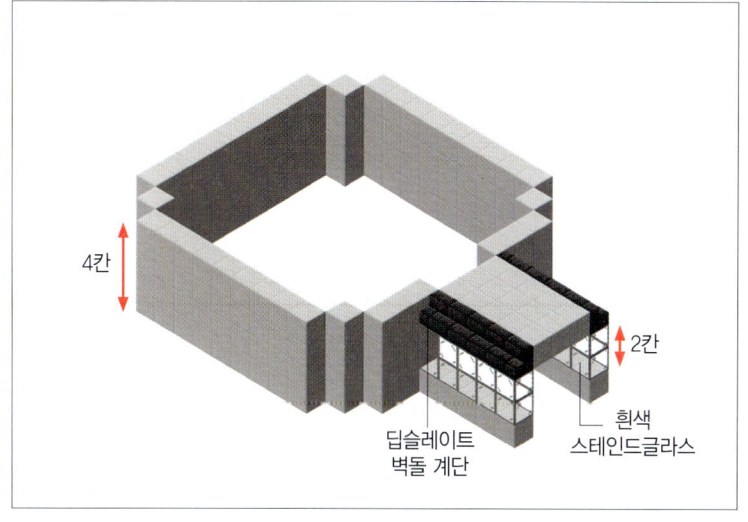

03 보조 건물 천장을 **석영 블록**으로 모두 채우세요.

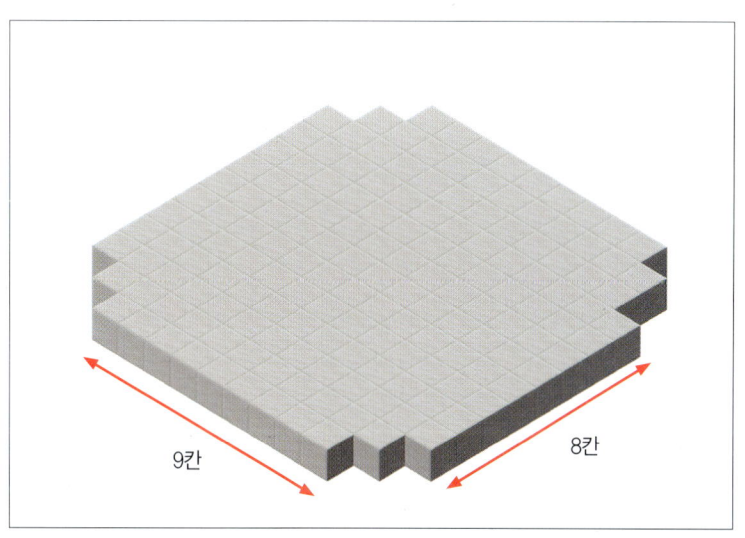

04 프리즈머린 계단을 이용해서 테두리 부분에 놓아주세요. 그리고 가운데는 **석영 블록**으로 채우고, **바다 랜턴**을 이용해서 꾸미세요.

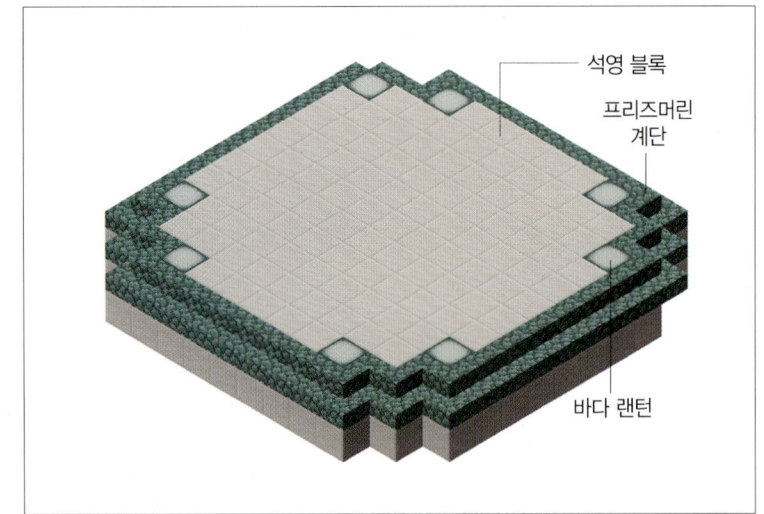

05 가운데 부분에 **석영 블록**으로 네모 모양을 만든 후 **일광 센서**를 놓으세요

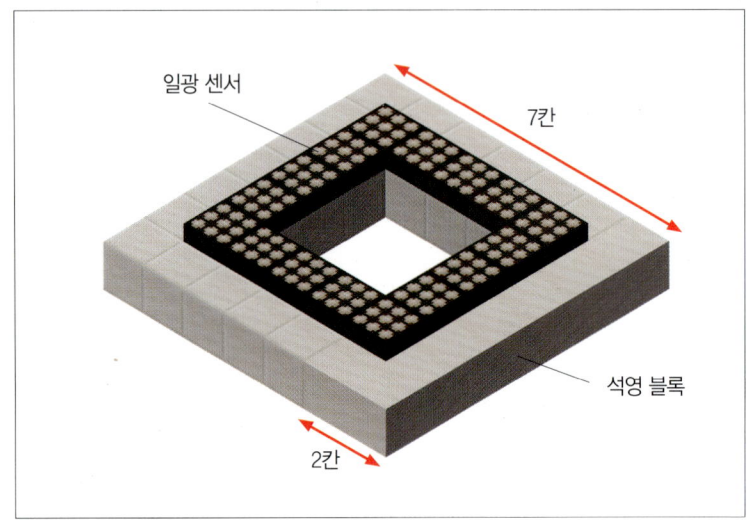

무작정 따라하기 04 | 내부 꾸미기

앞으로 따라할 내부 꾸미기 과정은 참고예요. 아래 내용을 따라하며 기능을 익히고 참고하여 나만의 멋진 메타버스 과학관을 꾸며 볼 수 있어요.

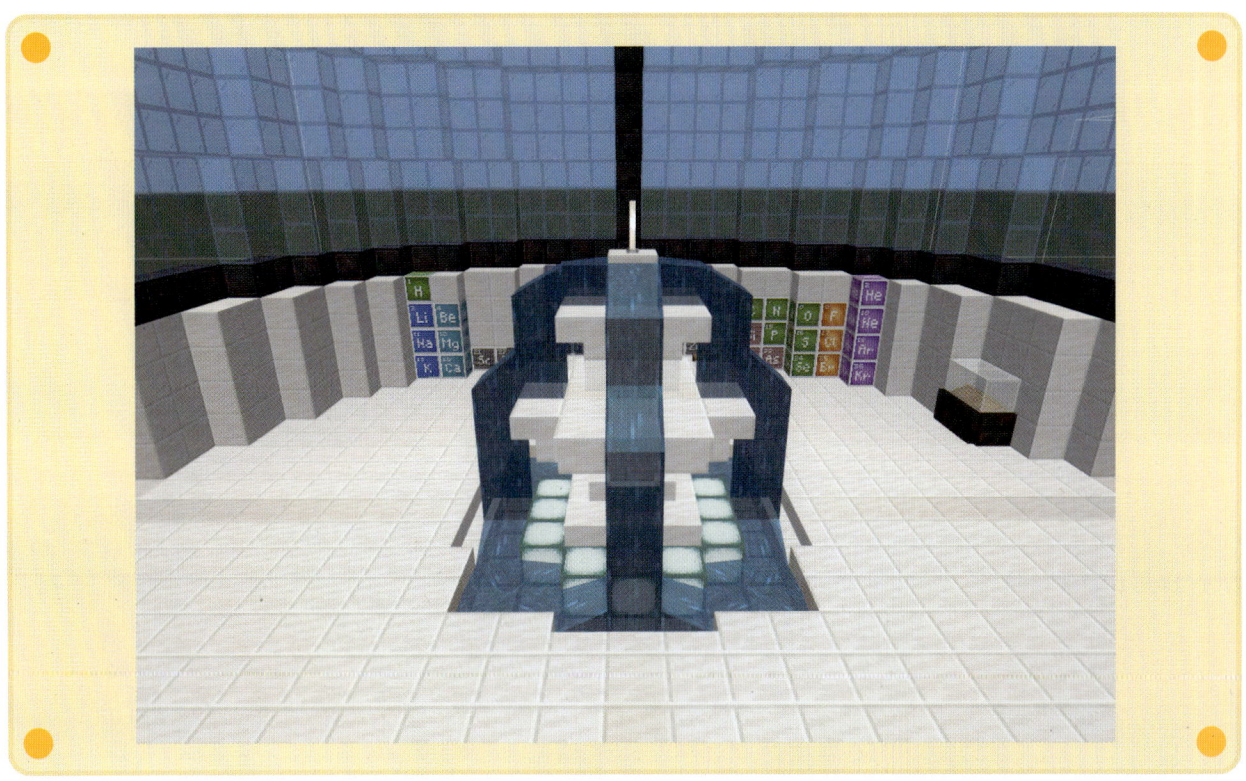

01 중앙 돔의 가운데 부분은 다양하게 꾸밀 수 있습니다. 그림과 같이 분수대를 놓을 수도 있고, 쉼터나 전시물을 넣을 수도 있습니다.

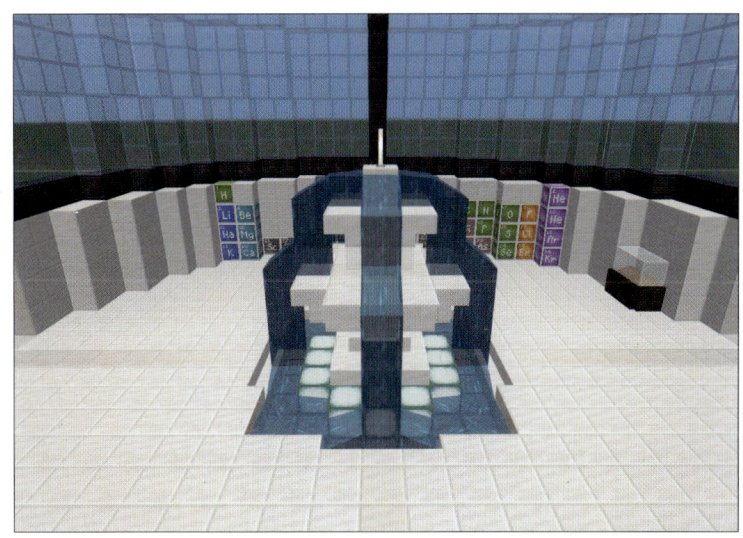

02 한쪽 벽면을 안내데스크로 꾸며보세요. 화학기호 블록을 이용해 벽면을 장식했어요.

03 벽면 장식을 해 봅시다. 발광 아이템 액자에 여러 아이템들을 넣어서 전시해 보세요.

04 여러 작품을 전시하기 위해 밑받침은 **석영 계단**을 활용하였고, 유리는 **밝은 파란색 스테인드글라스**를 활용했습니다.

궁금해요 | **'메타버스'란 무슨 뜻인가요?**

메타버스는 '가상', '초월'을 뜻하는 영어 단어 '메타(Meta)'와 우주를 뜻하는 '유니버스(Universe)'를 합쳐서 만든 말이에요. 우리가 평소에 경험하고 있는 여러가지 활동들이 가상 세계에서도 경험할 수 있다는 말입니다. 여러분들이 하고 있는 마인크래프트도 메타버스를 표현한 프로그램 중에 하나입니다. 코로나19로 인해 온라인 활동이 많은 주목을 받으면서 메타버스는 빠르게 발전되었습니다.

완성 조감도

앞에서 본 메타버스 과학관

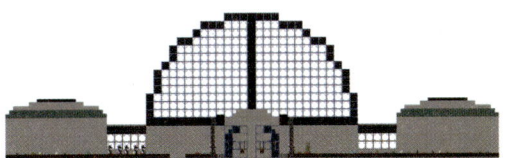

뒤에서 본 메타버스 과학관

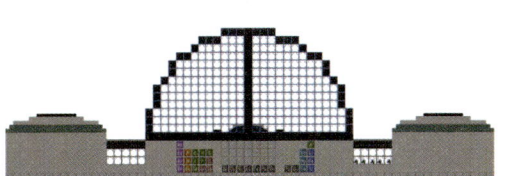

옆에서 본 메타버스 과학관

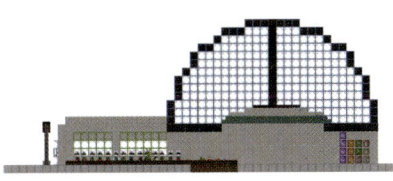

위에서 본 메타버스 과학관

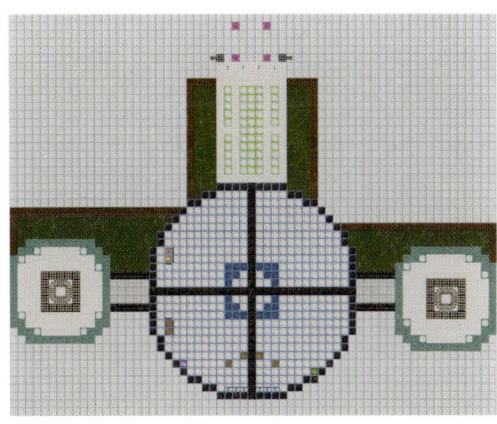

DAY13 메타버스 과학관

DAY 14

라이트 형제가 발명한 최초의 비행기
복엽기

우리나라에서 해외로 여행을 갈 때면 일반적으로 비행기를 타고 가죠. 이 비행기가 처음 발명되었을 때는 지금의 모습과 달랐다는 사실을 알고 있나요? 비행기를 처음 발명한 라이트 형제는 날개가 쌍으로 이뤄진 '복엽기'라는 비행기를 만들었어요. 이번에는 비행기의 초기 형태인 복엽기를 한번 만들어 보며 내가 만든 비행기를 타고 하늘을 난다면 어떨지 상상해 봐요.

난이도 ★★★★★ **소요 시간** 120분

🔍 건축 방법 미리보기

복엽기를 만들 때는 대칭이 중요해요. 복엽기 날개의 색깔은 디자인 요소뿐만 아니라 좌우 대칭을 계산하기 쉽게 꾸며져 있어요. 복엽기는 앞날개인 승강타와 뼈대, 메인 날개인 본체와 꼬리의 방향타, 프로펠러로 이뤄져 있어요. 또한, 복엽기의 엔진에는 레드스톤 회로가 있어 프로펠러가 반짝거리도록 설계가 되었으므로 배치를 생각하며 만들어 보세요. 날개의 색깔인 카펫은 투명한 블록(방벽, barrier)을 사용하여 얇고 예쁘게 만들어서 멋있는 복엽기를 만들어 봐요.

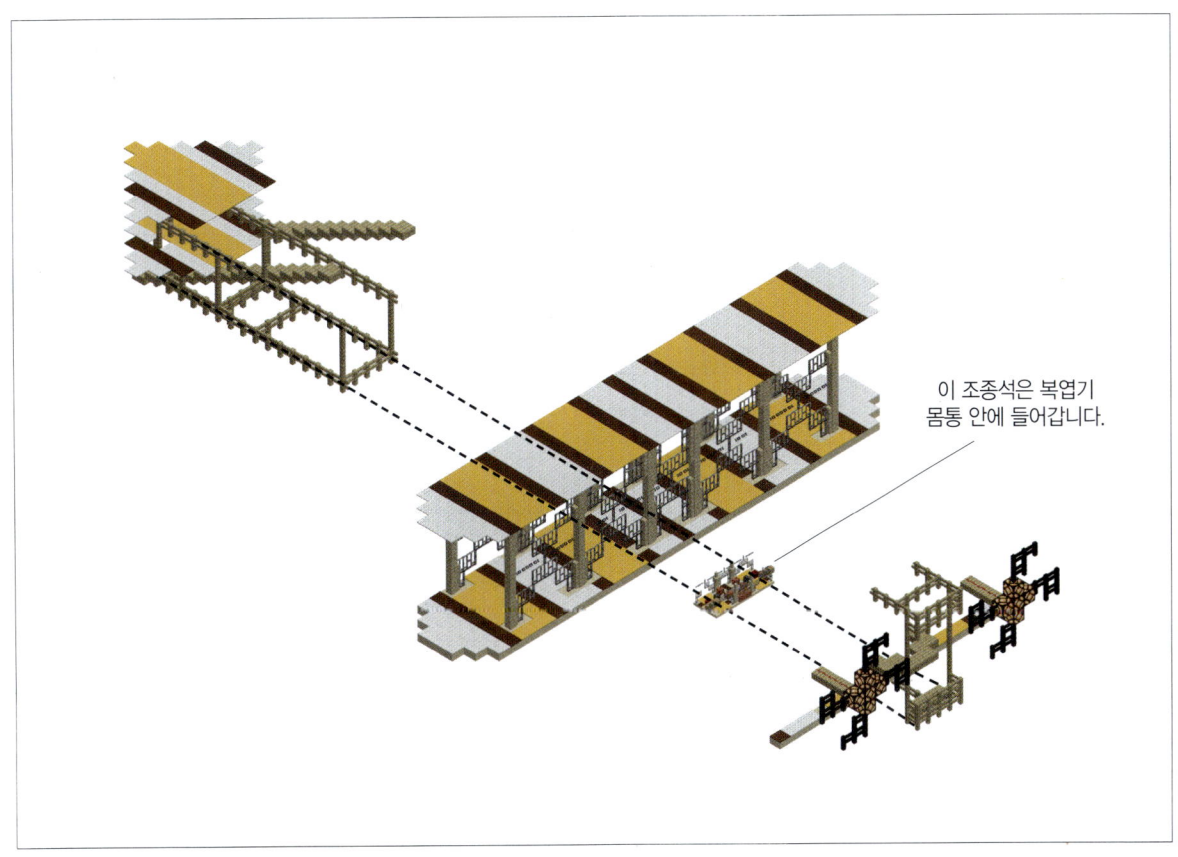

이 조종석은 복엽기 몸통 안에 들어갑니다.

🕹 건축에 사용할 블록

부드러운 사암 판	사암 벽	사암	칠칠	사슬	방벽(barrier)	갈색 카펫	흰색 카펫	노란색 카펫
자작나무 울타리	자작나무 판	자작나무 판자	네더 벽돌 울타리	레드스톤 램프	왁스 구리 블록	레드스톤 블록	레드스톤 가루	레드스톤 횃불
레일	광물 수레	끈끈이 피스톤	배너	배너				

무작정 따라하기 01 | 복엽기 본체 만들기

먼저 복엽기의 몸통은 2개의 날개로 이뤄져 있습니다. **부드러운 사암 판**으로 날개의 뼈대를 잡은 다음, **사암 벽**과 **사슬**로 복엽기의 날개 두 개를 잇습니다. 마지막으로 다양한 색깔의 **카펫** 블록으로 복엽기를 꾸미면 됩니다. 원래 윗날개에 **카펫** 블록을 깔 수 없지만 차근차근 따라오면 만들 수 있을 거예요.

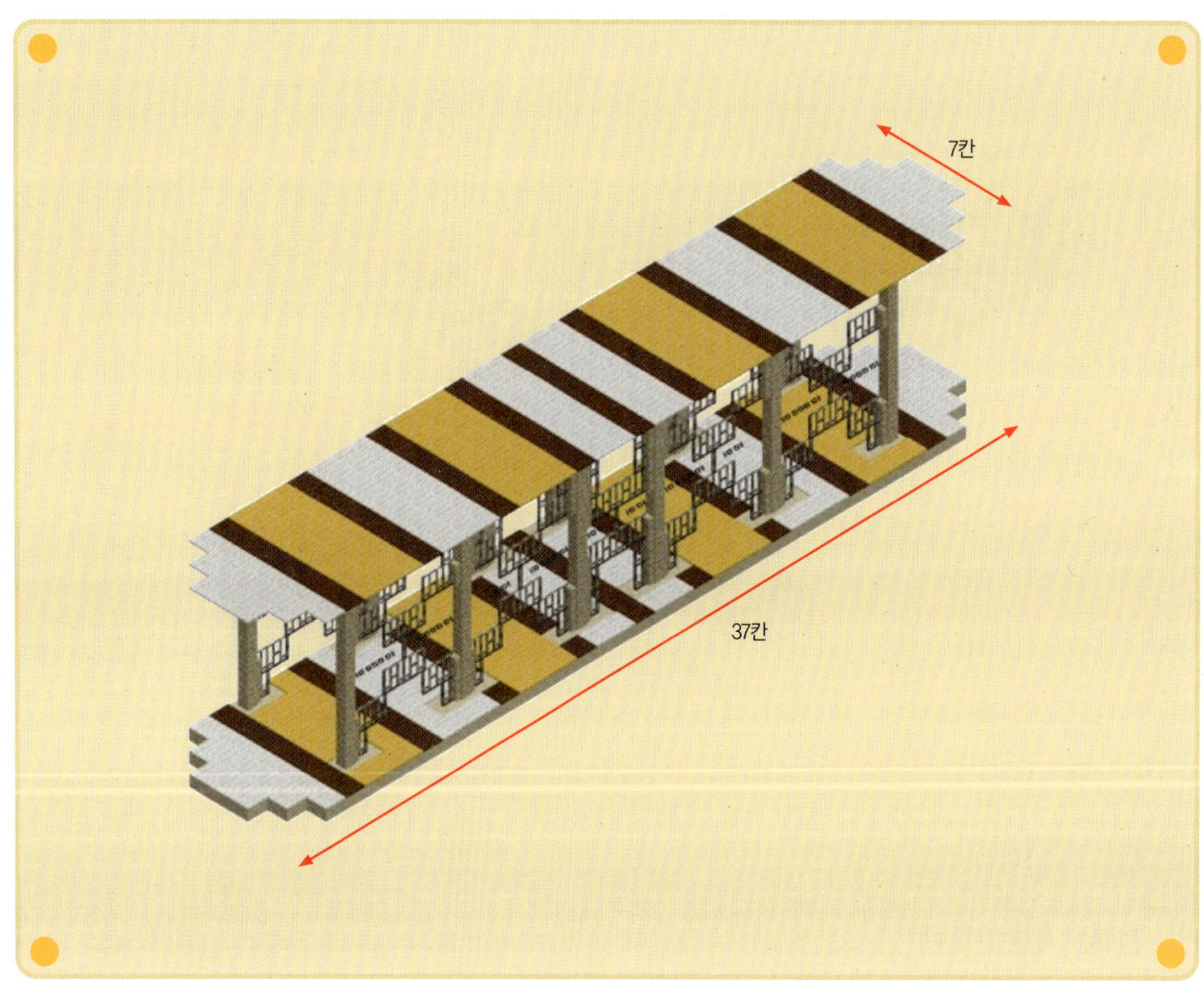

01 부드러운 **사암 판**으로 복엽기 몸통의 아래 날개를 만들어요.

> **TIP**
> 만약 다른 색으로 복엽기를 만들고 싶다면 다른 색 블록을 사용해도 괜찮아요. 다만, 꼭 석재 판, 벽돌 판과 같이 판 블록으로 만들어야 복엽기가 예쁘게 나와요. 몸통의 아래 날개를 만들 때는 아래 날개 밑에 복엽기의 뼈대가 들어갈 수 있도록 바닥에서 한 칸 띄어 만들어야 하는 점에 주의하세요.

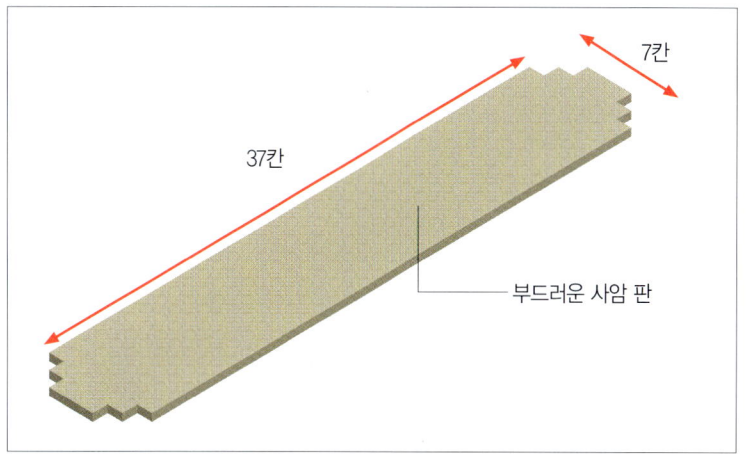

02 다음으로 **카펫** 블록을 이용하여 바닥을 깔끔하게 꾸밉니다. 색깔은 자유롭게 만들어도 괜찮습니다. 다만, 규칙적으로 보이게 만들어야 하므로 좌우 대칭이 잘 맞도록 만드세요. 이 책에서는 **흰색 카펫**, **노란색 카펫**, **갈색 카펫**을 이용해 만들었어요.

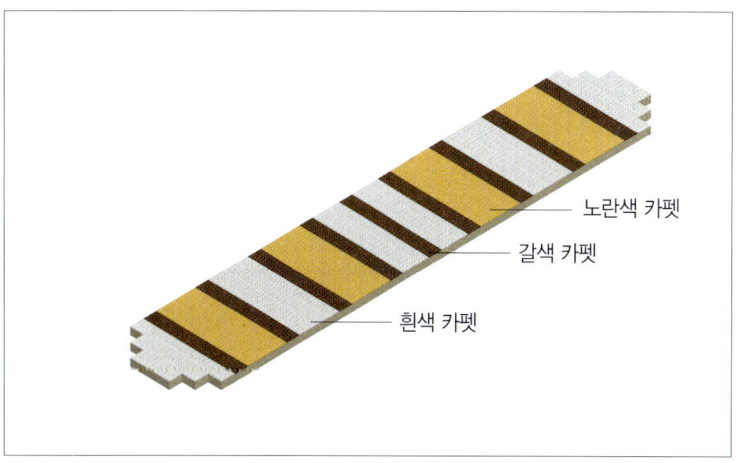

03 다음으로 **사암벽 블록**, **철창**, **사슬**을 이용하여 복엽기 몸통의 기둥을 만들어야 해요. 먼저 기둥은 정가운데를 기준으로 3칸, 나머지 부분은 5칸 간격으로 토대를 만들어요. 단, 나중에 들어갈 레드스톤 회로의 위치를 미리 생각하여 복엽기 몸통의 뒤쪽 기둥은 1칸 안쪽으로 들어와 있어야 한다는 점에 주의하세요.

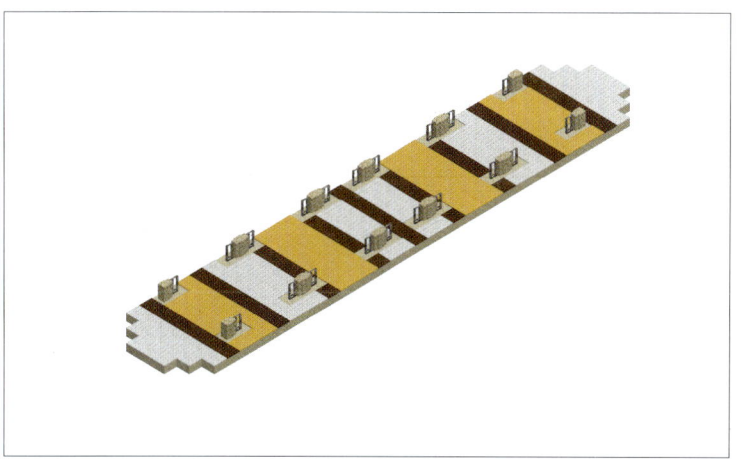

04 다음으로 **철창**과 **사슬**, **사암벽**을 이용하여 만든 기둥 사이를 X자로 만들어요. 그림을 보며 크기와 모양을 맞게 만들어 보세요.

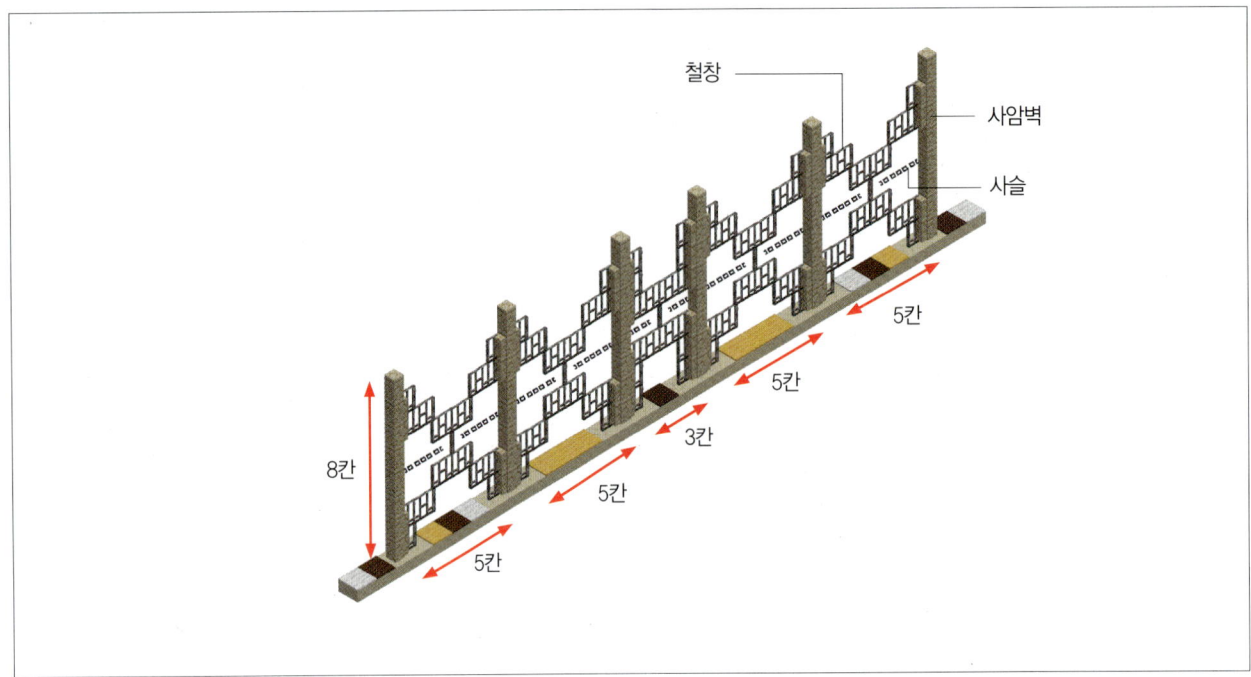

05 이제 복엽기 몸통의 윗날개를 **카펫** 블록으로 만들어요. 이때 바닥이 비어 있으면 **카펫** 블록을 놓을 수가 없으니 주의하세요. 비어 보이면서도 블록을 놓을 수 있는 **방벽**을 이용합니다. 아래 그림처럼 치트키 『/give @s barrier 1』이라고 입력하여 **방벽**을 생성하세요. 이 **방벽**을 사용하면 투명한 블록을 놓아 **카펫** 블록을 놓을 수 있습니다.

07 윗날개까지 넣으면 그림과 같이 복엽기의 몸통을 만들 수 있어요.

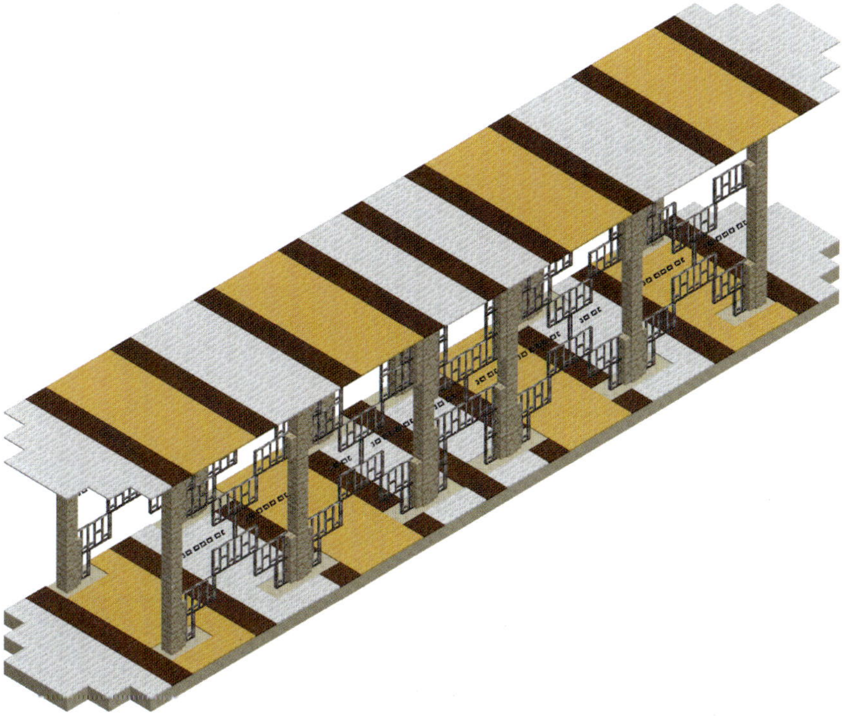

 **궁금해요** **복엽기는 왜 날개가 한 쌍으로 이뤄져 있나요?**

복엽기의 날개는 2개가 위아래에 한 쌍으로 이뤄져 있습니다. 날개가 1개인 것에 비해 비행기를 훨씬 작게 만들어서 가볍게 만들 수 있기 때문입니다. 하지만 오늘날과 같이 빠른 비행을 필요로 할 경우에는 공기의 저항이 심해지는 단점이 있습니다. 따라서 비행기 발전의 초기에는 복엽기가 많았지만, 현대로 오면서 비행기 성능이 중요해짐에 따라 날개가 1개인 단엽기가 주로 쓰입니다.

| 무작정 따라하기 02 | **복엽기 뼈대 만들기** |

복엽기를 만들 때 중요한 곳이 복엽기의 앞쪽에 작은 날개 2개가 달린 곳으로, '승강타'라는 부분이에요. 복엽기 뒤쪽에 깃발이 있는 곳이 '방향타' 부분이지요. 앞에서 만든 몸통과 승강타 및 방향타까지 이어지는 복엽기의 뼈대를 **자작나무 울타리**와 **자작나무 판**으로 만들 거예요. 이때 자작나무 말고 원하는 색깔의 나무를 사용해도 괜찮습니다.

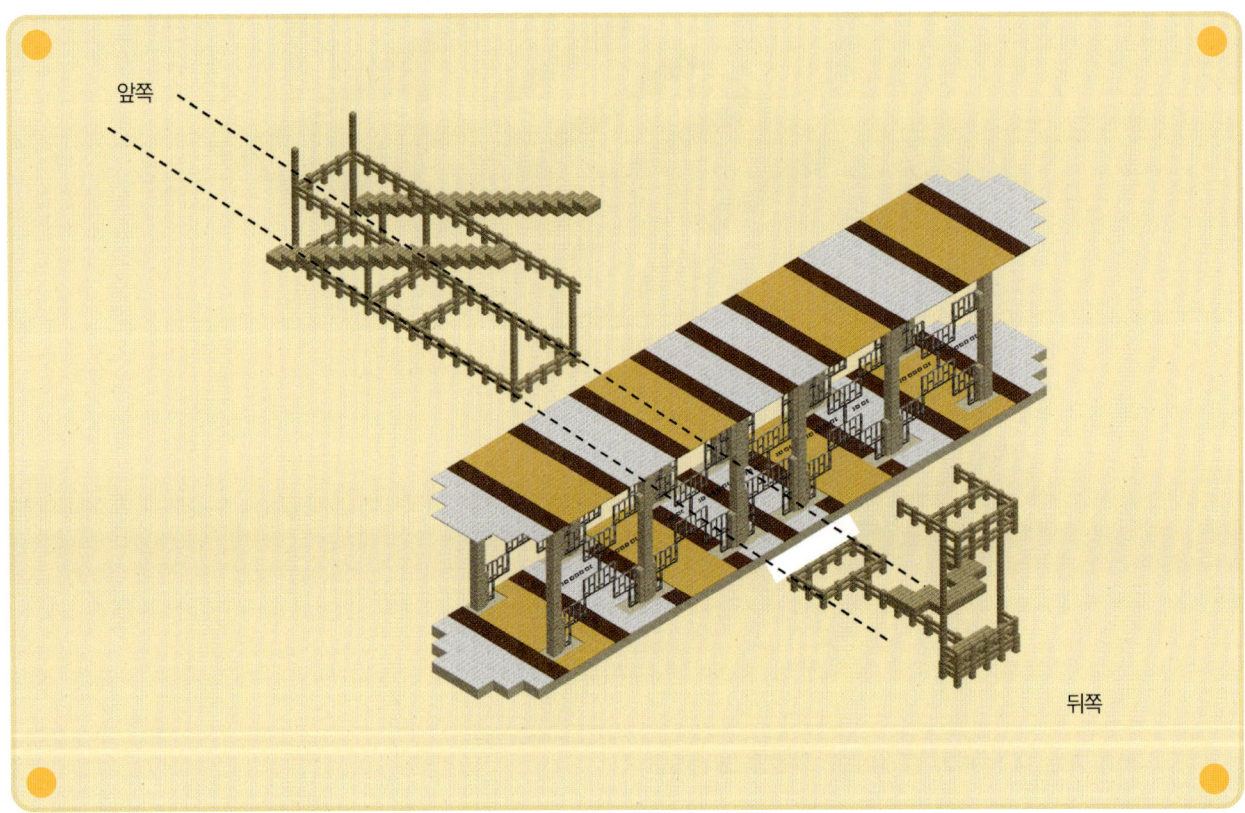

01 먼저 **자작나무 울타리**를 이용하여 복엽기 몸통의 기둥부터 이어지는 뼈대를 만듭니다. 그림을 보면서 위치와 크기를 참고하세요.

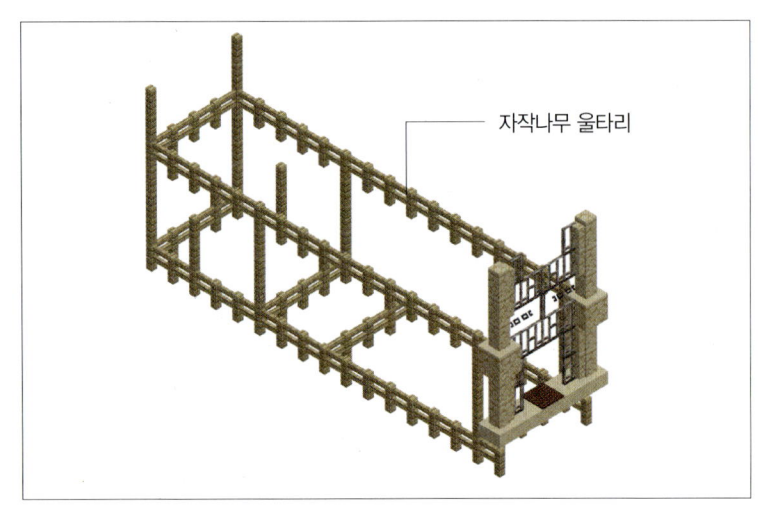

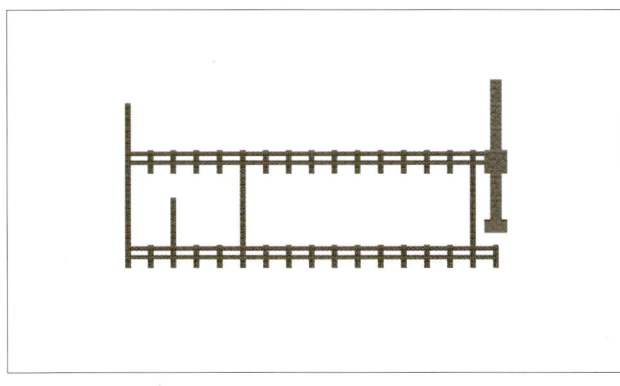
▲ 옆에서 본 모습

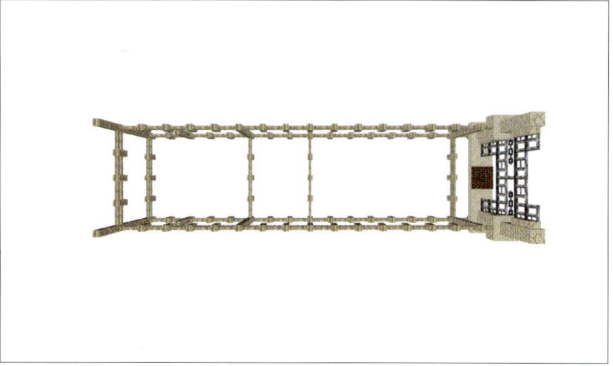
▲ 위에서 본 모습

02 다음으로, **자작나무 울타리**를 복엽기 몸통의 아래 날개 밑을 지나 뒤쪽까지 이어지도록 뼈대를 이으세요. 이때, 나중에 방향타가 달릴 뒷부분은 **자작나무 블록**을 이용하여 3칸 크기로 만들어야 합니다.

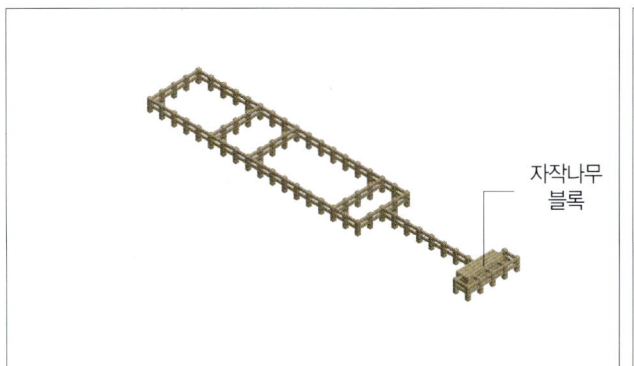

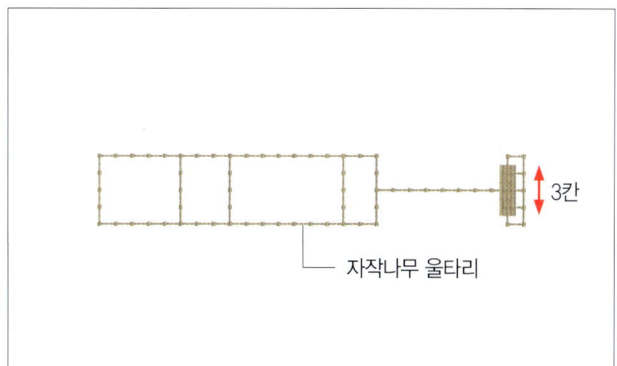

03 이제 앞서 만든 승강타 부분의 뼈대를 보충하여 만들 거예요. 방금 만든 뼈대의 양옆으로 **자작나무 판**을 이용하여 대각선으로 모양을 만드세요.

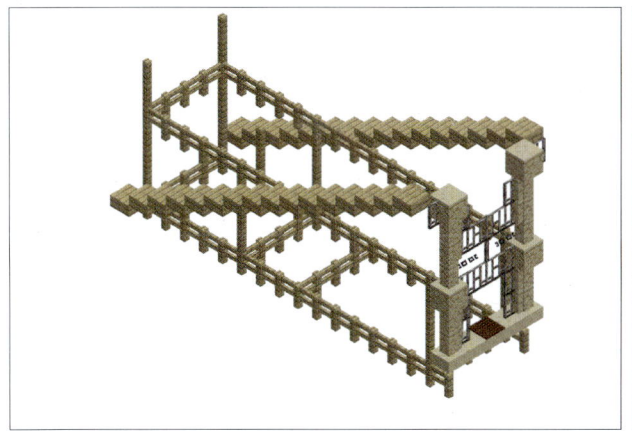

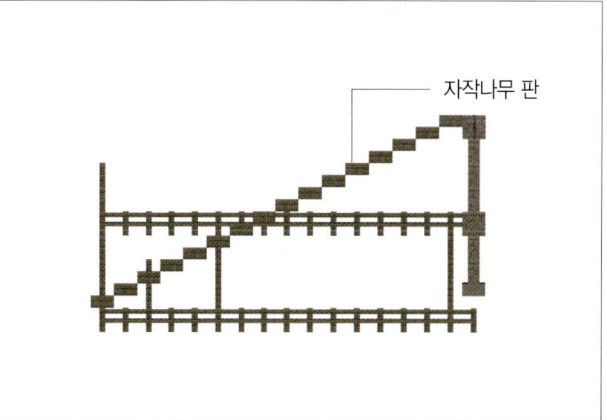

04 다음으로 뒤쪽의 방향타 부분에 **자작나무 울타리**와 **자작나무 판**을 이용해 나머지 뼈대를 만들어요. 아래 그림을 참고하여 위치와 크기를 맞춰 만들어 보세요.

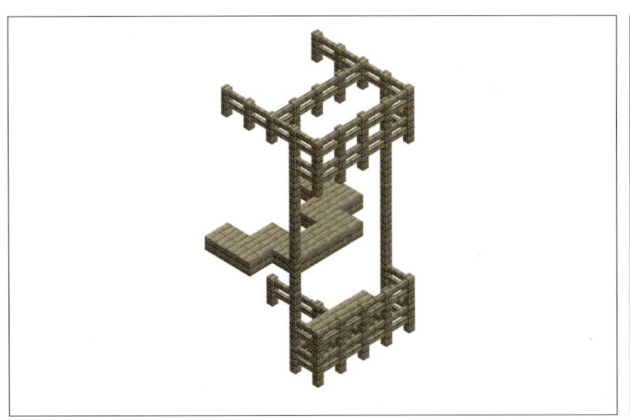 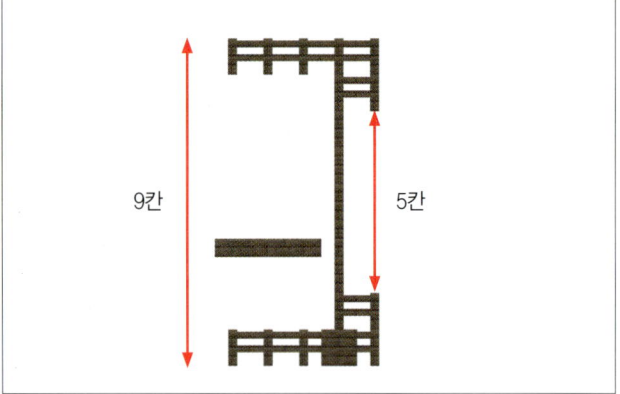

무작정 따라하기 03   복엽기 승강타 만들기

이제 만든 뼈대 위에 복엽기의 앞날개 역할을 하는 승강타를 만들 거예요. 승강타 날개도 앞서 복엽기 몸통의 윗날개를 만든 것처럼 투명 블록(방벽, barrier)을 사용해 블록을 쌓은 다음 그 위에 색깔 있는 카펫으로 만들면 됩니다.

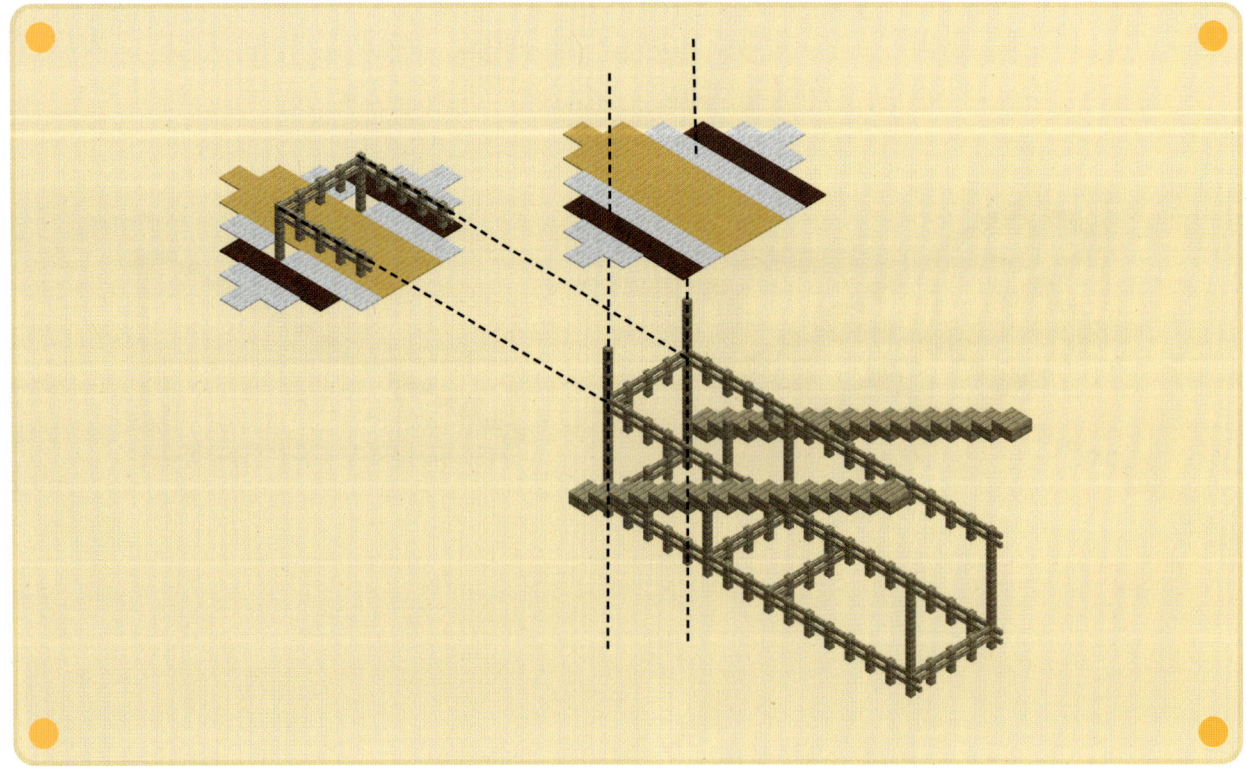

01 승강타의 윗날개와 아래 날개는 각각 아래 그림을 참고하여 위치와 크기가 알맞게 만들어 보세요.

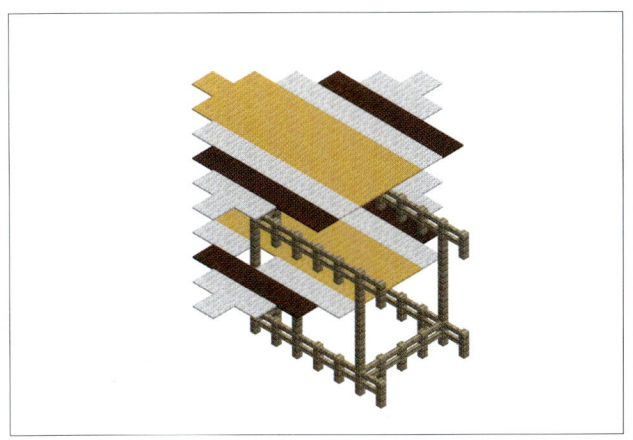
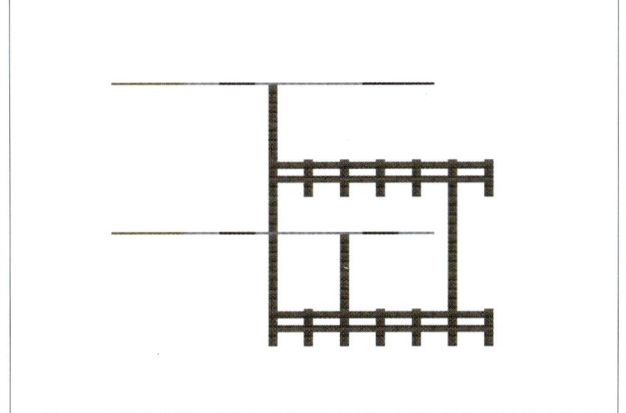

02 승강타 날개를 구성하는 **카펫**의 색깔은 **노란색, 갈색, 흰색**이에요. 그림을 참고해서 만들어 보세요.

TIP
혹시 원하는 색깔이 있다면 자유롭게 만들어도 괜찮습니다.

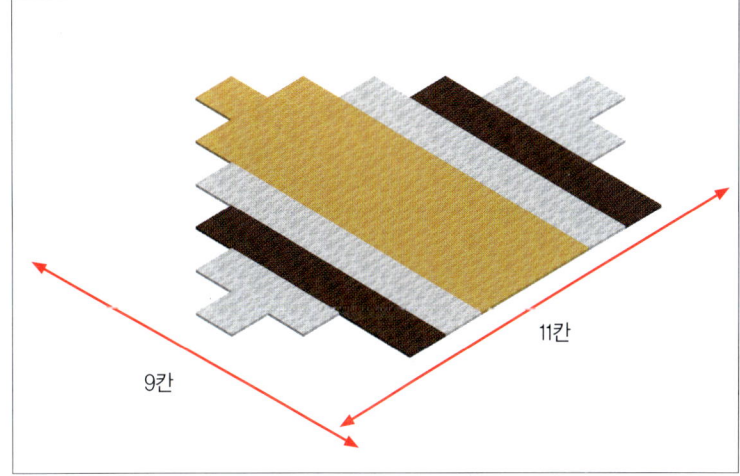

승강타는 어떤 역할을 하나요?
승강타는 우리가 만든 복엽기의 가로로 평평하게 이뤄져 있는 앞날개입니다. 승강타는 복엽기를 위아래로 움직일 때 쓰입니다. 승강타를 위로 올리면 공기의 흐름을 방해하여 비행기가 위로 올라가게 됩니다. 반대로 승강타를 아래로 내리면 비행기가 아래로 내려갑니다. 현대 비행기의 승강타는 꼬리날개 쪽에 수평으로 되어있는 수평 꼬리날개가 그 역할을 합니다.

| 무작정 따라하기 04 | **복엽기 뒷부분 만들기** |

이제 복엽기의 뒤쪽을 만들어 봅시다. 복엽기의 뒤쪽에는 방향타와 프로펠러가 있어요. 방향타는 앞서 만든 뼈대에 **배너**(깃발 모양, banner)를 세로로 설치하여 만들고, 프로펠러는 **레드스톤 램프**로 만들어 레드스톤 회로에 따라 반짝거리도록 만들 거예요.

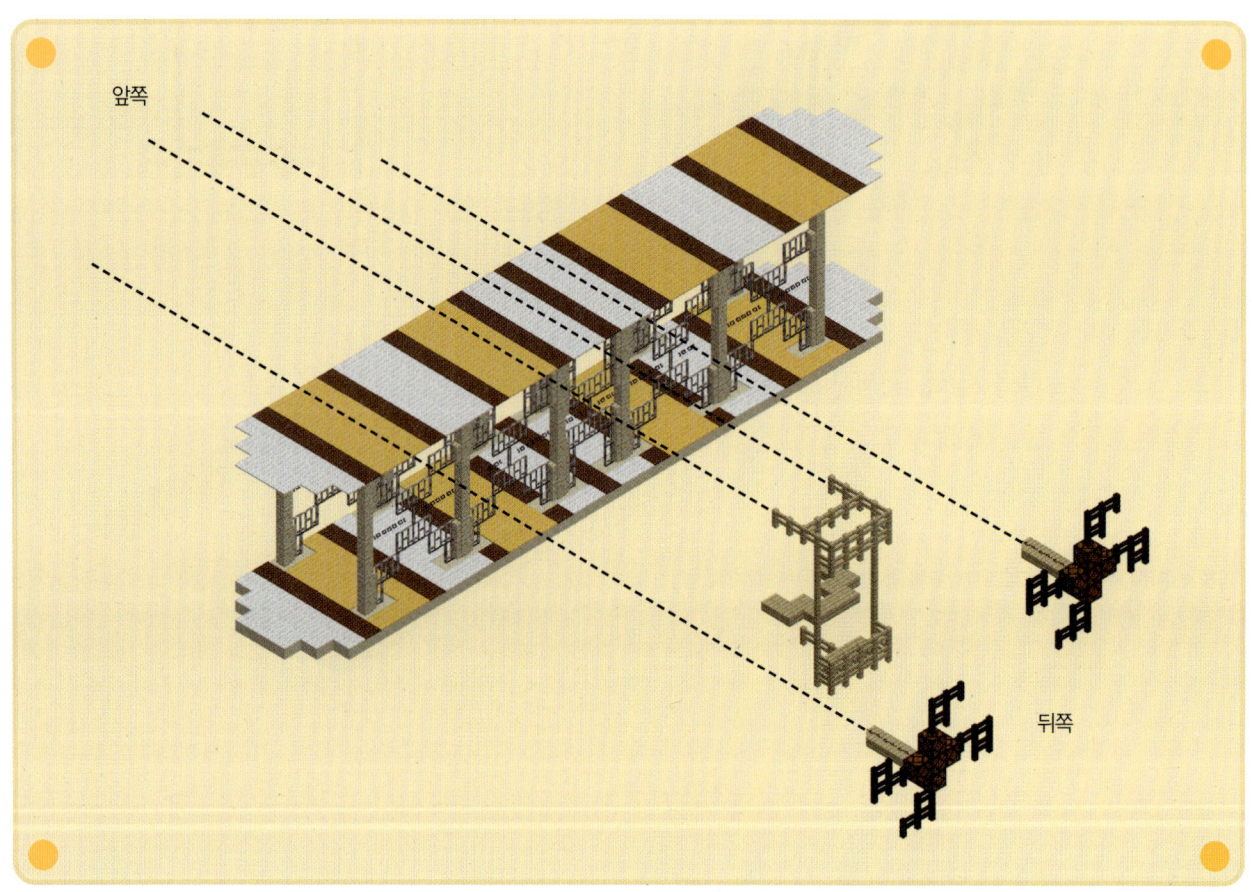

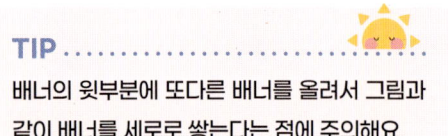
먼저 방향타를 **배너**로 만드세요. **배너**는 흰색을 기본으로 하여, 다양하게 염색하여 사용할 수도 있답니다.

TIP
배너의 윗부분에 또다른 배너를 올려서 그림과 같이 배너를 세로로 쌓는다는 점에 주의해요.

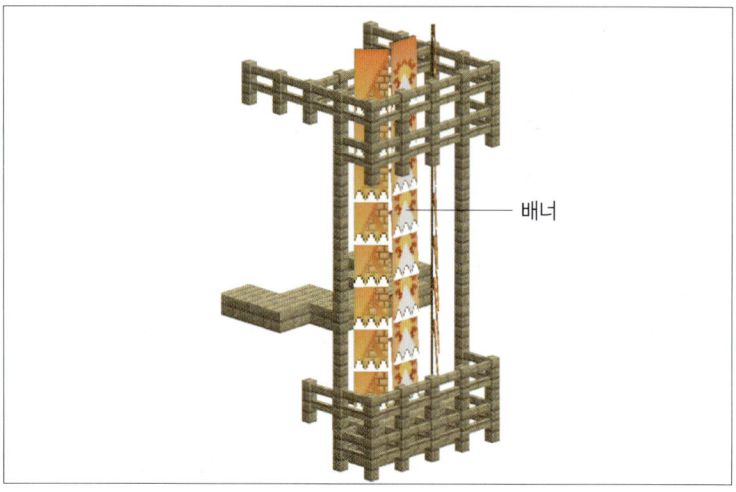

188

 **방향타는 어떤 역할을 하나요?**
방향타는 우리가 만든 복엽기에 세로로 길게 이뤄져 있는 뒷날개입니다. 방향타는 복엽기가 좌우로 움직일 때 쓰입니다. 방향타를 오른쪽으로 돌리면 비행기가 오른쪽으로 가고, 반대로 방향타를 왼쪽으로 돌리면 비행기가 왼쪽으로 내려갑니다. 오늘날 비행기의 방향타는 꼬리날개 쪽에 수직으로 있어 수직 꼬리날개가 그 역할을 합니다.

02 프로펠러는 **자작나무 판**으로 복엽기 몸통의 기둥 옆으로 나오도록 만들어요. **레드스톤 가루**가 뿌려져 있는 이유는 나중에 **레드스톤 가루**를 통해 프로펠러가 빛나도록 하기 위해서예요.

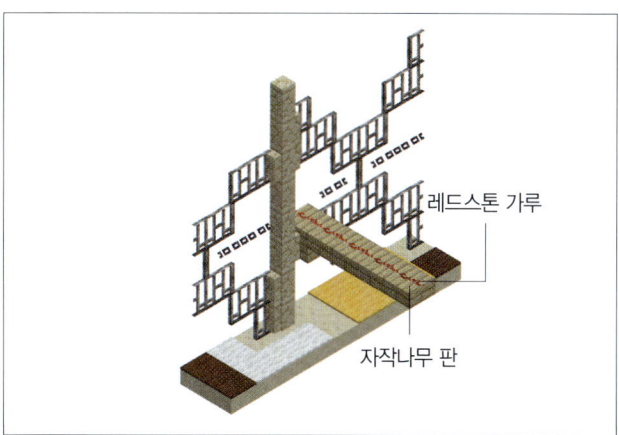
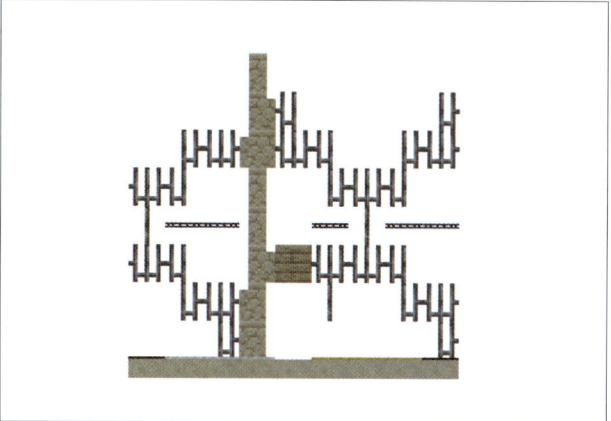

03 나머지 프로펠러 부분을 **레드스톤 램프**와 **네더 벽돌 울타리**로 만들어 보세요. 아래 그림을 보고 만들면 쉽게 만들 수 있을 거예요.

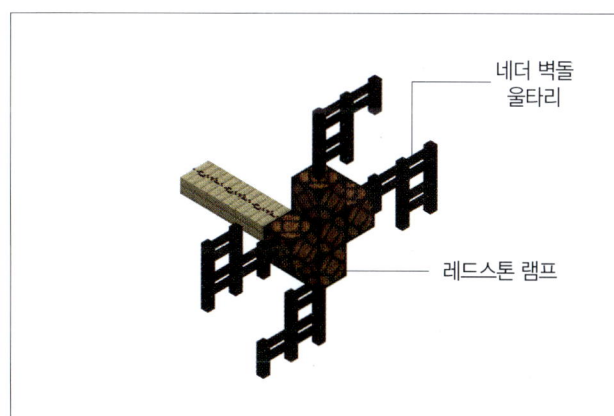
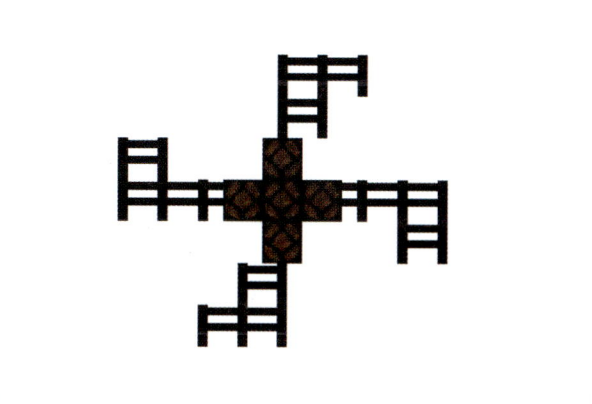

04 프로펠러를 양쪽에 대칭되는 위치에 만들면 복엽기의 뒤쪽은 그림과 같이 마무리돼요.

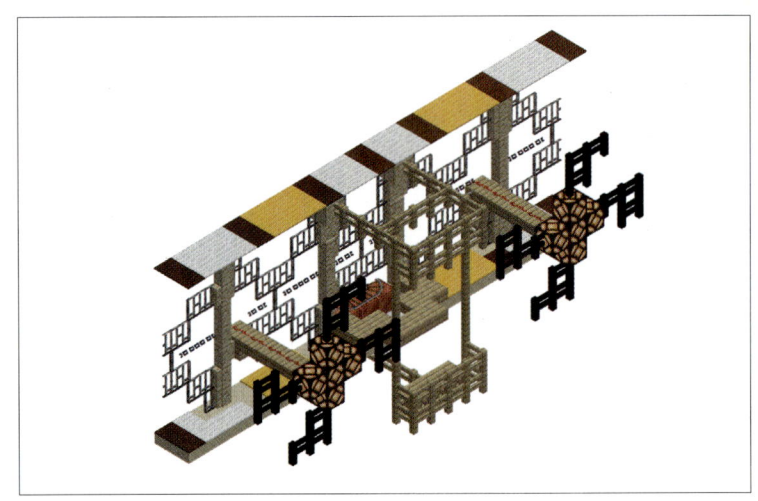

무작정 따라하기 05 — 조종석 만들기

이제 마지막으로 복엽기의 조종석을 만들 거예요. 조종석은 레드스톤 회로도 설치됩니다.

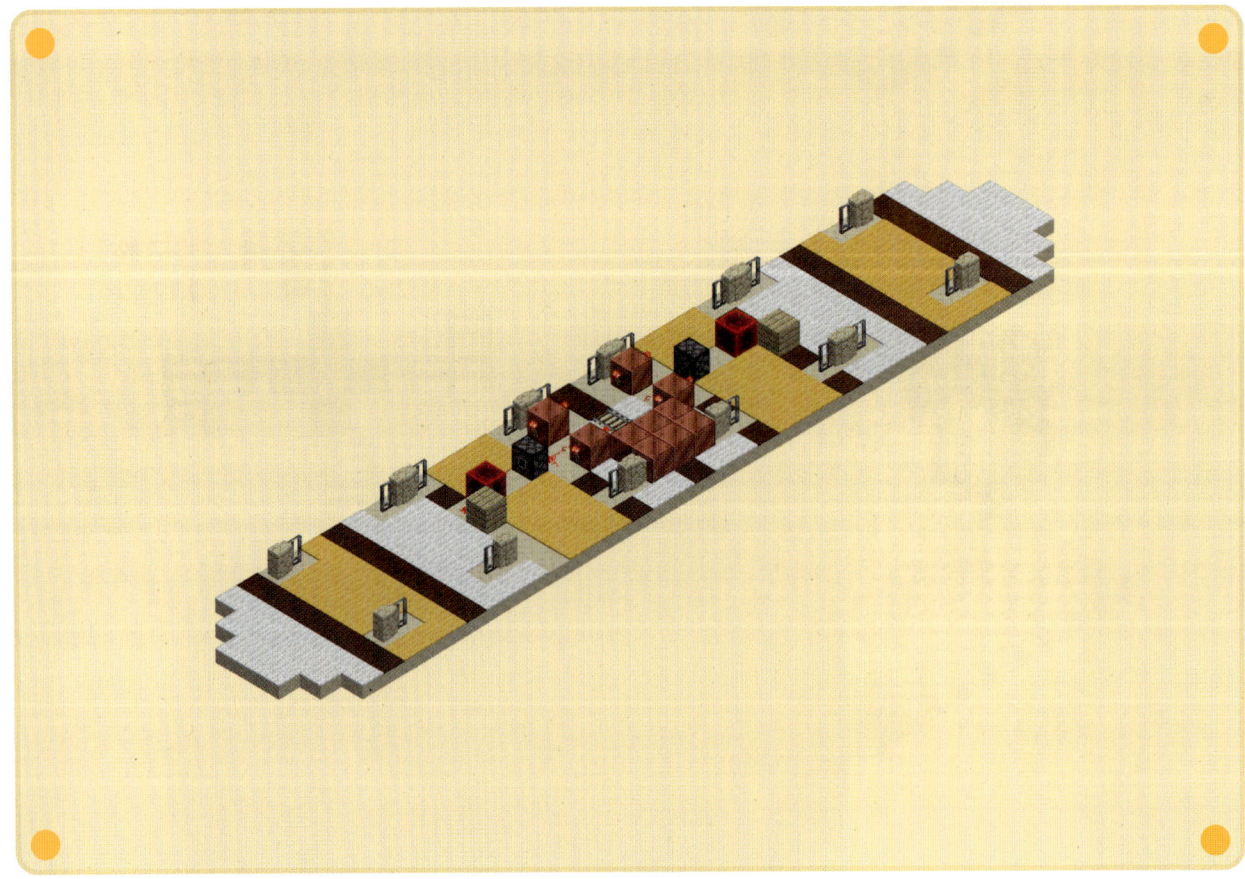

01 조종석 전체를 위에서 바라본 그림입니다. 이미 깔아 놨던 카펫을 부숴 조종석에 알맞은 블록을 놓으세요. 이때 사용하는 블록은 **왁스 구리 블록**, **끈끈이 피스톤**, **레드스톤 블록**, **레드스톤 횃불**, **레드스톤 가루**, **레일**이에요. 정가운데 덩그러니 있는 레일에는 **광물 수레**를 놓아 사람이 탈 수 있는 조종석을 만들어요.

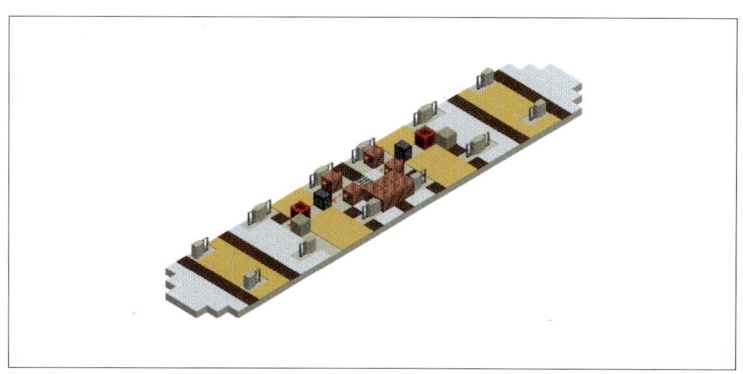

02 특히 레드스톤 회로가 무한 회로로 만들어져 있는데, 그림과 같이 **레드스톤 횃불**과 **레드스톤 블록**을 놓으면 무한 회로가 동작해요. **레드스톤 가루**로 회로를 만드세요.

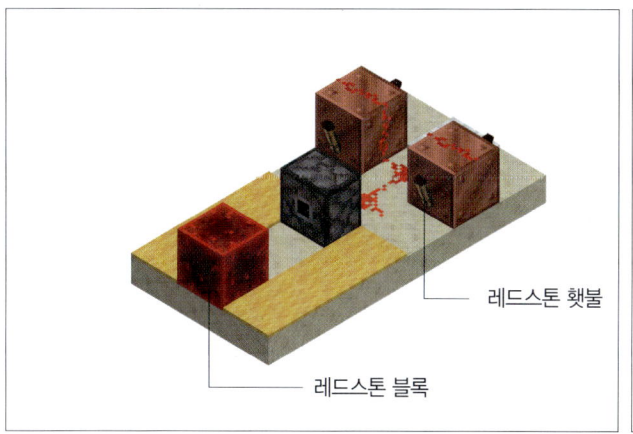

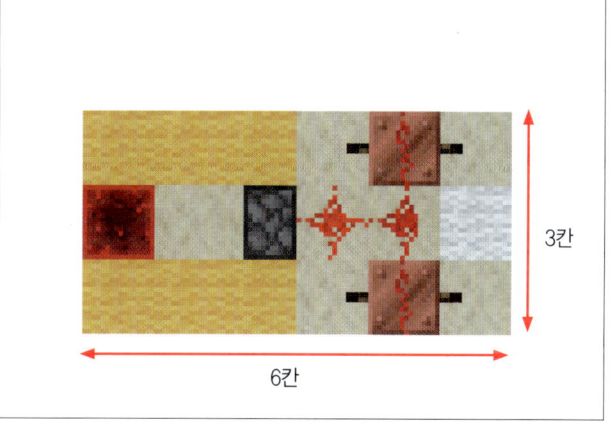

03 이제 레드스톤 회로의 끝에 달린 **레드스톤 블록**과 프로펠러의 **레드스톤 램프**를 연결해야 해요. 아래 그림을 참고하여 **자작나무 판자**와 **자작나무 판**으로 연결 부위를 만듭니다.

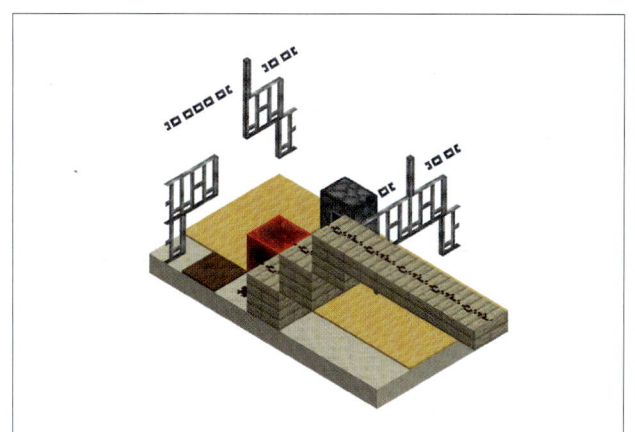

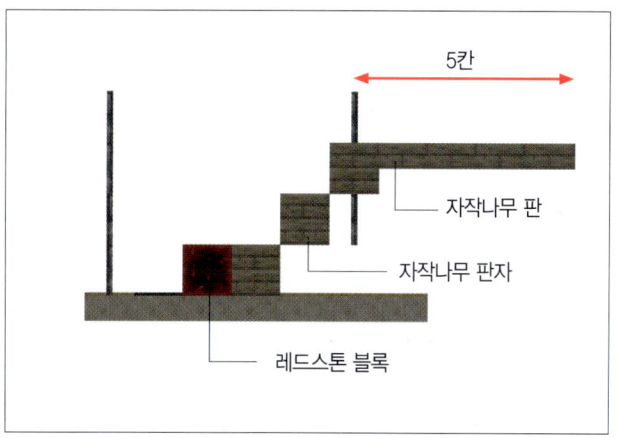

04 레드스톤 가루로 회로를 연결하세요.

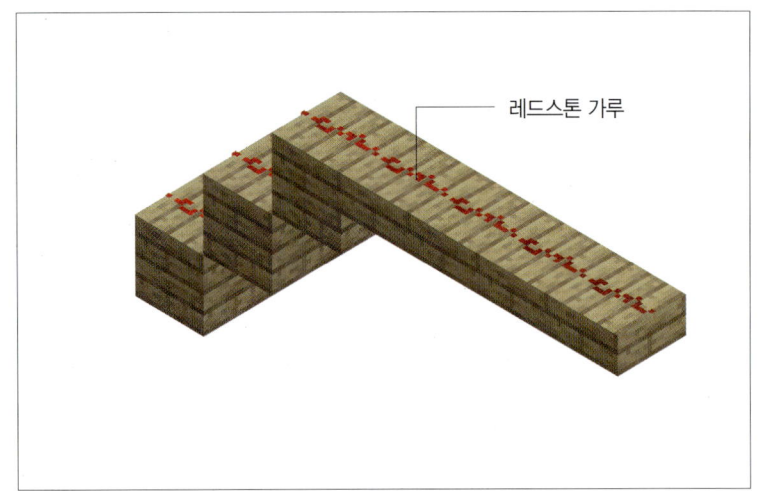

05 이렇게 1단을 만들고 나면, 6칸으로 쌓은 **왁스 구리 블록** 위에 **레일**을 깔아 조종석과 같은 느낌의 휠이 나오도록 동그라미를 만들어 주세요.

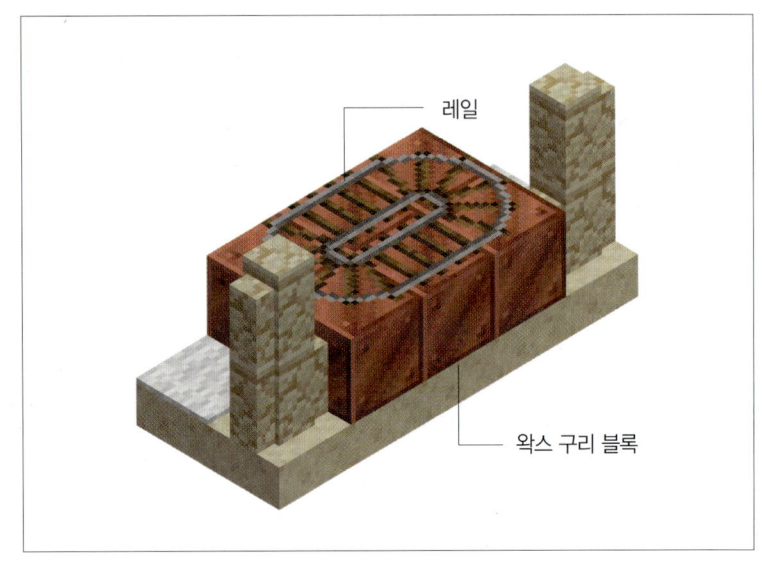

06 조종석의 중심 부분을 확대하면 다음 그림과 같습니다.

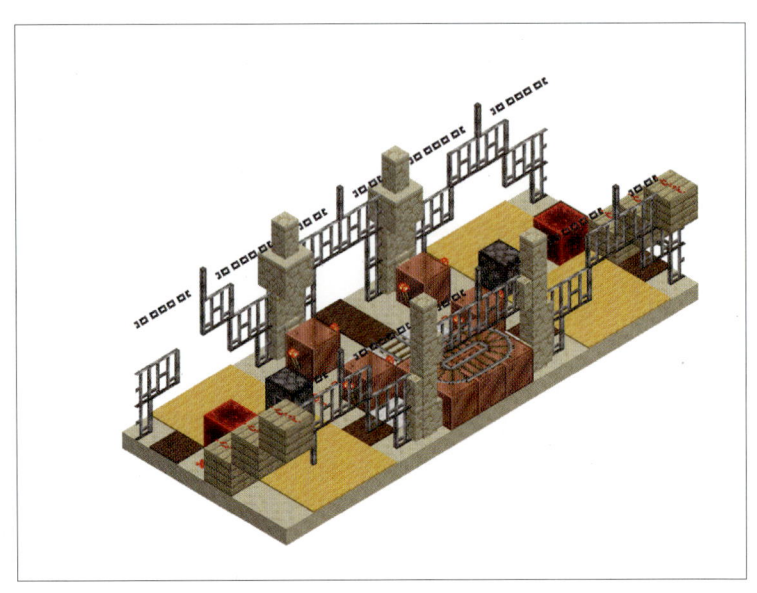

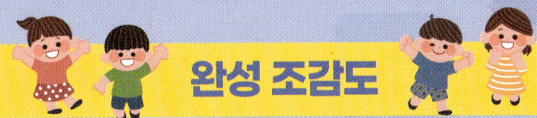

완성 조감도

복엽기 전체

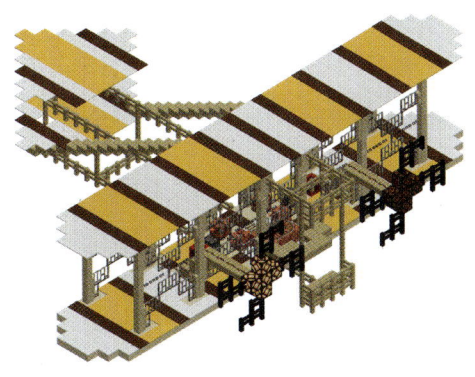

복엽기의 왼쪽과 오른쪽

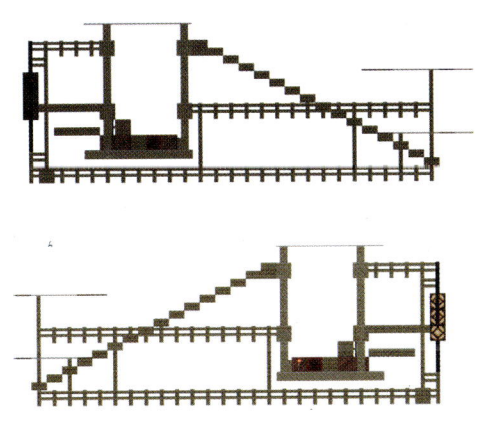

복엽기의 앞과 뒤

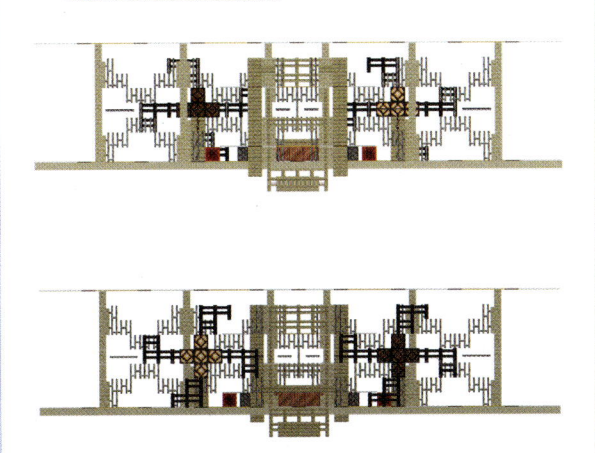

아래에서 본 복엽기

위에서 본 복엽기

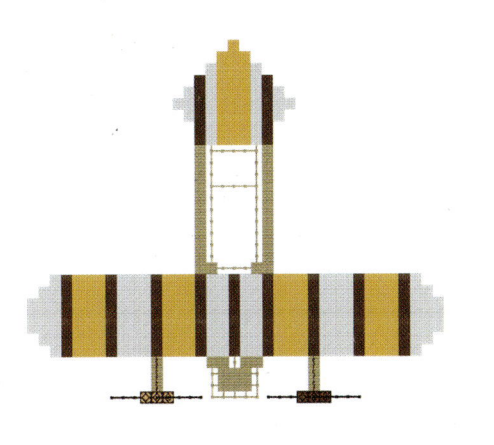

DAY 15

도시 속에 우뚝 솟은
고층 빌딩

빌딩은 좁은 땅을 넓게 사용할 수 있도록 좁고 높게 만든 건물을 말해요. 이런 빌딩은 주로 도시에 있으며 서로 관련있는 업종, 가게 등이 모여 더 큰 효과를 누리기도 해요. 이번에는 빌딩을 만드는 과정을 통해 높은 건물은 어떤 과정으로 만들어지는지 알고, 빌딩의 용도를 생각하며 구역을 나누고 꾸미는 활동을 해 볼 거예요. 우리가 함께 만들 빌딩의 형태는 단순하지만 오늘 만든 내용을 참조하여 더 예쁘고 멋진 빌딩을 만드는 아이디어를 얻을 수 있으면 좋겠어요.

| 난이도 | ★★★★★ | 소요 시간 | 180분 |

🔍 건축 방법 미리보기

빌딩을 만들기 전에 건물의 크기를 먼저 정해야 해요. 빌딩의 가로, 세로 길이와 층의 높이는 얼마로 할지 생각해 보세요. 만약 공장이나 물류센터 같이 내부 공간이 크게 필요하다면 층을 높게 하며 빌딩의 가로, 세로 길이도 길게 해야겠죠? 또한 각 층은 어떤 역할을 하게 될지도 고민해 봐야 해요. 보통 사람들이 많이 방문하는 1, 2층은 카페나 미용실, 약국, 편의점 등 상점이 많이 들어오곤 합니다. 그렇다면 1층과 2층을 작은 공간으로 여러 개 나누어 둔다면 더 많은 상점이 들어올 수 있을 거예요. 만약 병원이나 태권도 도장, 사무실이라면 좀 더 큰 공간이 필요할 거예요.

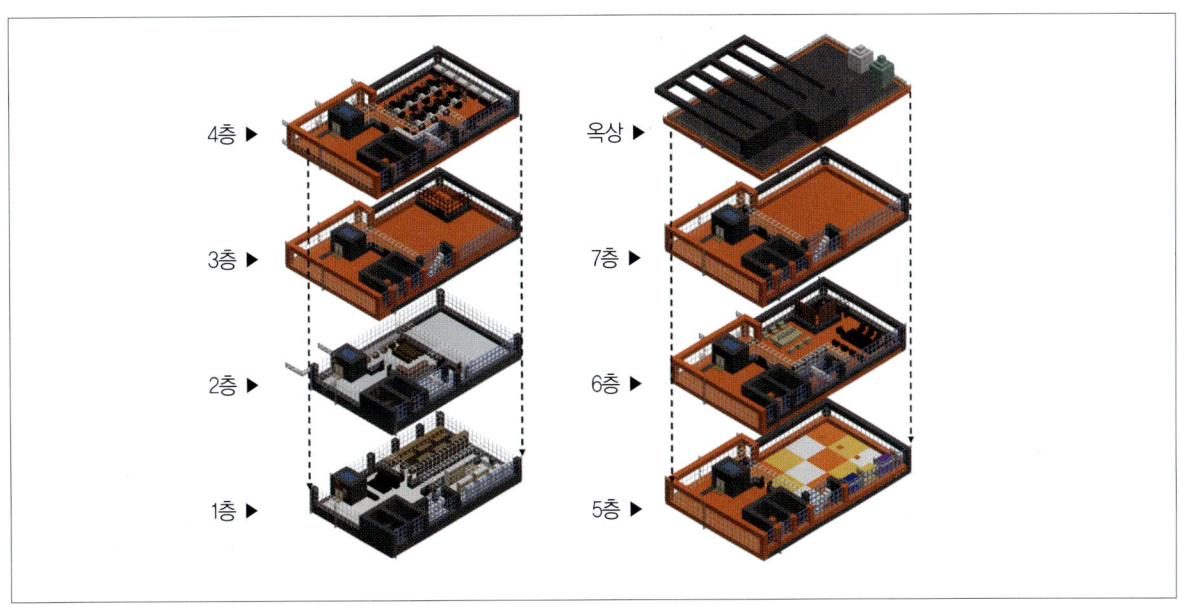

🕹 건축에 사용할 블록

주황색 콘크리트	석영 벽돌	철창	참나무 감압판	책장	주황색 카펫	아카시아나무 뚜껑문	섬록암 판	흰색 카펫
회색 콘크리트	석영 계단	짙은 참나무 문	빨간색 네더 벽돌	철 블록	노란색 카펫	프리즈머린	섬록암 계단	프리즈머린 계단
흰색 스테인드글라스	밝은 파란색 스테인드글라스 판유리	자작나무 문	가문비나무 계단	그림 액자				

TIP
건물 외벽과 바닥에 사용되는 블록과 유리의 색은 자유롭게 선택해도 됩니다. 그 밖의 블록들은 빌딩 내부를 꾸미는 데 사용할 거예요.

| 무작정 따라하기 01 | **1층과 2층 만들기** |

이번에 만들 건물의 1층과 2층은 다른 층과는 다른 형태로 되어 있어요. 가로 세로의 길이는 자유롭게 해도 되지만 오늘 함께 만들 건물은 아래와 같은 크기로 정했어요. 1층과 2층이 나머지 층의 기준이 되기 때문에 주의해서 만들어 봐요.

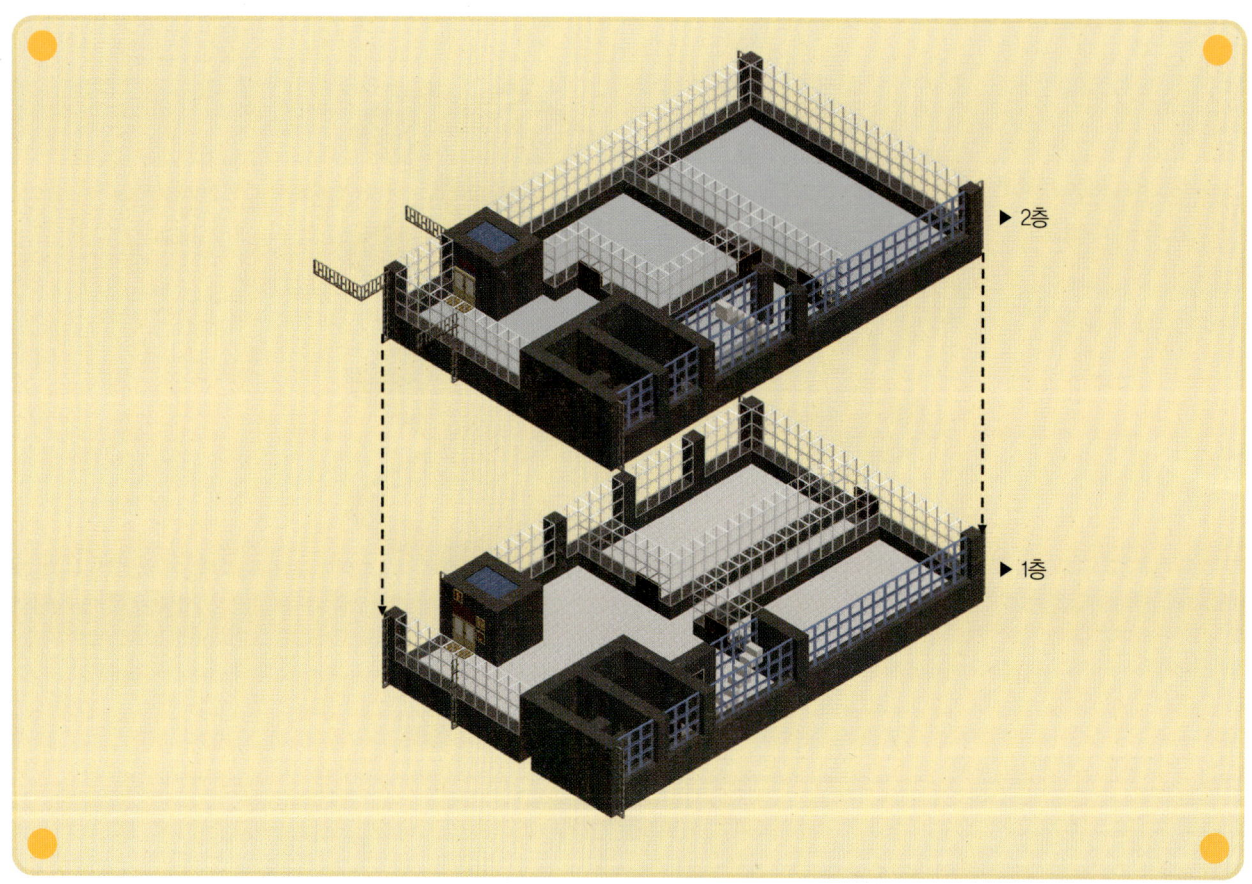

01 먼저 1층 바닥을 만들게요. 입구 쪽에 감압판과 물이 들어있는 공간에는 엘리베이터를 만들 거예요. 건물 오른편에 있는 **회색 콘크리트**로 막힌 공간은 작은 상점을 넣기 위해 공간을 나누었어요. 왼쪽 아래 공간은 화장실을 만들기 위한 공간이며, 화장실 오른쪽에는 계단을 만들기 위한 공간을 만들었어요.

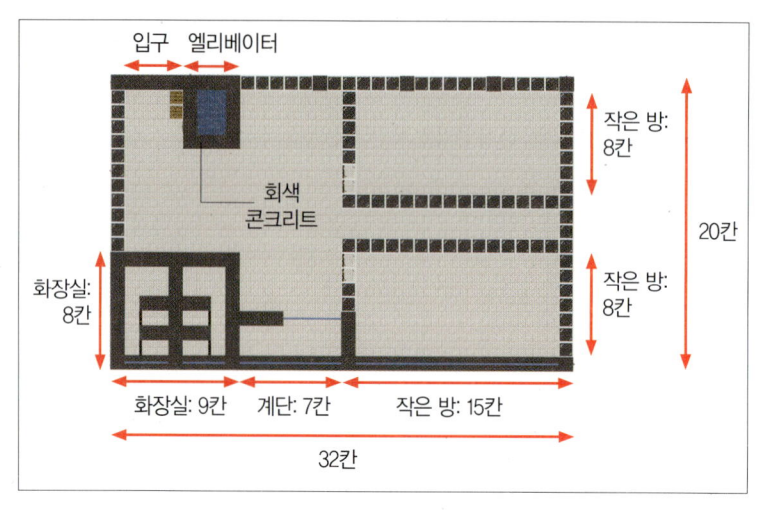

02 1층을 입구 쪽에서 정면으로 봤을 때의 모습입니다.

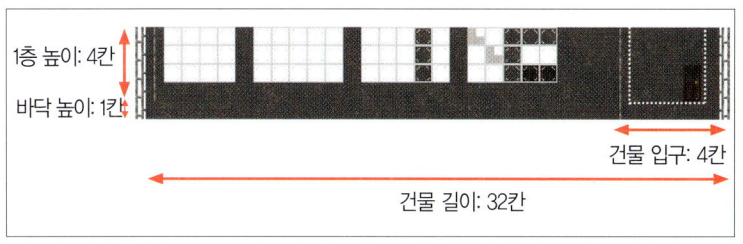

03 계단은 다음과 같이 윗층으로 갈 수 있는 공간을 확보하고, 계단이 있는 공간이 다른 공간과 분리될 수 있도록 유리벽을 세워 보세요.

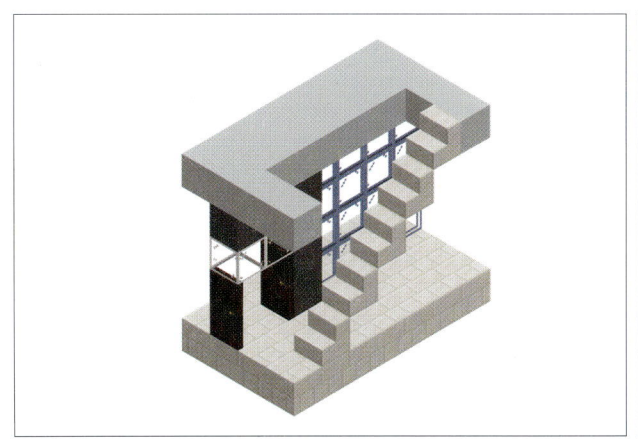
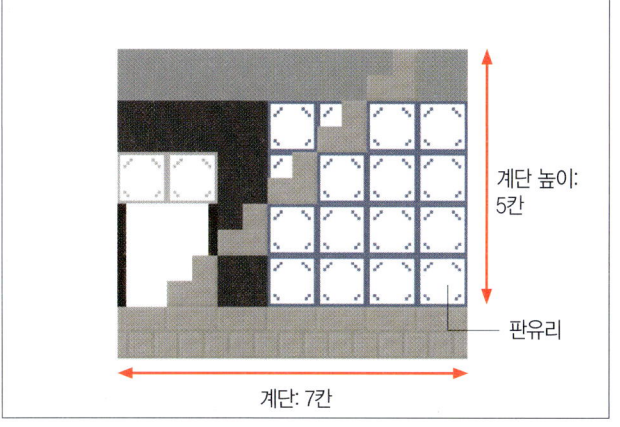

04 1층의 마지막 화장실입니다. 화장실은 아래와 같이 칸을 나누고 문을 달아주세요. 세면대를 만들기 위해 반 블록을 사용하여 용변칸 옆에 만들어요.

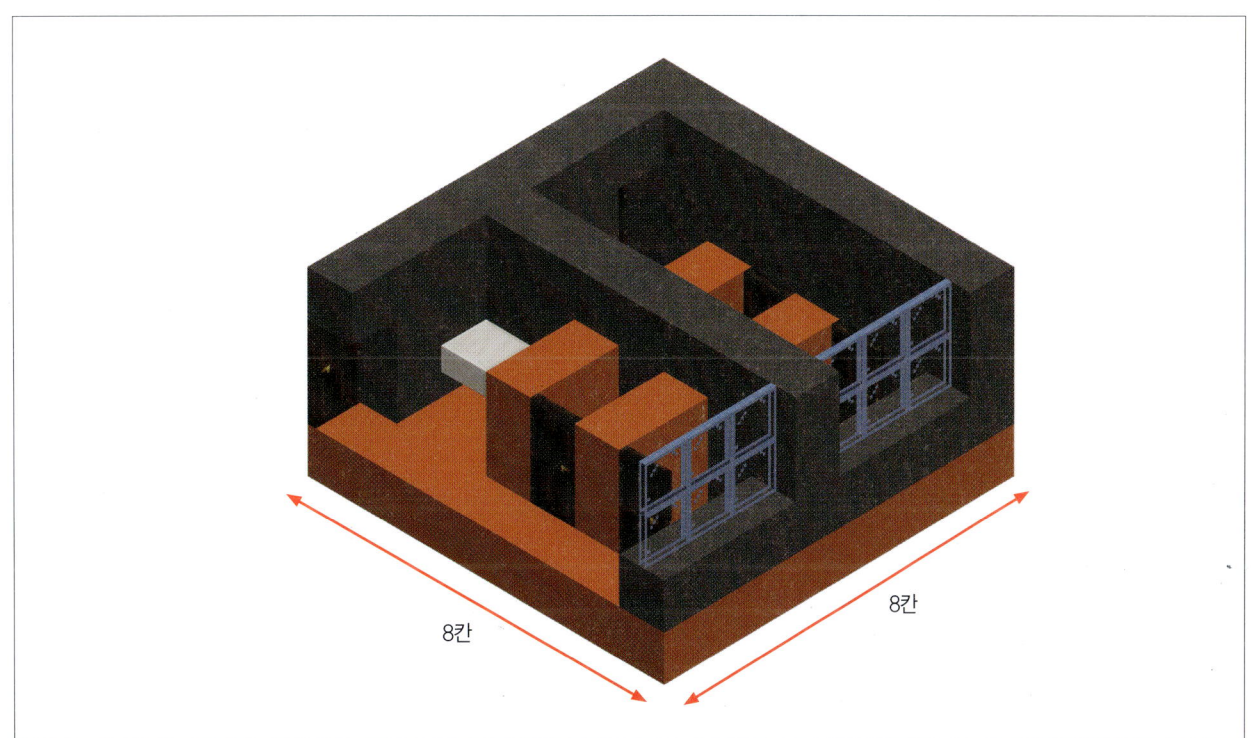

05 다음으로 2층을 만듭니다. 1층을 만들었던 방식과 마찬가지로 바닥을 꾸미고 계단을 완성하세요. 아래 그림과 위쪽에 있는 조감도를 참조하면 어떻게 꾸며야 할지 알 수 있을 거예요. 2층에도 상점을 넣기 위해 공간을 따로 만들어 보았어요.

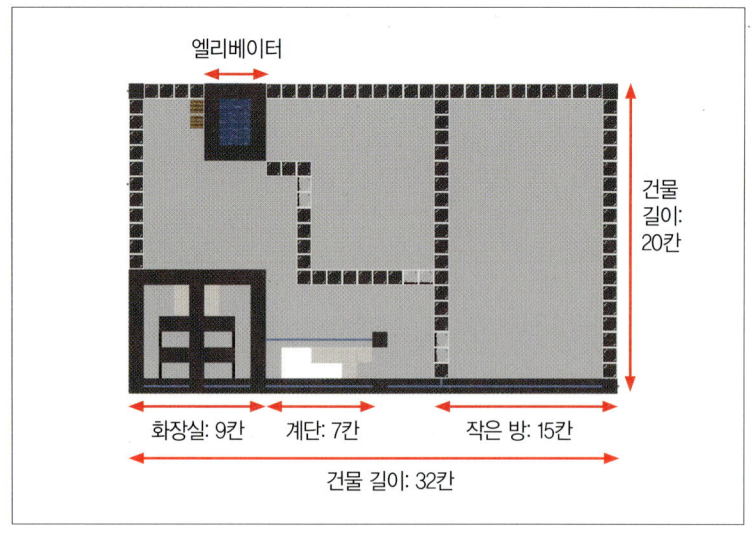

> **TIP**
> 이 책에서 방을 나누는 것은 참고만 하고 만들고 싶은 공간을 생각하며 자유롭게 나눠봐도 좋아요.

06 2층 계단은 1층 계단 옆으로 올라갈 수 있게 만들어야 해요. 1층과 2층 계단을 만드는 방법을 반복하면 3층에서 옥상까지 계단을 만들 수 있어요.

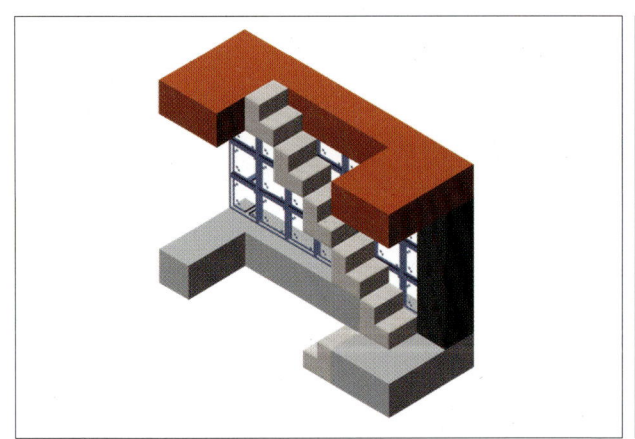
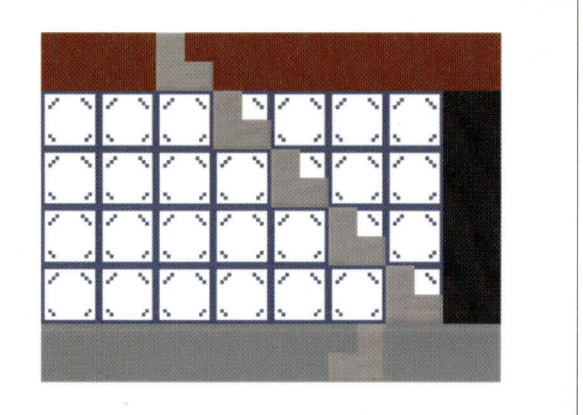

도시에 왜 빌딩을 세우나요?
빌딩이 없다면 같은 공간에 적은 공간만을 사용할 수 있어요. 그렇다면 우리가 살아가기에 더 많은 땅을 필요로 할 거예요. 시골이라면 괜찮지만 도시의 경우 많은 사람들이 살고 일하기 때문에 빌딩이 없다면 빌딩 층수 만큼의 공간이 땅으로 필요해요. 그렇다면 땅이 매우 귀해질 거예요. 하지만 같은 공간에 높은 층의 빌딩을 지을 수 있다면 그 공간만큼 땅을 아낄 수 있을 거예요.

무작정 따라하기 02 — 3층부터 7층까지 만들기

3층부터 6층까지는 1, 2층과는 다른 디자인으로 빌딩을 꾸며 보았어요. 1층 출입구 쪽에 발코니를 확장하여 좀 더 넓은 공간을 만들어 보았어요. 3~6층은 큰 방을 그대로 사용할 수 있는 사무실, PC방, 태권도 도장 등을 만들어 봅시다. 이 빌딩에 어떤 가게나 시설이 들어오면 좋을지 생각해 보면서 빌딩을 꾸며 보세요. 3층과 4층을 만드는 방법이 5~7층까지 반복되기 때문에 3, 4층 설명을 잘 보도록 해요. 내부 공간은 자유롭게 나눠 보세요.

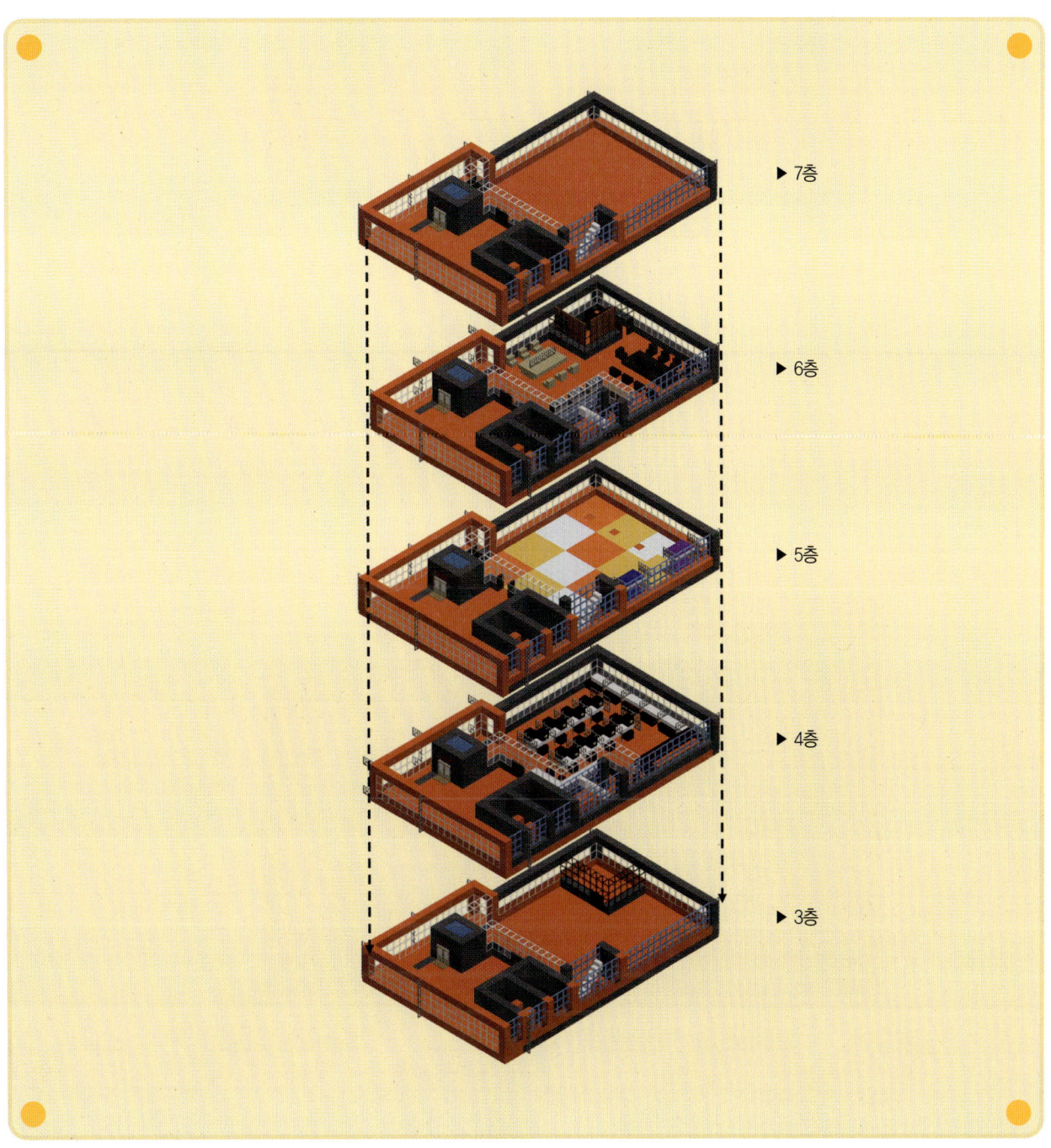

01 3층은 2층 건물 위에 발코니가 더 붙은 구조로 만들었어요. 만드는 방식은 1, 2층과 비슷하기 때문에 금방 꾸밀 수 있을 거예요. 방 안의 공간을 나누는 것은 자유롭게 해 주세요.

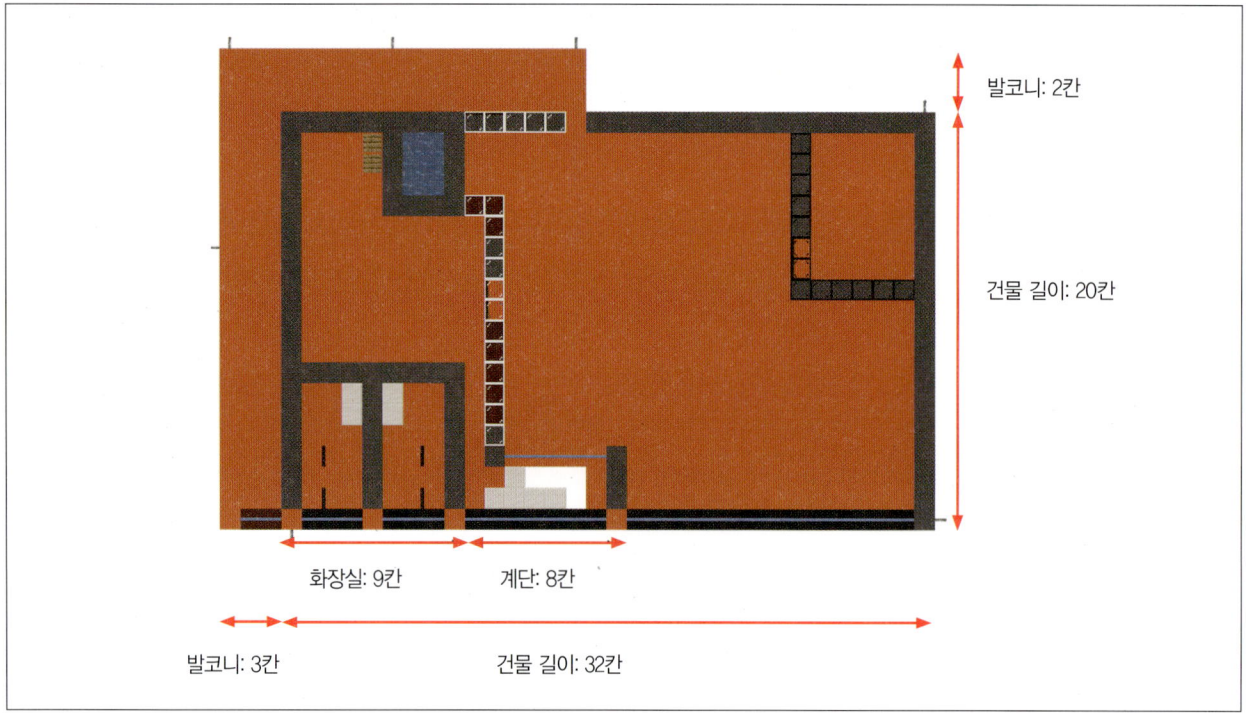

02 다음으로 4층이에요. 4층은 3층보다 한 칸 안으로 들어왔다는 점 외에는 크게 다른 점은 없어요. 만약 3층 추가 공간을 한 칸 더 늘리고 4층을 한 칸 줄인다면 3층에 야외 발코니를 만들 수도 있을 거예요.

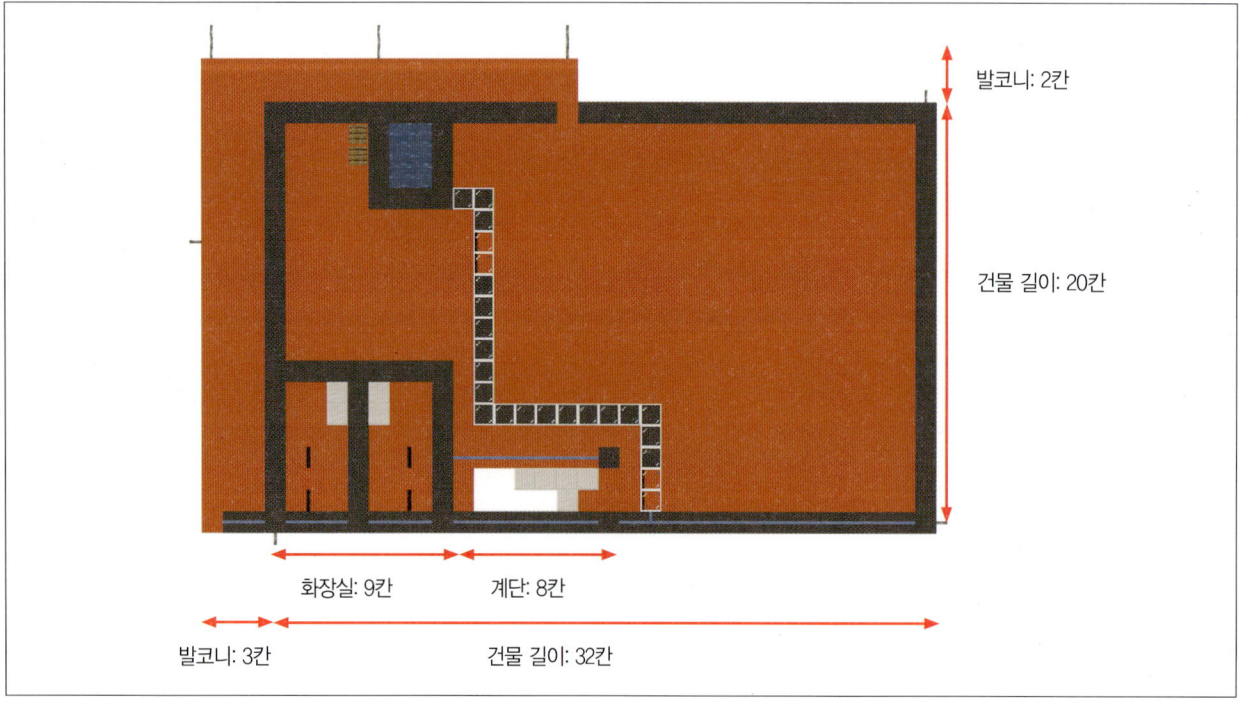

03 나머지 5층부터 7층은 3층과 4층을 만드는 방식을 그대로 이용하세요. 각 층의 공간은 들어갈 가게와 시설을 고려하여 나눠 주세요.

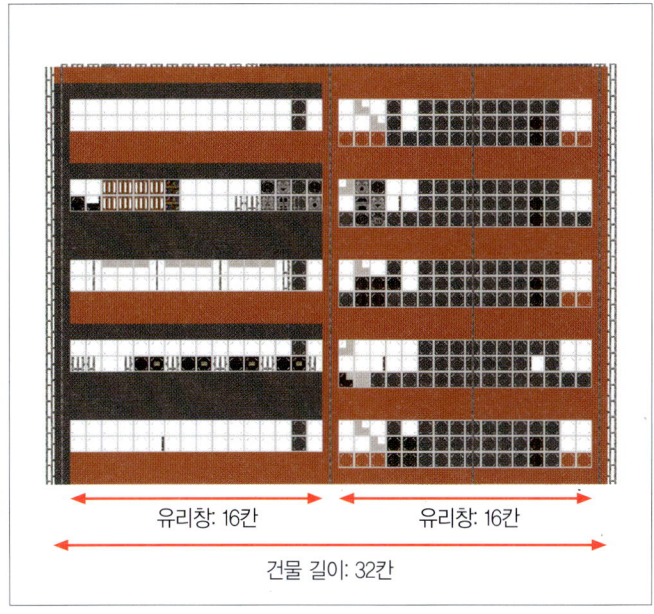

유리창: 16칸　　유리창: 16칸
건물 길이: 32칸

▲ 건물의 정면

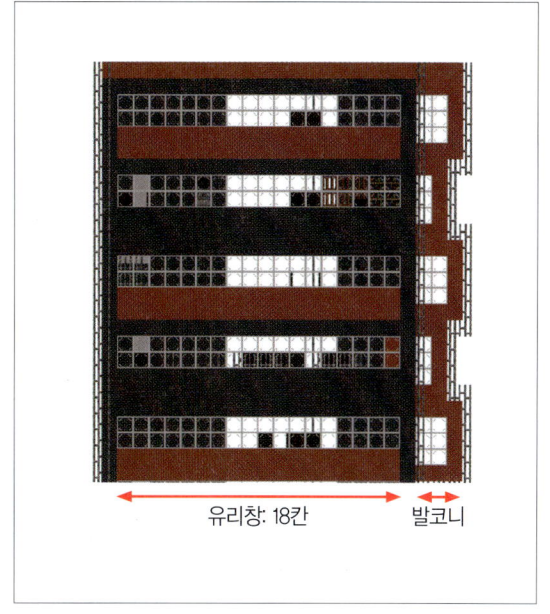

유리창: 18칸　발코니

▲ 건물의 옆면

궁금해요 | 빌딩은 왜 같은 구조가 반복되는 건가요?

빌딩과 아파트 모두 아래층의 구조가 위층에도 반복되는 경우가 많아요. 그 이유는 빌딩을 지을 때 중요한 기둥, 시설들의 뼈대를 세우고 그 뼈대를 바탕으로 바닥과 벽 구조를 만들기 때문이에요. 아래층과 위층에 반복되는 구조물은 빌딩을 단단하게 만들어 주는 구조물이라고 할 수 있어요. 따라서 빌딩의 벽이나 기둥은 함부로 부수지 못하고 부술 수 있는 벽과 기둥인지 확인을 한 후에 부술 수 있답니다.

| 무작정 따라하기 03 | **옥상과 건물 외관 꾸미기** |

실제 건물 옥상에 사람들이 쉴 수 있는 휴게 공간을 만들거나 에어컨 실외기, 급수탑, 엘리베이터 기계실 등을 설치하는 경우가 있습니다. 이 책에서 만드는 건물 옥상도 자유롭게 꾸며 보세요.

01 옥상은 외부에서 볼 때 눈에 띌만한 구조물을 만들어 보았습니다. 빈 공간에 태양광 발전 시설을 만든다면 친환경적인 느낌을 줄 수도 있을 거예요. 옥상에서 사람이 떨어지지 않도록 **철창**을 이용하여 울타리를 만들어 주세요.

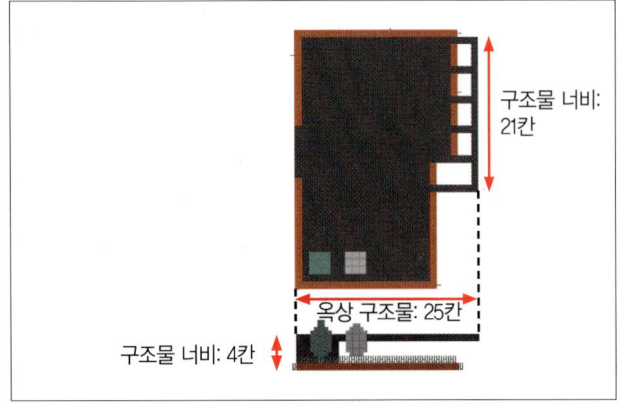
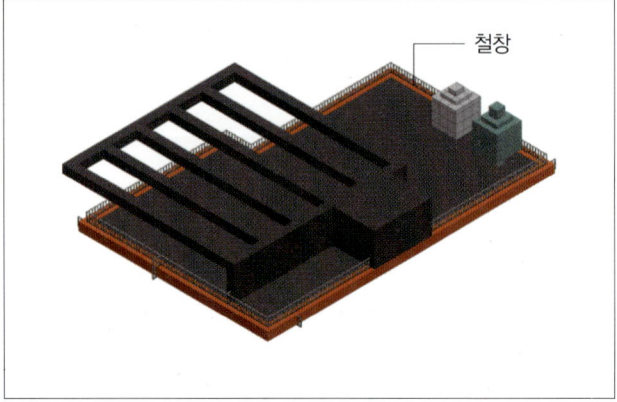

02 옥상에 급수탑과 냉각탑도 만들어요. 급수탑은 파란색과 가까운 블록을 사용하는 게 좋아요.

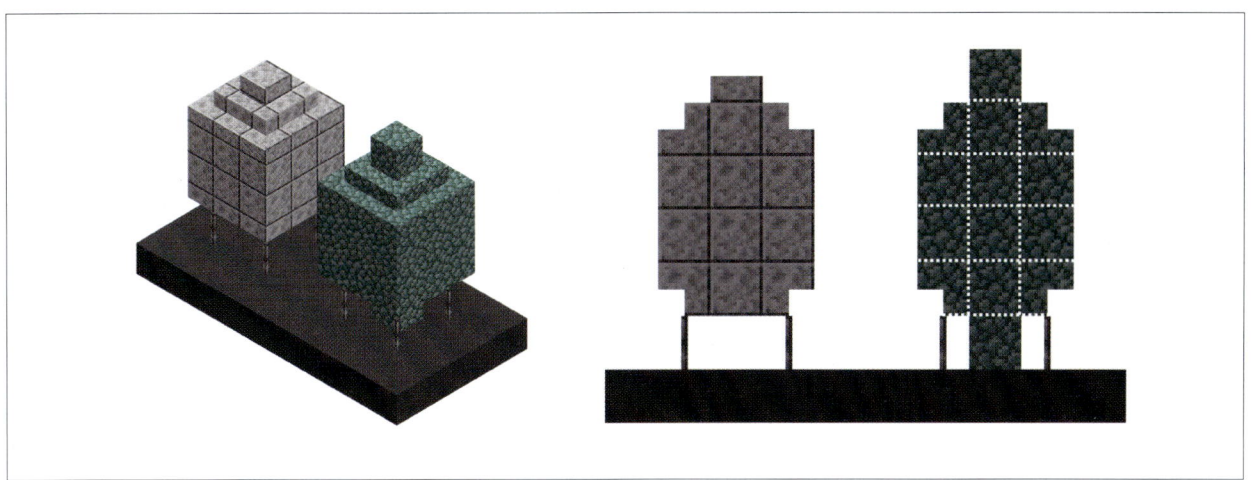

무작정 따라하기 04 | 건물 내부 꾸미기

이제 마지막으로 건물 내부를 꾸며 보아요. 건물 내부는 여러분이 원하는 시설을 넣어 꾸미세요.

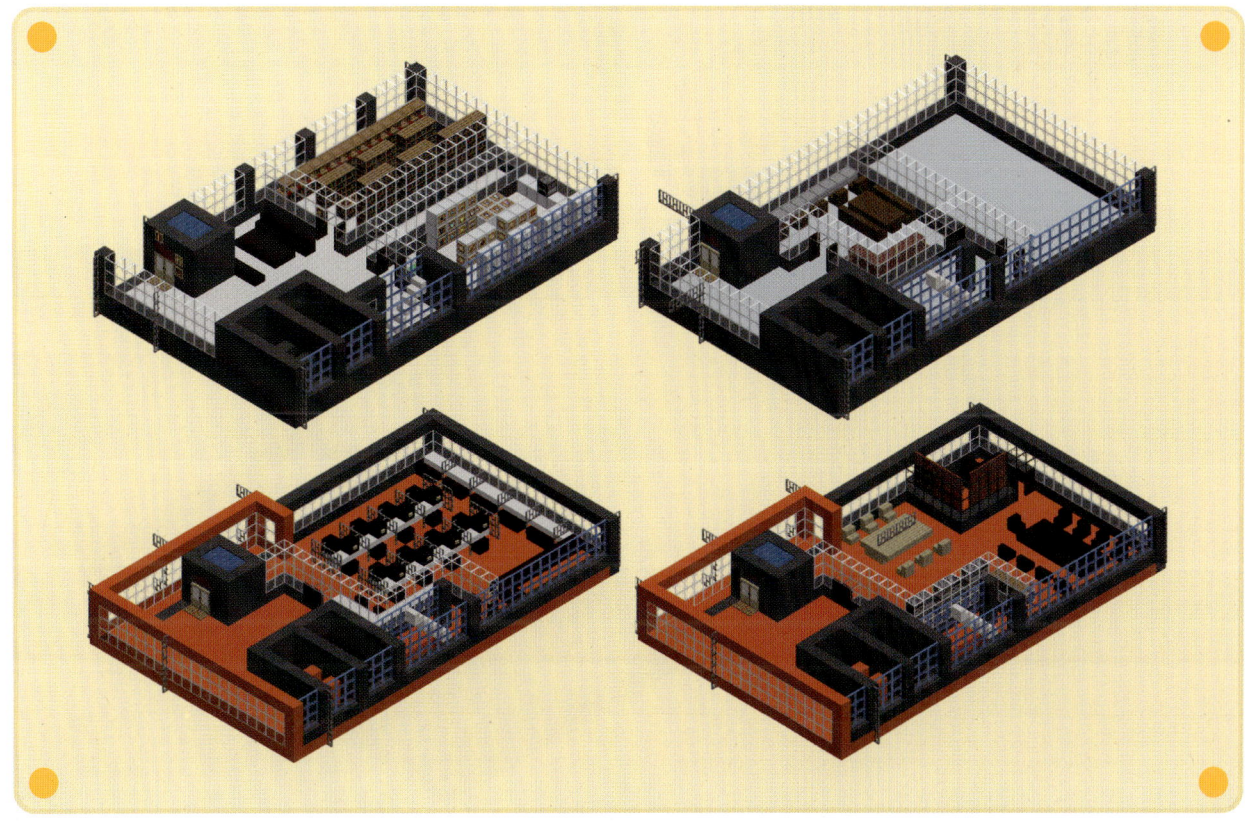

01 1층에는 편의점, 서점을 만들어 보았어요. 편의점은 **철 블록**을 이용하여 가판대와 냉장고를 만들었고 **아이템 액자**를 이용하여 물건을 전시했어요.

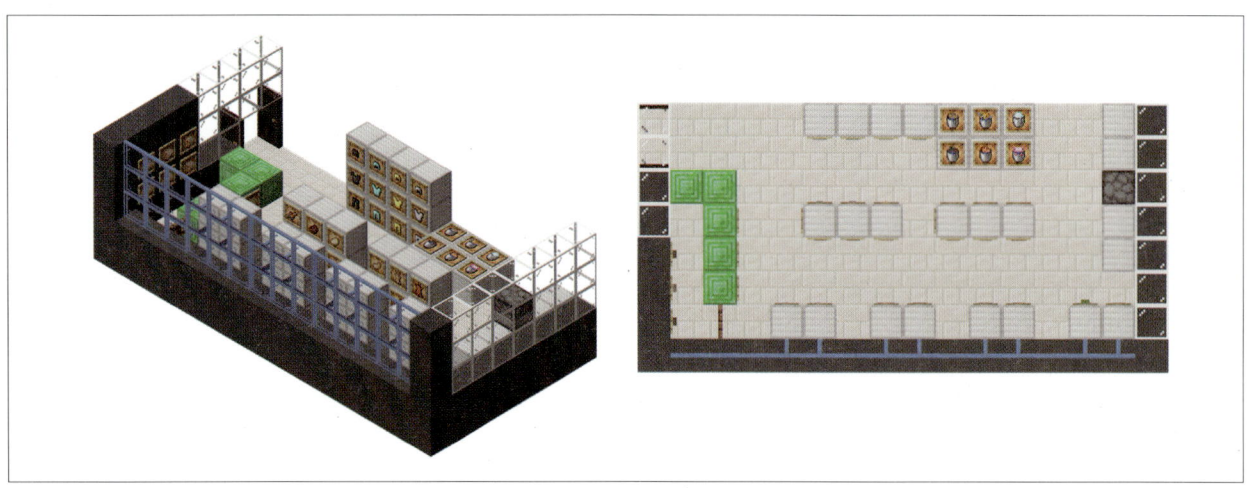

02 서점은 책 블록과 독서대를 이용하여 꾸몄어요. 만약 서점 공간을 더 크게 만들었다면 앉아서 책을 볼 수 있는 공간을 만들 수도 있을 거예요.

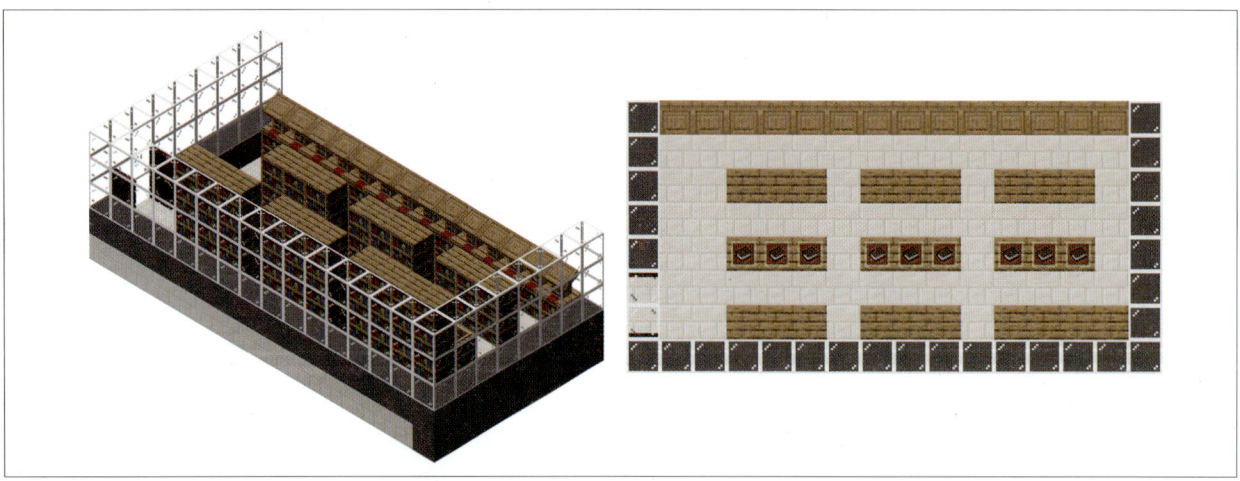

03 2층은 카페를 만들어 보았어요. 옆에 있는 큰 공간에는 어떤 시설이 들어오면 좋을지 여러분도 생각하고 넣어 보세요.

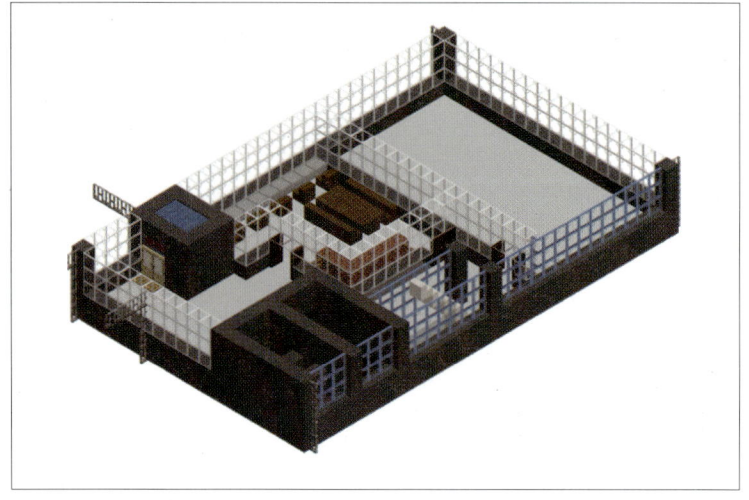

04 다음은 PC방을 만들어 보았어요. 컴퓨터는 그림 액자를 이용하여 모니터를 만들었어요.

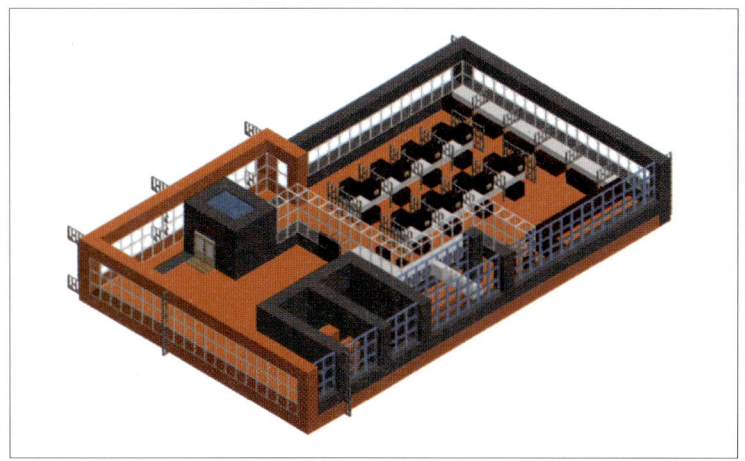

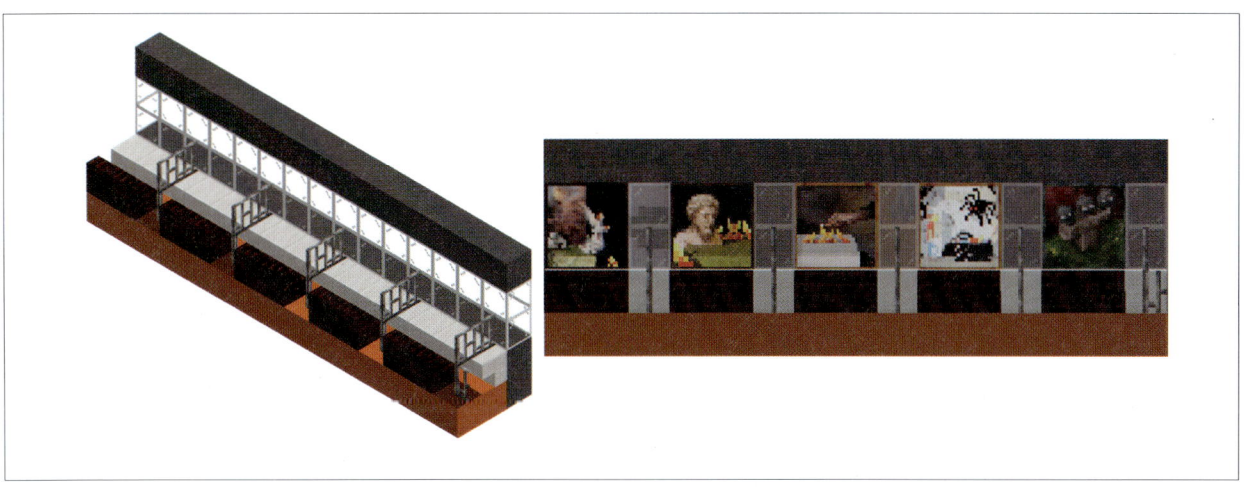

05 넓은 공간을 활용하여 태권도 도장을 만들어 보았어요. 갑옷 거치대에 가죽 갑옷을 입혀 연습용 인형을 만들었고, 바닥에는 **주황색 카펫**, **노란색 카펫**, **흰색 카펫**을 깔아 도장의 느낌을 주었어요.

06 마지막으로 사무실을 만들어요. 사무실은 그 안에 작은 별도 공간을 만들어 사장실을 만들었어요. 사무실에 사용할 책상은 **계단** 블록과 **철창**을 이용하여 파티션을 나누어요. 그림 블록을 사용한다면 컴퓨터 모니터 모양을 만들 수 있어요.

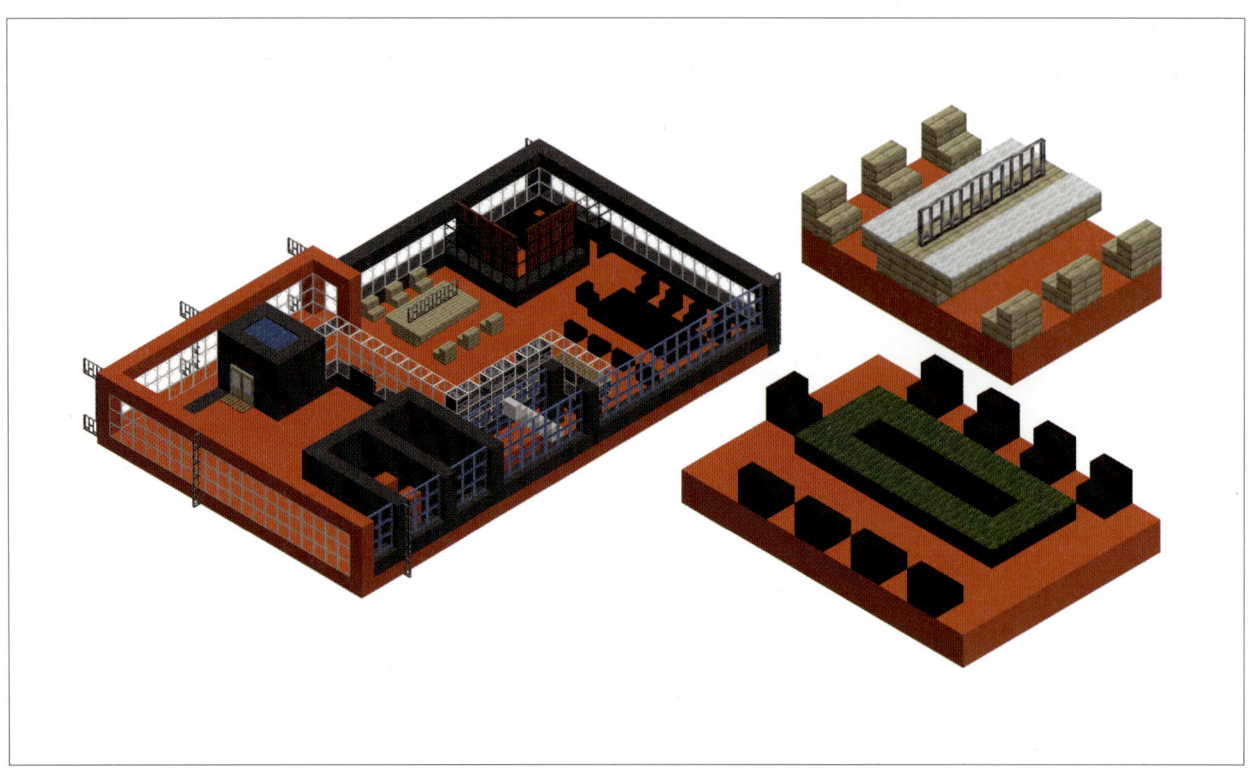

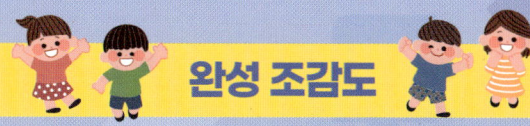

완성 조감도

고층 빌딩의 앞면과 뒷면

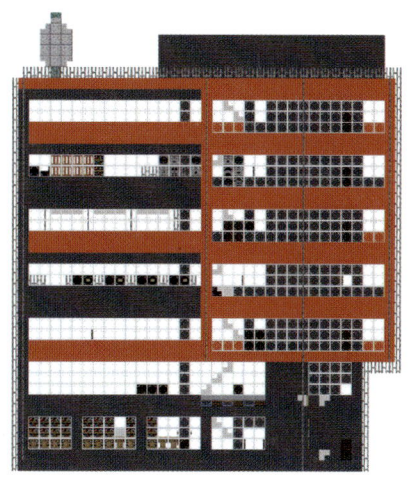 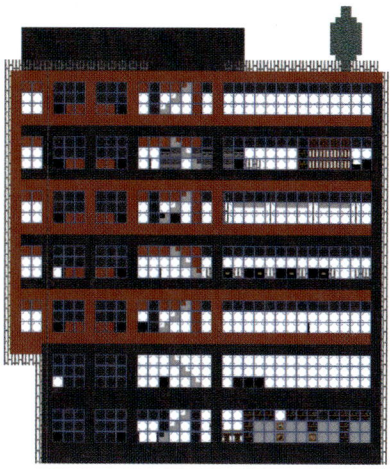

고층 빌딩의 왼쪽과 오른쪽

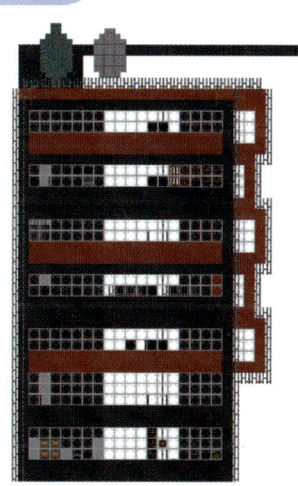 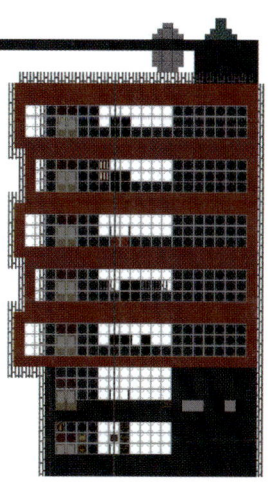

고층 빌딩의 옥상

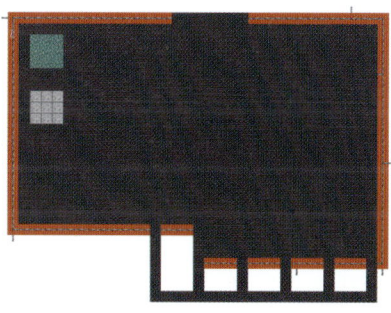

DAY 16

자연 속에서 놀면서 배우는
숲속 학교

학교는 열심히 공부하는 공간이면서 다양한 놀이를 할 수 있고, 편하게 쉴 수도 있는 곳이지요. 마인크래프트 속 숲속 학교는 학교의 안과 밖을 구분하는 담과 문을 없애고 자연 속에서 친구들과 어울리며 배울 수 있는 공간으로 만들어 보았어요. 큰 나무를 타고 올라가면서 놀고, 힘들면 나뭇가지에 앉아 편하게 쉬어 보세요. 그리고 자연을 배경으로 탁 트인 교실에서 친구들과 함께 즐거운 배움의 시간도 가져 보세요.

난이도 ★★★★☆ **소요 시간** 180분

1 건축 방법 미리보기

숲속 학교는 중앙 나무 놀이터를 중심으로 건축물들이 둘러싸고 있어요. 대칭으로 위치하는 건축물들은 비슷하면서도 조금씩 다른 모습을 하고 있어요.

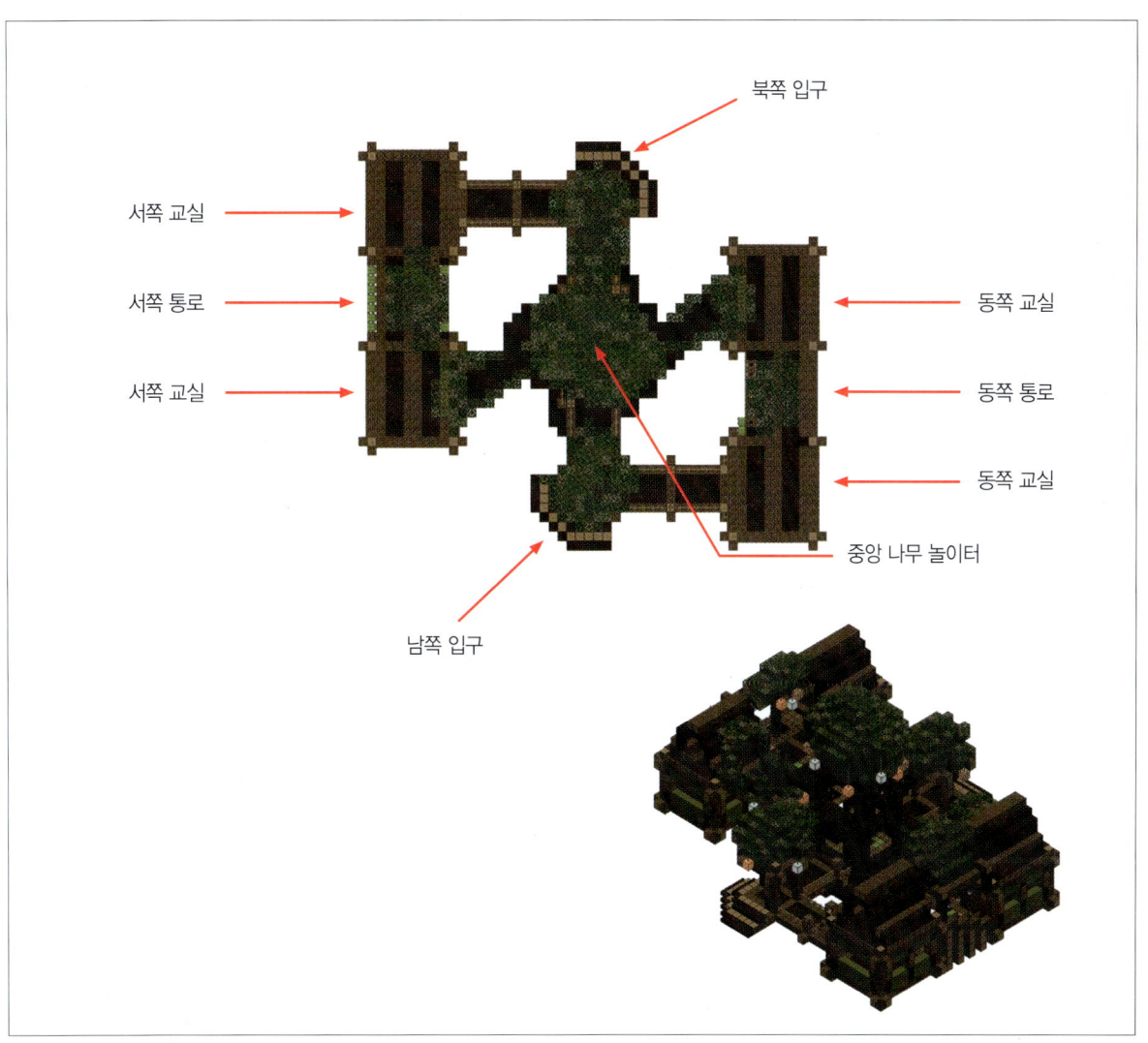

건축물 제작에 사용할 블록

잘린 참나무	짙은 참나무 원목	짙은 참나무 판자	연두색 테라코타	짙은 참나무 판	참나무 뚜껑문	참나무 울타리	모닥불	철창
참나무 잎	정글나무 잎	덩굴	큰 드립리프	랜턴	영혼의 불 랜턴	발광석	쉬룸라이트	바다 랜턴

| 무작정 따라하기 01 | **바닥면 만들기** |

이번에 만들 바닥면은 숲속 학교의 바탕이 되는 중요한 부분이에요. 이 부분이 잘못되면 앞으로 만들 건축물의 크기와 위치가 달라지므로 주의하며 블록을 설치하세요.

01 바닥면은 땅으로부터 한 칸 위에 만드세요. 그리고 모서리마다 **잘린 참나무**를 세워 바닥면을 지지해 주세요. 건축물이 정확한 대칭이 되도록 아래 그림을 참고하여 칸 수를 잘 맞춰 만드세요.

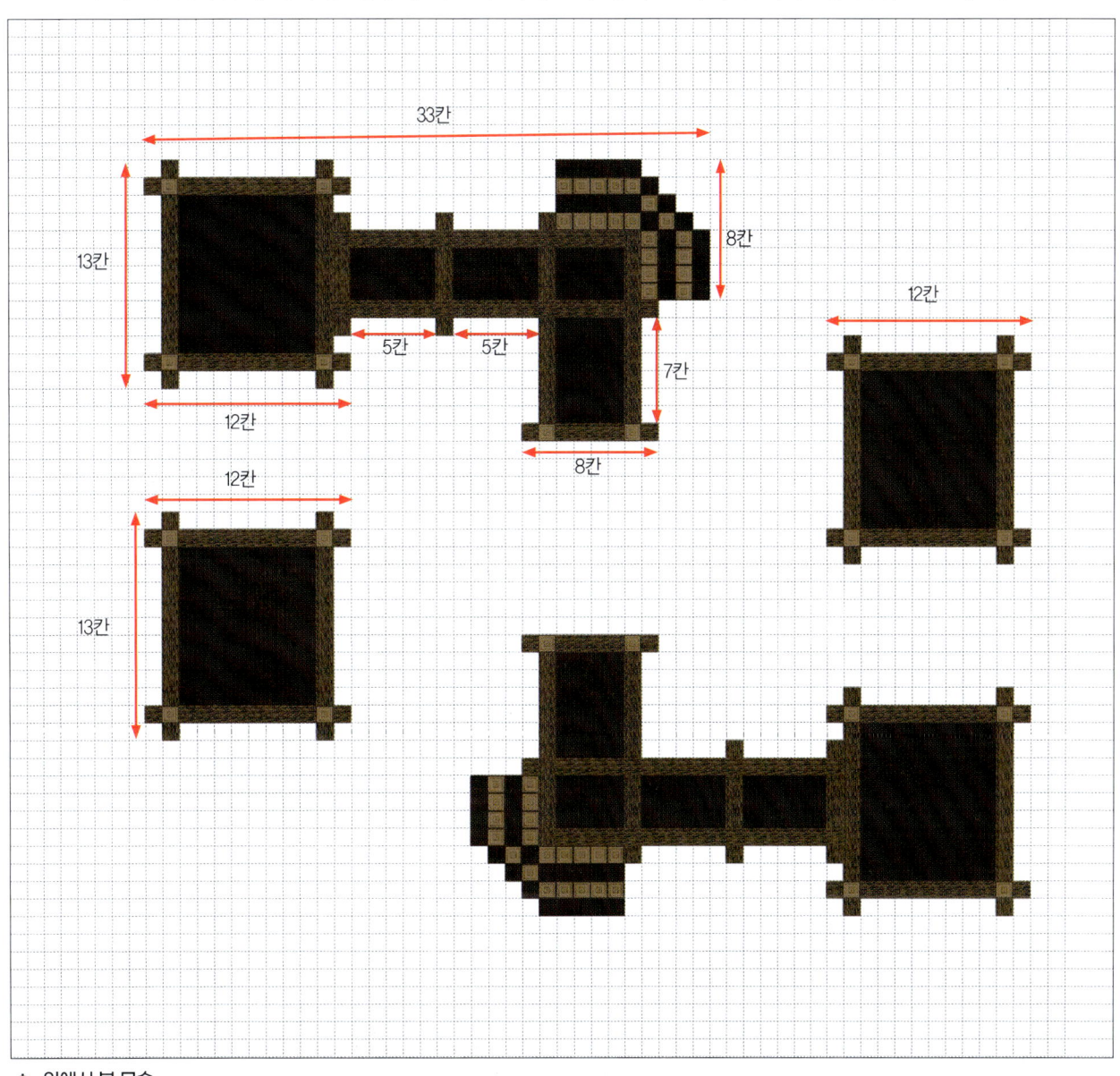

▲ 위에서 본 모습

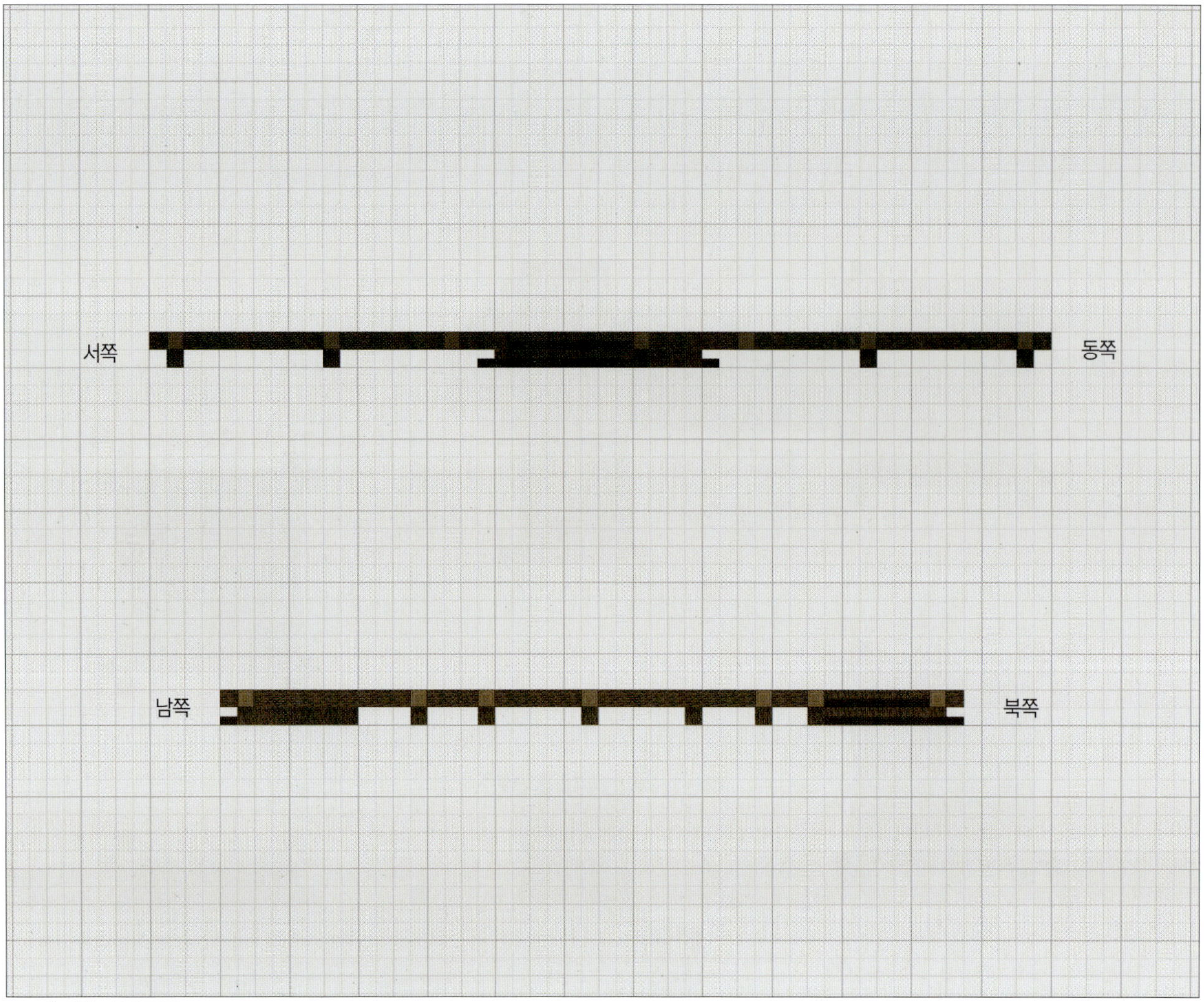

서쪽　　　　　　　　　　　　　　　　　동쪽

남쪽　　　　　　　　　　　　　　　　　북쪽

△ 측면에서 본 그림

02 계단은 위와 아래쪽에 있는 입구에 만드세요. **잘린 참나무, 짙은 참나무 판, 짙은 참나무 판자**로 경사가 완만한 계단을 만드세요.

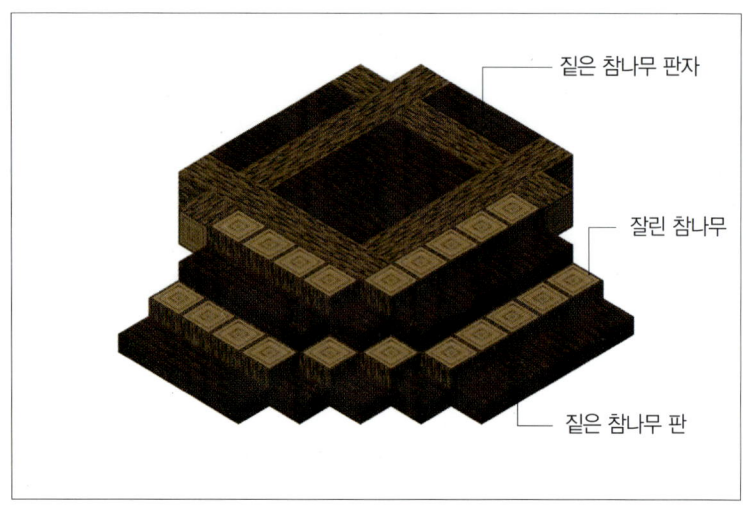

짙은 참나무 판자

잘린 참나무

짙은 참나무 판

212

| 무작정 따라하기 02 | **입구 만들기** |

나무로 만들어진 학교 안으로 들어가는 입구를 만들어 보겠습니다. 입구를 만들 때는 기둥과 지붕을 만들고 조명으로 실내를 밝혀줄 거예요.

01 입구는 북쪽과 남쪽 두 곳에 있어요. 기둥 세 개를 만들고 기둥 위에 지붕을 만드세요.

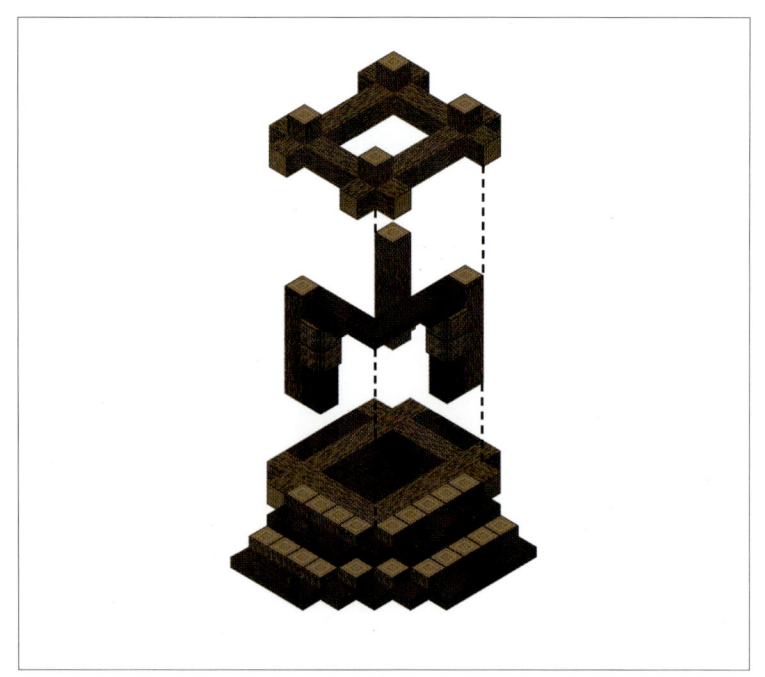

02 입구 기둥에는 조명이 있어요. 울타리 위에 **랜턴**을 놓고 주변에 **참나무 뚜껑문**을 설치하세요.

참나무 뚜껑문
랜턴
짙은 참나무 판자

03 **참나무 잎**을 활용하여 나무에 나뭇잎을 올리고 빛이 나는 블록인 **발광석**과 **쉬룸라이트**를 **철창**으로 연결해 그림과 같이 나무에 매달린 조명을 만드세요.

참나무 잎
발광석
쉬룸라이트

무작정 따라하기 03 | 나무 놀이터 만들기

숲속 학교의 가운데에 우뚝 서있는 나무 놀이터를 만들어 보겠습니다. 나무 놀이터를 만들 때에는 '무작정 따라하기 02'에서 만든 입구처럼 나무 기둥을 만들고 조명을 달아서 꾸며 볼 예정입니다.

01 뿌리 부분을 먼저 넓게 만들고 그 위로 점점 좁아지는 기둥을 올려 주세요. 나무 놀이터는 2층으로 되어 있으며 각 층마다 네 방향으로 들어가는 입구가 있어요.

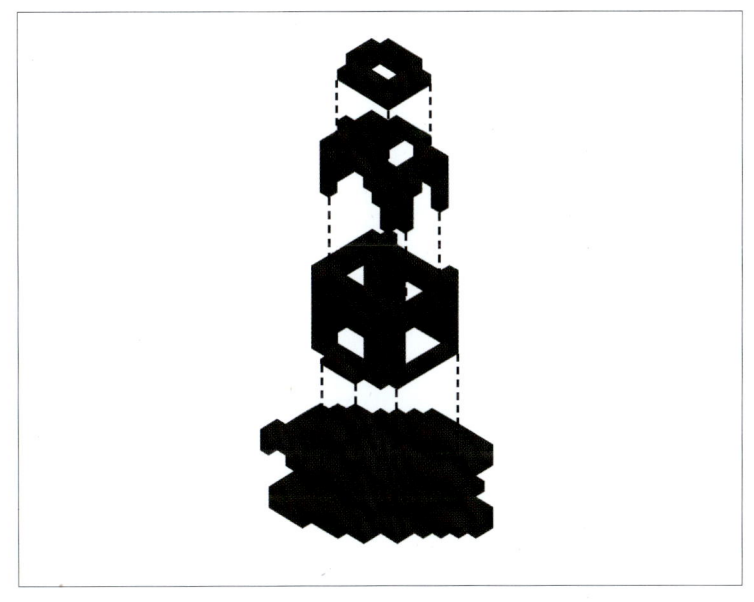

02 가운데 바닥부터 꼭대기까지 올라가는 나무 기둥을 만든 다음 **덩굴**을 설치하여 기둥을 타고 올라갈 수 있도록 하세요. 그리고 각층 바닥에는 **참나무 뚜껑문**을 설치하고 조명으로 **쉬룸라이트**와 **큰 드립리프**로 마무리하세요.

쉬룸라이트

참나무 뚜껑문

큰 드립리프

03 **참나무 잎**을 활용하여 나무 놀이터의 나무에 나뭇잎을 올리고 빛이 나는 블록인 **쉬룸라이트**와 **바다 랜턴**을 **철창**으로 연결해 아래 그림과 같이 나무에 매달린 조명을 만드세요.

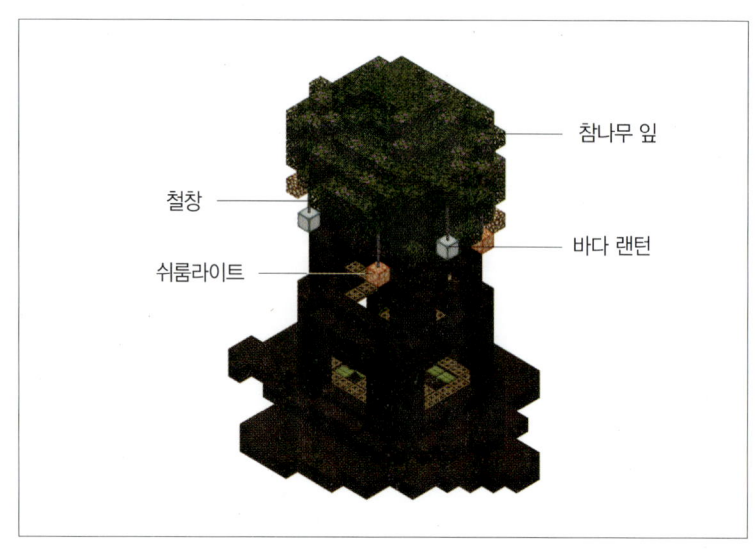

참나무 잎

철창

바다 랜턴

쉬룸라이트

| 무작정 따라하기 04 | **서쪽 교실 만들기** |

두 개의 교실을 만들고 그 사이에 나무 통로를 만들어 왼쪽과 오른쪽 교실이 복도로 이어지도록 만들어 봅시다.

01 먼저 나무 통로 아래쪽에 있는 교실을 만들어 볼게요. 2층 바닥면의 뚫린 곳은 계단이 설치되는 곳이니 참고하세요.

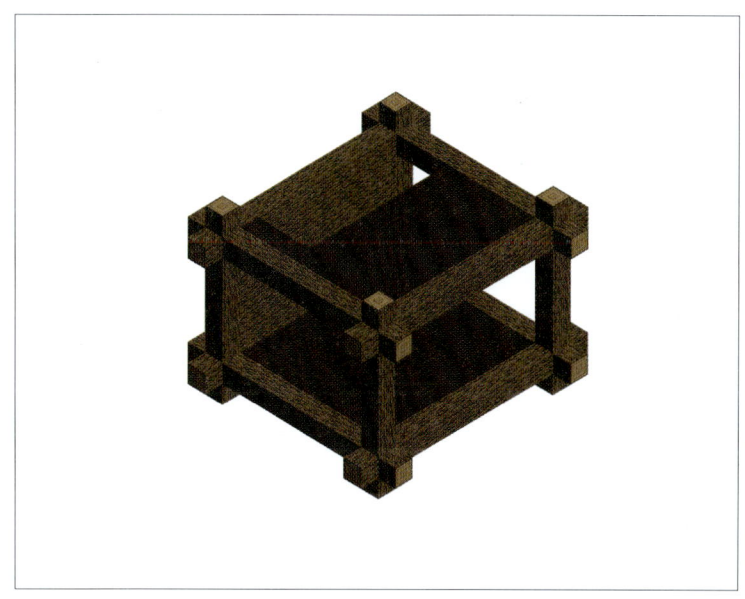

DAY 16 숲속 학교 ■ **217**

02 나무 통로가 있는 방향으로 올라가는 계단을 만드세요.

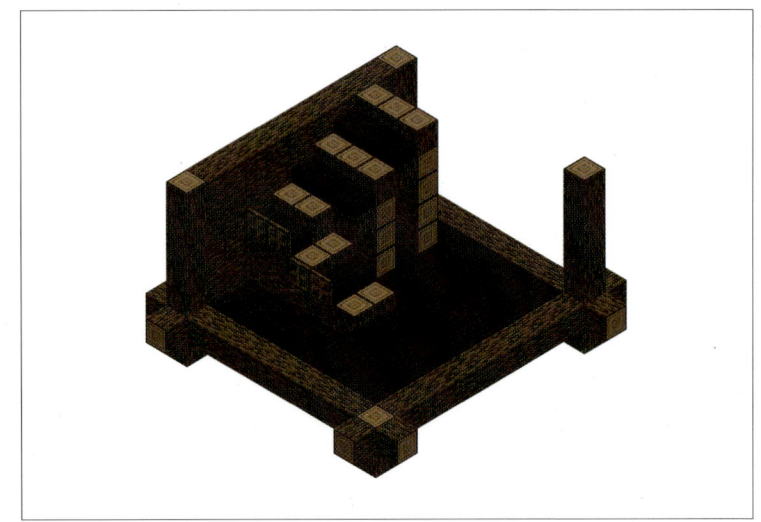

03 1층의 나머지 벽은 **콘크리트 블록**과 **목재 블록**으로 만들고 사이에 조명을 설치하세요. 조명은 '무작정 따라하기 02'의 입구에서 만든 조명과 같은 방법으로 만들면 돼요. 2층 난간과 계단 주변에는 **참나무 뚜껑문**으로 울타리를 표현하세요.

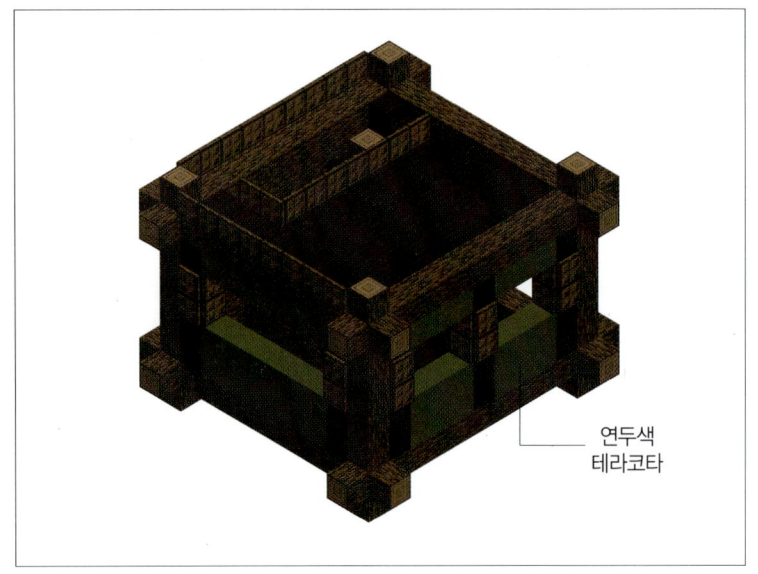

연두색 테라코타

04 03번 과정에서 만든 네 개의 나무 기둥과 화살표로 표시한 부분이 만나도록 지붕을 만드세요.

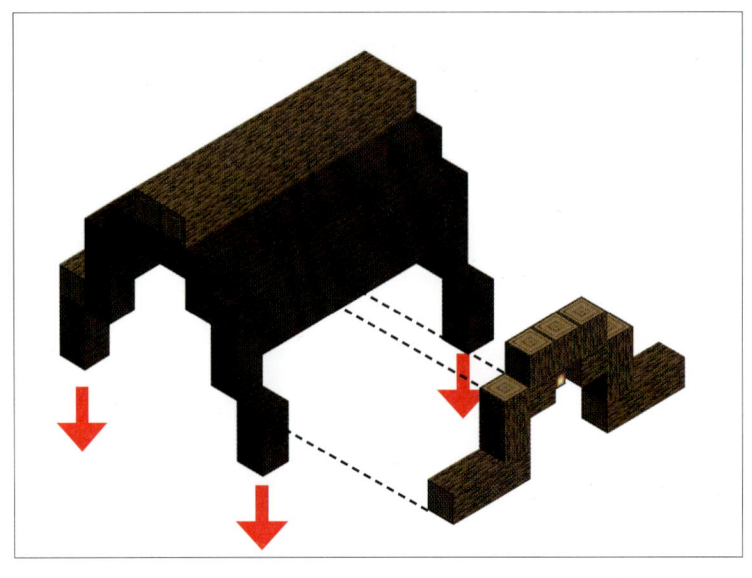

05 오른쪽 교실과 왼쪽 교실은 비슷하지만 조금 달라요. 1층의 동쪽 면은 입구로 연결되는 부분으로 벽면을 만들지 않아요. 지붕은 닫힌 모습으로 만드세요.

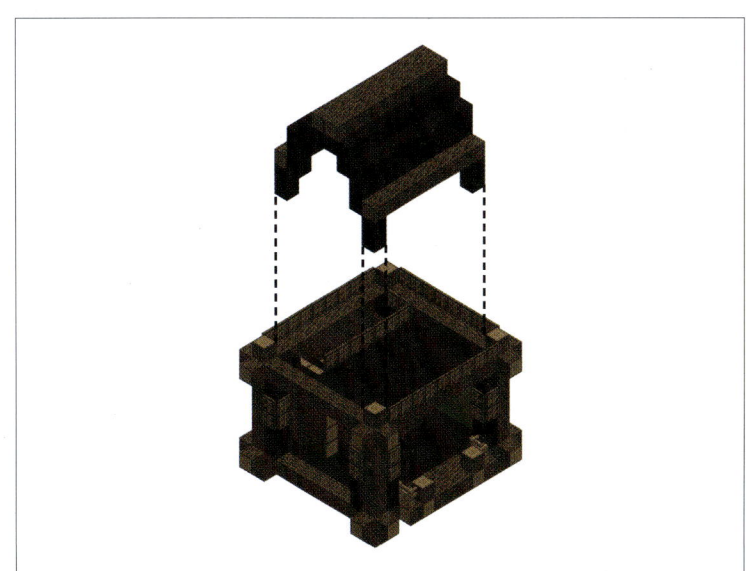

06 두 개의 교실을 잇는 나무 통로를 만들어 볼게요. **짙은 참나무 원목**을 바닥에 설치해 뿌리를 표현하고 가운데 나무 기둥을 만드세요. 기둥 위로 지붕을 올리세요. 지붕의 높이는 양 옆에 있는 집의 지붕과 같아요. **참나무 뚜껑문**과 **모닥불**로 만든 다리는 양 옆의 집을 이어주는 길입니다.

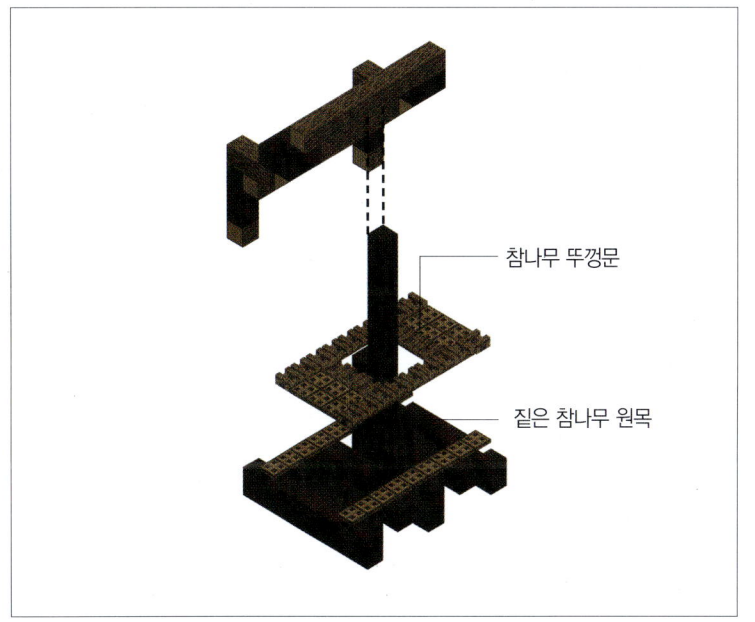

참나무 뚜껑문

짙은 참나무 원목

07 지붕의 뒤쪽 모습이에요. 표시된 부분은 양 옆에 위치한 교실의 기둥과 이어지는 부분이에요.

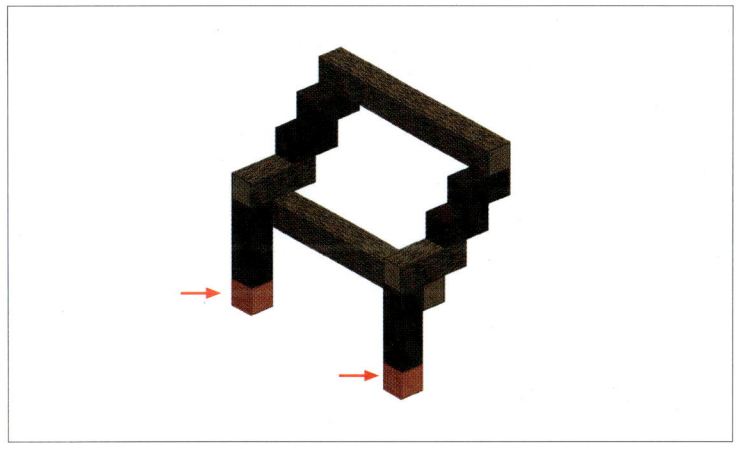

08 **참나무 잎** 블록을 활용해 지붕 위에 나뭇잎을 올리고, 조명을 설치하세요. 나무 주변을 **덩굴**과 **큰 드립리프**로 장식하여 마무리하세요.

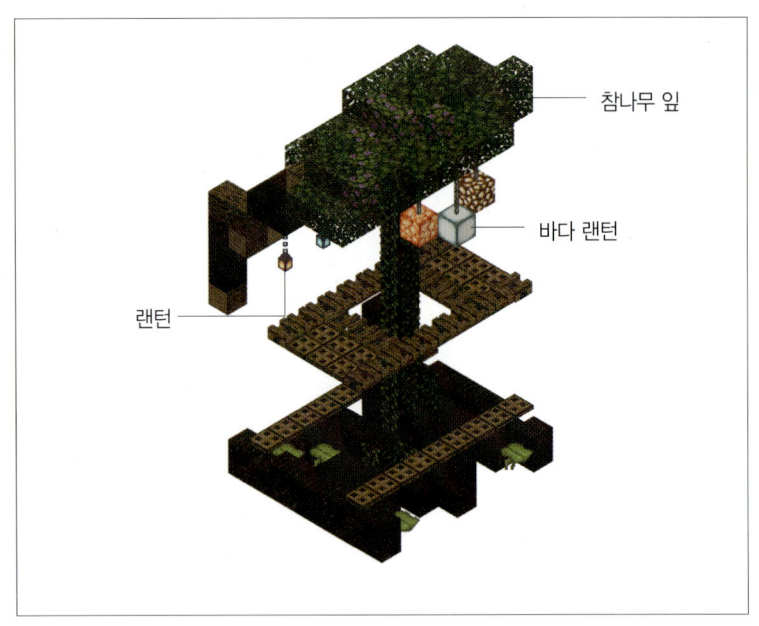

무작정 따라하기 05 | 동쪽 교실 만들기

동쪽 교실은 중앙 나무 놀이터를 기준으로 서쪽 교실과 대칭 위치에 있어요. 교실은 서쪽 교실과 같은 방법으로 만드세요.

01 교실 사이 통로에는 1층에서 내려오는 계단과 2층으로 올라가는 계단이 있어요.

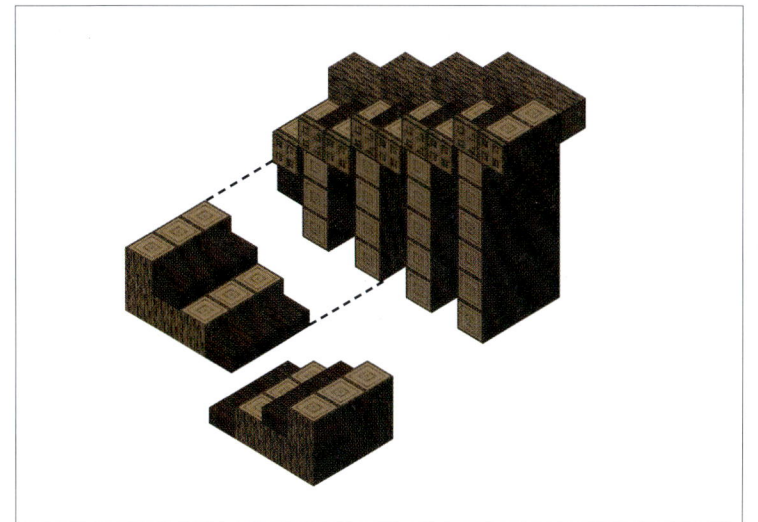

02 2층으로 가는 계단이에요. **짙은 참나무 판**과 **잘린 참나무**로 완만하게 만들고 **참나무 뚜껑문**으로 옆쪽을 장식하세요.

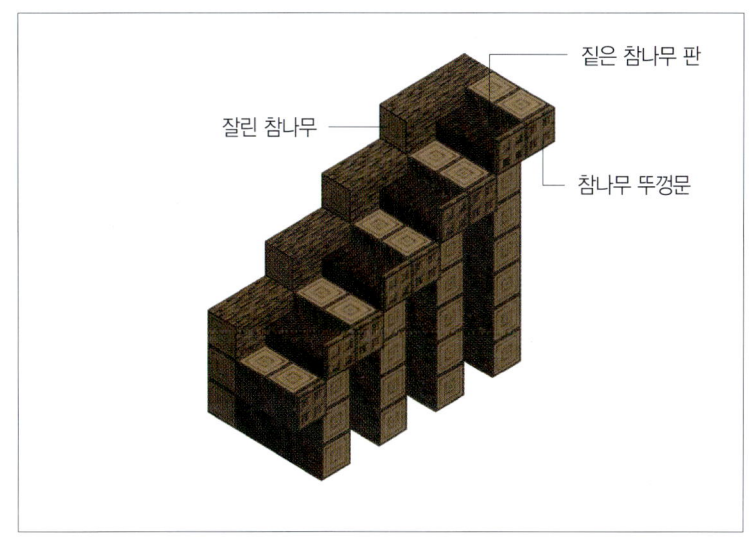

03 2층을 잇는 다리와 지붕이에요. 다리는 **짙은 참나무 판**과 **모닥불**로 바닥을 만들고 **참나무 뚜껑문**으로 울타리를 만드세요. 지붕은 서쪽 나무 통로에서 만든 지붕과 같은 방법으로 만드세요. 표시된 부분은 양 옆에 위치한 교실의 기둥과 이어지는 부분이에요.

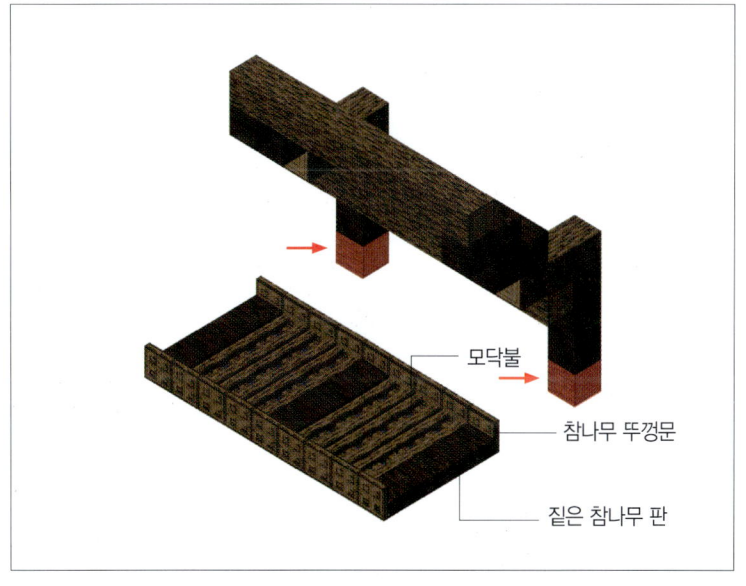

04 나뭇잎을 지붕 위로 올리고 매달린 조명을 설치하세요. 계단 주변에는 **큰 드립리프**로 마무리하세요.

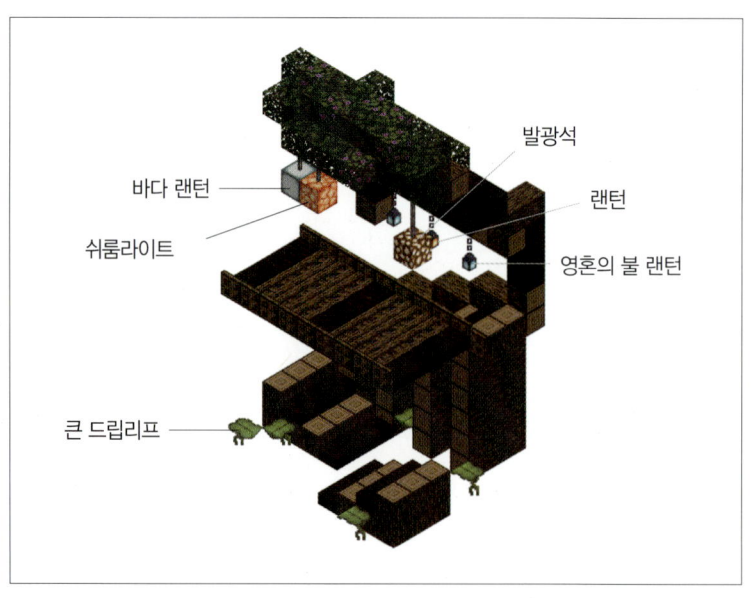

> **무작정 따라하기 06**   **건축물 연결하기**

중앙 나무 놀이터에서 입구 지붕으로 이어지는 나뭇가지와 나뭇잎을 만드세요.

01 입구에서 연결되는 길은 울타리와 조명을 설치해서 장식하세요.

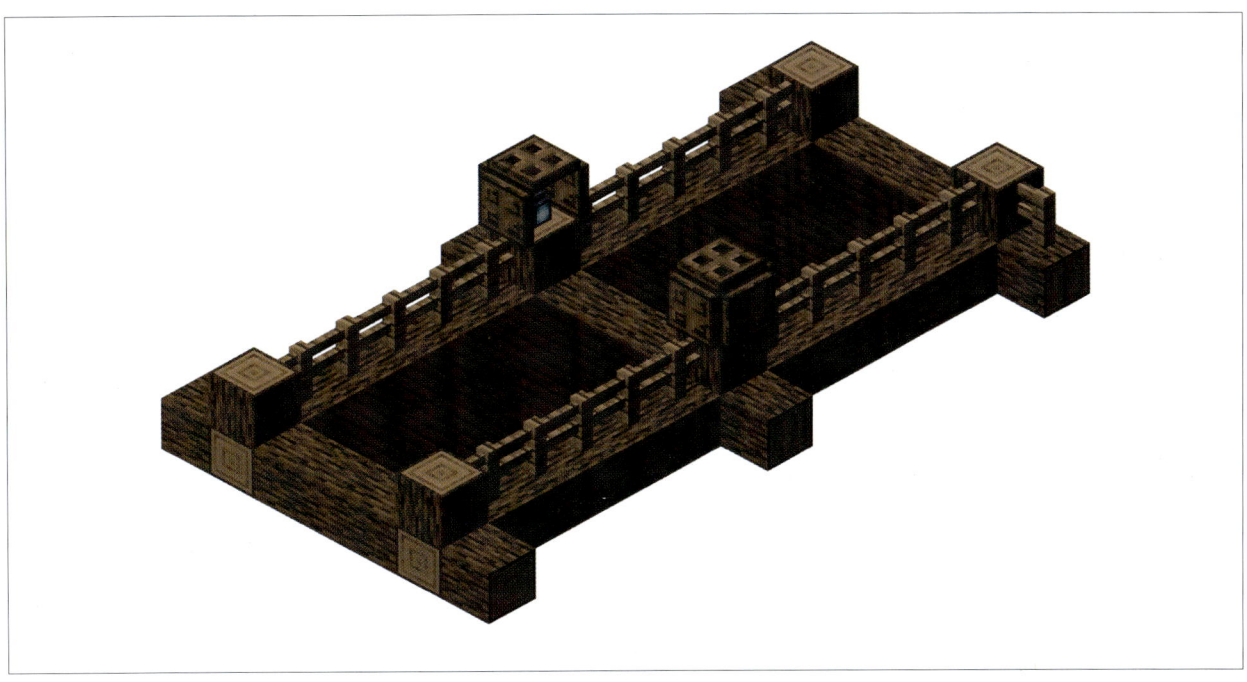

02 중앙 나무 놀이터의 2층에서 동쪽과 서쪽 교실 2층으로 연결하는 나뭇가지 다리를 만드세요.

무작정 따라하기 07   교실 안 꾸미기

서쪽 교실 1층의 모습이에요. 계단 아래 공간은 책장과 전시 공간으로 활용하세요. 통로 입구에는 그네 의자를 설치해 보았어요.

2층 교실의 모습이에요. 칠판을 콘크리트 블록으로 설치하고 컴퓨터 책상도 만들었어요.

동쪽 교실 1층의 모습이에요. 친구들과 같이 공부할 수 있는 모둠 탁자를 만들었어요. 천장에 매달린 모니터와 책장으로 좁은 교실 공간을 잘 활용해 보세요.

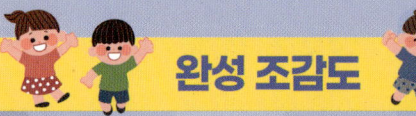# 완성 조감도

입구

나무 놀이터

서쪽 교실
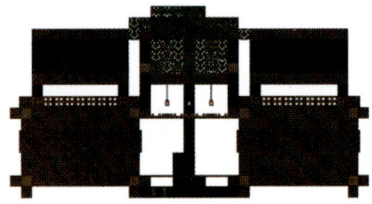

서쪽 교실
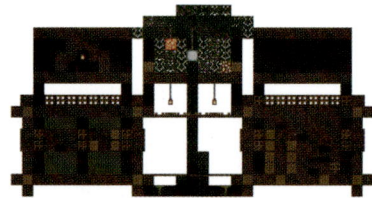

동쪽 교실

동쪽 교실

나뭇가지 다리

자바 에디션 블록 이름표

베드락 에디션	자바 에디션

Day 01

	베드락 에디션	자바 에디션
	부드러운 석재	매끄러운 돌
	딥슬레이트 레드스톤 광석	심층암 레드스톤 광석
	갈라진 석재 벽돌	금 간 석재 벽돌
	자갈 딥슬레이트 계단	심층암 조약돌 계단
	부드러운 안산암	윤나는 안산암
	쉬룸라이트	버섯 불

Day 02

	베드락 에디션	자바 에디션
	붉은 네더 벽돌 벽	붉은 네더 벽돌 담장
	붉은 네더 벽돌 판	붉은 네더 벽돌 반 블록
	보라보라 기둥	퍼퍼 기둥
	큰 드립리프	큰 흘림 잎
	영혼의 모닥불	영혼 모닥불
	뉘틀린 감압판	뉘틀린 압력판
	영혼의 불 랜턴	영혼 랜턴
	밝은 파란색 스테인드글라스	청록색 색유리
	꽃 핀 철쭉 잎	꽃 핀 진달래 잎
	뒤틀린 뚜껑문	뒤틀린 다락문

Day 03

	베드락 에디션	자바 에디션
	석재 벽돌 벽	석재 벽돌 담장
	밝은 회색 콘크리트	회백색 콘크리트
	밝은 회색 콘크리트 가루	회백색 콘크리트 가루
	흰색 콘크리트	하얀색 콘크리트
	디스펜서	발사기
	참나무 뚜껑문	참나무 다락문
	손잡이	레버
	광택 블랙스톤 버튼	윤나는 흑암 벽돌
	흰색 배너	하얀색 현수막

Day 04

	베드락 에디션	자바 에디션
	벗겨진 자작나무 원목	껍질 벗긴 자작나무 원목
	벗겨진 참나무 원목	껍질 벗긴 참나무 원목
	검은색 스테인드글라스 판유리	검은색 색유리 판
	정글나무 뚜껑문	정글나무 다락문

Day 05

	베드락 에디션	자바 에디션
	엔드 스톤 벽돌 벽	엔드 석재 벽돌 담장
	엔드 스톤 벽돌	엔드 석재 벽돌
	엔드 스톤 벽돌 계단	엔드 석재 벽돌 계단
	엔드 스톤 벽돌 판	엔드 석재 벽돌 반 블록
	프리즈머린 벽돌 판	프리즈머린 벽돌 반 블록
	이끼 카펫	이끼 바닥
	뒤틀린 덩굴	휘어진 덩굴
	양조대	양조기
	효과부여대	마법부여대
	죽은 거품 부채 산호	죽은 부채형 거품 산호
	보라색 촛불	보라색 초

Day 06

	베드락 에디션	자바 에디션
	밝은 파란색 테라코타	청록색 테라코타
	자작나무 판	자작나무 반 블록
	노란색 카펫	노란색 양탄자
	밝은 파란색 양털	하늘색 양털
	레드스톤 램프	레드스톤 조명
	주황색 카펫	주황색 양탄자
	어두운 참나무 뚜껑문	짙은 참나무 다락문
	일광 센서	햇빛 감지기
	발연물	훈연기

※ 다른 장에서 중복되는 블록들은 목록에서 제외했습니다.

Day 07

	참나무 원목		참나무
	딥슬레이트 벽돌 계단		심층암 벽돌 계단
	부드러운 석영 계단		매끄러운 석영 계단
	부드러운 안산암 계단		윤나는 안산암 계단
	딥슬레이트 벽돌 판		윤나는 흑암 벽돌 반 블록
	석영 판		석영 반 블록
	석재 판		석재 벽돌 반 블록
	참나무 판		참나무 반 블록
	가문비나무 뚜껑문		가문비나무 다락문

Day 08

	광물 수레		광산 수레
	빨간색 네더 벽돌		붉은 네더 벽돌

Day 09

	프리즈머린 벽		프리즈머린 담장
	황금 블록		금 블록
	폭죽 로켓		폭죽 로켓

Day 10

	밝은 회색 양털		회백색 양털
	죽은 뿔 산호 블록		죽은 관 산호 블록
	말린 다시마 블록		말린 켈프
	딥슬레이트 벽돌		심층암 벽돌
	흰색 양털		하얀색 양털
	부드러운 석재 판		매끄러운 돌 반 블록
	부드러운 사암		매끄러운 사암
	조약돌 벽		조약돌 담장

Day 11

	부드러운 석영 블록		매끄러운 석영 블록
	딥슬레이트 타일 계단		심층암 타일 계단
	딥슬레이트 타일		심층암 타일
	왁스 산화 절단된 구리		밀랍칠한 산화된 깎인 구리
	왁스 산화 절단된 구리 계단		밀랍칠한 산화된 깎인 구리
	왁스 산화 절단된 구리 판		밀랍칠한 산화된 깎인 구리
	딥슬레이트 벽돌 벽		윤나는 흑암 벽돌 담장
	광택 블랙스톤 버튼		윤나는 흑암 버튼
	벼락 막대기		피뢰침
	어두운 참나무 뚜껑문		짙은 참나무 다락문
	왁스 구리 블록		밀랍칠한 구리 블록

Day 12

	짙은 참나무 판		짙은 참나무 반 블록
	다듬은 붉은 사암 판		깎인 붉은 사암 반 블록
	절단된 구리 판		깎인 구리 반 블록
	판유리		유리판

Day 13

	밝은 파란색 스테인드글라스		하늘색 색유리 판
	흰색 스테인드글라스		하얀색 색유리
	밝은 파란색 스테인드글라스		하늘색 색유리
	연두색 스테인드글라스		연두색 색유리
	엔드 막대		엔더 막대기
	철제 바닥 문		철 다락문

Day 14

	부드러운 사암 판		매끄러운 사암 반 블록
	사암 벽		사암 담장
	갈색 카펫		갈색 양탄자